# 管理信息系统原理与应用

王健　主编

梁丽　副主编

清华大学出版社

北 京

## 内 容 简 介

本书在传授管理信息系统及信息技术基础知识和概念的同时,更注重培养学生在 IT 应用中的创新思维能力、分析问题和解决问题的能力,引领学生树立正确的人生观、价值观与世界观,提升学生的创新力和领导力。

本书除阐述管理信息系统的基本方法外,还涵盖大模型、知识图谱、多模态、元宇宙等新技术与管理信息系统结合的知识,可以作为高等学校计算机科学与技术、信息管理与信息系统、电子商务等专业的教材。

**图书在版编目(CIP)数据**

管理信息系统原理与应用/王健主编. -- 北京:清华大学出版社,2025.8.
ISBN 978-7-302-70169-9

Ⅰ. C931.6

中国国家版本馆 CIP 数据核字第 2025WH9780 号

责任编辑:汪汉友
封面设计:何凤霞
责任校对:李建庄
责任印制:刘　菲

出版发行:清华大学出版社
　　　　网　　　址:https://www.tup.com.cn,https://www.wqxuetang.com
　　　　地　　　址:北京清华大学学研大厦 A 座　　　　邮　　编:100084
　　　　社 总 机:010-83470000　　　　邮　　购:010-62786544
　　　　投稿与读者服务:010-62776969,c-service@tup.tsinghua.edu.cn
　　　　质量反馈:010-62772015,zhiliang@tup.tsinghua.edu.cn
　　　　课件下载:https://www.tup.com.cn,010-83470236
印 装 者:三河市东方印刷有限公司
经　　销:全国新华书店
开　　本:185mm×260mm　　　　印　张:22　　　　字　数:510 千字
版　　次:2025 年 8 月第 1 版　　　　印　次:2025 年 8 月第 1 次印刷
定　　价:69.00 元

产品编号:112472-01

# 前　言

自 20 世纪 50 年代计算机用于商业数据处理以来,以计算机技术、网络通信技术、数据库技术为核心的现代信息技术得以快速发展与广泛应用,对人类社会产生了深刻的影响,将人类社会带进了一个全新的历史发展时期——信息经济和网络经济时代。数据分析相关技术已成为现代企业抓住历史机遇、保持竞争优势、提高竞争能力的有力工具和有效手段。因此,对有关信息系统应用、建设和管理知识的了解和分析方法的掌握,已成为新经济时代各类管理人员必须具备的基本知识和能力。

"管理信息系统"是我国普通高等学校经济管理类专业本科生的一门核心专业基础课程,涉及知识广泛,是由管理科学、应用经济学、应用数学、组织行为科学、信息科学、系统科学与现代技术融合而形成的一门综合性、交叉性新兴学科。随着大数据分析与人工智能技术的发展,该学科的内容也在不断的丰富和发展之中。

本书作者根据多年的教学经验与科研成果,在吸纳了国内外相关优秀教材的先进教学理念和教学研究成果的基础上,从我国信息化发展对现代化管理人才培养的实际需要出发,通过对课程知识体系结构、教学案例和实践教学环节等内容的精心设计编写此书,旨在普及信息文化知识,培养了解信息化应用与发展基本规律,掌握信息化建设、应用及管理基本知识和方法的新型现代化管理人才。

本书共分 3 篇。第 1 篇讲述概念与技术基础,由第 1~4 章组成,主要介绍管理信息系统的相关基础概念,阐述了管理信息系统的发展历程和对企业和社会发展所产生的巨大影响,概要介绍计算机、网络和数据库技术的构成及发展趋势。第 2 篇讲述信息系统应用,由第 5~8 章组成,主要介绍企业典型信息系统应用以及企业资源计划、供应链管理和客户关系管理等现代企业信息系统应用和发展,以及决策支持与商务智能、电子商务、电子政务系统的基本功能与主要技术构成。第 3 篇是新技术介绍,由第 9~12 章组成,主要介绍目前和管理学结合紧密的信息技术领域出现的新技术和新方法,包括大语言模型技术、知识图谱技术、多模态技术和元宇宙技术以及这些技术分别和管理信息系统的结合应用。

全书各章节编写情况如下:柳玉炯和陈广宇负责第 1 章的编写;孙楠和句全负责第 2 章的编写;卢照敢负责第 3 章的编写;句全负责第 4 章的编写;任慧玉和张慧档负责第 5 章的编写;仉立文负责第 7、8 章的编写;赖锴参与前 4 章实践内容的编写;梁丽负责第 9、10 章的编写;王健负责第 6 章及第 11、12 章的编写。

本书在编写过程中得到河南财经政法大学计算机与信息工程学院李淑红、张墨华和张慧档教授,以及河南财经政法大学计算机与信息工程学院信息管理教研室全体教师的支持与帮助,在此深表感谢!

由于时间仓促,编者水平有限,书中难免存在不当之处,敬请读者不吝批评指教。

编 者

2025 年 1 月 15 日

学习资源

# 目　录

## 第一篇　基　础　篇

# 第二篇 应 用 篇

## 第三篇 新 技 术 篇

# 第一篇　基　础　篇

# 第1章 管理信息系统概述

**本章学习目标**

- 了解信息的概念及内涵。
- 掌握系统的思想和方法。
- 了解信息系统的概念。
- 掌握管理信息系统的概念及组成。
- 了解管理信息系统的应用类型。
- 了解管理信息系统对企业的影响。
- 理解管理信息系统的学科特点。

随着信息技术(information technology,IT)的快速发展和不断创新,基于 IT 的管理信息系统已广泛应用于社会组织管理的各个领域,成为现代管理不可或缺的重要工具和手段。

本章首先介绍信息、系统、信息系统、管理信息系统及管理信息系统的应用类型等相关基础概念及内涵。在此基础上,进一步阐述管理信息系统应用对企业发展所产生的各种影响,管理信息系统的学科特点,使读者能较全面地认识管理信息系统在企业发展中的重要地位和作用,进而明确本课程学习的目的和意义,并为后面的学习奠定基础。

## 1.1 信息

### 1.1.1 信息与数据

#### 1. 信息的定义

信息是当今社会广泛使用的词汇,虽然在社会、经济、生活、科学等领域被广泛使用,但是概念至今尚未形成统一的定义。

信息论的创始人、美国著名数学家香农(C. E. Shannon)将信息定义为"用于减少或消除人们对事物认识的随机不确定性的东西";控制论的创始人、美国著名数学家维纳(N. Wiener)将信息定义为"是我们在适应外部世界、控制外部世界过程中同外部世界交换的内容和名称",维纳还指出"信息就是信息,它既不是物质也不是能量"。香农说明了信息的效用,而维纳则强调了信息与物质和能量的区别,说明了信息是人们在适应和控制外部世界过程中与其交换的第三种东西。

由于不同领域的人们对信息概念的认识和应用角度不同,所以给出的信息定义也不尽相同。目前,在信息系统领域,常见的信息定义是,信息是经过加工的、有一定含义的数据,它可以减少或消除人们对事物认识的不确定性,对接收者的决策有现实或潜在的价值。

从信息的定义可以看出,信息是数据加工处理后的结果,是有含义的数据。

**2. 信息与数据**

由上述信息的定义可以看出,数据是一个与信息密切相关的概念,通常被定义为记录和表达客观事实的各种可鉴别的物理符号或信号。在计算机系统中,常见的数据有数字、文字、图形、图像、音频、视频等。

从应用角度看,数据是信息的载体,是信息的一种重要表达形式;信息是数据的含义。数据只有经过加工处理和解释才有意义,才能成为信息。因而,数据是物理性的,信息是逻辑性的。图 1.1 是信息系统中数据与信息的逻辑关系模型。信息系统的主要任务是对所收集存储的数据进行加工处理,最终为用户决策提供所需的信息支持。

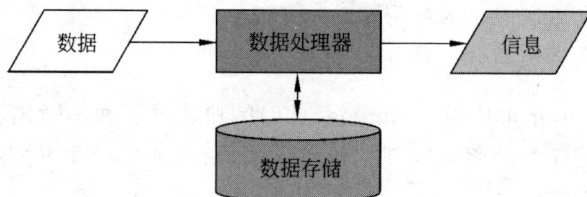

图 1.1　数据与信息的逻辑关系模型

换个角度看,数据和信息的关系又是相对的。例如,在会计核算中,会计账簿是对会计凭证数据进行分类、登记、加工而生成的会计信息。而在制作会计报表时,会计账簿又成为汇总、核算的基础数据。由此可见,随着信息加工的层次、深度以及使用目的的不同,数据和信息之间是一种相对关系,这与物质生产中原材料和制成品之间的关系类似。因此,日常使用中,人们经常将数据和信息的概念混用,如数据处理和信息处理等,但是在信息系统领域,它们的含义是有所区别的。

**3. 信息处理**

信息处理是指根据某个应用需求,采用一定的设备和方法,将原始数据加工形成另一种形式的数据或信息的过程。

信息处理是定义数据之间的关系,创建处理所需的规则和方法,并按照规定的规则和方法对数据进行加工处理,以完成某项信息提取的任务。例如,某公司经理想了解本企业的财务状况,就需财务人员按照一定的财务核算方法,将会计账簿中的相关数据进行分类和汇总,生成所需的财务报表。在日常管理中,常用的信息处理方法有分类、统计、排序、过滤、筛选、压缩、数学运算等。

## 1.1.2　信息的分类

要全面认识信息,就需要对其进行分类。由于信息广泛存在于自然界和人类社会中,不同的学科领域对信息的分类方法也不尽相同。

从哲学上讲,信息可分为本体论信息和认识论信息两大类。本体论信息是指事物运动状态及其变化的方式,是一种客观存在,不以人的意志为转移。认识论信息是指人类感知的信息,但由于人类对信息感知能力的局限,因此又可分为人类已感知的信息和未感知的信息两大类。认识论信息还可分为感知信息和再生信息两个子类,感知信息是人们直接从自然界、社会生活以及人的自身思维活动中获取的信息,如自然信息,包括生命物质与非生命物质的存在与运动信息、生命物质与非生命物质之间的相互作用信息等。社会信息包括人类各种活动所产生、传递和利用的信息等。再生信息是人们通过对感知信息进行归纳、总结、推理、演绎等一系列高级思维加工后获得的信息,这些信息就是通常所说的知识,它们是人们在认识世界、改造世界的大量实践活动中总结获得的认知与经验的总和。

### 1.1.3　信息的属性

信息的定义揭示了信息的一些本质属性,但信息还存在许多由本质属性派生出来的一般属性,如真实性、时效性、价值性、共享性、传递性、不完全性、层次性、可变换性、可压缩性等,这些属性大都从某个侧面体现了信息的一些特性,直接或间接地决定了信息的运动规律和使用方法。通过进一步认识信息的一般属性,有助于更好地理解和运用信息,更大限度地发掘信息的价值与效用。

**1. 真实性**

信息是客观事实在人脑中的反映,因此真实性是信息的中心价值。不符合客观事实的信息不仅不能减少或消除人们对客观事物认识的不确定性,反而会使之增加。因此,不符合客观事实的信息,对使用者不仅无益,反而可能有害。在现实社会生活中,会存在大量不符合客观事实的虚假信息,因此在收集和使用信息时,应首先确认信息的真实性、准确性和可靠性。

**2. 时效性**

离开了客观事物(即信息源)的信息,不能反映客观事物母体最新的运动状态及改变方式,效用也会逐渐降低甚至完全丧失,因此信息也是有"寿命"的。

一方面,信息与其他事物一样,经历需求、获得、服务、退出的完整生命周期;另一方面,信息从信息源发出后,采集开始,经过传递、加工到使用的时间延迟越短,使用就越及时,效用就越大,信息的时效性就越强。

对于不同的决策问题,信息的时效期也可能不同。例如,虽然昨日的天气信息对于今天的外出活动没什么决策参考价值,但却可以成为天气的长期历史数据的组成部分,用于总结和发现气候变化趋势和规律。因此,在实际工作中需要根据不同的应用需求,选择不同的信息时效期。

**3. 价值性**

信息是人们对数据加工处理的结果,是人类劳动的成果,是一种资源,因此信息是有价值的。计算信息的价值通常用以下两种方法。

方法1：根据所需的社会必要劳动进行计算，该方法与其他产品价值计算方法相同，即

$$V = C + P \qquad (1.1)$$

其中，$V$ 表示信息产品的价值，$C$ 表示生产该信息所需花费的成本，$P$ 表示利润，例如，书刊、报纸、学费的定价等都可以用这种方法计算。因此，这种信息价值的计算方法又称信息内涵价值计算方法。

方法2：按使用效果进行计算，因此又称信息外延价值计算法。在该计算方法中，信息价值($V$)的计算，可以用使用该信息所获得的收益($P_1$)减去获取它所花费的成本($C_1$)得到，即

$$V = P_1 - C_1 \qquad (1.2)$$

信息外延价值的计算方法强调的是信息价值需经使用转换才能实现。应用信息系统的目的是为管理者的管理决策提供及时、准确、有用的信息，使管理信息及时转化为价值。

**4. 共享性**

信息的共享性是指信息可以被无限地复制、传播，被大家共享的特性。与物质和能量不同，信息的共享具有非零和性，即同一信息可以被不同的人占有，例如，张三将信息 A 告诉李四，张三和李四就可同时拥有信息 A，而物质和能量的共享则是零和的，即张三将物品 W 送给李四，则李四所得即为张三所失，这一得一失之和为零。信息共享的非零和性也是信息不同于物质和能量的一个重要特征。

信息共享的非零和性可能是"我不失你得""你得我失""我不失你也不得"等多种信息共享的结果。例如，某灾害性天气预报在相关地区被传播越广，知道的人越多，则灾害性天气带来的损失越小，这是信息共享产生的信息价值转换倍增效应，即共赢效应。而某企业的商业或技术机密如果被竞争对手获取，则可能会给该企业带来重大损失，例如，某制药企业的某种药品的保密配方，一旦被其竞争对手获取，将会大大影响该企业产品的销量，从而带来重大经济损失，这种信息共享的结果即属于"你得我失"。因此，任何组织和个人在信息传播和共享过程中，都应慎重考虑和权衡相关各方的利益，并自觉在法律和道德范围内使用、传播、共享信息。

**5. 扩散性**

信息的扩散性是指信息可以通过各种渠道向四面八方自然扩散传播的特性。与热源向外扩散热量的情况相似，在信息扩散与传播过程中，信息与接收者间的"势差"越大，信息的扩散力度就越强。例如，越离奇、越耸人听闻或人们关注度越高的消息传播得越快，扩散面就越广。

信息的扩散性与共享性是紧密联系的，信息扩散可以扩大信息共享的范围，而信息共享又需要信息的扩散传播。由于信息共享的结果存在多态性，使信息的扩散传播也存在正负两面效应。从正面来讲，信息的扩散传播可以产生信息应用的倍增效应，例如，科技、文化知识的扩散传播，可以扩大其影响范围，使其应用价值的转换产生倍增效应；从负面

来讲,信息的扩散传播也有可能造成信息的贬值或负效应,例如,国家的政治、军事、经济机密或企业的商业、技术机密等一旦被泄露和扩散,就可能被竞争对手利用,给国家或企业带来巨大损失。因此,在许多情况下都需要适当构筑信息势垒,即采取一定措施,制定必要的信息安全保密制度或法律法规,保护信息拥有者的合法权益,避免知识生产者或拥有者的知识产权被非法侵害。

在信息系统的开发和使用过程中,应充分考虑各种信息的共享、传播和使用范围,根据使用者的工作职责为其设置相应的信息操作和使用权限,这就是通常所说的信息系统安全管理问题。

### 6. 不完全性

信息的不完全性是指在实际应用中,人们不可能也没有必要全部收集客观事物相关信息的特性。一方面,与人们认识事物的程度和接收处理信息的能力、时间等因素的局限性有关;另一方面,也与人们决策问题的实际需求有关。因此,在收集处理信息时应首先明确决策问题,然后确定所需信息的范围、内容和时间,最后再着手收集信息。在这个信息爆炸时代,只有学会正确地舍弃无用和次要的信息,才能正确、高效地使用信息。

### 7. 层次性

决策不同,对信息的需求也不尽相同。以管理为例,由于不同管理层的管理职责与分工不同,使得各管理层所需的信息也有所不同,这就是信息的层次性。

图 1.2 分别从信息的来源、收集范围、加工深度、概括抽象程度、寿命、精度、使用频率、结构化程度等方面给出了不同管理层所需信息的特征。

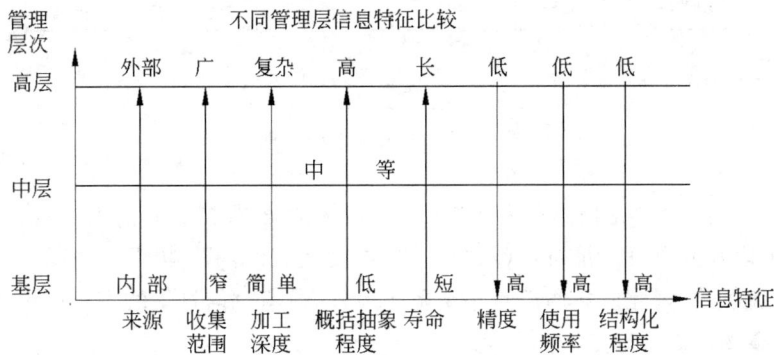

图 1.2 不同管理层所需信息特征比较

例如,从信息的来源看,高层管理者所需信息大多来自组织外部,如社会经济发展趋势、市场机会、竞争对手情况等;中层管理者所需信息则可能内外兼有,如企业生产计划制订和执行情况、订单完成情况和产品销售情况等;基层管理者所需信息来自组织内部,如每日产量统计数据、库存统计数据、员工考勤情况等。从信息的寿命上看,高层管理者所需的信息寿命较长,如公司五年规划的信息至少要保存 5 年;基层管理者所需的信息寿命较短,例如生产订单执行过程中产生的大量信息在订单完成后对基层管理者就不再有保存价值了。

### 8. 可变换性

信息的可变换性主要表现在以下两方面：一是指信息可以用不同的数据表达形式和介质来载荷及存储。因此，借助多媒体和现代存储技术发展的最新成果，信息系统可以向用户提供数字、文字、图形、图像、音频、视频等丰富多彩的信息表达形式，并可以存储在磁盘、优盘和光盘等存储介质上，以便满足各类用户在信息使用及存储方面的不同需求。二是表现在信息是可压缩性的，即信息在经过概括等简化表达后，不会丢失本质和内涵。例如，可用各种数学符号及模型概括表达对客观规律的认识。例如，牛顿第二定律可以被概括表达为公式 $f=ma$，该公式表达了"物体运动的变化，即加速度（$a$）与作用在其上的力（$f$）成正比，与物体的质量（$m$）成反比"的物质运动规律；又如，任意变量 $x$ 和 $y$ 的线性关系可以用数学表达式 $y=a+bx$ 表示；等等。

在信息处理过程中，对信息的压缩不仅可以简化信息表达，过滤无用的、不重要或冗余信息，而且可以大大提高计算机信息传输、存储、加工和使用的效率。例如，图像、音频、视频等信息在被压缩后可大大提高工作效率。

## 1.1.4　信息量

基于概率的信息量是香农在研究信息通信理论时提出的。通信是两个系统（即信源和信宿）之间以一定量的信息为内容，以消除不确定性为目的的联系，这种联系构成一个通信系统。图 1.3 是香农提出的通信系统模型。

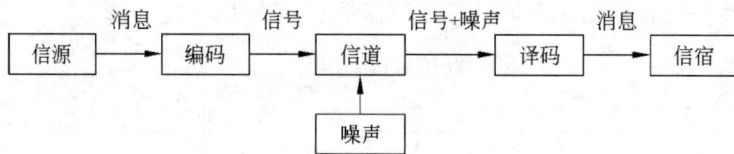

图 1.3　香农通信系统模型

如图 1.3 所示，信源是信息的发出者，可以是人、机器或自然界的物体；信宿是信息的接收者，既可以是人也可以是机器（如收音机、电视机、计算机、电话、手机等）。信源发出的消息具有随机性，因此信息通信是一个随机事件，通信时信息量的大小取决于消息内容消除信宿对事物认识不确定性的程度。

假设某随机事件 $X$ 有 $n$ 种状态 $x_1, x_2, \cdots, x_n$，对应的概率分别为 $p_1, p_2, \cdots, p_n$，则信源 $X$ 的整体不确定性期望 $H(X)$ 可用下式计算：

$$H(X) = -\sum_{i=1}^{n} p(x_i) \log_n p(x_i) \tag{1.3}$$

其中，若取以 2 为底的对数（即 $n=2$），则 $H(X)$ 的单位为比特（bit，b）。

由于 $H(X)$ 的计算公式与热力学第二定律中的"熵"的计算公式仅相差一个负号，香农定义 $H(X)$ 为信息熵，且信息熵为负熵。

从信宿的角度看，信息量 $I(X)$ 是指信宿收到消息后消除不确定性的量，如果信宿收到信源发出的消息后,全部解除了其不确定性,此时,信息熵 $H(X)$ 与信息量 $I(X)$ 在数值上相等,即 $H(X)=I(X)$。

从概念上讲,信息量 $I(X)$ 是信宿对事物 $X$ 认识不确定性减少的度量,而信息熵 $H(X)$ 则是信源在客观总体上的平均不确定性的度量,二者在数值计算上可以相等,但代表的含义有所不同。

例如,一枚硬币落地后可能有正反两种状态,即 $x_1=$ 正,$x_2=$ 反,$p(x_i)=1/2$ $(i=1,2)$,则描述硬币落下这一随机事件所需的信息 $I(X)$ 可以表达为

$$I(X)=H(X)=-[p(x_1)\log_2 p(x_1)+p(x_2)\log_2 p(x_2)]=-(-1/2-1/2)\text{b}=1\text{b} \tag{1.4}$$

同理,描述掷一枚均匀六面体骰子所需的信息量 $I(X)$ 可以表达为

$$I(X)=H(X)=-\sum_{i=1}^{6} p(x_i)\log_i p(x_i)=2.6\text{b} \tag{1.5}$$

在热力学第二定律中,熵是度量系统无序状态的一个物理量,而信息熵是负熵。信息熵与熵所反映的系统运动方向相反,即系统信息量的增加表明不确定性的减少,有序程度的增加。因此信息量可以定义为,信息量是一个系统的组织性、复杂性的度量,信息量的增加是系统有序化程度增加的一个标志。

## 1.2　系统

系统科学的形成与发展是 20 世纪科学技术的伟大成就之一。从 20 世纪 40 年代发展起来的"一般系统论""控制论""信息论"奠定了系统科学的理论基础。20 世纪 70 年代后,以"耗散结构论""协同论""突变论"为代表的"新三论"以及 20 世纪 80 年代后兴起的复杂系统理论研究,标志着系统科学的新发展。

信息系统学科是在系统科学的基础上发展起来的。信息系统是由人、计算机软硬件、网络通信设备等组成的一个复杂系统。信息系统的组成、行为、功能实现、开发建设、应用、管理等均贯穿了系统科学的思想方法。因此,系统科学是信息系统学科研究和应用的重要理论与方法基础。

### 1.2.1　系统的概念

#### 1. 系统的定义

作为系统论的创始人,美籍奥地利裔理论生物学家贝塔朗菲(L. V. Bertalanffy)把系统定义为"相互作用的诸要素的复合体"。由于客观事物总是处于相互联系、相互作用之中,因此,系统是客观事物存在的普遍方式。

常见的系统定义是,系统是由处于一定环境中相互联系和相互作用的若干要素组成的有机整体。

图 1.4 所示为简化的系统模型,由输入、处理和输出 3 个基本要素构成,通常是一个处于一定环境并与所处环境相互影响、相互作用的诸多要素的集合体。

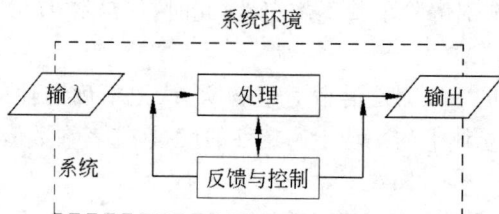

图 1.4　系统模型

系统的输入和输出是系统与环境之间进行物质、能量和信息交换的接口。系统的处理要素主要用于实现将系统输入变换为系统输出的功能。例如,管理信息系统的输入是从企业内、外部采集到的相关管理信息或数据,如市场信息、企业订单、库存数据、销售数据、员工档案等;管理信息系统的输出是企业管理者在管理决策过程中所需要的信息或数据,如企业利润、应付税款、应付工资、产品市场占有率、产品销售预测等;管理信息系统的处理要素是由相关计算机软硬件及处理规则构成的,该部分是信息系统开发建设要解决的主要问题,即根据管理决策所需的输出信息确定需要输入的数据类型,设计、开发和采购相关的计算机软硬件产品。

反馈与控制要素比较特殊,在一些简单的系统中可以没有控制要素。控制要素的主要功能是负责对系统中各环节的运行情况及输出结果进行监测,当发现影响系统目标实现的问题后,及时对系统输入做出适当的控制和调整,使系统输出符合既定目标。事实上,管理部门就是企业或组织系统的控制要素。

**2. 系统的特性**

通常情况下,系统具有以下基本特性。

(1) 整体性。系统的整体性是指系统中各组成要素不是简单的集合,而是为实现某一特定目标,通过某种相互联系和相互协作所组成的一个有机整体,并且系统整体($S$)效用大于各部分($S_1, S_2, \cdots, S_n$)效用的简单累加之和,即 $S > S_1 + S_2 + \cdots + S_n$。

(2) 目的性。系统的目的性是指系统追求的最终状态。有些简单的无机系统本身可能并无明确目标,但是对于各种生物、社会经济系统或组织来说,目的性是不可或缺的。

复杂系统的目标往往会有多个,在系统的多个目标之间可能存在冲突,例如企业利润和污染治理目标之间就可能存在冲突。信息系统也是一个多目标系统,不同用户的需求、系统投资与运行效率等目标之间也常常会产生冲突。一个多目标系统经常难以求得所有目标的最优解,因而只能在各目标之间权衡求其满意解。

(3) 关联性。系统的关联性是指系统各要素之间既相互作用又相互联系,关联性决定了系统的运行机制和整体性能。因此,在考察和研究系统时,不能仅仅孤立地观察系统单个组成要素,还应当研究和考察各要素之间的相互联系及相互作用,这样才能全面深刻地认识系统的本质,把握系统的运动规律。

(4) 层次性。系统的层次性是指系统各组成要素不是杂乱无章地堆积,而是按一定次序和结构组成的。系统结构是完成系统目标的基础,也是系统关联性的外部表现形式。

不同系统结构所产生的系统功能也不相同。

在处理复杂系统问题时,可根据结构、功能或时间过程将整个系统分解成若干相互关联的子系统,即把一个复杂问题转化成若干相对简单的子问题以便求解,如果子系统仍较复杂,还可将其进一步合理分解,使复杂的系统问题处理大大简化。同时,在处理各子系统时,还必须根据整体功能和目标要求,确定各子系统间的关系,协调各子系统的行为、功能及子目标,以保证系统整体功能和总体目标的实现。

(5) 环境适应性。开放系统总是在一定的环境中运行的,环境是一种更高层次的系统。通常,系统与环境是通过物质、能量、信息的交换来实现相互作用和相互影响的。不能适应环境变化的系统是没有生命力的系统。因此,无论是企业还是信息系统,都必须从动态的、发展的、变化的角度考察、认识、规划、建设和管理。

### 3. 系统的分类

由于每个系统的目的、内部要素、外部要素及结构组成等特征各不相同,所以系统的分类方法也多种多样,可以分为简单系统与复杂系统,开放系统与封闭系统,稳定系统与动态系统,自适应系统与非自适应系统,长期系统与临时系统,等等。图 1.5 定义了几种典型的系统分类及其特征描述。由图 1.5 可见,各类系统之间没有严格的界限,而且可能会随时间和环境变化而相互转化。现实系统往往是具有多系统特征的综合系统,信息系统是一种相对封闭和稳定的系统。

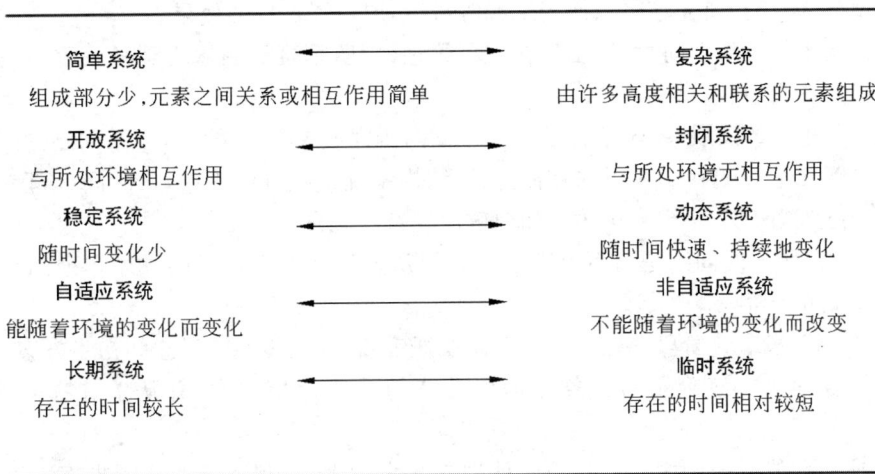

| 简单系统 | ←——————→ | 复杂系统 |
| --- | --- | --- |
| 组成部分少,元素之间关系或相互作用简单 | | 由许多高度相关和联系的元素组成 |
| 开放系统 | ←——————→ | 封闭系统 |
| 与所处环境相互作用 | | 与所处环境无相互作用 |
| 稳定系统 | ←——————→ | 动态系统 |
| 随时间变化少 | | 随时间快速、持续地变化 |
| 自适应系统 | ←——————→ | 非自适应系统 |
| 能随着环境的变化而变化 | | 不能随着环境的变化而改变 |
| 长期系统 | ←——————→ | 临时系统 |
| 存在的时间较长 | | 存在的时间相对较短 |

图 1.5　系统分类和各自特点

## 1.2.2　系统的思想和方法

### 1. 系统的思想

系统的思想是系统科学的精髓,其中包含了系统定义和对系统特性的认识、分类等内容,主要概括为以下 3 点。

(1) 整体性是系统思想的核心,即系统是由相互联系的各要素组成的有机整体。在考察一个系统时,不能孤立地考察组成系统的各要素,还应该考察它们之间的相互作用和相互依存的关系。理解系统的核心思想就是理解系统思想的整体观。

(2)系统的各组成要素之间是相互联系的,系统的各组成要素之间关系的总和称为系统结构。系统结构和环境决定了系统功能,这意味着改变系统的结构和环境,可以达到改变系统功能的目的。因此,系统方法的另一个核心就是通过研究系统各组成要素之间的关系,以及系统结构和系统功能之间的制约规律来解决各种复杂的"系统问题"。

(3)自然或人造系统通常都是在一定环境中运行的,不能适应环境的系统是没有生命力的,因此必须从动态的、发展的、变化的角度思考、认识、规划、建设和管理系统。

系统思想是指导信息系统开发和应用的基本思想,即在系统规划和设计开发时,主要应从整体上分析和研究系统的目标、组成要素和系统环境三者之间的相互联系和相互制约等关系,并从动态的、发展的、变化的角度指导信息系统的功能及结构设计等。

**2. 系统工程方法**

系统工程方法是以系统的观点为基础,综合运用各种技术,分析解决复杂的系统问题时应用的工程化方法。

20世纪30年代,美国电话电报公司(1885年3月3日由美国贝尔电话公司易名)在设计"巨大工程"时,感到传统方法已不能满足需求,首先提出和使用了系统的概念、思想和方法。1940年,该公司在实施微波通信工程项目时,首创了系统工程学,并把工作按时间顺序划分为规划、研究、开发、通用工程等阶段,取得了良好的效果。

第二次世界大战期间,系统工程在工程管理、国防军事等领域受到极大重视,得到迅速发展和广泛应用。

经过几十年的发展,系统工程已有了丰富的研究成果和多种处理复杂问题的方法,例如,霍尔(A. D. Hall)在1969年提出的三维结构系统工程方法论中,从时间(阶段)、逻辑(步骤)、专业(知识)3个维度论述了如何解决复杂问题。

(1)时间维。时间维是指系统工程中系统从规划到更新按时间顺序排列的全过程,可分为以下6个阶段。

① 规划阶段。该阶段的任务是明确系统研究目标,提出系统设想和初步方案。

② 方案阶段。该阶段的任务是提出具体的系统计划方案,并从中选择一个最优方案。

③ 研制阶段。该阶段的任务是以计划方案为指南,研制系统的实现方案,并制订具体实施计划。

④ 生产阶段。该阶段的任务是生产系统的构件及整个系统,并提出安装计划。

⑤ 运行阶段。该阶段的任务是对系统进行安装和调试,使系统按预定的目标运行。

⑥ 更新阶段。该阶段的任务是完成系统的评价,提出系统的改进或更新意见,为系统进入下一个研制周期准备条件。

(2)逻辑维。逻辑维是指每个阶段所要进行的工作步骤,它是运用系统工程方法在思考、分析和解决问题时应遵循的一般程序,其主要工作步骤如下。

① 明确问题。本步骤是明确要解决的主要问题是什么。

② 确定目标。本步骤是确定要实现目标的主要指标。

③ 系统综合。本步骤是列出各种可选方案。

④ 系统分析。本步骤是应用系统工程技术,对每种方案进行比较、分析、计算。

⑤ 系统优化。本步骤是找出满足约束条件的最优方案。

⑥ 系统决策。本步骤是确定最优方案。

⑦ 系统实施。本步骤是依照方案实施。

可见,逻辑维的工作思路和实施步骤是与时间维紧密联系并依次递进的一个过程。

(3) 专业维。专业维是指对于复杂的系统问题只用某一专业学科领域的知识是难以解决的,需要运用多个相关学科的专业知识寻找综合解决方案。

长期的国内外大量实践表明,运用科学的系统工程管理方法,可使决策的可靠性成倍提高,节约的时间和总投资平均在 15% 以上,而其中用于管理的费用一般只占总投资的 3%~6%。

系统思想和系统工程方法为信息系统学科研究及信息系统开发建设与管理提供了思想理论基础和方法指导。

# 1.3　信息系统

信息系统是一个借助计算机、网络通信等现代信息技术对信息进行加工处理,进而为管理者的决策提供服务的系统。信息系统的功能是基于用户的信息需求,在对所需信息的来源进行分析后,通过信息的采集、转换、组织、存储、加工、检索、传递、利用等环节,实现对信息内容资源的开发与利用。

如图 1.6 所示,对信息资源开发与利用的过程是围绕着用户信息需求的产生与满足而形成的一个闭环系统。以信息技术为基础的现代信息系统建设,是实现高效信息资源开发利用和管理的现代化工具和手段。

## 1. 信息需求分析

信息需求是指人们在各种社会活动过程中,为解决问题而产生的信息需要。信息需求的主体是信息用户,信息用户分为个人和组织,信息用户不同,信息需求也不尽相同。因此,信息资源开发与利用过程的第一步就是要明确信息用户的信息需求。

如图 1.7 所示,信息需求分为 3 个维度,在分析信息需求时,应主要从内容、形式和时间 3 方面确定用户的具体要求。

(1) 信息需求的内容维度分析是确定用户需要的具体内容,以保证信息的相关性、完整性和准确性。

(2) 信息需求的形式维度分析是确定信息系统应向用户提供哪些信息表达形式,常用信息表达形式有数字、文字、图形、图像、音频、视频等。如前所述,不同管理层的用户由于管理任务不同,对信息表达形式的需求也有所不同。例如在管理活动中,高层管理者需要进行宏观的综合、趋势性判断,因此需要汇总报表或趋势图等直观性强的信息表达形式;

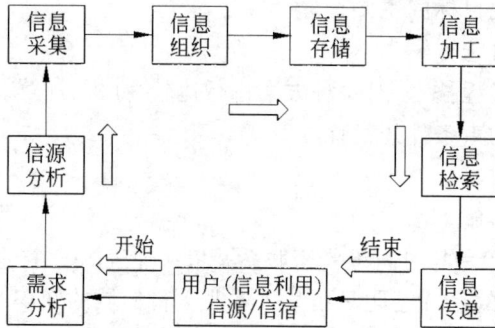

图 1.6　信息资源开发与利用过程

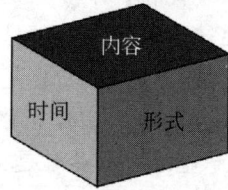

图 1.7　信息需求的 3 个维度

而基层管理者仅需要执行当前的具体任务,因此更需要数字、文字形式的详细信息报告和报表。信息系统应向用户提供适合信息应用需要、详尽、易用的信息表达形式。

（3）信息需求的时间维度分析是明确用户对有效时间的具体要求,以确保信息系统能向用户提供时效范围内的信息。

**2. 信息源分析**

信息源是信息的来源。信息源分析是根据用户的信息需求,在保证信息质量的前提下,了解信息源的分布情况,寻找和确定合适的信息源,明确信息采集的方向。例如,在企业基层管理中,信息来源主要是企业生产、经营和管理部门的单据、表格、账簿等文件;而在企业的中高层管理中,既有来自企业内部的信息也有来自企业外部的信息。企业外部信息的来源十分广泛,例如来自政府部门、图书馆、档案馆、统计机构、调查咨询机构、社会组织等渠道的书籍、报纸、期刊、图书、档案、广播电视、电子出版物等载体中的信息。

**3. 信息采集**

由于信息源的广泛性和多样性,使得所用的信息采集方法也不尽相同。在企业管理中常用的信息采集方法主要有观察记录、检测、调查、采访、媒体分析、咨询、交换、接收、购买和网络查询等。常用的信息采集技术主要有基于人工的信息采集技术,基于标准化编码(如条形码、二维码等)的信息采集技术,基于传感器的信息采集技术和基于自动化的综合信息采集技术(如 RFID、GPS、电脑机器人)等。

**4. 信息组织**

信息组织是信息序化的过程,分为序化和优化两个阶段。

（1）信息序化是指按照一定的方法将无序信息组织成有序信息的过程。为了便于利用和管理,会对没有必然联系的信息进行组织和序化;对有联系的数据,会按照其自身的客观逻辑结构加以组织和序化,例如会计科目的设置与编码、会计分类账的登记、信息系统的数据库设计,图书和科技文献的分类编码等。

（2）信息优化是在信息序化的基础上,针对某种应用需求,依照结构优化的原理对信息进行再序化的过程。例如排序、编目、索引均属于信息的序化和优化的过程。

### 5. 信息存储

信息存储是为了信息的异时利用,是有序信息的一种表现形式。信息存储主要考虑如何节省存储空间、提高信息处理和利用的效率等问题。数据库是信息系统中信息组织和存储的常用形式和方法。在解决信息存储问题时需要确定存储信息的内容、时间、方式和介质等问题。

### 6. 信息加工

信息加工的目的是使原始数据变得更有条理性,更能反映事物内在的本质及运动规律,更容易被用户理解和使用。信息加工的常用方法有信息的筛选、分组、统计、排序和数学计算等。

### 7. 信息检索

信息检索是信息组织的反变换过程,是信息使用过程中最常用的方法。信息检索的关键问题是实现信息资源库存储的信息特征(如主题词、索引词等)与用户提问特征(如检索词)的匹配。

常用的信息检索方式有手工检索和计算机检索两种方式。

手工信息检索是以人工方式通过目录、索引、文摘、年鉴、手册、百科全书等工具,从各种印刷文献中查找相关信息。

计算机信息检索是通过利用计算机技术、电子通信技术、光盘技术、网络技术等构成的信息存储检索系统查找信息的方式。这种方式由于具有自动化程度高、检索效率高,以及能进行多元检索、远程检索等优点,逐渐成为现代信息检索的主要方式。按照使用设备和采用通信手段的不同,专业的计算机检索系统可分为联机检索系统、光盘检索系统和网络检索系统等不同类型。

## 1.4 管理信息系统

1946 年,人类发明了计算机,主要用于工程和科学计算,以减轻复杂计算的工作量,提高计算速度和精度。20 世纪 50 年代后,人们开始在企业管理中利用计算机进行业务数据的辅助处理。随着微电子技术的飞速发展,计算机的商业用户快速增加,统计数据显示,到 20 世纪 80 年代,美国商用计算机的数量已占计算机总数量的 80%。

我国计算机的商用虽然较发达国家晚了二十多年,但是随着我国改革开放的不断深入和信息化进程的不断推进,我国企业在生产经营管理中使用计算机的数量快速增长。有资料显示,我国目前已有超过 90% 的企业在生产、经营和管理中使用计算机。虽然我国目前企业信息化的整体水平与发达国家还有一定差距,但是发展速度很快,一些大中型企业的信息化建设与应用程度已达较高水平。

目前,计算机在企业中的应用已从最初的工资核算、统计报表制作和办公自动化发展到贯穿企业生产经营和管理全过程,并在此基础上催生了许多新的企业生产经营管理方式,例如计算机集成制造、准时生产、虚拟企业、企业资源计划、供应链管理、电子商务等。基于信息技术(information technology,IT)的信息系统对企业生产经营和管理的影响全面而深刻,已成为现代企业重要的生产力要素。

### 1.4.1 管理信息系统的定义

"管理信息系统"一词最早起源于20世纪60年代末的美国,人们把服务于组织管理的各类基于IT的信息处理系统,统称为管理信息系统。然而,作为信息系统学科的主要研究对象,我们还需对它做一科学定义。

1985年,管理信息系统学科的创始人之一、美国明尼苏达大学卡尔森管理学院的教授高登·戴维斯(Gordon B. Davis)给出了管理信息系统(management information system,MIS)的定义,他指出"管理信息系统是一个利用计算机硬件、计算机软件、手工作业、分析模型、计划模型、控制模型、决策模型和数据库的用户-机器系统。它能提供信息,支持企业或组织的运行、管理和决策"。该定义说明了当时管理信息系统采用的技术、方法和主要功能,即它是一个在计算机软硬件和数据库技术的支持下,应用一系列的分析、计划、控制和决策模型,为企业或组织的运行管理提供信息和决策支持的人机系统。

在20世纪80年代初出版的《中国企业管理百科全书》中,对管理信息系统的定义是"管理信息系统是一个由人、计算机等组成的能进行信息的收集、传递、存储、加工、维护和使用的系统。它能实测企业的各种运行情况,利用过去数据预测未来,从企业的全局出发辅助企业进行决策,利用信息控制企业行为,帮助企业实现其规划目标"。与高登·戴维斯的定义相比,该定义进一步明确说明了管理信息系统的构成、性质及其辅助企业管理的主要功能。

20世纪90年代以后,随着信息技术特别是网络通信技术的快速发展,管理信息系统又拓展了许多新的应用形式,例如企业资源计划(enterprise resource planning,ERP)、供应链管理(supply chain management,SCM)、客户关系管理(customer relationship management,CRM)、商务智能(business intelligence,BI)、电子商务(electronic commerce)以及电子业务(electronic business)等,它们使管理信息系统的内涵和外延都有了极大的丰富和拓展。传统的管理信息系统定义已不能完全体现和涵盖管理信息系统的技术与应用的最新发展成果,于是人们又提出许多新的定义,例如"管理信息系统通过对整个供应链上的组织内部和多个组织之间的信息流进行管理,实现业务整体化,提高企业运行控制和外部交易过程的效率"。

2002年,美国著名学者Kenneth C. Laudon和Jane P. Laudon在《管理信息系统》(*Management Information System*)一书的第6版中给出的管理信息系统定义是"在技术上它可定义为一个IT互连部件的集合""在管理上它是组织应对管理问题和挑战的信息技术解决方案"。也就是说,"管理信息系统是向组织提供解决与应对管理问题和挑战的基于IT系统的解决方案"。

因此,20世纪80年代以来,许多学者更倾向于用"信息系统"(information system,IS)这一广义而简洁的词汇表达来代替"管理信息系统",并得到国外学者的广泛认同。在本书后面章节也常采用"信息系统"一词来代替"管理信息系统"。

在此,基于发达国家信息化经验和我国信息化发展的实际需求,提出管理信息系统定义:管理信息系统是一个由信息、信息技术与设备和人等要素组成的,能进行信息收集、传递、存储、加工、维护和使用的人机系统。它不仅能够提高组织运行效率,支持组织管理决策,而且可以促进企业生产经营管理等各种创新,以达到提升组织生存和竞争能力,实现组织战略目标的最终目的。

上述定义,不仅说明了管理信息系统的组成、性质和基本功能,而且说明了信息系统建设和应用的最终目的——提升组织的生存和竞争能力,实现组织战略目标。

因此,该定义说明了管理信息系统是什么、做什么和为什么,有助于更深刻地认识其本质,从而以更加科学的态度和方法进行企业或组织的信息化建设,最终取得良好的成效。

当然,随着信息技术的不断发展和应用的不断创新,管理信息系统的内涵和外延还在持续不断地深化和拓展。

### 1.4.2 管理信息系统的组成要素

下面对管理信息系统的组成要素进行介绍,从系统内部构成进一步了解管理信息系统。在图 1.8 所示的管理信息系统概念模型中展示了关键的组成要素及这些要素之间的相互关系,其中的关键要素包括信息源、人(主要包括信息专家和用户)、信息处理部件和数据存储部件。

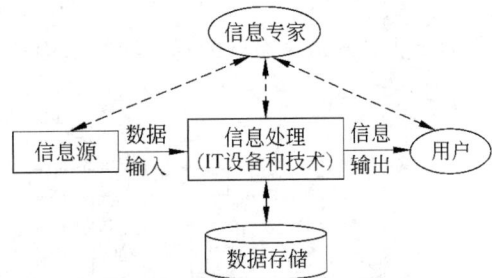

图 1.8　管理信息系统的概念模型

(1)信息源。信息源是管理信息系统所需信息的产生地。管理信息系统从信息源采集数据,经过管理信息系统的信息处理部件,向用户输出信息处理的结果,而这些处理后的结果还可以被长期保存在管理信息系统的数据储存部件,以备随时访问使用。

(2)人。人主要包括用户和信息专家。用户是管理信息系统的使用者,主要是组织内外相关的管理人员。信息专家是指负责管理信息系统的开发建设和运维管理等工作的专业技术人员,例如系统分析设计人员、程序员、数据库管理员、网络工程师、软硬件运维工程师等。

(3)信息处理。信息处理既包括硬件设施又包括软件系统,其中,硬件设施主要包括计算机输入输出设备、运算功能部件、网络通信设备以及相关辅助设备等;软件系统主要包括数据分析处理的软件。

(4)数据存储。数据存储是指保存信息处理的运算结果。当发生员工误操作或者断电等其他突发事故,使得信息处理部件的运算结果不能及时反馈给用户时,可以使用数据存储部件中的备份数据将运算结果展示给用户。

### 1.4.3　管理信息系统的结构

由前面管理信息系统的定义可知,它是由信息源、人(主要包括信息专家和用户)、信息处理部件和数据存储部件构成的。那么,这些要素是如何构成一个有机整体并支持和服务企业或组织的各项管理活动呢?本节通过对管理信息系统的基本功能结构、软件结构和硬件空间分布结构的介绍,使读者对管理信息系统有一个更加直观、立体的认识。

**1. 系统功能结构**

任何管理信息系统都有其确定的目标和功能。通常情况下,企业管理可以按照职能分工不同划分为市场、生产、财会和人力资源等职能管理部门,同时还划分为高层、中层、基层等不同管理层次。图 1.9 所示为一种常见的企业管理的金字塔结构,根据管理职能和管理层次的不同定义管理信息系统的功能结构,是一种最常见的管理信息系统功能结构组织方法。图 1.10 是一种常见的按职能划

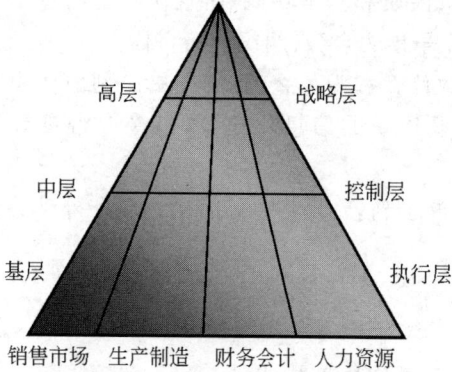

图 1.9　常见企业管理组织结构

分的企业管理信息系统的基本功能结构,其主要功能构成清晰、明了。

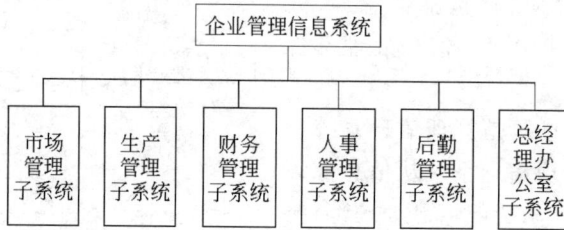

图 1.10　按职能划分的企业管理信息系统基本功能结构

**2. 软件结构**

管理信息系统的各种功能是由相应计算机软件程序具体实现的。图 1.11 所示为一

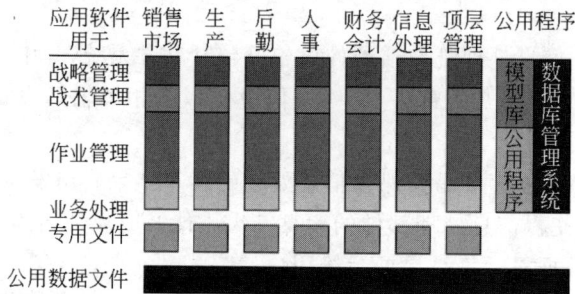

图 1.11　管理信息系统的软件结构图

种常见的管理信息系统软件组成模块结构,其中每个小方块代表一个程序模块或文件;每个纵向的矩形块代表支持组织某一管理职能的子系统,例如销售市场、生产、后勤、人事、财务会计等;每个职能子系统又可分为战略管理、战术管理、作业管理和业务处理等支持不同管理层次的功能模块。每个子系统可以有自己的专用数据文件,而公用的数据文件和程序(如公共信息处理程序、辅助决策模型以及数据库管理系统等)则是整个管理信息系统中可以被其他程序所共享的数据和程序。

随着编程工具和技术的不断发展,管理信息系统的软件结构也在不断发生变化,为了提高软件开发的效率和软件的易维护性,软件结构的模块化一直都是管理信息系统软件设计开发的基本组织原则。

### 3. 硬件空间分布结构

早期的管理信息系统多为单机、单项的应用系统,即管理信息系统的功能仅局限于支持某个职能部门的单项业务管理,所有的软件程序和数据都被存放在一台计算机上。随着计算机技术和网络通信技术的发展,管理信息系统的功能也在不断扩展,现代企业的管理信息系统正向综合集成应用系统的方向发展,即利用综合集成管理信息系统整合企业各职能部门和各管理层次的功能需求,最大限度地实现企业信息资源共享和高效的业务流程,使系统效益最大化。

综合集成管理信息系统的计算机硬件空间布局多为基于网络的分布式系统结构。图1.12所示为一种常见的综合管理信息系统的硬件空间分布结构,图中虚线的右侧是企业的内网,是连接企业内部各业务部门的计算机网络,可通过数据库服务器、应用服务器等共享设备支持企业内部数据的共享和各职能管理业务系统的运行;虚线的左侧是企业

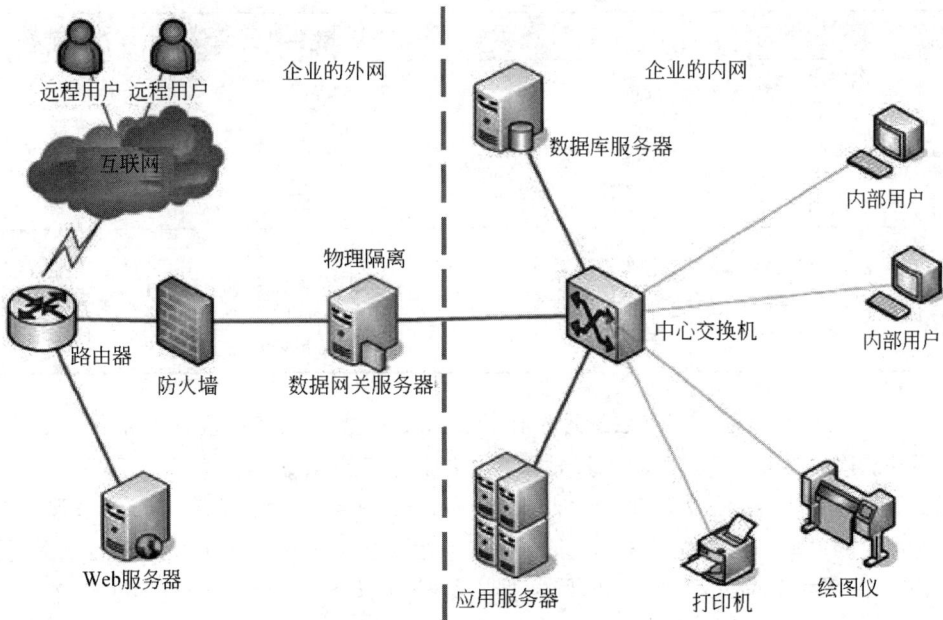

图1.12 某企业管理信息系统硬件空间组织结构图

的外网,企业客户、供应商等外部用户可以通过与因特网相连的路由器、网关等网络连接设备与企业的内网进行通信,实现企业内网与外网的数据交换和业务处理。

## 1.5 管理信息系统的应用类型

1954年,美国通用电气公司(General Electric Company,GE)首先使用计算机进行工资和成本的会计核算,开创了管理信息系统发展的先河。经过几十年的发展,基于信息技术的管理信息系统已经历了由单机到网络,由低级到高级,由电子数据处理、信息管理到决策支持,由单项事务处理到企业资源计划(ERP)、供应链管理(SCM)、电子商务等综合集成管理信息系统的发展历程。近年来,随着大数据、云计算、移动互联网、人工智能、物联网、区块链等新兴信息技术发展与应用的不断创新,管理信息系统的应用类型和应用方式也在不断地拓展丰富。从目前技术发展与应用的情况看,管理信息系统发展主要呈现网络化、集成化、智能化、虚拟化和移动化等显著特征。

目前,基于信息技术的管理信息系统应用已经渗透到企业、组织和社会生活的各个角落,下面是企业管理信息系统中一些常见的基本应用类型。

### 1.5.1 业务处理系统

业务处理系统又称事务处理系统(transaction processing system,TPS),主要用于订单录入、出/入库登记、工资核算、销售数据的记录和统计、员工档案管理等基层的日常业务处理及活动记录。表1.1是常见的企业TPS及其主要的功能构成。

表 1.1　常见的企业 TPS 及其功能

| TPS | 市场/销售系统 | 制造/生产系统 | 财务/会计系统 | 人力资源系统 |
|---|---|---|---|---|
| 主要功能 | 客户服务<br>销售管理<br>促销跟踪<br>价格变化<br>经销商联系 | 调度<br>采购<br>运输/接收<br>生产统计/监控 | 总账<br>开票<br>工资核算<br>成本会计 | 人事档案<br>福利管理<br>工资管理<br>员工培训 |
| 主要应用系统 | 销售订货系统<br>销售委托系统<br>销售支持系统 | 生产调度系统<br>采购订单系统<br>生产质量统计/监控系统 | 总账系统<br>工资核算系统<br>会计记账系统<br>资金管理系统 | 员工档案系统<br>薪酬福利系统<br>员工技能培训 |

TPS的主要作用是支持基层管理工作的常规信息处理查询和组织业务活动跟踪,例如某零件的库存数量,某员工的工资,某时间企业的产质量数据查询等。TPS可以帮助管理者处理日常事务,监控企业的运行状态,是组织中高层信息系统的数据来源。TPS是非常重要的基础信息系统,一旦出现故障或停运就会给企业带来重大损失甚至倒闭。

TPS一般由数据输入、业务处理、数据库维护、文件或报告生成、查询处理这5个功能模块组成,如图1.13所示。利用TPS进行信息处理的主要特点是计算简单,但数据处理量较大,处理数据的结构化程度高、实时性强。TPS的主要目的是提高事务处理的工作效率,减轻基层工作人员的劳动量。

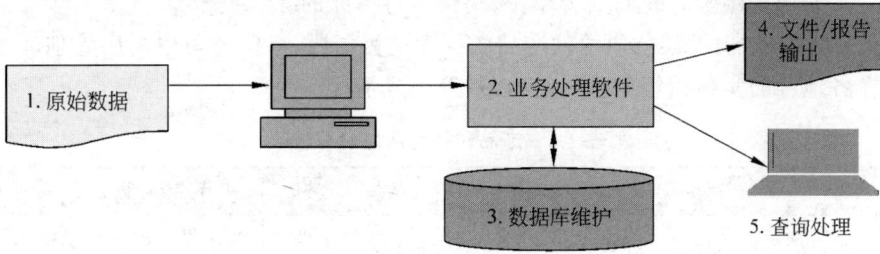

图 1.13　TPS 的概念模型

## 1.5.2　管理信息系统

中层管理者的主要任务是根据战略规划、目标和约束制订可执行的计划,并监控计划的实施情况。而能够为中高层管理者制订计划并监控计划的实施提供支持的信息系统就是高登·戴维斯教授于 20 世纪六七十年代最早提出的管理信息系统,因此它又被称为狭义(或传统)的管理信息系统(MIS)。TPS 与传统 MIS 的关系如图 1.14 所示。

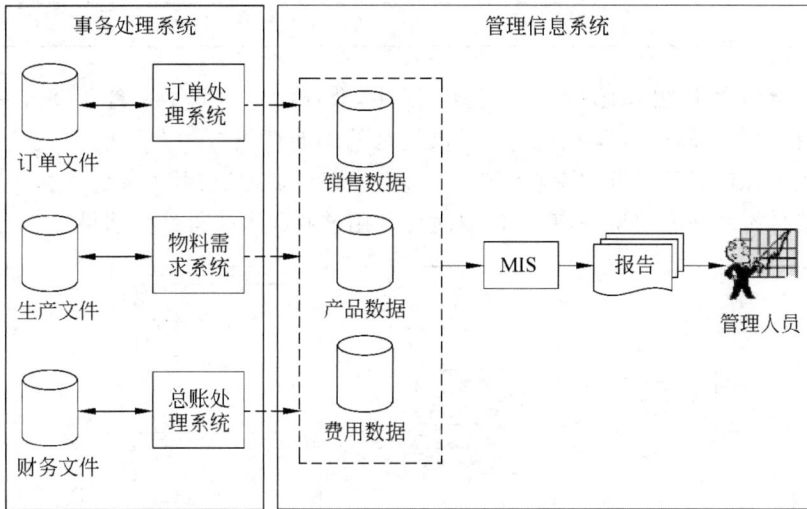

图 1.14　传统 MIS 与 TPS 之间的关系

传统的 MIS 主要用于帮助中层管理者制订计划,并监控计划的实施,及时发现并提醒存在的问题或市场机遇,将信息及时转化为价值。

传统的 MIS 有以下主要特点:利用一些数学模型或统计分析方法,将收集、存储的数据进行分析处理并向中高层管理者提供具有综合性和周期性特征的信息报告。例如,企业销售统计分析报告、库存补充报告、年度预算执行报告、销售或资金的预警分析报告、投资分析评价报告等。这些报告具有综合性和周期性。这些报告的综合性体现在,所用信息不是来自企业的某一个管理部门,而是从各职能部门或运行环节直接抽取的,这些信息在经过浓缩、汇总和综合后可以反映内部整体的综合业务情况;这些报告的周期性体现在，它们并不像 TPS 那样注重每日每时的实时信息处理和查询，而是从管理控制的目标出发，以周、旬、月、年等时间周期为单位，提供运行情况的综合报告。

例如，表 1.2 给出了某公司两款产品的年度销售情况，可使公司中高层管理者了解每款产品在各地区的实际销售量、计划销售量及完成情况。

表 1.2 产品和销售区域的分析

| 产品代码 | 产品名称 | 销售地区 | 实际销售量 | 计划销售量 | 完成情况 |
|---|---|---|---|---|---|
| 4469 | 地毯清洁剂 | 东北部 | 4 066 700 | 4 800 000 | 0.85 |
| | | 南部 | 3 778 112 | 3 750 000 | 1.01 |
| | | 中西部 | 4 867 001 | 4 600 000 | 1.06 |
| | | 西部 | 4 003 440 | 4 400 000 | 0.91 |
| | | 合　计 | 16 715 253 | 17 550 000 | 0.95 |
| 5674 | 空气清新剂 | 东北部 | 3 676 700 | 3 900 000 | 0.94 |
| | | 南部 | 5 608 112 | 4 700 000 | 1.19 |
| | | 中西部 | 4 711 001 | 4 200 000 | 1.12 |
| | | 西部 | 4 563 440 | 4 900 000 | 0.93 |
| | | 合　计 | 18 559 253 | 17 700 000 | 1.05 |

图 1.15 给出了传统 MIS 的概念模型。其中，数据库中存储了来自 TPS 的企业运营基础数据，报告生成软件可以为管理者提供定制的周期性报告和专用报告，数学/统计模型是计算机内存储的用于管理者制订生产计划、库存订货计划、财务资金预算计划等企业计划或决策分析的数学模型程序，在需要时可调用这些程序获得计算结果。

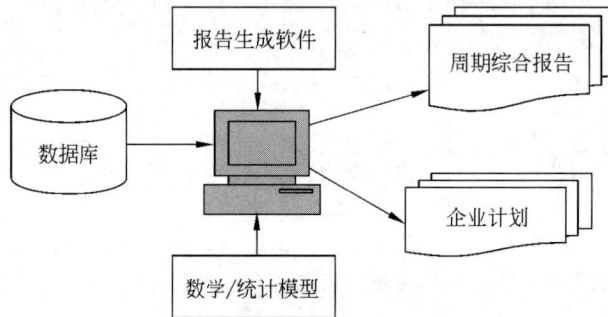

图 1.15　传统 MIS 的概念模型

## 1.5.3　决策支持系统

虽然传统的 MIS 可为中高层管理者提供许多综合报告，但是在实际应用中并未达到预期的效果。中高层管理者很少去看这些报告，这是因为他们觉得对自己的决策没有帮助。1971 年，美国麻省理工学院的两位教授 G. Athony Gorry 和 Michael S. Scott Morton 提出了决策支持系统(decision support system，DSS)的概念。

决策支持系统是指能帮助组织高层决策者解决半结构化或非结构化决策问题的一类

信息系统。

DSS 以友好的人机交互方式为决策者提供决策所需信息,通过管理决策模型进行计算或对相关历史数据进行统计分析,为决策者提供各种决策建议或可行方案,运用经管模型模拟或估计决策方案实施的结果提高决策者决策的科学性和质量,使决策能够取得理想的效果。

DSS 具有以下主要特点。

(1) 数据来源需求广泛,既有来自企业 TPS 和传统 MIS 收集存储的内部数据,也有来自国内外政治、经济、市场环境的外部信息。

(2) 虽然传统 DSS 的模型计算较为复杂,但数据处理量不是太大、实时性要求也不高。

(3) 人机交互界面友好,便于决策者能够快速地掌握和使用。

DSS 的组成结构如图 1.16 所示,其中,DSS 的信息源既有内源的也有外源的;DSS 的输入接口是连接内源信息和外源信息的接口;DSS 中的数据库、模型库和方法库,既可以为决策者提供决策所需信息,也可以帮助决策者分析决策问题,辅助制定决策方案;DSS 的输出接口可以为决策者提供一些分析报告、模拟决策实施结果以及信息查询结果等。

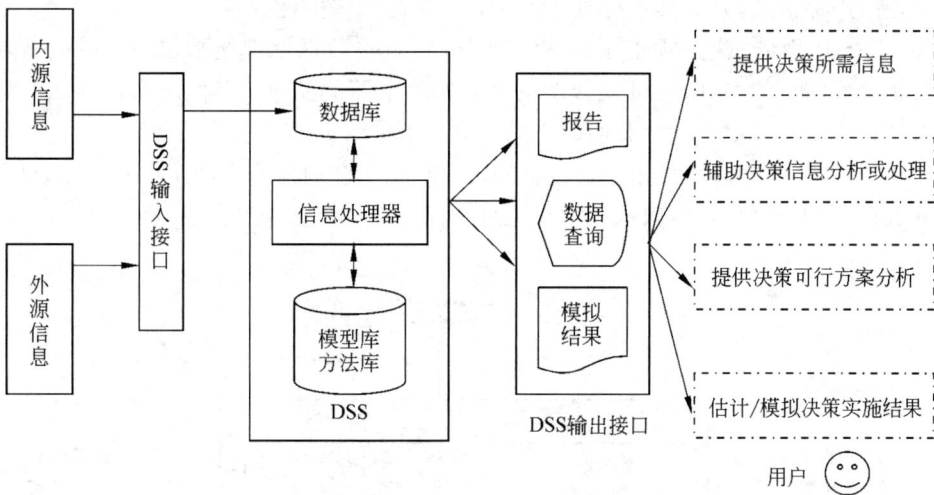

图 1.16  DSS 的一般组成结构

从 20 世纪 80 年代以后,DSS 的研究进展很快,特别是人工智能、专家系统、知识工程、数据挖掘等新技术的引入和应用,使 DSS 的研发取得了一些实质性的突破,形成许多新的发展分支,例如,专家系统(ES)、智能决策支持系统(IDSS)、商务智能(BI)、群决策支持系统(group decision support system,GDSS)等。如今 DSS 已被广泛应用在商业、金融、证券、保险、医疗、军事等各个行业。调查资料显示,当前世界前 500 强企业有 70% 都使用了智能决策支持系统。

### 1.5.4  经理支持系统

经理支持系统(executive support system,ESS)是为组织战略决策层开发设计的另一类信息系统。ESS 面对的不是某类或某个特定决策问题,而是为高层管理者开发的一个通用的信息系统。它具有功能强大的数据通信能力和综合信息检索及处理能力,是为高层管理者提供的面向随机的、非定制的、非结构化的用于信息需求和决策的信息支持系统。

ESS 的特点和主要作用是,使用非常友好的图形界面,使高层管理者仅需要很少的学习成本就可以获得所需要的图形化、个性化和集成化的企业经营管理重要数据。

ESS 的主要目的是为高管提供一个快速、便捷、直观的企业经管数据综合信息查询平台。例如,某企业 ESS 可以为企业高管们提供每分钟的公司财务状况,它们由工资、会计应付、现金流和库存等重要的系统汇总统计报表数据组成,这些信息直观地显示在数字表仪表盘上,这些数字仪表盘可以帮助管理者快速直接地了解当前的企业经营业绩和运营状态,数字仪表盘已逐渐成为 ESS 的一个流行特征。

ESS 信息处理的主要特点如下。

(1) 它既能够从组织内的各系统(TPS/MIS)中提取综合性数据,也能够从组织外部的各种信息渠道获取所需的数据,同时还能够对这些数据进行综合、筛选与聚合操作。

(2) 与传统 DSS 应用模型分析不同,ESS 倾向于较少应用分析模型,而是通过广泛收集企业内外部信息,并对其进行过滤、压缩,并跟踪一些关键数据。

(3) ESS 运用最先进的通信技术和多媒体技术,将数据处理结果快速、准确、直观地展示在领导面前。例如,ESS 可以帮助决策者回答下面的问题:我们应当做什么? 竞争者在做什么? 要提高销售利润我们的产品应当卖给谁? 等等。

图 1.17 是一个 ESS 概念模型,它由带有菜单、图形和通信能力的工作站组成,可利用内外部数据,存取历史、竞争数据并进行汇总查询和统计分析等工作。

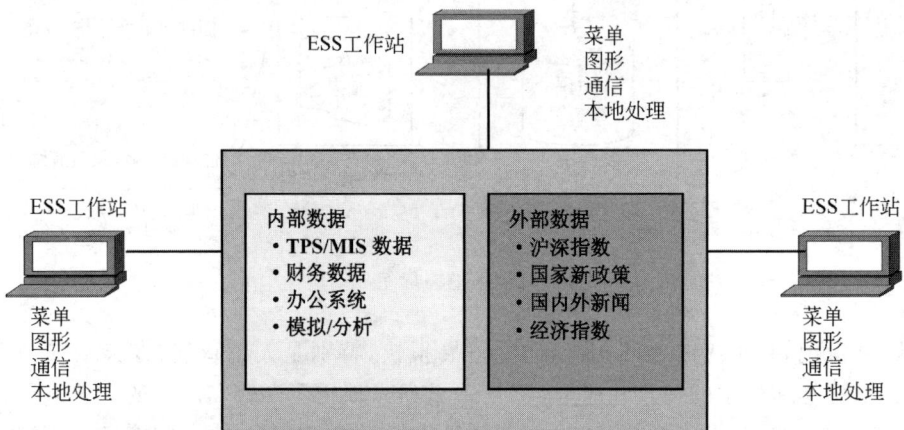

图 1.17 经理支持系统的概念模型

## 1.5.5 企业集成系统

传统的管理信息系统大多是围绕着不同职能、管理层次和企业过程开发的,这些独立的管理信息系统之间不能自动交换信息,形成了一个个信息孤岛,即各种信息(如计划、生产、销售、财务信息等)无法在部门与部门之间顺畅地流动和共享。因此,当企业的所有部门分别采用独立的管理信息系统之后，虽然部门内部的工作效率提高了，但由于各部门的管理信息系统只关心本部门的业务，并不考虑与其他部门之间的信息交流，所以企业数据被分散于各部门的几十个甚至几百个信息系统中，忽略了企业运营管理的整体系统性需要，这不仅使企业的信息化投资效益难尽如人意，甚至可能对组织整体效率和绩效提升造成负面影响。

此外，随着经济全球化和电子商务的飞速发展，当今的市场竞争已成为一种速度和时间的竞争，企业必须对市场变化和客户需求做出快速响应和调整才能立足市场，这就要求企业各部门之间的信息流和工作流能很好地协作与共享。

企业集成信息系统正是为解决上述问题提出的，计算机技术特别是网络通信技术的快速发展，为企业集成信息系统的开发应用提供了坚实的基础。企业资源计划（ERP）系统是现代企业集成信息系统的一个典型代表，它通过对整个企业的关键过程和资源进行协调和集成管理，让过去分裂的企业销售、生产、财务、人力资源等企业过程及其信息，在ERP系统中得到集成和共享。管理者可以通过ERP及时、准确地了解当前企业运行的全部信息，从而做出准确的判断、控制和决策。ERP的目的在于以企业资源计划的最佳化为出发点，整合企业各项业务管理，并最大限度地提高企业经营效率。

例如，当某公司的销售人员向公司的ERP系统输入了某客户的订单后，系统数据流控制程序会将该订单数据自动推送到公司所有相关部门或人员的计算机终端；公司在香港的工厂在接收到这个订单后会准备开始生产；仓库在线进行校核和调度运输日期；ERP系统中存储的生产数据可以让客服人员读取产品制造过程每个环节的数据，跟踪订单进展情况；更新的销售和生产数据会自动进入会计系统；计算销售人员提成的子系统会将信息推送至工资部门；系统可计算公司资金平衡表，会计应收应付账款、成本中心账和可用现金；位于伦敦的公司总部可查看企业过程的每一步，一分钟前的销售、库存和生产数据，并能查看更新的销售和生产预测，以及产品的成本和可用数量等信息。

图1.18所示为一张ERP系统的核心功能概览图。

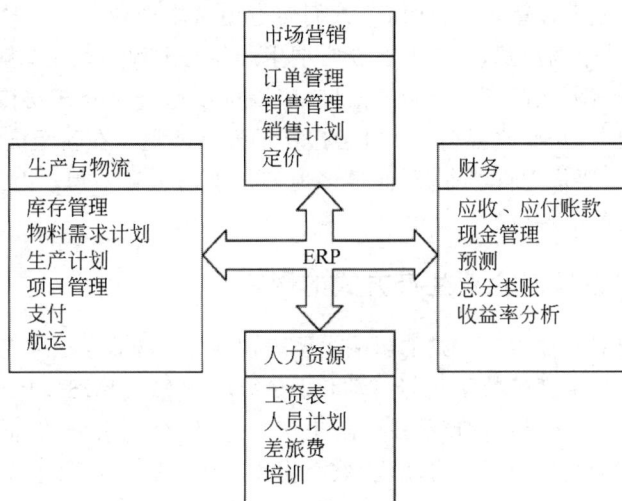

图1.18　ERP系统功能概览图

## 1.6 管理信息系统对企业的影响

基于 IT 的管理信息系统应用已渗透到企业管理的方方面面,它不仅改变了传统企业的管理手段,也对企业的生产、经营和管理方式的变革产生了深远影响。深刻认识这种变革和影响,有助于认识和理解本课程学习的目的和意义,对于将来应对信息时代带来的种种变革和挑战十分必要。

### 1.6.1 管理信息系统对企业竞争方式的影响

管理信息系统对企业竞争方式的影响主要表现在以下方面。

(1) 竞争白热化。现代信息技术应用突破了传统时空的局限,贸易国际化和经济全球化已成为不可阻挡的历史潮流。因特网和电子商务的应用,使企业间的竞争不再受地域和国界等地理位置的限制,无数新的竞争对手可能会在任何时间、任何地点出现,竞争的国际化、无边界化,使企业间的竞争更加激烈并趋于白热化。

(2) "快鱼吃慢鱼"。基于信息网络的经济活动很少受时间因素的制约,它可以全天候运行。产品老化加快,创新周期不断缩短,企业之间的竞争越来越成为一种时间和速度的竞争。未来的市场竞争已不再是"大鱼吃小鱼"而是"快鱼吃慢鱼"的竞争。

(3) 创新已成为现代企业的核心竞争力。一方面,产品更新换代的速度不断加快,使企业只有不断创新才能抢占市场竞争的制高点;另一方面,任何一个新产品在推向市场后都只能有短暂的垄断。在新经济时代,建立在科学技术迅猛发展基础上的企业创新能力已经普遍增强,一个企业推出的新产品用不了多久就会被大量更新的产品替代,决定企业竞争力的主要因素已由技术规模转变为创新能力。

(4) 信息和知识成为企业重要的战略资源。今天的市场已转变为由客户消费欲望驱动的买方市场,因此企业不能再简单地按照人们的基本需求大规模生产同质产品,而必须研究和发现人们的消费欲望,解决如何让人们愿意消费本企业产品。捕获和收集人们消费欲望的信息、驱动市场消费,是企业在新时期生产经营过程中首先要解决的问题。由于信息和知识与其他资源之间存在着置换效应,所以可以通过充分开发和利用信息和知识来改进其他资源要素,从而改善企业和社会经济的发展质量。在新经济时代,企业的可持续竞争优势,不再主要依靠自然资源,而更多地仰仗于信息和知识。因此,信息和知识已成为当今企业重要的战略资源。

### 1.6.2 管理信息系统对企业生产方式的影响

管理信息系统对企业生产方式的影响主要表现在以下方面。

(1) 产品设计与生产的数字化与自动化。CAD、CAM、CIMS、ERP 等管理信息系统应用,已完全改变了传统企业的产品设计与生产方式,使企业由分散、低效的手工产品设计与生产方式转变为集成、高效、自动化、数字化和网络化的产品设计与生产方式,从而极大地提高了企业的生产效率。

(2) 企业生产的敏捷化和柔性化。运用敏捷制造(agile manufacturing,AM)、虚拟企业(virtual enterprise,VE)、同步工程(synchronous engineering,SE)等先进的制造理念和技术,可以使企业实现多品种、小批量的个性化产品设计与柔性生产,通过组建虚拟企业,可以使企业在有限的生产能力下,对市场和客户需求做出快速、灵敏、有效的反应,使企业能够充分抓住市场机会,在竞争中立于不败之地。

（3）产品设计与生产的个性化和网络化。网络技术和电子商务系统的应用,使企业与企业、企业与消费者之间建立了直接联系,买卖双方可以随时进行互动式的双向(而非传统营销中的单向)交流,客户不但是企业产品的消费目标和对象,而且是企业产品生产与销售的参与者和控制者。通过计算机网络系统的互联,客户可以参与企业产品的设计和生产过程,从而能够实现企业针对客户需求进行个性化的产品设计、生产和营销。

### 1.6.3　管理信息系统对企业经营方式的影响

管理信息系统对企业经营方式的影响,主要表现在市场全球化,营销网络化、虚拟化、全天候化、直接化、个性化等。

（1）市场全球化。互联网电子商务使企业进行全球化交易已没有了传统地理位置的障碍和局限,市场全球化是信息时代的一大特点。无论是大企业还是小企业,只需花费极低的成本就可以通过互联网构建自己的全球贸易营销网,成为全球化的企业。因此,在网络时代距离的因素影响越来越小,经营者的地域优势会逐步丧失。只要企业的产品和服务的性价比有足够的优势,就可以畅销全世界。

（2）营销网络化、虚拟化、全天候化。企业可以在互联网上开展电子商务,将自己的产品和服务转移到网上进行营销,并且可以进行"24×365"模式的全天候运转,这种网络化、虚拟化、全天候的新型经营模式,不但极大地降低了企业经营成本,而且提高了企业的运行效率和服务质量,已成为企业的主流营销模式。

（3）营销直接化、个性化。在电子商务环境下,消费者可以主动上网搜寻所需商品的有关信息,而不是被动接受商家提供的信息,因此逐渐取得了交易的主动权。网络技术的应用使得消费者获得了空前的商品选择权,可使个性化需求得到充分满足。传统企业那种仅能满足客户同质化需求的营销方式,必将被这种在满足同质化基础上的个性化需求营销方式代替。这是因为后者才是真正能满足由客户消费欲望驱动的买方市场所需的营销方式。通过互联网,企业还可以充分收集消费者的意见和反馈,指导自己下一步的生产经营活动,"一对一"营销和定制化生产已成为企业营销发展的重要趋势。

传统的以企业产品为中心的4P(product、price、place 和 promotion)营销理论,已被现代以顾客需求为中心的4C(customer、cost、convenience 和 communication)营销理论所替代。

### 1.6.4　管理信息系统对企业管理方式的影响

管理信息系统对企业管理方式的影响主要表现在管理信息系统规划应成为企业战略的重要组成部分,组织结构的扁平化,组织模式的柔性化和虚拟化,学习型组织,管理的数字化、集成化和精细化,管理决策的科学化和智能化,以及企业流程重组,等等。

（1）管理信息系统的规划应成为企业战略的重要组成部分。管理信息系统的广泛应用,正在越来越多地替代手工作业和劳动,加速了企业生产经营管理方式的数字化和自动化。管理信息系统已成为现代企业生产力要素的一个重要组成部分。因此,管理者在制定企业战略时必须充分认识现代管理信息系统应用给企业发展和目标实现带来的重要影响,并将其纳入企业战略的一个重要组成部分进行科学系统地规划与管理,充分利用信息技术资源,支持和推进企业不断进行技术创新、管理创新、营销和服务等创新,提升企业的核心竞争力。

(2)组织结构的扁平化。管理信息系统的应用可以使传统企业中层的监督协调功能和上传下达功能被部分替代,操作执行层可直接与决策层沟通交流。因而,中间管理层的作用被管理信息系统逐渐替代,使得组织结构趋于扁平化。而扁平化的组织结构可使企业对市场环境的变化做出更快速灵敏的反应,提高了企业的市场竞争力。

(3)组织模式的柔性化和虚拟化。管理信息系统的应用使信息传递直接化以及传递成本极大缩减,可以让企业根据一定的市场任务和价值创造需要,随时构成一种跨组织职能部门的、具有共同目标需求的协同工作团队或项目小组。这种柔性的组织模式使企业更具灵活性、协作性和效率性。这种柔性组织突破了企业的界限,即构成了虚拟企业。在虚拟企业组织中,各加盟企业可以充分发挥自身优势,实现资源共享,并以最低的成本适应快速多变的市场需求,使价值创造最大化。

(4)学习型组织。创新是现代企业的核心竞争力,而企业创新能力的提升是一个不断积累的过程。在这一过程中,学习是获得该能力的首要途径。企业不仅要从自身的实践过程中学习,而且还应向用户、供应商学习,甚至向竞争对手学习。现代企业必须作为一个不断学习的组织才能够善于创造,必须根据新知识和自身领悟来调整自身行为,以适应不断变化的环境,正所谓"终身学习,永续经营"。为此,西方管理学者提出了"学习型组织"的管理理念,其目的就在于通过建立员工终身学习和全员学习的机制来开发员工的创造能力,提高企业经营者的素质,增强企业的创新竞争力。目前,这种管理理念已被国内外不少大公司应用,取得了良好的效果。

(5)管理的数字化、集成化和精细化。现代集成信息系统(如 ERP)的应用,在实现企业内部的各部门数字化管理和信息共享的同时,也实现了企业过程的一体化和自动化。ERP 系统的应用还可以使企业将其外部的合作供应商和客户作为企业资源的一部分进行系统的整合与集成化的管理,以达到企业资源的最佳协调和优化配置及综合利用。ERP 等系统的应用,使企业由传统分散、粗放、低效的管理模式转变为现代集成、精细、高效的管理模式。例如,在 ERP 系统中,管理者可以追踪到每件库存物品的用途以及每个订单当前的状态等信息,这在传统手工管理模式下是难以想象的。管理的数字化、集成化和精细化,使企业最大限度地提高了运行管理效率,使生产力得到空前提高。

(6)管理决策的科学化和智能化。决策支持系统和经理支持系统的开发应用,不仅可以使决策者从内部和外部网络获取大量的一手资料,并且可以利用历史数据和经济管理模型进行决策定量分析,从而减少或消除传统主观经验决策的不确定性、随意性和主观性,增加了决策的科学性和可靠性。此外,用决策支持系统和经理支持系统辅助决策,可使决策过程更加科学化、自动化和智能化。DSS、ESS 和商务智能(BI)等管理信息系统的开发应用,可大大提高决策的效率、水平和质量。

（7）企业流程重组（business process reengineering，BPR）。ERP等集成管理信息系统的开发利用，可以通过帮助企业采用全新的信息集成管理和共享利用方式，实现信息流转路径的合理安排，舍去重复冗余的业务环节，促使企业流程的简化与高速化，使新的企业流程建立在更加科学的管理模式基础之上，只有这样才能真正使企业管理信息系统的投资收益达到最大化。因此，在企业信息化建设的过程中，应以企业流程优化重组为核心而展开，而不是单纯的管理信息系统的投资与采购。

综上所述，管理信息系统不仅是现代企业提高其生存竞争能力的有力工具和手段，还使企业运营管理方式产生了一系列深刻的变革，呈现出数字化、网络化、自动化、虚拟化、柔性化、智能化等一系列的新特征。因此，充分认识由信息技术发展应用引起的这场社会变革，掌握管理信息系统在组织管理中的应用、建设、管理的理论和方法，已成为未来管理者应当具备的新文化和素养，即信息文化和素养。

# 1.7 管理信息系统的学科特点

## 1.7.1 管理信息系统是社会技术系统

大量实践研究表明，管理信息系统本身并不能确保组织管理的有效性，它的建设不是单纯的IT投资，而需要配套的社会和组织环境建设。从组织内部看，应对企业流程进行优化、重组，将传统手工管理的低效企业过程进行改变；变革和创新组织结构和管理制度，使之与新建设的管理信息系统匹配。在进行管理信息系统的建设规划时，应选择与组织战略匹配的管理信息系统建设项目；对其进行开发建设时，应采用系统工程的方法；此外，还应对员工进行相应的技术培训。从组织外部来说，社会信息化基础设施的建设和发展、信息技术及服务行业的发展、信息技术及服务标准的规范、相关法规的制定、信息化人才的教育和培养等都与企业信息化建设和发展有着密不可分的联系。因此，从广义上讲，管理信息系统是一个社会技术系统，在管理信息系统的建设与应用过程中，应将其放到所在的组织与社会的背景中去做系统的考察和研究，这样就能避免用狭隘的、单纯的技术观点看待一个组织管理信息系统的投资、建设和应用等问题，使各级各类管理者用更加科学的态度和方法去管理组织信息化工作，从而使IT投资能产生最好的效益。

## 1.7.2 管理信息系统学科的主要研究内容

管理信息系统学科产生于20世纪60年代中期，美国明尼苏达大学企业管理学院的高登·戴维斯（Gordon B. Davis）教授是这一学科的开拓者。经过几十年的发展，管理信息系统学科目前已逐渐形成了众多的研究方向和分支，已构成了具有自身特色的理论及框架体系。这些研究方向和分支，有的已比较成熟，有的还处于探索和发展之中。

目前，管理信息系统学科的主要研究对象是有关管理信息系统的应用、建设和管理等问题，其研究内容主要集中在管理信息系统的技术、行为、管理理论以及信息资源的开发利用等几个方向。

### 1. 管理信息系统的技术研究

管理信息系统的技术研究方向又被称为"设计科学"的研究方向,注重根据社会、组织活动和人们的生活需求,设计能有效满足需求的信息技术应用系统,主要研究管理信息系统的需求模型、业务模型、功能(逻辑)模型、技术模型等系统技术的构建设计方法。管理信息系统工程化方法就是信息系统工程化。

由于信息技术在经济、政治、军事、科技、教育、卫生、文化、娱乐、公共服务等社会生活各个领域都有广泛应用,作为一门应用学科,研究和解决各领域发展中信息化应用系统的特殊性问题,既是其重要使命,也是自身不断创新的源泉。随着 IT 新技术的不断涌现,管理信息系统的应用领域、应用范围和应用模式也在不断地发展与创新,这些都给管理信息系统学科研究提供了源源不断的新课题,例如,ERP、虚拟制造、电子商务、移动商务、商务智能、电子政务等各行业的信息化,都是管理信息系统设计研究需要不断开拓的新领域。

### 2. 管理信息系统的行为学研究

管理信息系统行为学研究方向也被称为"组织学/社会学"研究方向,它注重分析现代信息技术系统与社会组织环境及人的心理、行为特征之间的相互影响,主要研究管理信息系统与人、组织、社会的关系及相互影响。例如,信息技术向组织和社会各领域特别是管理领域渗透与融合的规律,管理信息系统支持管理决策的理论和方法,信息化带来的组织和社会变革,组织与社会发展对管理信息系统的行为和功能变革产生的新需求,信息化对人的行为方式和思维方式的影响以及由此所形成的信息文化特征和内涵等,都是管理信息系统行为学研究的范畴和内容。

### 3. 管理信息系统的管理理论研究

管理信息系统开发应用不仅有技术问题,还有管理问题。管理信息系统的管理理论主要研究管理信息系统的规划、设计、实施以及运行与维护等相关的管理理论和方法,例如管理信息系统的项目规划、项目管理、运维管理、评价及方法的研究、监理与审计的理论和方法等。

### 4. 信息资源管理的理论与方法研究

作为现代社会发展的一种战略资源,信息不同于其他物质资源,信息资源管理理论主要研究信息资源的特性与社会经济价值计算方法、信息资源的优化配置,以及有效供给的理论和方法。信息资源开发利用和管理的理论方法及策略包括信息资源的分类、统计、检索、测评、管理的方法,信息资源的标准化与质量管理,信息共享与安全机制及管理方法,信息资源管理机构的设置与运行管理,信息产品与信息服务管理的理论方法及策略,信息化推进的机制与策略,等等。

近年来,随着大数据、云计算、移动互联网、人工智能、物联网、区块链等新技术和应用的快速发展,为管理信息系统学科带来了许多新的研究课题,例如社会网络与知识管理、大数据与决策可视化、物联网与社会感知、服务科学与信息系统、社交媒体与社会化商务、社交网络与企业舆情计算、新兴网络中的顾客洞察与营销策略等。由此可见,管理信息系统学科是一个与 IT 发展和应用紧密联系,并随其不断成长与发展的具有丰富内涵和外延的应用性和理论性都很强的新兴学科。

### 1.7.3 管理信息系统的研究方法

由于管理信息系统学科的研究内容和涉及领域十分广泛,因此管理信息系统学科属于一个多学科领域的交叉性学科。早期的系统理论、数学方法、管理理论和计算机科学是管理信息系统学科的主要理论与技术基础,当代管理信息系统的研究方法还涉及了经济学、社会学、心理学、语言学(符号学)等行为学科的概念、理论和方法,管理信息系统的当代研究方法主要包括技术方法和行为方法,如图 1.19 所示。

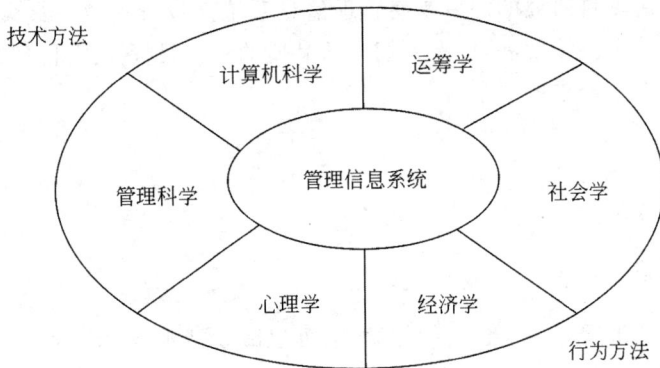

图 1.19　信息系统当代研究方法

**1. 技术方法**

技术方法强调基于模型的数学方法研究和基于信息技术的系统能力实现方法研究,例如,管理信息系统的处理方法、管理信息系统的建模及开发方法、管理信息系统的工程化方法等。

数学和计算机科学技术可帮助建立信息系统处理的理论和计算方法以及高效的数据存取处理方法等。管理科学的理论和方法可用于建立管理信息系统的管理决策模型,运筹学则是组织管理最优化选择的数学方法,例如运输、库存控制和生产计划与成本优化方法等。

**2. 行为方法**

行为方法主要研究如何解决管理信息系统在应用、开发和运维中产生的行为问题。例如,管理信息系统应用与组织战略的融合,组织和人的行为与管理信息系统行为的相互影响,人机交互关系研究等。在管理信息系统的行为方法研究中需要应用社会学、经济学、行为学、心理学等行为科学的理论知识。

行为方法的研究并不忽视技术,与之相反,技术经常对行为问题的研究和论证有促进作用。行为方法的关注点通常不是技术解决方案,而是信息系统用户的态度以及行为转变,以及管理行为、组织制度和企业文化等组织行为方式的转变,这些转变可以使组织减少管理信息系统使用过程中因人为障碍和环境障碍而造成的失败,并使管理信息系统的使用效益最大化。

因此,技术和行为的方法是现代管理信息系统领域两种相辅相成、相互补充的重要研究方法。

### 3. 管理信息系统学科的特点

综合本章所述,不难看出管理信息系统是一门正在发展中的新兴学科,具有综合性、应用性、交叉性和创新性等显著特征。随着管理信息系统发展和应用的普及深入,管理信息系统学科还将不断地丰富和发展。

管理信息系统学科研究的宗旨是使管理信息系统建设投资效益最大化,以达到促进社会生产力和经济可持续发展,提高人们生活品质的最终目标。因此,管理信息系统学科是信息时代的一个十分重要的学科。

# 本章小结

### 1. 信息的概念

信息是经过加工后有一定含义的数据,它可以减少或消除人们对事物认识的不确定性,并对接收者的决策有现实或潜在的价值。

### 2. 信息的属性

信息的属性主要有真实性、时效性、价值性、共享性、传递性、不完全性、层次性、可变换性、可压缩性等。

### 3. 系统的概念及思想

系统是由处于一定环境中相互联系和相互作用的若干要素组成的有机整体。系统的思想要点包括应从整体的、联系的、动态的、发展的和变化的角度去认识、建设和管理系统。

### 4. 系统工程方法

系统工程方法就是以系统的观点为基础,综合运用各种技术,在分析解决复杂的系统问题时应用的工程化方法。

### 5. 信息系统的概念

信息系统是一个借助于计算机、网络、通信等现代信息技术对信息进行加工处理,进而为管理者的决策提供服务的系统。

### 6. 管理信息系统的概念

管理信息系统是一个由信息、信息技术与设备和人等要素组成的,能进行信息收集、传递、存储、加工、维护和使用的人机系统。它不仅能够提高组织运行效率,支持组织管理决策,而且可以促进企业生产经营管理等各种创新,以达到提升组织生存和竞争能力,实现组织战略目标的最终目的。简单说,"管理信息系统是能在组织面临管理问题和挑战时予以解答的基于信息技术系统的解决方案"。

### 7. 管理信息系统的组成要素

管理信息系统主要由信息源(信息)、人(主要包括信息专家和用户)、信息技术及设备、管理规章及相关文档资料等关键要素所组成。

### 8. 管理信息系统的应用类型

常见的管理信息系统应用类型主要有业务处理系统(TPS)、传统管理信息系统(MIS)、决策支持系统(DSS)、经理支持系统(ESS)、企业集成系统(ERP)等。

(1) TPS 的主要目的和作用是支持基层管理的常规信息查询和跟踪组织业务活动,提高组织事务处理的工作效率,减轻基层工作人员的劳动量。

(2) 传统 MIS 主要利用一些数学模型或统计分析方法,向中高层管理者提供具有综合性和周期性特征的信息报告,其主要目的是向管理者报告企业生产经营的现状、存在问题和市场机会等,将信息及时转化为价值。

(3) 决策支持系统(DSS)是帮助组织高层决策者解决半结构化或非结构化决策问题的一类信息系统。它应用模型化及数量分析方法,以友好的人机交互方式为决策者提供决策所需信息,辅助决策者探索可行的解决方案,并可用决策模型模拟决策方案实施的结果。DSS 的主要目的是提高决策者决策的科学性和质量,使决策能够取得理想的效果。

(4) 经理支持系统(ESS)是为组织战略决策层建立的一个通用的信息系统。它借助功能强大的数据通信能力和综合信息检索及处理能力,为企业高管提供面向随机的、非定制的、非结构化信息需求和决策问题的信息支持。ESS 的主要目的是为高管提供一个快速、便捷、直观的企业经管数据综合信息查询平台。

(5) 企业资源计划(ERP)系统是现代企业集成信息系统的一个典型代表,它通过对整个企业的关键过程和资源进行协调和集成管理,让过去分裂的企业销售、生产、财务、人力资源等企业过程及信息,在 ERP 系统中得到集成,各部门间的相关信息可以在 ERP 系统中实现无缝流动和共享,以最大限度地提高企业经营效率。

### 9. 管理信息系统对企业管理方式的影响

管理信息系统的应用对企业管理方式的影响主要表现在以下方面:管理信息系统的规划应成为企业战略的重要组成部分,组织结构的扁平化,组织模式的柔性化和虚拟化,学习型组织,管理的数字化、集成化和精细化,管理决策的科学化和智能化,企业流程重组,等等。

### 10. 管理信息系统的学科特点及主要研究内容

管理信息系统学科是一个正在发展中的新兴学科,具有综合性、应用性、交叉性和创新性等显著特征。管理信息系统学科主要研究对象是有关管理信息系统的应用、建设和管理等问题,其研究内容主要集中在管理信息系统的技术、行为、管理理论以及信息资源的开发利用等几个方向。

# 习题 1

## 一、简答题

1. 从管理的角度说明什么是信息,并举例说明。
2. 试说明数据和信息的相互关系以及对人的行为产生的不同影响。
3. 系统的思想和特性是什么?
4. 什么是系统工程方法?霍尔系统工程方法论的核心思想是什么?
5. 什么是信息系统?其功能是什么?
6. 什么是管理信息系统?它由哪些要素组成?
7. 企业管理信息系统基本应用类型有哪些?它们的主要作用和目的分别是什么?
8. 简述管理信息系统对企业所产生的影响。
9. 简述管理信息系统学科的特点及主要研究内容。

## 二、讨论题

1. 试从信息使用价值的角度分析企业对广告投资的计算方法或模型。
2. 作为一个成功的管理者,对管理信息系统采取怎样的态度和策略才是明智之举?

## 三、实践题

1. 网络信息资源的特点。

网络信息资源通常是指在因特网上发布、查询、存取和利用的信息资源的总和,包括在因特网上可以获得的一切信息资源,例如网络数据库、电子图书、电子期刊、电子报纸、网页信息等。与传统信息资源相比,网络信息资源有以下明显的特点。

1) 优点

(1) 数量巨大,增长迅速。

(2) 内容丰富,形式多样。

(3) 结构复杂,分布广泛。

(4) 开放互动,共享性强。

(5) 传播快速,利用方便。

(6) 更新速度快,动态性强。

(7) 信息使用成本低。

2）缺点

（1）网络信息的质量参差不齐。

（2）分散无序、缺乏统一的专业化管理。

（3）稳定性差、精确度低、缺少安全保障。

2.网络信息资源的分类。

互联网已成为当今世界最大的信息资源库，其上的信息资源浩瀚无边、内容无所不包。对网络信息资源进行适当分类，有助于更好地进行检索和利用。

由于网络信息资源存在形式多样性、内容广泛，因此依据不同的划分标准，可将网络信息资源划分为不同的类型。例如，按信息媒体形式的不同，可划分为文本信息、图片信息、音频信息、视频信息、三维虚拟影像信息等；按信息发布渠道的正规与否，可划分为正式出版信息、非正式出版信息、半正式出版信息；按信息来源机构的不同可划分为政府（或社会团体）信息、教育信息、科研信息、企业（或公司）信息、新闻媒体信息、个人信息等。

按照信息检索的内容及表现形式的不同，常用的网络信息资源主要有以下几类。

（1）文献全文型信息。文献全文检索是以文献所含的全部信息作为检索内容，即检索系统存储的是整篇文章或整部图书的全部内容，例如，电子期刊、网上报纸、纸质期刊、电子图书、政府出版物、各类标准的全文信息等。表1.3列出了常用的国内全文文献数据库。

表 1.3    常用的国内全文文献数据库

| 名　　称 | 网　　址 |
|---|---|
| 中国知网（CNKI） | https://www.cnki.net/ |
| 万方数据知识服务平台 | https://www.wanfangdata.com.cn/ |
| 维普中文科技期刊数据库 | http://qikan.cqvip.com/ |
| 超星数字图书馆 | https://www.sslibrary.com/ |
| 书生之家 | http://shusheng.lib.sjtu.edu.cn |

（2）事实型信息。事实型信息检索是以特定客观事实为检索对象，借助于提供事实检索的检索工具与数据库进行检索，其检索结果为基本事实，例如，天气预报、电视节目预告、新闻、火车车次、飞机航班、城市或景点介绍、工程实况、IP地址，还有字典、词典、百科全书、年鉴、名录、表谱、图录等。表1.4列出了常用的百科全书类网络数据库。

表 1.4    常用的百科全书类网络数据库

| 名　　称 | 网　　址 |
|---|---|
| 不列颠百科全书 | https://www.britannica.com/ |
| 世界概况（The World Factbook） | https://www.cia.gov/the-world-factbook/ |
| 东方百科全书 | http://i-cias.com/e.o/ |
| 国家百科全书 | http://www.chinaculture.org/gb/cn_zgwh/2004-06/28/content_53558.htm |

| 名　　称 | 网　　址 |
|---|---|
| 维基百科 | https://wiki.mbalib.com/ |
| 百度百科 | https://baike.baidu.com/ |
| Wiley Encyclopedia of Electrical and Electronics Engineering | http://onlinelibrary.wiley.com/book/10.1002/047134608X |

（3）数值型信息。数值型信息包括各种物理、化学参数,电话号码,股票、基金数据、观测数据、统计数据等,例如电话号码黄页、理化参数手册、股票/基金专业网站发布的股票/基金指数及成交额等;各级政府部门发布的社会、经济统计年鉴和统计数据等。表1.5列出了常用的年鉴及统计类网络信息资源检索库。

表 1.5　常用的年鉴及统计类网络信息资源检索库

| 名　　称 | 网　　址 |
|---|---|
| 咨询年鉴 | http://www.infoplease.com/ |
| Europa World | https://www.europaworld.com/pub/ |
| 中国年鉴信息网 | http://www.chinayearbook.com/ |
| 国家统计局 | http://www.stats.gov.cn/ |
| 中国年鉴网 | http://www.yearbook.cn/ |
| 联合国统计署数据库 | https://comtrade.un.org/ |
| 经济合作发展组织(OECD) | https://www.oecd.org/ |
| 中国国务院发展研究中心信息网 | http://www.drcnet.com.cn/www/int/ |
| 中经网统计数据库 | https://db.cei.cn/ |

（4）数据库类信息。数据库类信息是由专门信息机构建立的信息资源库,例如DIALOG与万方等数据库、专利数据库、文摘数据库等,如表1.3和表1.4中所列的数据库等。

（5）微信息(Web 2.0特征)。微信息包括博客、BBS、邮件讨论组、网络新闻组等资源。

（6）其他类型。上述资源之外的其他类型,如图形、图像、音频、视频等。

3. 网络信息资源查询。

在互联网上查询信息的基本方法有如下几种。

（1）利用网址查询,例如 http://www.huel.edu.cn 是河南财经政法大学的首页网址。

（2）利用网络资源目录查询,例如,Yahoo!、新浪等网站的分类目录查询。

（3）利用搜索引擎查询。这是目前使用较多的网络信息查询方式,例如百度、谷歌等常用的搜索引擎;2006年后,兴起的垂直搜索引擎是不同于通用网页搜索的另一类搜索引擎,垂直搜索专注于特定的搜索领域和搜索需求(例如机票搜索、旅游搜索、生活搜索、小说搜索、视频搜索等),在其特定的搜索领域有更高的查准率和查全率,使用户有更好的体验。

（4）利用专业的网络资源数据库查询，例如 DIALOG、中国知网（CNKI）、万方数据知识服务平台、国家知识产权局专利库、NSSN 标准数据库等。

（5）利用网上图书馆查询，例如中国国家数字图书馆、中国科学院国家科学图书馆、超星数字图书馆、书生之家数字图书馆、OCLC Netlibrary 电子图书、Ebrary 电子图书等。

（6）其他查询方法查询。门户搜索引擎、AOL Search、MSN Search 等虽然提供搜索服务，但自身既没有分类目录也没有网页数据库，其搜索结果完全来自其他搜索引擎；又如站内搜索是通过网站页面上的"搜索/检索框"提供用户对本站内部的信息资源进行检索的服务；还有就是常见的网站提供的免费链接列表等。

4. 搜索引擎的高级检索技术。

搜索引擎是检索网络信息资源最常用的工具，是把因特网中的大量信息收集整理并将其索引，然后向用户提供检索服务的一种网络信息服务系统，常用的著名搜索引擎有 AltaVista、Google、Yahoo、百度、北大天网等都是综合性搜索引擎。综合性搜索引擎以网页、新闻组、图片、FTP、Gopher 等不同主题和类型的资源为搜索对象，信息覆盖范围广、适用广泛。此外，还可以利用以下常用的"检索符"构成一些"高级检索式"，以提高查全率、查准率。

（1）加号（＋）。加号表示限定搜索结果中必须包含的内容，例如，搜索"B2B 电子商务＋阿里巴巴"就表示搜索结果包含"B2B 电子商务"，同时也必须包含"阿里巴巴"。

（2）减号（－）。减号则相反，表示限定搜索结果中不包含的内容，例如，"B2B 电子商务-阿里巴巴"就表示搜索结果包含"B2B 电子商务"但不包含"阿里巴巴"。

（3）双引号（""）。双引号的作用是精确查找，表示完全匹配，只要给搜索的词组加上双引号就能得到精确的搜索结果，例如，查询"管理信息系统"，查询结果是包含完整的管理信息系统的词条，而非"管理"或者"信息系统"等词条。

（4）并行搜索（｜）。"A｜B"表示搜索或者包含关键词 A，或者包含关键词 B 的内容，例如，当需要查询"图片"或"写真"相关内容时，不需分两次查询，只要输入"图片｜写真"进行搜索即可，例如，百度会提供跟"｜"前后任何关键词相关的内容。

（5）书名号（《》）。书名号是百度独有的一个特殊查询语法，在其他搜索引擎中，书名号会被忽略，而在百度，中文书名号是可被查询的，加上书名号的查询词具有两层特殊功能：一是书名号会出现在搜索结果中；二是被书名号括起来的内容不会被拆分。书名号在某些情况下特别有效，例如，想查找电影《手机》的相关内容时如果只输入"手机"，很多情况下查找结果是通信工具手机的相关内容，而搜索"《手机》"的结果就都是与这部电影相关的内容。

（6）"inurl:"指令。"inurl:"指令用于搜索关键词出现在 url 中的页面，如图 1.20 所示。"inurl:"指令支持中文和英文。

（7）"intitle:"指令。使用"intitle:"指令返回的是页面标题中包含关键词的页面，使用"intitle:"指令的搜索结果是比较准确的，如图 1.21 所示。

（8）"filetype:"指令。"filetype:"指令用于搜索特定的文件格式，例如，"filetype:pdf 管理信息系统"返回的是包含管理信息系统关键词的所有 PDF 文件。"filetype:"指令支

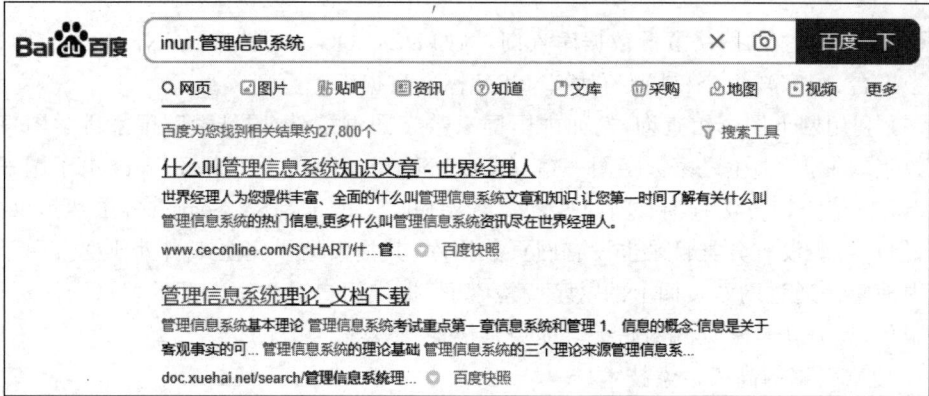

图 1.20 "inurl:"指令用于搜索查询词结果

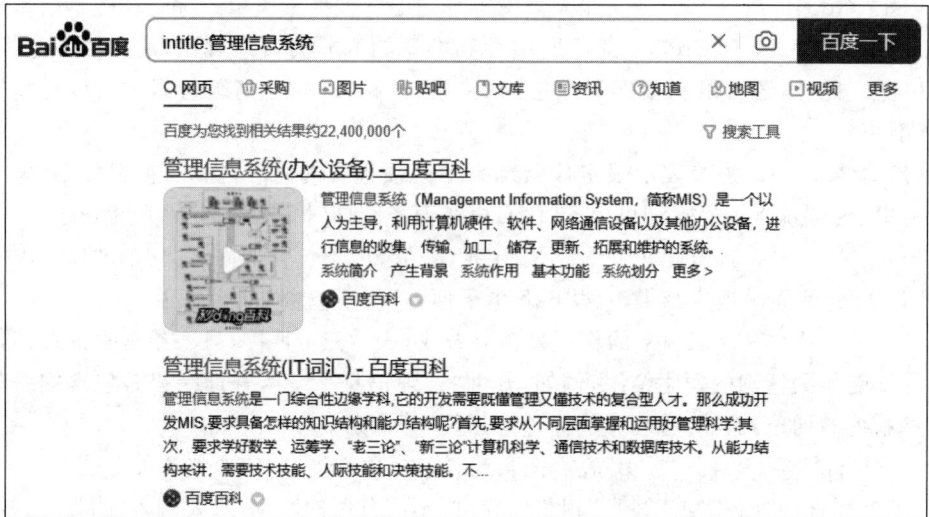

图 1.21 "intitle:"指令用于搜索查询词的结果

持 PDF、DOC、XLS、PPT、RTF 等文件格式。

（9）"site:"指令。"site:"指令用于搜索某个指定域名下的所有文件，也可以用于子域名。

不同的信息检索系统可能会有不同的"检索符"和"检索式"的构成规则，当使用一个新的检索系统时，可以通过该系统提供的检索帮助功能，了解其高级实用技术以提高检索效率和质量。

# 第 2 章　信息技术基础设施

**本章学习目标**

- 了解信息技术基础设施的构成。
- 了解信息技术基础设施发展的规律。
- 了解软硬件平台及其发展历程和未来趋势。
- 明确信息技术与信息系统的关系。

计算机技术、网络技术和数据库技术是现代信息技术(information technology,IT)的核心技术,也是现代信息系统的技术基础。企业和组织所使用的信息系统赖以运行的基础设施,包括计算机硬件以及与之相配套的软件。本章将介绍计算机硬件和软件的相关基础知识,并且介绍信息技术与信息系统之间的关系。

## 2.1　IT 基础设施概述

IT 基础设施是运营整个企业或组织时必需的硬件设施和软件系统的集合。一个企业或组织的 IT 基础设施提供了客户服务、供应商联系以及内部企业过程管理的基础,因此 IT 基础设施决定了企业信息系统当前以及未来 3～5 年的能力。图 2.1 显示了信息系

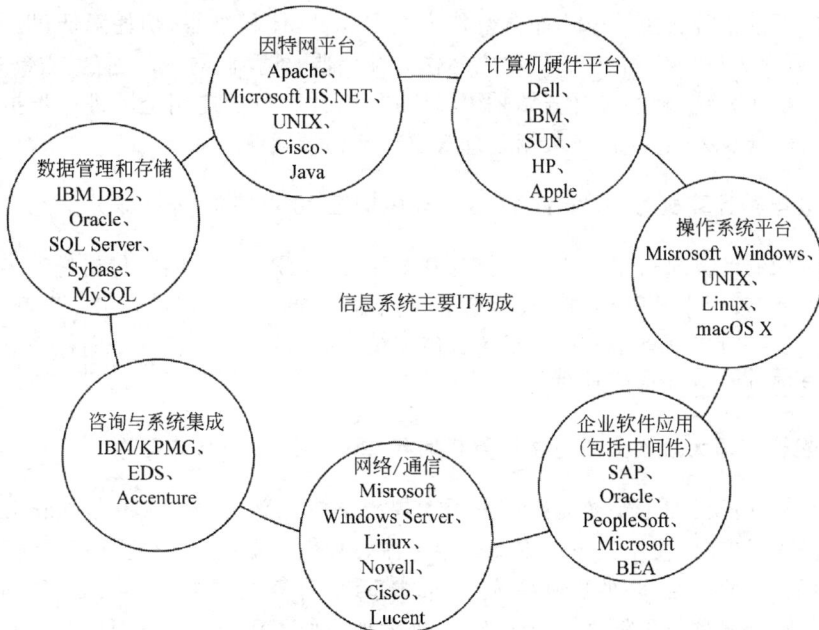

图 2.1　信息系统主要信息技术

统信息技术构成的主要组成部分,并列出相应的主要供应商。

IT 基础设施主要包括计算机硬件和软件两大类,如图 2.2 所示。硬件是指组成计算机(通常指计算机系统)的各种物理设备的统称,是计算机系统的物质基础;软件是指为了运行、管理和维护计算机而编制的各种程序、数据以及相关文档的总称。计算机系统各种功能都是由软件和硬件共同协作完成的。

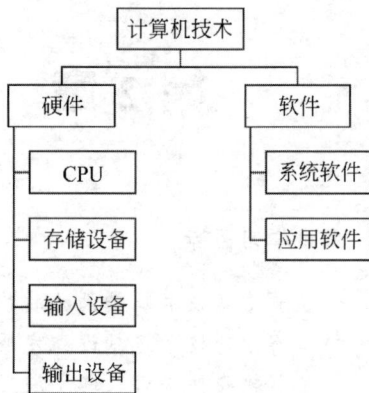

图 2.2　计算机硬件和软件构成

## 2.2　计算机硬件的基础知识

### 2.2.1　计算机硬件的发展历程

硬件是计算机系统工作的基础,是计算机系统中各种设备的总称。到目前为止,计算机硬件的发展经历了 4 个时代。

**1. 电子管计算机时代(20 世纪 50 年代)**

这一时期计算机的主要特点是采用电子管作为基本元件,程序设计使用机器语言或汇编语言,主要用于科学计算,运算速度为几千次至几万次每秒。

**2. 晶体管计算机时代(20 世纪 50 年代末至 20 世纪 60 年代中期)**

这一时期的计算机主要采用晶体管为基本元件,体积缩小,功耗降低,提高了速度(可达几十万次每秒)和可靠性。使用磁芯作为存储器,外存储器采用磁盘、磁带等。这一时期出现了操作系统,程序设计开始采用高级语言,计算机的应用范围进一步扩大,除进行传统的科学计算外,还应用于数据处理等更广泛的领域。

**3. 集成电路计算机时代(20 世纪 70 年代中期至 20 世纪 70 年代末)**

这一时期的计算机采用集成电路作为基本元件,体积减小,功耗、价格进一步降低,可靠性有更大提高,用半导体存储器代替磁芯存储器,使得运算速度达到了几十万次至几百万次每秒。这一时期计算机的操作系统日臻完善,程序设计思想已逐步向标准化、模块化和系统化发展,应用范围更加广泛。

**4. 大规模和超大规模集成电路计算机时代(20 世纪 70 年代末至今)**

这一时期计算机的主要功能器件采用大规模集成电路(large scale integration,LSI)和超大规模集成电路,使用集成度更高的半导体芯片作为存储器,运算速度可达百万次至数万亿次每秒。此阶段,多处理机系统、分布式系统、计算机网络等系统结构方面的研究进展迅速。随着各种应用软件的层出不穷,极大地方便了用户;系统软件的发展使得计算机的自动化运行得以实现,并向智能化方向迈进。

### 2.2.2　计算机硬件的主要构成

现代的计算机硬件理论上包括 5 个基本组成部分：运算器、控制器、存储器、输入设备、输出设备。运算器用于进行加、减、乘、除等基本运算，存储器用于存放数据和指令，控制器用于自动执行指令，操作人员可以通过输入设备和输出设备与主机进行通信。计算机内部采用二进制编码来表示指令和数据。操作人员将编好的程序和原始数据送入主存储器后，启动计算机工作，计算机无须干预就能逐条取出和执行指令。

#### 1. 处理器

中央处理器(central processing unit，CPU)由运算器和控制器组成，是任何计算机系统中必备的核心部件，如图 2.3 所示。

(1) 运算器是对数据进行加工处理的部件，它在控制器的作用下与内存交换数据，负责进行各类基本的算术运算、逻辑运算和其他操作。在运算器中含有暂时存放数据或结果的寄存器。运算器由算术逻辑单元(arithmetic logic unit，ALU)、累加器、状态寄存器和通用寄存器等组成。ALU 是用于完成加、减、

图 2.3　CPU 芯片

乘、除等算术运算，与、或、非等逻辑运算以及移位、求补等操作的部件。

(2) 控制器是整个计算机系统的指挥中心，负责对指令进行分析，并根据指令的要求有序和有目的地向各部件发出控制信号，使计算机的各部件协调一致地工作。控制器由指令指针寄存器、指令寄存器、控制逻辑电路和时钟控制电路等组成。

寄存器是 CPU 内部重要的组成部分，用于临时存储数据，既可以存放数据和地址，又可以存放控制信息或工作的状态信息。

现代计算机通常采用多个 CPU 进行并行处理。使用计算机的多个 CPU 同时执行程序，是实现超高速计算的重要方法。

CPU 性能的高低直接决定了一个计算机系统的档次。反映 CPU 性能最重要的指标是主频和处理指令的位数。主频反映了 CPU 的运算速度，主频越高，CPU 的运算速度越快。现在常见的 CPU 主频有 3.0GHz、3.6GHz 等。在使用了睿频技术的 CPU 处理复杂应用时，可自动提高 $10\%\sim20\%$ 的主频，以保证程序的流畅运行。

处理数据的位数是指计算机能同时并行传送并处理的二进制信息位数。常说的 16位机、32 位机和 64 位机，是指该计算机中的 CPU 可以处理 16 位、32 位或 64 位的二进制数据。早期的微型计算机 286 机是 16 位机，386/486 机是 32 位机，目前主流的 Intel i3、i5 和 i7 等 CPU 都是属于 64 位机。随着 CPU 型号的不断更新，微型计算机的性能也不断提高。

#### 2. 存储器

计算机系统的一个重要特征是具有极强的"记忆"能力，能够把大量的计算机程序和数据存储起来。存储器是计算机系统内最主要的记忆装置，既能接收计算机内的信息（数据和程序），又能保存信息，还可以根据命令读取已保存的信息。

存储器按功能可分为主存储器(简称主存)和辅助存储器(简称辅存)。主存的存取速度相对较快而容量较小,辅存相对存取速度较慢而容量较大。

(1) 主存储器,也称为内存储器(简称内存),内存直接与 CPU 相连接,是计算机系统中主要的工作存储器,也是信息交流中心,当前运行的程序与数据存放在内存中,如图 2.4 所示。

绝大多数计算机的内存是由半导体材料构成的,采用大规模集成电路或超大规模集成电路器件。内存按其工作方式的不同,可以分为随机存储器(又称读写存储器)和只读存储器。

图 2.4 常用内存芯片图例

① 随机存储器(random access memory,RAM)是一种半导体存储器。它允许随机地按任意指定地址与内存单元之间进行信息存取,对任意地址的存取时间是相同的。随机存储器的特点是既可以从中读出数据又可以写入数据;读出数据时并不损坏原来存储的内容,只有写入数据时才修改原来所存储的内容;由于信息是通过电信号写入存储器的,所以断电时随机存储器存储的内容会立即消失,因此 RAM 又被称为易失性存储器。通常所说的内存就是指 RAM。

② 只读存储器(read only memory,ROM)也是一种半导体存储器。它是只能读出而不能随意写入信息的存储器。ROM 中的内容是由厂家制造时用特殊方法写入的,或者要利用特殊的写入器才能写入。当计算机断电后,ROM 中的信息不会丢失。当计算机重新被加电后,其中的信息保持不变,仍可被读出。ROM 常用于存放计算机启动的引导程序、启动后的检测程序、系统最基本的输入输出程序、时钟控制程序以及计算机的系统配置和磁盘参数等重要信息。

(2) 辅助存储器位于主机的外部,又称为外部存储器(简称外存),是内存的扩充。外存一般具有存储容量大、可以长期保存暂时不用的程序和数据、信息存储性价比较高等特点。计算机执行程序和加工处理数据时,外存中的信息按信息块或信息组先送入内存后才能使用,即计算机通过外存与内存不断交换数据的方式使用外存中的信息。

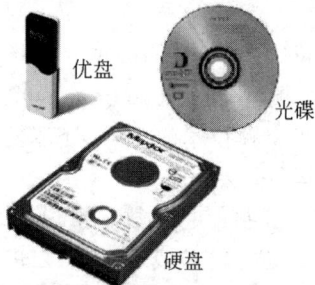

常见的外存包括硬磁盘(简称硬盘)、闪存盘(又称优盘)和光碟,如图 2.5 所示。

一个存储器中所能存储的字节数称为该存储器的存储容量。存储容量通常用千字节(KB)、兆字节(MB)、吉字节(GB)、太字节(TB)作为单位。目前几乎所有的信息增量都以数字化形式存储,全世界产生的新信息量差不多每年翻一番。因此,大规模数据存储对于信息管理的发展具有重要意义。

图 2.5 常见的外部存储器

### 3. 输入设备

现代的计算机能够接收各种各样的数据,图形、图像、声音等都可以通过不同类型的输入设备(input device)输入计算机中进行存储、处理和输出。

计算机的输入设备按功能可分为下列几类。

(1) 字符输入设备：键盘。

(2) 图形输入设备：鼠标器、操纵杆、光笔。

(3) 图像输入设备：摄像机、扫描仪、传真机。

(4) 模拟输入设备：语言模数转换识别系统。

常见的输入设备如图 2.6 所示。

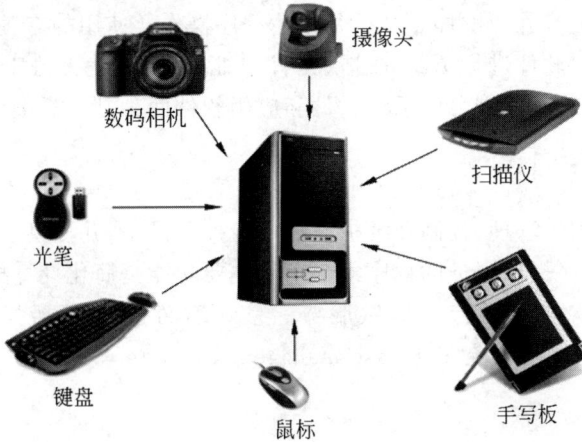

图 2.6　常见的输入设备

### 4. 输出设备

输出设备(output device)是人与计算机交互的一种部件，用于数据的输出。输出设备把各种计算结果以数字、字符、图像、声音等形式表示出来，将计算机输出信息的表现形式转换成外界能接受的表现形式。输出设备是将计算机的处理结果返回给外部世界的设备。这些返回的结果可能是作为使用者能够感官体验的或是作为该计算机所控制的其他设备的输入。由计算机输出的信息通过各种输出设备的转换可以将字符、图形和图像显示在屏幕上或打印在纸上，可以记录在磁盘、磁带、纸带或存储卡上，可以转换成模拟信号直接送给有关控制设备(例如直接转换成语音)。

常见的输出设备包括显示器、打印机、绘图仪、投影仪、刻录机等，如图 2.7 所示。

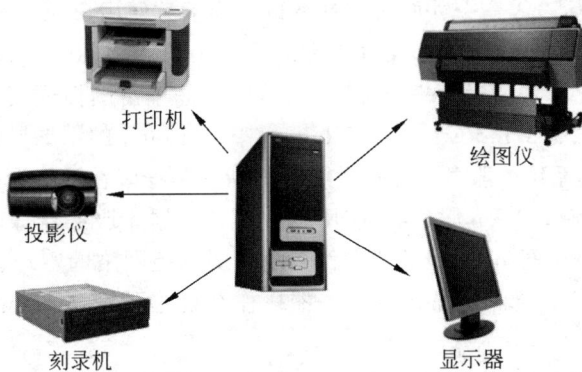

图 2.7　常见的输出设备

## 2.3 计算机软件的基础知识

计算机软件是支持计算机运行的各种程序,以及开发、使用和维护这些程序的各种技术文档的总称。程序是以某种形式的计算机语言(机器指令、BASIC 语言、C 语言等)表达的解决某种问题的步骤或顺序。文档是描述程序操作及使用的有关资料,没有文档,程序设计人员就无法对软件进行更新、改造、完善和维护,用户就无法正确地使用软件。从应用的角度出发,可将软件划分为系统软件和应用软件两种基本类型。

### 2.3.1 系统软件

系统软件是指用于管理、控制和维护计算机与外围设备,并提供了计算机与用户界面的软件,是为其他程序提供服务的程序集合。其主要功能是简化计算机操作,充分发挥硬件性能,支持应用软件的运行并提供服务。系统软件主要包括操作系统(operating system,OS)、数据库管理系统(database management system,DBMS)等。

#### 1. 操作系统

操作系统是最基本的系统软件,是通过合理地组织工作流程来提高计算机系统的工作效率、方便用户使用的具有管理和控制功能的程序集合。操作系统是用户与计算机的接口,用户可以通过操作系统非常方便地使用计算机。

操作系统的功能如下。

(1) 对系统资源的管理。通过中央处理器(CPU)管理、存储管理、设备管理、文件管理及作业管理对各种资源进行合理的调度分配,改善资源的共享和利用情况。

(2) 充当用户与计算机之间的桥梁。使用户的操作变得方便,提高工作效率。

目前的操作系统可以大致分为桌面操作系统、服务器操作系统以及嵌入式操作系统等类型。

(1) 桌面操作系统。桌面操作系统一般安装在单台计算机上,同一时间只能一个用户使用。MS-DOS 等早期的桌面操作系统是典型的命令行界面操作系统。用户只能在命令提示符(如 C:)后输入命令才能操作计算机。为了方便用户的操作,随后发展出的图形用户界面操作系统中,每个文件、文件夹和应用程序都用图标表示,所有的命令都以菜单或按钮的形式列出。若要运行一个程序,只需用鼠标单击图标或菜单即可。典型的图形用户界面操作系统有 Windows 系列、Ubuntu(基于 Linux 的图形界面操作系统)等。

(2) 服务器操作系统。服务器操作系统一般指的是安装在网络中提供重要服务的计算机上的操作系统,例如 Web 服务器、应用服务器和数据库服务器等,是企业 IT 系统的基础架构平台。在一个网络中,服务器操作系统还要承担网络的管理、配置、稳定、安全等功能,处于网络中的心脏部位。常用的服务器操作系统主要有 Windows Server、NetWare、UNIX 和 Linux。

(3) 嵌入式操作系统。嵌入式系统,是一种完全嵌入受控器件内部,为特定应用而设计的专用计算机系统。嵌入式操作系统是一种用途广泛的系统软件,负责嵌入式系统的全部软、硬件资源的分配、任务调度,控制、协调并发活动。目前在嵌入式领域广泛使用的操作系统有嵌入式 Linux、Windows Embedded、VxWorks 等,以及应用在智能手机和平板计算机上的 Android、iOS 等。

**2. 数据库管理系统**

数据库管理系统(DBMS)是为管理和操纵数据库而设计的软件系统。其基本功能是数据定义、数据操作和数据库运行管理。目前,DBMS 产品很多,例如单机环境下的小型数据库管理系统 Access、Visual FoxPro、Paradox 等,网络环境下的大中型数据管理系统 MS SQL Server、Oracle、IBM DB2 以及 MySQL 等。

## 2.3.2 应用软件

应用软件是面向用户、为用户服务的软件,是为解决各类实际应用问题而编写的程序,不同的应用软件会为不同的用户和服务领域提供不同的功能,是为了某种特定的用途而开发的。应用软件一般包含专业软件和工具软件两类。

**1. 专业软件**

专业软件是指为特定用户解决某一具体问题而开发的软件,例如用友公司的 ERP、CRM 等企业管理信息化解决方案,金蝶软件的企业管理软件 ERP、电子商务应用解决方案,以及机票预订系统、图书情报检索系统、档案管理系统、辅助教学软件等。

**2. 工具软件**

工具软件是为了方便用户使用而提供的通用软件工具,如微软公司用于办公的 Office 系列,Adobe 公司用于平面设计的 AutoCAD、Photoshop,Symantec 公司用于系统维护的 Norton 等。

## 2.3.3 程序设计语言

程序设计语言又称编程语言,是一组用来定义计算机程序的语法规则。它是人与计算机之间交流的语言,是人与计算机之间传递信息的方式,可以标准化的交流技巧向计算机发出指令。通过计算机语言,程序员能够准确地定义计算机所需要的数据以及在不同情况下应采取的行动。计算机语言的种类非常多,总的来说可以分成机器语言、汇编语言、高级语言三大类。

**1. 机器语言**

早期的计算机不配置任何软件,只认识"0"和"1",程序设计人员只能使用二进制数编码操控计算机,这样的程序称为机器语言。使用机器语言十分不便,若需要修改程序错误,更是困难。此时,程序就是一个个的二进制文件,一条机器语言就是一条指令。指令是不可分割的最小功能单元。由于每台计算机的指令系统不尽相同,所以在一台计算机上执行的程序,要想在另一台计算机上执行,必须另外编写,造成了重复工作。由于计算机可以直接执行机器语言,因此执行速度快是机器语言的唯一优点。

**2. 汇编语言**

由于机器语言使用困难,人们想出了用符号(称为助记符)来代替机器语言中的二进制代码的方法,设计了汇编语言。汇编语言又称符号语言,其指令的操作码和操作数地址全都用符号表示,大大方便了记忆,但它仍然是一种面向机器的程序设计语言,机器语言所具有的缺乏通用性、烦琐、易出错、不够直观等缺点汇编语言也都有,只是程度上较轻而已。用汇编语言书写的程序保持了机器语言执行速度快的优点。在汇编语言被计算机执行时,必须先被翻译成机器语言形式的程序(称为目标程序),完成这种翻译工作的程序叫汇编程序。

**3. 高级语言**

高级语言是面向用户的、基本上独立于计算机种类和结构的语言。其最大的优点是形式上接近于算术语言和自然语言,概念上接近人们通常使用的概念。高级语言的一个命令可以代替几条、几十条甚至几百条汇编语言的指令。因此,高级语言易学易用,通用性强,应用广泛。高级语言有三大优点。

(1) 高级语言更接近自然语言,一般采用英语表达语句,便于理解、记忆和掌握。

(2) 高级语言的语句与机器指令并不存在一一对应关系,一个高级语言的语句通常对应多个机器指令,因而用高级语言编写的程序短小精悍,不仅便于编写,而且容易发现错误和修改。

(3) 高级语言基本上与具体计算机无关,即通用性强。程序员不必了解具体机器指令就能编制程序,而且所编的程序稍加修改或不用修改就能在不同的机器上运行。

高级语言也是不能被计算机直接识别和执行的,必须先翻译成机器指令的目标程序才能执行。翻译的方式分为解释方式和编译方式。

(1) 解释方式使用的翻译软件是解释器,它把高级语言源程序一句句地翻译为机器指令,每译完一句就执行一句,当源程序翻译完后,目标程序也执行完毕。

(2) 编译方式使用的翻译软件是编译器,它将高级语言源程序完整地翻译成机器指令的目标程序,使目标程序和源程序在功能上完全等价,然后执行目标程序,得出运算结果。

常见的高级语言包括微软公司的 Visual Basic.NET、C++、C♯ 以及 SUN 公司的 Java 等。

## 2.4 计算机硬件的发展规律及趋势

### 2.4.1 计算机硬件的发展规律

近些年,计算机的计算能力呈指数上升,硬件成本迅速下降,伴随着处理器、存储和网络技术的发展,IT 基础设施发展十分迅猛。

### 1. 摩尔定律

目前计算机处理器的处理能力每18个月翻一番,而成本每18个月下降一半。这就是著名的摩尔定律。微处理器中集成的晶体管数量飞速上升,计算能力也随之飞速上升,但单位计算成本却飞速下降,而且这种趋势还在继续延续,原因在于芯片制造商正在不断地使晶体管的尺寸越来越小。2002年,Intel公司采用的是130nm的生产工艺,在2014年,Intel公司就采用了更先进的22nm的工艺。虽然传统的硅芯片技术面临着一定的物理极限,但是随着科技的不断进步,还会涌现新的技术。例如,Intel公司认为,通过纳米技术,可以将晶体管的尺寸缩小到几个原子大小。

### 2. 克拉底定律

此外,美国电子工程师和物理学家克拉底于2005年提出,硬盘的存储密度每过13个月增加一倍,即硬盘容量每13个月增加一倍。这一计算机存储容量的发展规律又被称为克拉底定律(Kryder's law)。硬盘驱动器存储器的存储记录密度的提高速度比摩尔定律的每18个月增加一倍的速度还快。硬盘驱动器存储记录密度在1956年为$2Kb/in^2$;到2005年发展为$110Gb/in^2$。硬盘驱动器存储记录密度能快速提高的最基本原因是阿尔伯特·费尔特(Albert Fert)和彼得·格伦伯格(Peter Gruenberg)二人于约1997年发现的巨磁电阻效应,将它做成传感器(磁头),使记录密度迅速提高。未来随着科技的发展,硬盘等存储器的密度和容量会不断地快速增长。同时新形式的存储设备也会不断出现,例如固态盘(SSD)等技术极大地改善了原有硬盘存储技术的缺陷。

### 3. 梅特卡夫定律

随着互联网时代的来临,计算机网络呈现超乎寻常的指数增长趋势,而且爆炸性地向经济和社会各领域进行广泛的渗透和扩张。网络中计算机的数目越多,网络对经济和社会的影响就越大。由3Com公司的创始人、计算机网络先驱罗伯特·梅特卡夫提出的互联网的价值会随着用户数量的增长呈现算术级数增长或二次方增长的规则,称为梅特卡夫定律。换句话说就是,计算机网络的价值等于其结点数的平方。

通过摩尔定律和克拉底定律,可以理解为什么今天可以获得的计算资源和存储资源是如此的充足。这些计算和存储资源不断增加的原因是因为网络时代的到来。当越多的计算机结点加入计算机网络后,计算机网络的价值会以更高的速度增长。网络的优势是信息的共享,规模越来越大的计算机网络意味着需要更多的计算资源处理越来越多的信息和存储这些信息的空间。

## 2.4.2　计算机硬件的发展趋势

20世纪90年代以来,世界计算机技术的发展更为迅速,产品不断升级换代。未来计算机的发展趋势向着巨型化、微型化、网络化和智能化的方向发展。

### 1. 巨型化

巨型计算机技术是未来计算机硬件的发展前沿。巨型机(又称超级计算机)是一种速度快、精度高、内存大和功能强的具有"超级计算"能力的计算机。"超级计算"（super computing）这一名词第一次出现于《纽约世界报》1929 年关于 IBM 为哥伦比亚大学建造大型报表机（tabulator）的报道。超级计算机通常是指由数百数千甚至更多的处理器（机）组成的、能计算普通 PC 和服务器不能完成的大型复杂课题的计算机。

截至 2021 年，中国的神威·太湖之光排名世界超级计算机榜单第四，位列第一的是日本的富岳。值得一提的是，入围 500 强的超级计算机总数中，中国共有 186 台，位列第一。

**2. 微型化**

随着超大规模集成电路技术的发展以及移动计算市场需求的快速增长，计算机微型化的发展趋势日益凸现，微型计算机迅速发展，涉及电子元器件的微型化和模块化、微型长效电池、微电子技术带动的超大规模集成电路和超精细加工技术等。微型模块化设计更是顺应了微型计算机小巧、便携、功能强、集成度高、智能化的发展趋势。用于核工业、航天、军事等尖端科技领域的微型计算机，是一个国家计算机技术水平和现代科学技术水平的标志。

在民用领域，随着计算机微型化技术的提高，继台式计算机、笔记本计算机后，又出现了智能手机、平板计算机等更加便携的移动计算设备。相对于传统的计算机，这些移动便携设备具有相当的功能，但体积和重量却大大减少，在某种程度上扩展了人类感知世界的能力。

从个人数字助理（personal digital assistant，PDA）演变而来的智能手机从最早 IBM 公司 1993 年推出的 Simon 开始，历经诺基亚手机时代，发展到目前苹果公司的 iPhone（如图 2.8 所示）和各种 Android 智能手机，已经几乎完全占领了移动通信市场。2010 年，苹果公司推出的 iPad 标志着平板计算机（俗称平板电脑）时代的来临，如图 2.9 所示。2010 年"平板计算机"关键词搜索量增长率达到了 1328%，平板计算机对传统 PC 产业，甚至对整个 3C 产业带来了革命性的影响。

图 2.8　智能手机 iPhone　　　　　图 2.9　苹果公司的 iPad 平板计算机

此外，可穿戴设备的概念也逐步开始进入人们的视野。Google 公司于 2012 年推出

的 Google Glasses 是一种"拓展现实"眼镜,其集智能手机、GPS、数字照相机于一身,可在用户眼前展现实时信息。用户无须动手便可上网冲浪或者处理文字信息和电子邮件,可以用自己的声音控制拍照、视频通话和辨明方向。苹果公司于 2015 年春季宣布发布的 Apple Watch 是一种全新的智能手表,具有多种智能设备的功能。它可以实现如接打电话、Siri 语音、信息、日历、地图等功能,支持电话、语音回短信、连接汽车、天气、航班信息、地图导航、播放音乐、测量心跳、计步等几十种功能。

智能眼镜或者智能手表等可穿戴设备只是开端,计算机微型化未来的发展可能会变得更加贴近人们的生活,与日常的一举一动紧密相关,拓展了人类的感知能力。

随着技术的发展和对便携计算设备的进一步需求,计算机设备的微型化进程会不断推进。逐步从人们熟知的个人计算机、平板计算机、智能手机进化到更加微型的便携计算设备。

### 3. 网络化和虚拟化

利用现代通信技术和计算机技术,可将分布在不同地点的计算机互连起来,组成一个规模大、功能强的计算机网络系统。通过计算机网络,可以实现软件、硬件和数据资源的共享,提高了计算机系统的使用效能。随着计算机网络的迅速发展和普及,出现了网格计算、云计算等新型的计算应用模式。

网格计算(grid computing)是伴随着互联网迅速发展起来的、专门针对复杂科学计算研发的新型计算模式。这种计算模式是利用互联网把分散在不同地理位置的计算机组织成一个"虚拟的超级计算机",其中每台参与计算的计算机称为一个结点。而整个系统是由成千上万个结点组成的一张网。这种"虚拟的超级计算机"有两个优势:一个是数据处理能力超强;另一个是能充分利用网上闲置的处理能力。实际上,网格计算是分布式计算(distributed computing)的一种,网格是一个集成的计算环境资源(又称"计算资源池"),网格能充分吸纳各种软硬件计算资源,并将它们转化为可方便利用的计算能力。

网格计算模式首先把要计算的数据分割成若干"小片",而计算这些"小片"的软件通常是一个预先编制好的屏幕保护程序,然后不同结点的计算机可以根据自己的处理能力下载一个或多个数据片段和这个屏幕保护程序。只要结点计算机的用户不使用计算机,屏保程序就会工作,这样这台计算机的闲置计算能力就被充分地调动起来了。网格计算不仅受到需要航天、气象等大型科学计算的国家级部门的关注,也受到很多大公司的追捧。例如,IBM 公司的 Grid Computing 计划,SUN 公司也推出 Sun Grid Engine 新软件促进网络计算的发展。网格计算的重要的商业应用是支持其他行业的商业应用。例如飞机和汽车等复杂产品的生产要求对产品设计、产品组装和产品生命周期管理进行计算密集型模拟。其他一些实例还有对复杂金融环境的模拟,以及生命科学领域的许多项目。网格环境的最终目的是,从简单的资源集中、数据共享,最后发展到协作计算。

云计算(cloud computing)是一种商业计算模型,是指基于互联网的超级计算,即把存储于个人计算机、移动电话和其他设备上的大量信息和处理器资源集中在一起协同工作。它将计算任务分布在由大量计算机构成的资源池上,使各种应用系统能够根据需要获取计算能力、存储空间和各种软件服务。作为一种新兴的共享基础架构的方法,云计算可以将巨大的系统池连接在一起以提供各种信息技术服务。很多因素推动了对这类环境的需求，其中包括连接设备、实时数据流、面向服务的体系结构的采用以及搜索、开放协作、社会网络和移动商务等这样的 Web 2.0 应用的急剧增长。另外，数字元器件性能的提升也使信息技术环境的规模大幅度提高，从而进一步加强了对由统一的云进行管理的需求。云计算是网格计算的进一步发展，或者说是一种商业实现。从本质上说，云计算是充分利用互联网上的软件和数据处理的能力实现按需计算（on-demand computing）。当企业所需的计算能力超过设备能力时，可以通过网络向远程的大规模数据处理中心购买所需的计算能力。用户购买计算能力可以帮助用户解决现有计算机系统所要解决的问题，就像购买电或水一样。云计算目前出现的形式有云物联、云安全、云存储、云游戏等。而从提供的服务的角度来看，云计算具有 3 个层次的服务：基础设施即服务（infrastructure as a service，IaaS），平台即服务（platform as a service，PaaS）和软件即服务（software as a service，SaaS）。

### 4. 智能化

智能化是使计算机具有人的感觉和思维推理能力，成为真正的"电脑"。其主要内容包括图形的识别、自然语言的生成与理解、专家系统、智能机器人、自动程序设计、自动定理证明和问题求解等。智能化即是计算机对人类智能的模拟、延伸和扩展。

1）自动驾驶汽车

自动驾驶汽车又称无人驾驶汽车，是一种使用计算机系统实现无人驾驶的智能汽车。它使用多种传感器来控制距离，模拟替代驾驶员的操作。自动驾驶依靠人工智能、视觉计算、全球定位系统协同合作，可以看作一个移动智能系统的缩影。自动驾驶汽车甚至不需要有人在车内。

自动驾驶汽车使驾驶更加简单，降低了驾驶成本。自动驾驶比人工驾驶更节约汽油，酒后无法驾驶的情况也将避免。出租车将不再需要司机，打车费用也会下降。

自动驾驶汽车会使驾驶更加安全，据统计，目前 90% 的交通事故的直接原因都是人为失误。未来，自动驾驶汽车将给人们带来更安全的驾驶、更少的事故、更少的酒后驾驶以及更少的堵车。

2019 年，由中国移动提供 5G 技术支持，河南省郑州市郑东新区智慧岛开通了可自动驾驶的公交客车线路，如图 2.10 所示。在该区域内，河南移动部署了 27 个 5G 网络基站，实现了 5G 网络信号全路段覆盖。网络定点上传速率达到 90Mb/s，定点下载速率超过 700Mb/s，实现了自动驾驶车辆车载系统与自动驾驶平台的数据瞬时交互，响应时间只需 10ms。

2）三维打印

三维打印（3 dimensional printing，3DP）是一种增材制造（additive manufacturing，AM）技术。它融合了计算机辅助设计、材料加工与成型技术，以数字模型文件为基础，通过软件与数控系统，将专用的材料逐层堆积，制造出实体物品，这使得过去因受传统制造方式的约束而无法实现的复杂结构件制造变为可能。三维打印在交通运输、航空航天、工

图 2.10　无人驾驶汽车

业装备、医疗等领域已有了大量的应用。

　　例如,耐克公司于 2018 年发布的 Vaporfly Elite Flyprint 跑鞋,由于在生产过程中使用了三维打印技术,使材料形状和恢复能力更理想。此外,使用三维打印系统 ChefJet Pro 能打印形状复杂、色彩多样的糖果及巧克力等食品,使用 ChefJet Pro,几乎不需要任何基础,就可以制作精美的定制点心。

　　如图 2.11 所示,2020 年 5 月,中国首飞成功的长征五号 B 运载火箭上就搭载了"三维打印机"。这是中国首次进行太空三维打印实验,也是国际上第一次在太空中开展连续纤维增强复合材料的三维打印实验。这次打印的对象有两个,一个是蜂窝结构(代表航天器轻量化结构),另一个是 CASC(中国航天科技集团有限公司)标志。

图 2.11　长征五号 B 运载火箭

## 2.5 计算机软件的发展趋势

### 1. 开放源码

开源软件(open source software)是在获得开放源码许可后发布的将源码公开的软件，用户可以对软件自行修改、复制和再开发。例如，Linux 操作系统、MySQL 数据库管理系统都是著名的开源软件。经过世界各地的志愿程序员不断改进的开源软件的性能通常优于某个软件公司开发的商业软件。

开源软件主要由分布在世界各地的编程爱好者开发，一些大学、政府机构承包商、协会和商业公司也会参与其中。开源软件的思想是以开放创新、共同创新为特点，凝聚同一领域更多人的智慧，实现资源的更大范围的共享。开源软件与 UNIX、Linux 以及因特网的联系非常紧密，其中有许多硬件需要支持，开放源码是实现交叉平台移植的唯一可行方法。

开放源码有很多优点，因此吸引了越来越多的大中型企业及政府投入资源开发开源软件。如今，很多国家都在推广开源软件，这个趋势还会一直持续。开源软件的广泛使用不仅为政府机构节省了大量经费，同时也降低了对闭源软件潜在安全风险的忧虑。

### 2. 软件外包

随着企业信息化的发展，逐渐产生了替换原有系统、开展新业务的需求，因此企业需要不断地从外部购买新的软件来满足新的应用。企业从外部获得应用软件通常有 3 个来源：一是商业软件供应商提供的商用软件包；二是应用服务提供方提供的软件服务；三是将定制软件的开发外包给其他公司(通常是劳动力成本较低国家的公司)。

(1) 购买商用软件包。企业应用软件是企业信息系统的重要组成部分。如 SAP、Oracle 等公司可以提供功能强大的 ERP 企业应用软件包，能够支持企业的主要业务过程，包括企业生产管理、仓储管理、顾客关系管理、供应链管理、财务管理和人力资源管理等。企业购买这些一体化的商业应用软件包，将比自行开发相关软件大大节约开发成本。

(2) 购买软件服务。应用服务提供方(application service provider，ASP)通过因特网或专用网络，向远程用户提供软件应用和计算机服务。用户可以向 ASP 租用所需的软件功能，从而节约购买、安装和维护相应软件系统的成本，并可以规避系统开发的失败风险。对于某些规模庞大的系统，企业可能无力承担费用，而通过向 ASP 租用，企业可以实现这些系统的功能。

(3) 将定制软件的开发外包给其他公司。软件外包就是企业为了专注核心业务、降低软件项目成本，将软件项目中的全部或部分工作外包给提供外包服务的企业完成软件需求的活动，通常是针对劳动力成本较低国家的企业。目前，每年全球软件外包市场规模早已超过 1000 亿美元。中国、印度等发展中国家都是软件外包的承包国。

### 3. 嵌入式系统的使用

嵌入式系统软件是可以安装在手机、平板计算机等嵌入式设备上的软件。随着科技的发展,手机等移动设备的功能越来越多,越来越强大,已发展出了可以和传统计算机相媲美的功能。例如,移动设备的主流操作系统有苹果公司的 iOS、Google 公司的 Android 以及华为公司的鸿蒙 OS 等。各大手机厂商也纷纷推出各自的手机应用商店,为用户提供更多的软件资源。为了激励软件开发人员制作出更加优秀的软件产品,普遍采用分成合作商业模式。用户在应用商店下载软件,开发者向应用商店提交软件,并从软件的收费过程中获取分成,这是目前移动平台软件行业的发展态势。随着平板计算机的问世和流行,同时这些软件的开发也开始兼容平板计算机的应用。未来的嵌入式系统的另一个明显的发展方向是可穿戴式设备的软件的开发,由于可穿戴设备通常和移动平台设备配套使用,可以视为移动设备的另一种形态上的发展,因此相关的软件的开发很可能会采取与移动设备软件开发类似的模式。

### 4. 使用面向服务的体系结构

面向服务的体系结构(service-oriented architecture,SOA)是一个组件模型,它将应用程序的不同功能单元(称为服务)通过事先定义好的接口协议联系起来。接口的定义独立于实现服务的硬件平台、操作系统和编程语言。这使得构建在各种各样的系统中的服务可以使用一种统一和通用的方式进行交互。

面向服务架构可以根据需求通过网络对松散耦合的应用组件进行分布式部署、组合和使用。服务层是 SOA 的基础,可以直接被应用调用,从而有效控制系统中与软件代理交互的人为依赖性。SOA 的服务之间通过简单、精确定义接口进行通信,不涉及底层编程接口和通信模型。SOA 可以看作 B/S 模型、XML(标准通用标记语言的子集)/Web Service 技术之后的自然延伸。SOA 的架构模型如图 2.12 所示。

使用 SOA,企业系统架构设计者可以更加迅速、高可靠性、高重用性地搭建整个业务系统。使用 SOA 的系统能够更加从容地面对业务的急剧变化。一个应用程序的业务逻辑(business logic)或某些单独的功能在进行模块化后会作为服务呈现给消费者或客户端。这些服务的关键是具有松耦合特性和服务的接口,以及实现的相对独立。应用开发人员或者系统集成服务提供方无须理解服务的底层实现,通过组合一个或多个服务即可构建应用。一个服务的应用程序可以运行在不同的平台,使用的语言也可以不同。

例如,一个服装零售组织由 500 家国际连锁店组成,这些连锁店常常需要更改设计来适应时尚的潮流。这就意味着不仅需要更改样式和颜色,甚至需要更换布料、制造商和可交付的产品。假如零售商和制造商之间的系统不兼容,从一个供应商到另一个供应商的更换将经历一个非常复杂的软件更改流程。若使用 SOA 模型,每个公司都可以将它们现有的系统保持现状,仅仅匹配服务接口并制订新的服务级协定,这样就不必完全重构软件系统。即使改变的是合作伙伴,所有的业务操作也基本上可以保持不变。服装零售组织的成员如果决定将连锁零售商店内的一些地方出租给专卖流行服装的小商店,这可以看作采用店中店的业务模型。此时,公司大多数业务的操作都保持不变,但是它们需要新

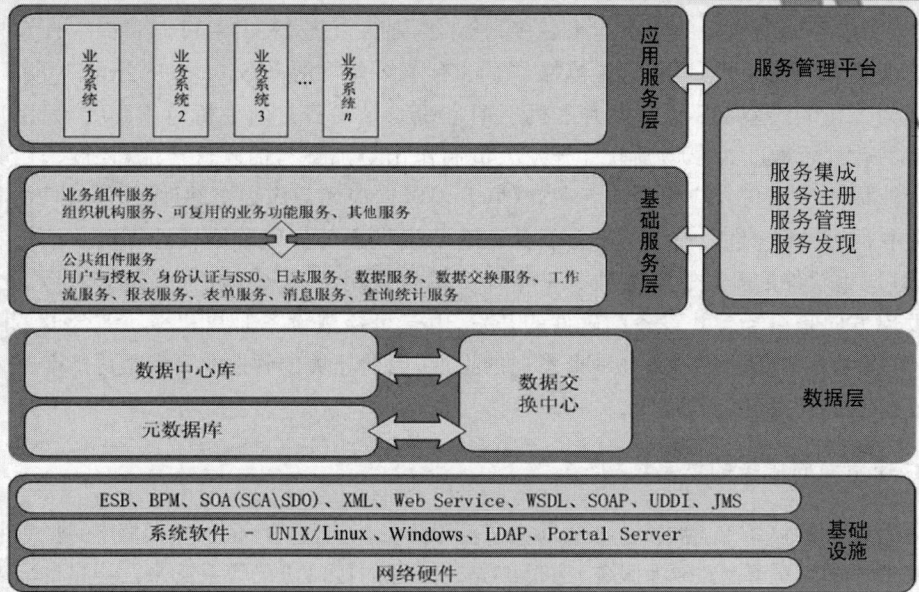

图 2.12 SOA 的架构模型

的内部软件来处理这样的出租安排。尽管内部软件系统可以进行全面的修改,但是要求在修改的同时不对现有供应商系统产生很大影响。在这种情况下,SOA 模型可以基本保持不变,只需将新的组件赋以出租安排功能,而之前的零售管理系统继续正常工作。内部软件的新配置还可以按照另外一种方式使用,例如出租广告位的业务可以通过在新的设计中重用灵活的 SOA 模型得出。此外,连锁店还可以从之前只销售自己的服装转变为只以店中店的形式出租地方。SOA 模型是从业务操作和流程两个角度考虑问题,而不是从应用程序的角度考虑问题,这使得业务管理可以根据实际需要不断对 SOA 模型进行添加、修改或删除操作,然后将软件系统构调整为适合业务需要的状态。使用 SOA 的系统适应变化的能力是最重要的特性。

# 本章小结

## 1. IT 基础设施的概念

IT 基础设施是运营整个企业所必需的计算机硬件设施和软件系统的集合。

## 2. 计算机硬件的基础概念

计算机硬件发展经历了 4 个阶段:电子管计算机、晶体管计算机、集成电路计算机以及大规模和超大规模集成电路计算机。计算机硬件的主要组成部分有中央处理器(包含运算器、控制器）、存储器、输出设备、输入设备。

**3. 计算机软件的基础概念**

计算机软件是支持计算机运行的各种程序以及开发、使用和维护这些程序的各种技术文档的总称。

软件划分为系统软件和应用软件两种基本类型。

系统软件包括操作系统、数据库管理系统和语言处理程序。操作系统分为桌面操作系统、服务器操作系统以及嵌入式操作系统等类别。

应用软件包含专业软件和工具软件两类。企业获取软件的来源有 3 种：购买商用软件包、购买软件服务、将定制软件的开发外包给其他公司。

**4. 计算机硬件的发展规律及趋势**

IT 基础设施发展的规律如下。

（1）摩尔定律：微处理器的处理能力每 18 个月翻一番，而成本却下降一半。

（2）克拉底定律：硬盘的存储密度每 13 个月增加一倍。

（3）梅特卡夫定律：计算机网络的价值等于其结点数目的平方。

计算机硬件未来的发展趋势是巨型化（超级计算机）、微型化（微电子技术、便携式计算机设备）、网络化（网格计算、云计算）和智能化。

**5. 计算机软件的发展趋势**

软件平台的发展趋势有开放源码、软件外包、嵌入式系统的使用以及使用面向服务的体系结构。

# 习题 2

**一、简答题**

1. IT 基础设施包括哪些技术？其各自的特点是什么？
2. 简述计算机硬件的组成。
3. 描述的未来计算机的发展趋势。
4. IT 基础设施发展的规律都有哪些？彼此之间的联系是什么？
5. 软件有哪几种类型？各自有什么特点？
6. 举例说明操作系统的作用和类型。
7. 说明获取软件的方式有几种。

**二、讨论题**

1. 作为一名创业的大学生，如果自己的企业需要进行信息化建设，在采购计算机硬件时是否应该购买性能最高的计算机或者价格最便宜的计算机？如何选择可使自己的企业利益最大化？

2. 分析第 1 题中的企业在决定信息化项目软件时应该采取哪种开发方式。

3. 预测一下未来企业信息系统可能使用哪些计算机设备。

### 三、实践题

　　如果自己需要购买计算机设备,请分别根据台式机、笔记本、平板计算机以及智能手机这几种不同的计算机设备的性能指标以及特点,结合自身的各种需求(例如学习的目的等),对上述计算机设备进行对比和选择。比较的指标应包括硬件指标、操作系统、外观尺寸、重量、价格以及自己的各种需求条件(包含需要实现的功能以及需要运行的各类软件)等,使用表格方式列举对比数据,并阐述各种方案的优缺点以及自己选择的结果。

# 第 3 章　计算机网络

**本章学习目标**

- 了解计算机网络的定义。
- 了解因特网的特点及其发展趋势。
- 掌握传输控制协议和互联网协议的相关使用方法。
- 了解物联网的概念及应用。

当今世界计算机通信网络的飞速发展,极大促进了信息系统的发展,网络化的信息系统正在取代传统的单机信息系统,以便适应网络化发展的趋势。本章介绍的是计算机网络的定义和网络拓扑结构、网络分层模型、互联网协议使用方法以及物联网的概念和应用。

## 3.1　计算机网络的基本概念

### 3.1.1　计算机网络的定义

计算机网络是将地理上分散的、具有独立功能的、自治的多个计算机系统通过通信线路和设备连接起来,并在相应的通信协议和网络操作系统的控制下,实现信息交流和资源共享的系统。从资源共享观点出发,计算机网络又可定义为,以能够相互共享资源的方式互联起来的自治计算机系统的集合。

概括起来说,一个计算机网络必须具备以下 3 个基本要素。

(1)至少有两个具有独立操作系统的计算机,且它们之间有相互共享某种资源的需求。

(2)两个独立的计算机之间必须有某种通信手段将其连接。

(3)网络中的各独立的计算机之间要能相互通信,必须制定相互可确认的规范标准或协议。

以上 3 条是组成一个网络的必要条件,三者缺一不可。

### 3.1.2　网络协议

不同类型的计算机通信需要遵守共同的规则和约定,就像讲不同语言的人进行对话需要一种标准语言才能沟通,在计算机网络中双方需共同遵守的规则和约定称为网络协议,通过它可以解释、协调和管理计算机之间的通信和相互间的操作。

### 3.1.3　网络的基本特征

计算机网络具有以下基本特征。

(1) 资源共享，包括硬件资源共享、软件资源共享和数据资源共享。

(2) 拥有多台独立的"自治计算机"。

(3) 通守共同的网络协议。

### 3.1.4　计算机网络的功能

计算机网路的功能主要体现在资源共享、信息交换、协同处理和提高系统的可靠性4方面。

**1. 资源共享**

充分利用计算机网络中提供的资源（包括硬件、软件和数据）是计算机网络组网的主要目标之一。依靠功能完善的网络系统能实现网络资源共享。这里的资源是指构成系统的所有要素，包括计算机处理能力、数据、应用程序、硬盘、打印机等。资源共享也就是共享网络中所有硬件、软件和数据。由于受经济和其他因素的制约，这些资源并非（也不可能）所有用户都能独立拥有，所以网络上的计算机不仅可以使用自身的资源，也可以共享网络上的资源。因而增强了网络上计算机的处理能力，提高了计算机软硬件的利用率。

在全网范围内提供对硬件资源的共享，尤其是对一些昂贵的设备，如大型计算机，高分辨率打印机、大容量外存、绘图仪、通信线路、数据库、文件和其他计算机上的有关信息实行资源共享，可节省投资和便于集中管理。对软件和数据资源的共享，可允许网上用户远程访问各种类型的数据库及得到网络文件传送服务，可以进行远程终端仿真和远程文件传送服务，避免了在软件方面的重复投资。数据资源包括各种数据文件、各种数据库等，共享数据资源是计算机网络重要的目的，这是由于数据产生的"源"在地理上是分散的，用户无法（用投资）改变这种状况。

**2. 信息交换**

利用计算机网络提供的信息交换功能，计算机网络中的计算机之间或计算机与终端之间，可以快速、可靠地传递数据、程序文件。用户可以在网上传送电子邮件，发布新消息，进行远程电子购货、电子金融贸易、远程电子教育，等等。

**3. 协同处理**

协同处理是指计算机网络在网上各主机间均衡负荷，把一项复杂的任务划分成许多部分，把在某时刻负荷较重的主机的任务传送给空闲的主机，利用多个主机协同工作来完成靠单一主机难以完成的大型任务，使整个系统的性能大为增强。

**4. 提高系统的可靠性**

对于一些计算机实时控制和可靠性要求高的场合，通过计算机网络实现备份技术可以提高计算机系统的可靠性。

### 3.1.5　计算机网络的分类

可以从不同的角度对计算机网络进行分类。

**1. 按网络的作用范围不同进行分类**

（1）局域网（local area network，LAN）。局域网一般用微型计算机或工作站通过高速通信线路相连，但地理上则局限在较小的范围内，如一个实验室、一幢楼或一个校园内，距离一般在 1km 以内。

局域网通常由某个单位单独拥有、使用和维护。在局域网发展的初期，一个学校或工厂往往只拥有一个局域网。现在局域网已被非常广泛地使用，一个学校或企业大都拥有许多个互连的局域网（这样的网络常称为校园网或企业网）。

（2）城域网（metropolitan area network，MAN）。城域网的作用范围一般是一个城市，可跨越几个街区甚至整个城市，其作用距离为 5～50km。城域网通常作为城市骨干网，互连大量企业、机构和校园局域网。近几年，城域网已开始成为现代城市的信息服务基础设施，为大量用户提供接入和各种信息服务，并有趋势将传统的电信服务、有线电视服务和互联网服务融为一体。

（3）广域网（wide area network，WAN）。广域网的作用范围通常为几十到几千千米，可以覆盖一个国家、地区，甚至横跨几个洲，因而有时又称远程网（long haul network）。广域网是因特网的核心部分，其任务是为核心路由器提供远距离（例如跨越不同的国家）高速连接，互连分布在不同地区的城域网和局域网。

（4）个人区域网（personal area network，PAN）。个人区域网不同于以上网络，不是用来连接普通计算机的，而是在个人工作的地方把属于个人使用的电子设备（如笔记本计算机、打印机、鼠标、键盘、耳机等）用无线技术（取代传统导线）连接起来的网络，因此也常称为无线个人区域网（wireless personal area network，WPAN），其范围通常在 10m 以内。

**2. 按网络的使用者不同进行分类**

（1）公用网（public network）。这是指电信公司（国有或私有）出资建造的大型网络。"公用"的意思就是所有愿意按电信公司的规定交纳费用的人都可以使用这种网络。因此公用网又称公众网。

（2）专用网（private network）。这是某部门为本单位的特殊业务工作的需要而建造的网络。这种网络不向本单位以外的人提供服务。例如，军队、铁路、电力等系统均有本系统的专用网。

公用网和专用网都可以传送多种业务，若传送的是计算机数据，则分别是公用计算机网络和专用计算机网络。

# 3.2　网络拓扑结构

**1. 总线拓扑**

总线拓扑结构采用公共总线作为传输介质，各结点都通过相应的硬件接口直接连向总线，信号沿介质进行广播式传送。如图 3.1 所示，任何一个结点都可以通过总线传输介质发送或接收数据,但一段时间内只允许一个结点利用总线发送数据。当一个结点利用总线传输介质以"广播"方式发送数据时,其他结点可以用"收听"方式接收数据。

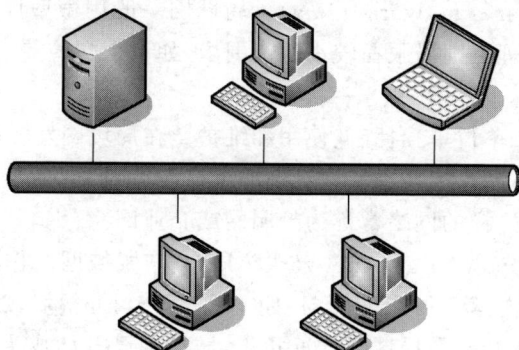

图 3.1　总线拓扑结构

总线拓扑结构的主要优点如下。

(1) 布线简单。布线时只需简单地从一处拉到另一处即可,布线容易。

(2) 电缆长度短、安装成本低。因为所有结点都接到公共总线上,因此只需很短的电缆长度,安装费用也较少。

总线拓扑结构的主要缺点如下。

(1) 由于采用分布式控制,故障检测需在各结点进行,不易管理,因此故障诊断和隔离比较困难。

(2) 加入或减少一台计算机时,会使网络暂时中断,这在重视网络管理与质量的今天是不可容忍的。

总线拓扑结构曾是使用最广泛的结构,是最传统的网络结构。目前这一结构主要应用于一些特种网络。

### 2. 星形拓扑

星形拓扑由一个中心主结点和一些与它相连的从结点组成。如图 3.2 所示,主结点可与从结点直接通信,而从结点之间必须经中心结点转接才能通信。星形拓扑一般有两类:一类的中心结点为一台功能很强的计算机,具有数据处理和转接双重功能,为存储转发方式,转接会产生时间延迟。另一类的中心结点仅为转接中心,起到各从结点之间的连通作用。例如,计算机交换分机系统或集线器转接系统。目前较为流行的是在中心结点配置集线器,然后向外伸出许多分支电缆,每个入网设备通过分支电缆连到集线器,集线器可执行简单网络协议。

星形拓扑结构的主要优点如下。

(1) 维护管理容易。由于星形拓扑结构的所有数据通信都要经过中心结点,通信状况在中心结点被收集,所以维护管理比较容易。

(2) 重新配置灵活。通过集线器连成的星形结构,若移去、增加或改变一个设备配置,仅涉及被改变的那台设备与集线器某个端口的连接,不会造成网络中断,因此改变起来比较容易,适应性强。

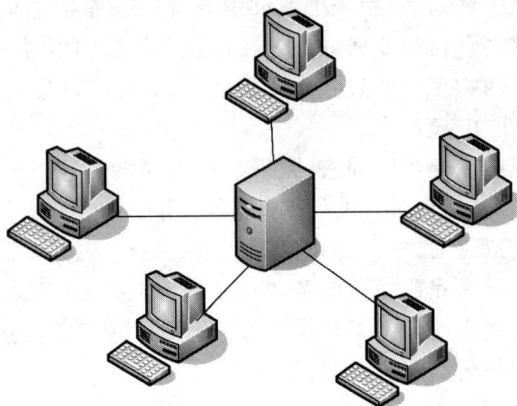

图 3.2  星形拓扑结构

（3）故障检测容易。由于各分结点都直接连向集线器，通常从集线器的灯信号便能检测到故障。

（4）网络延迟时间较小，传输误差较低。

星形拓扑结构的主要缺点如下。

（1）安装工作量大，连线长，费用高。

（2）依赖于中心结点，如果处于连接中心的集线器出现故障，则全网瘫痪，故要求集线器的可靠性和冗余度都很高。

由于集线器、交换机的性价比越来越高，目前星形拓扑结构已成为小型局域网的首选。

一般来说，拓扑结构会影响传输介质的选择和控制方法的确定，因而会影响网络上结点的运行速度和网络软、硬件接口的复杂程度。网络的拓扑结构和介质访问控制方法是影响网络性能的最重要因素，因此应根据实际情况选择最合适的拓扑结构，选用相应的网络适配器和传输介质，确保组建的网络具有较高的性能。

## 3.3  数据通信基本概念

### 3.3.1  数据通信模型

数据通信是计算机与计算机或计算机与终端之间的通信。从数据通信原理角度来看，数据通信系统是通过数据电路将分布在异地的数据终端设备与计算机系统连接起来，实现数据传输、交换、存储和处理的系统。基于点到点协议的通信系统的模型如图 3.3 所示。

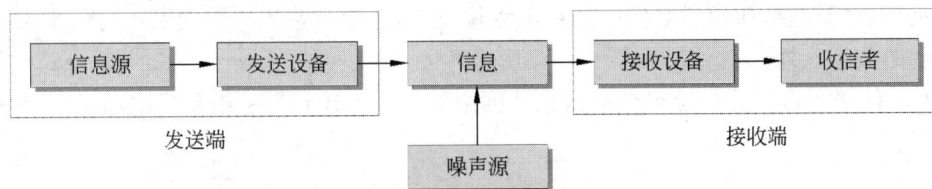

图 3.3  通信系统的一般模型

信息源是消息的产生地,其作用是把各种消息转换成原始电信号。发送设备的基本功能是将信息源产生的消息信号变换成适合在信道中传输的信号。

信道是指传输信号的物理介质。在无线信道中,信道可以是大气(自由空间),在有线信道中,信道可以是明线、电缆或光纤。

噪声源是通信系统中和外界所固有的,来源是多样的。它可分为内部噪声和外部噪声,而且外部噪声往往是从信道进入的。因此,为了分析方便,把噪声源视为各处噪声的集中表现而抽象加入信道。

接收设备的基本功能是完成发送设备的反变换,即进行解调、译码、解码等工作。它的任务是从带有干扰的接收信号中正确恢复成信宿可以理解的信息。

信宿是传输信息的归宿点,是信息的接收者。

### 3.3.2 数据通信技术涉及的基本概念和评价指标

#### 1. 基本概念

在计算机网络的数据通信中,数据、信号和信道是最基本的概念。

(1) 数据(data)。在计算机网络系统中,数据即为在网络中存储、处理和传输的二进制数字编码。

(2) 信号(signal)。信号是数据在传输过程中电信号的表示形式,可分为模拟信号(analog signal)和数字信号(digital signal)。模拟信号的信号电平是连续变化的;而数字信号是用两种不同的电平表示由 0、1 组成的比特序列的电压脉冲信号。

(3) 信道(channel)。信道就是通信双方以传输媒介为基础的传递信号的通路。信道也有模拟信道和数字信道之分,模拟信道是以连续模拟信号形式传输数据的信道。数字信道是以数字脉冲形式(离散信号)传输数据的信道。

#### 2. 评价指标

在计算机网络的数据通信中,常用的数据通信技术评价指标如下。

(1) 数据传输速率。数据传输速率是指单位时间内传输的信息量,常用"比特率"和"波特率"来表示。比特率是每秒传输二进制信息的位数,即为"位每秒",通常记作 b/s。常用单位符号有 Kb/s、Mb/s、Gb/s。

(2) 数据传输带宽。带宽(band width)是指网络中每秒传输的最大位数,也就是一个信道的最大数据传输速率,单位为位每秒(b/s)。高带宽则意味着系统的高处理能力和通信能力。

传输带宽与数据传输速率是有区别的,前者表示信道的最大数据传输速率,是信道传输数据能力的极限,而后者是实际的数据传输速率,就像公路上的最大限速与汽车实际速度二者的关系一样。

(3) 传输延迟。传输延迟就是信息从网络的一端传送到另一端所需的时间。计算公式如下:

$$传输延迟＝处理延迟＋传播延迟＋发送延迟$$

其中,处理延迟是数据在交换结点为存储转发而进行的一些必要的数据处理所需要的时间。传播延迟是电磁波在信道中传播一定距离所需要的时间。发送延迟是结点在发送数据时使数据块从结点进入传输介质所需要的时间,也就是从数据块的第一比特开始发送算起,到最后一比特发送完毕所需要的时间。

（4）误码率。误码率（bit error ratio，BER）是指二进制数据位传输时出错的概率。它是衡量数据通信系统在正常工作情况下的传输可靠性的指标。

### 3.3.3　网络要素

计算机网络有不同的类型,大小及功能也各有不同,但是所有的网络都有消息、介质、设备这 3 个共同的基本要素。

**1. 消息**

无论是文本、语音还是视频,都可转换为二进制编码的数字信号,在无线、有线铜缆或者光纤上传输。传输介质不同,数字信号的形式也不尽相同,但原始信息的内容不会改变。

**2. 介质**

网络连接分为有线连接和无线连接。常用的有线连接的介质有传送电信号的铜缆和传送光信号的光纤。无线连接可以是使用无线路由和无线网卡的办公或家庭连接、地面站之间的无线连接及地面设备与卫星之间的连接。

1）有线传输介质

（1）双绞线。双绞线是指按一定规则螺旋缠绕在一起的两根绝缘铜线,它是应用最普遍的一种传输介质,例如电话线。两条线绞扭在一起的目的是为了减少导线之间的电磁干扰。双绞线的线路损失大、传输速率低、抗干扰能力较弱,但由于其价格便宜、易于安装、可实现结构化布线、传输数字信号的距离可达数百米,因此在局域网中应用得很普遍。

（2）同轴电缆。同轴电缆由内外两条导线构成,内导线是单股粗铜线或多股细铜线,外导线是一条网状空心圆柱导体,内外导线之间隔有一层绝缘材料,最外层是起保护作用的塑料外皮。同轴电缆可以在较宽的频率范围内工作,抗干扰能力强,传输距离可达几千米,在早期的计算机网络中被广泛采用。

（3）光导纤维（光纤）。光导纤维由高折射率的细玻璃或塑料纤维外包低折射率的外壳构成。其基本工作原理是,在发送端通过发光二极管将电脉冲信号转换成光脉冲信号,在光纤中以全反射的方式传输,在接收端通过光电二极管将光脉冲信号转换还原成电脉冲信号。

由于光波的频率范围很宽,所以光纤具有很宽的频带。光可以在光纤中进行几乎无损耗地传播,因此可以实现远距离高速数据传输。此外,由于是非电磁传输,所以无辐射。光纤的抗干扰能力强、保密性好、误码率低,但光纤传输系统价格较贵,因此一般用作通信的主干线。

2）无线传输介质

（1）微波。微波是利用高频无线电波进行通信的,发送站将数据信号载波到高频微波信号上并进行定向发射,接收站对信号进行接收并进行处理或转发。微波是直线传输的,具有很强的方向性,而地球表面是弯曲的,因此传输距离会受到限制,如果传输超过一定距离(最长不能超过 50km),就要通过中继站进行接力传输。

微波传输频带较宽,成本比同轴电缆和光纤低,但误码率高。微波传输安装迅速、见效快、易于实现,是在不能敷设线路时进行远程传输、移动网络通信等场合中最经济便利的通信手段。

(2)卫星通信。卫星通信是利用地球同步卫星做微波中继站进行远距离传输的。地球同步卫星位于地面上方 $3.6 \times 10^7$ m 的高空,其发射角度可以覆盖地球的 1/3 地区,三颗同步卫星就可以覆盖整个地球表面。通过地球同步卫星上的转发设备,可将来自地面的微波信号发送给所覆盖的区域或转发给其他同步卫星,因此可将信号发送到全球任何一个区域。卫星通信传输的突出特点是具有一发多收的传输功能,覆盖面积大,传输距离远,传输成本不随传输距离的增加而提高,特别适合于广域网络远程互连。卫星通信的缺点是成本高、传输延迟较长、存在泄密风险等问题。

### 3. 设备

信号在计算机网络中传输,除了需要传输介质,还需要网卡、交换机等很多其他的连接设备。下面,着重介绍信息系统建设中常见的网络设备。

(1)网络适配器。网络适配器又称为网络接口卡(network interface card,NIC)或网卡。它是计算机连接通信介质的接口,主要用于实现物理信号的转换以及执行网络协议。由于网络的体系结构、传输介质和访问方式等各不相同,使得网卡的种类繁多、功能差异很大。由于文件服务器上的网卡速度会直接影响整个网络的性能,所以应使用尽可能好的网卡。

(2)中继器(repeater)。中继器又称重发器,是计算机网络中最简单的设备,用来连接相同拓扑结构的局域网。它的作用是清除信号噪声,对信号进行放大和整形,增加网段以延长传输距离。总线拓扑结构的局域网经常用重发器延长网段。例如,某公司租用了智能大厦的 1 层和 3 层,在 1 层建立一个总线拓扑结构的局域网,在 3 层也建立一个总线拓扑结构的局域网,为了使公司内部的信息系统能够正常运转,要将这两个局域网互连起来。解决方案之一就是在这两个局域网间加一个中继器以延长网段。但随着光纤网络的普及,网络的范围已大大扩展,中继器现在已基本不再使用。

(3)集线器与交换机。集线器是一种用于物理层连接的网络互连设备,相当于一个多口的中继器,以星形拓扑结构将局域网中的多台设备连接起来。在局域网中,集线器常通过双绞线将各个入网设备进行连接。

交换机又称交换式集线器,目前已广泛使用。它通过对信息进行重新生成和处理转发至指定端口,具备自动寻址和交换功能。由于交换机可根据所传递数据包的目的地址将每个信息包独立地从源端口送至目的端口,因此避免了和其他端口发生冲突。

(4)路由器(router)。路由器是局域网和广域网之间互连的关键设备,常见的路由器都具有负载平衡、阻止广播风暴、控制网络流量、增强系统容错性等功能。一般情况下,路由器都支持多种协议,可提供多种物理接口,使不同厂家,不同规格的网络产品,以及不同协议的网络实现网络互连。

（5）网关(gateway)。网关又称协议转换器，是一种复杂的网络互连设备，用于在不兼容的协议之间进行信息转换。和路由器一样，网关既可用于广域网互连，也可用于局域网互连。其基本功能是容纳不同网络间的各种差异，对互联网间的网络协议进行转换。可对数据重新进行分组，执行数据报文存储、转发功能，实现网络间的通信。由于历史原因，网关这个术语的使用不太严谨。有时候网关指的是路由器。例如，主机在连接网络时，需要指定 IP 地址和网关，这里的网关就是路由器。

# 3.4 网络分层模型

计算机网络系统功能强，规模大，因此计算机之间的通信相当复杂，协议的制定和应用极为纷繁复杂。为了简化通信功能的设计和实现，计算机网络系统的设计像结构化程序设计一样，实行了高度结构化的分层设计方法，将复杂的通信功能分解成一组功能明确、相对独立并且易于操作的层次功能，各层执行自己所承担的任务，依靠各层功能的组合，为用户或应用程序提供与另一端点用户之间的通信。具体如下。

（1）每一层向上一层提供服务。

（2）每一层利用下一层的服务传递信息。

（3）相邻层间有明显的接口。

在这个分层结构中，各层界限分明，避免了功能的重复，使得某层的变更不至于影响其他层。分层结构中的每一层都有相应的协议，以指导本层功能的完成。网络的这种分层结构与各层协议的集合就构成了计算机网络的体系结构。

国际标准化组织(International Standard Organization，ISO)在 20 世纪 70 年代后期提出的开放系统互连参考模型(open system interconnection reference model，OSI-RM)，规定了一个 7 层的网络通信协议，如图 3.4 所示。7 层的含义如下。

图 3.4 OSI 提出的 OSI-RM

（1）物理层：通过物理介质传送和接收原始的二进制电脉冲信号序列（位流）。

（2）数据链路层：将位流以数据报文分组为单位分解为数据包，附加上数据报头、数据报尾等信息，向网络层提供数据报文分组的发送和接收服务。

（3）网络层：根据数据报文分组中的地址提供连接和路径选择。

（4）传输层：提供计算机之间的通信联系。

（5）会话层：负责建立、管理和拆除进程之间的连接。

（6）表示层：负责处理不同数据表达方式的差异，并提供相互转换。

（7）应用层：直接和用户交互作用，具体取决于通信应用软件的特征。

# 3.5　常用的网络体系结构

网络体系结构是指完成网络上的一个计算任务或应用服务占用共享资源的形式和使用共享资源方式。目前，信息处理上常用的分布式体系结构有客户-服务器体系结构（client-server architecture）、浏览器-服务器体系结构（browser-server architecture）及对等体系结构（peer-to-peer architecture）。

**1. 客户-服务器体系结构**

在客户-服务器体系结构中，一个总是打开的主机称为服务器，用于响应其他客户的请求。例如，Web服务器响应客户通过浏览器发来的请求。

这种结构不同于多用户联机系统和传统文件服务器-工作站结构，主要区别在于对数据的处理分前台和后台，客户程序完成屏幕交互和输入输出等前台任务，而服务器则运行DBMS，完成大量的数据处理及存储管理等后台任务。这种处理方式使后台处理的数据不需要与前台间频繁传输，从而有效解决了文件服务器-工作站模式下的"传输瓶颈"问题。网络上的用户不仅可共享打印机、硬盘或数据文件，而且可共享数据处理。客户-服务器体系结构是采用分布式数据库管理系统的基础。

**2. 浏览器-服务器体系结构**

因特网的迅猛发展为管理信息系统的建立与应用提供了新的机遇，越来越多的企业利用互联网技术来建立自己的管理信息系统。基于互联网技术，一个典型的分布式体系结构就是浏览器-服务器体系结构。当管理信息系统使用浏览器-服务器体系结构后，不需要专用的客户端软件，客户端使用浏览器访问Web服务器，信息系统的业务逻辑和数据库访问在Web服务器上实现。Web服务器将业务处理结果以"页面"形式发给浏览器。

从结构上看，浏览器发送请求，Web服务器响应，所以浏览器-服务器体系结构是一种特定的客户-服务器体系结构。

**3. 对等体系结构**

与客户-服务器体系结构下一个服务器服务多个客户不同，对等体系结构是两个实体之间进行对等通信。在客户-服务器体系结构下，服务器需要不间断运行；而在对等体系结构下，参与的通信是临时执行的。

例如,在进行文件共享时,如果使用客户-服务器体系结构,则需要建立一个用于文件分发的服务器,供客户下载文件;而在对等体系结构下,则服务会被分布到许多的对等体上,参与者可以从另一个对等体接收文件,也可以将文件提供给其他对等体。

## 3.6 传输控制协议和互联网协议

### 3.6.1 TCP/IP 概述

传输控制协议/互联网协议(transmission control protocol/internet protocol,TCP/IP)是针对 Internet 开发的一种体系结构和协议标准,其目的在于解决异构计算机网络的通信问题,使得网络在互连时把技术细节隐藏起来,为用户提供一种通用、一致的通信服务。TCP/IP 起源于美国 ARPANET,由它的 TCP 和 IP 这两个主要协议而得名。通常所说的 TCP/IP 实际上包含了大量的协议和应用,且由多个独立定义的协议组合在一起。

OSI 参考模型研究的初衷是希望为网络体系结构与协议的发展提供一种国际标准,但由于因特网在全世界的飞速发展,使得 TCP/IP 得到了广泛的应用,虽然 TCP/IP 不是 ISO 标准,但广泛的使用也使 TCP/IP 成为一种"实际上的标准",并形成了 TCP/IP 参考模型。不过,ISO 的 OSI 参考模型的制定也参考了 TCP/IP 及其分层体系结构的思想,而 TCP/IP 在不断发展的过程中也吸收了 OSI 标准中的概念及特征。

TCP/IP 具有以下 4 个特点。

(1)它是开放的协议标准,可以免费使用,并且独立于特定的计算机硬件与操作系统。

(2)它独立于特定的网络硬件,可以运行在局域网、广域网中,更适用于互联网中。

(3)它提供了统一的网络地址分配方案,使得整个 TCP/IP 设备在网络中都具有唯一的地址。

(4)它是标准化的高层协议,可以提供多种可靠的用户服务。

### 3.6.2 互联网协议

互联网协议(internet protocol,IP)是因特网中最重要的协议,对应于因特网参考模型(又称 TCP/IP 参考模型)的网络层。IP 详细定义了 IP 数据报(datagram)的组成格式。数据报由数据报正文和数据报头两部分组成,数据报头包括发送主机的网络地址、接收主机的网络地址、数据报的数据报头校验和数据报的长度等。

IP 的主要功能包括数据报的传输、数据报的路由选择和拥塞控制。

IP 用统一的 IP 数据报格式在帧格式不同的物理网络之间传递数据,数据报的传递采用一种所谓的"无连接"方式,这里的无连接指两台主机在通信之前不需要建立好确定的连接。一台主机发出一个数据报,如果目的主机是同一子网内的一台计算机,那么它将直接被送到那台计算机上,如果这个数据报是送往子网外的另一台主机的,该数据报将先被送往子网中的路由器,然后被路由器送到因特网上进行传递。

路由器是因特网中负责进行路由选择的专用计算机。路由选择就是在网络中找到一条最合适的传输路径,将分组数据从发送端的子网送往接收端的子网的过程。路由器接收到一个分组后,取出其中数据报头部分的有关目的地址的信息,根据目的地址将数据报转发到合适路径上的下一个路由器,如果这个路由器和目的子网直接相连,那么这个数据报就被直接送到目的主机。

### 1. IP 地址构成

所有因特网上的计算机都必须有一个因特网上唯一的编号作为其在因特网上的标识,这个编号称为 IP 地址。每个数据报中包含有发送方的 IP 地址和接收方的 IP 地址。

IP 地址是一个 32 位的二进制数,占用 4B 存储空间,为方便起见,通常将其表示为 $w.x.y.z$ 的形式。其中 $w$、$x$、$y$、$z$ 分别为一个 0~255 的十进制整数,对应二进制表示法中的 1B。这样的表示称为点分十进制表示。例如,某台计算机的 IP 地址为 11001010011100100100000000000010,则写成点分十进制表示形式是 202.114.64.2。

整个因特网由很多独立的网络互连而成,每个独立的网络,就是一个子网,包含若干台计算机。根据这种结构,因特网的设计人员用两级层次结构构造 IP 地址,结构类似于电话号码。电话号码的前面一部分是区号,后面一部分是客户号,例如 0371-63519885,0371 是郑州的区号,63519885 则是一个单独的客户号码。IP 地址的 32 个二进制位也被分为两部分,即网络地址和主机地址,网络地址就像电话的区号,标明主机所在的子网,主机地址则在子网内部区分具体的主机。

### 2. IP 地址分类

根据网络号和主机号的不同,通常可以将 IP 地址分为 A、B、C 三类地址,如图 3.5 所示。

主机地址范围

| A类地址 | 0 | 网络号(7位) | 主机号(24位) | 1.0.0.0~<br>127.255.255.255 |

| B类地址 | 10 | 网络号(14位) | 主机号(16位) | 128.0.0.0~<br>191.255.255.255 |

| C类地址 | 110 | 网络号(21位) | 主机号(8位) | 192.0.0.0~<br>223.255.255.255 |

图 3.5  IP 地址分类

(1) A 类地址。地址的前 8 位为网络地址,且最高位为 0,在申请地址时由管理机构设定。24 位为主机地址,由网络管理员分配给本机构子网的各主机。一个 A 类地址最多可容纳 $2^{24}$(约 1600 万)台主机,最多可有 $2^7$(即 128)个 A 类地址。

(2) B 类地址。地址的前 16 位为网络地址,后 16 位为主机地址,且第一位为 1,第二位为 0。一个 B 类网络最多可容纳 $2^{16}$(即 65 536)台主机,最多可有 $2^{14}$(即 16 384)个 B 类地址。

(3) C 类地址。地址的前 24 位为网络地址,后 8 位为主机地址,且第一位、第二位均为 1,第三位为 0。一个 C 类网络最多可容纳 $2^8$(256)台主机,共有 $2^{21}$(约 200 万)个 C 类地址。

### 3. 特殊 IP 地址

在网络系统中并不是所有的 IP 地址都能分配给主机,有些 IP 地址具有特定的含义,因而不能分配给主机。

(1)回送地址。回送地址是指前 8 位为 01111111(十进制的 127)的 IP 地址,这个地址用于网络软件测试和本机进程间通信。

(2)子网地址。主机地址全为 0 的 IP 地址为子网地址,代表当前所在的子网。例如,当提到网络 150.24.0.0 时,指的是整个子网,150.24.0.0 这个地址不会分配给网络中的任何一台主机。

(3)广播地址。主机地址全为 1 的 IP 地址为广播地址,向广播地址发送信息就是向子网中的每个成员发送信息。例如,在 A 类网络 16.0.0.0 中向地址 16.255.255.255 发出一条信息时,网络中的每台计算机都将接收到该信息。

另外,如果需要在本网内广播,但又不知道子网地址,可以用地址 255.255.255.255 代替本网广播地址。

## 3.6.3 传输控制协议

IP 只负责产生符合 IP 格式的数据报并进行路由选择,然后将数据报向外发送,它并不关心数据报能否正常到达目的计算机。因为网络拥挤和其他种种可能的网络故障,数据报在传输时可能会出现损坏或丢失,有时接收方可能会接收到一个数据报的多个副本,或者数据报到达目标计算机的顺序颠倒。

数据传输的可靠性是由传输控制协议(TCP)来提供的。TCP 的主要功能如下。

(1)传输中的差错控制。在发送端,TCP 发出分组后等待从接收端传来的确认信息,如果超时没有收到确认信息就重发分组。在接收端,TCP 对每一个收到的分组进行完整性检测,若分组完整无差错,就向发送端返回一个已正确接收该分组的信息,否则丢弃该分组。

(2)分组排序。在网络传输数据的过程中,可能会出现同一分组被重复传输的情况,这时接收端的 TCP 只接收第一个正确到达的副本,而对于其他重复分组则自动丢弃。TCP 接收到所有分组后,再按其原来顺序组装成一条完整信息。

(3)流量控制。当网络因繁忙导致频繁超时时,TCP 采用合适的机制来控制向外发送的数据量。

## 3.6.4 域名技术

IP 地址记忆起来十分不方便,因此为每台主机取了一个便于记忆的名字,这就是域名地址。如主机 211.67.128.10 的域名地址是 www.hnufe.edu.cn。

### 1. 域名地址的构成

一个完整的域名地址由若干部分组成,各部分之间由"."隔开,每部分有一定的含义,且从右到左各部分之间大致上是上层与下层的包含关系,域名的级数通常不超过 5。

例如,域名地址 dns.huel.edu.cn 代表中国(cn)教育科研网(edu)上河南财经政法大学校园网(huel)内的域名服务器(dns 代表域名服务器)。

作为因特网的管理机构,因特网体系结构委员会(Internet Architecture Board,IAB)为了表示主机所属的机构的性质,给出了 7 个顶级域名,美国之外的其他国家的互联网管理机构还使用 ISO 规定的国别代码作为域名后缀来表示主机所属的国家。

**2. 域名系统**

对用户来说,有了域名地址就不必去记 IP 地址了。但对于计算机来说,数据分组中只能是 IP 地址而不是域名地址,这就需要把域名地址转换为 IP 地址。通常情况下,因特网服务提供商的网络中心都有一台专门完成域名地址到 IP 地址转换的计算机,这台计算机称为域名服务器,例如河南财经政法大学的域名服务器是 dns.huel.edu.cn。域名服务器上运行着一个数据库系统,数据库中保存的是域名地址与 IP 地址的对应。用户的主机在需要把域名地址转换为 IP 地址时向域名服务器提出查询请求,域名服务器根据用户主机提出的请求进行查询并把结果返回给用户主机。

域名系统(domain name system,DNS)采用的是层次式管理机制。如 cn 域代表中国,它由中国互联网信息中心(CNNIC)管理,它的一个子域 edu.cn 由 CERNET 网络中心负责管理,edu.cn 的子域 huel.edu.cn 由河南财经政法大学网络中心管理。域名系统采用层次结构的优点是,每个组织可以在它们的域内再划分域,只要保证组织内的域名是唯一的,就不用担心与其他组织内的域名冲突。

# 3.7 Web 技术

## 3.7.1 Web 基础

因特网改变了人们的工作、学习和生活方式,而这一切应主要归功于 WWW(world wide web,万维网)。它是因特网最基本、应用最广泛的服务,通过超链接的方式使用户能非常方便地从因特网的一个站点访问另一个站点,从而获取丰富的信息。中国互联网络信息中心印发的《中国互联网络发展状况统计报告》公布的我国网站数量,截至 2021 年 6 月,我国网站数量为 422 万个,在这样的背景下,Web 站点设计技术越来越受到人们的重视,技术发展也日新月异。

Web 出现于 1989 年 3 月,由欧洲粒子物理研究所(European Organization for Nuclear Research,CERN)的科学家 Tim Berners Lee 发明。1990 年 11 月,第一个 Web 服务器 nxoc01.cern.ch 开始运行,Tim Berners Lee 在自己编写的 Web 浏览器上看到了最早的 Web 页面。1991 年,CERN 正式发布了 Web 技术标准。1993 年,第一个图形界面的浏览器 Mosaic 开发成功,1995 年,著名的 Netscape Navigator 浏览器问世。随后,微软公司推出了著名的浏览器软件 IE(Internet Explorer)。目前,与 Web 相关的各种技术标准都由著名的 W3C 组织(World Wide Web Consortium)管理和维护。

Web 是一个分布式的超媒体(hypermedia)信息系统,它将大量的信息分布于整个因特网上。Web 的任务就是向人们提供多媒体网络信息服务。

从技术层面看,Web 技术核心有以下 3 点。

(1) 超文本传送协议(hyper text transfer protocol,HTTP),实现万维网的信息传输。

(2) 统一资源定位符(uniform resource locator,URL),实现互联网信息的定位统一标识。

(3) 超文本标记语言(hypertext markup language,HTML),实现信息的表示与存储。

**1. 超文本传送协议**

超文本传送协议是 Web 浏览器和 Web 服务器之间进行通信最常用的应用层协议,采用客户-服务器模型。

**2. Web 系统的客户-服务器模式**

Web 以客户-服务器模式工作。前面所提及的浏览器就是 Web 客户程序,它的任务是向服务器发出文档访问请求;Web 服务器则负责存储信息,响应客户请求,返回客户所要求的 Web 文档。Web 中的客户和服务器的信息传递使用 HTTP。

常用的 Web 服务器软件有 Apache、IIS 等,Web 浏览器软件有 IE、Firefox、Safari 及 Chrome 等,用户浏览 Web 页面的方法主要有两种,一种方法是在浏览器的地址栏中输入 URL,另一种方法是单击当前访问的 Web 页面中的超链接。无论采用哪种方法,浏览器都向目标主机(即 Web 服务器)发送一个 HTTP 请求。HTTP 定义的信息交互处理由以下 4 步组成。

(1) 浏览器与 Web 服务器建立 TCP 连接。

(2) 浏览器向 Web 服务器提出请求。

(3) 如果请求被接受,则服务器发送回响应,在响应中包括状态码和所需的文件。

(4) 浏览器和 Web 服务器断开连接。

在浏览器主窗口中显示的 Web 文档称为 Web 页面(page),它是一种超媒体信息。超媒体信息的基础是超文本(hypertext)信息,超文本指的是一种电子文档,其中的文字包含可以链接到其他段落或文档的超文本链接,即超链接(hyperlink)。利用超链接可以找到连接到因特网上的任何超文本系统,这些超文本系统分布于因特网的众多主机上,形成庞大的分布式信息系统。

超媒体与超文本的区别在于文档的内容不同。超文本文档仅包含文本信息,而超媒体文档除了包含文本信息外,还包含图形、图像、声音、动画以及视频等多媒体信息,其内容更为丰富多彩,表现手段更为多样化。

**3. 统一资源定位符**

Web 信息分布于全球,要找到所需信息就必须有说明该信息存放在哪台计算机的具体位置的定位信息。统一资源定位符(uniform resource locator,URL)就是用来标识 Web 文档的,任意一个文档在因特网范围内具有唯一标识符 URL。

实际上,URL 不仅用于标识 Web 文档,还用于标识因特网其他类别的文档资源,如 FTP、电子邮件文档等,这也是其名称中"统一资源"所表达的含义。URL 通过定义资源位置的抽象标识来定位网络资源,格式如下:

&lt;信息访问方式&gt;: //&lt;主机&gt;: &lt;端口号&gt;/&lt;文件路径&gt;

其中参数含义如下。

信息访问方式表示访问信息采用的 TCP/IP 应用协议,最常用的有 HTTP(超文本传输服务)、FTP(文件传输服务)和 News(网络新闻服务)3 种。

主机表示网络主机的域名或 IP 地址,它指出信息存放的主机。

端口号表示信息服务采用的软件端口。

文件路径表示所访问信息的存储路径(通常为虚拟路径而不是存储文件的实际路径)。

在 URL 的各部分中,只有&lt;主机&gt;部分是必需的,其余 3 项均可以省略。若省略&lt;信息访问方式&gt;,则默认采用 HTTP。若省略&lt;端口号&gt;,则采用 TCP/IP 标准的保留端口号(如 HTTP 保留端口号是 80);若省略&lt;文件路径&gt;,则访问该主机的默认文档(如 IIS Web 默认访问文档为 default.html 等)。

### 4. 超文本标记语言 HTML

HTML 是在因特网上建立超文本文件的语言,源于 SGML(standard generalize markup language,标准通用标记语言)的设计概念,SGML 是国际标准化组织指定的定义标记语言的国际标准。SGML 的设计目的是为了使网络上的文档格式统一,易于交流。SGML 的标记,英文称为 tag,就是在文档需要的地方插入特定记号来控制文档内容的显示,这就是文档格式定义。HTML 采用 SGML 的"文档格式定义"概念,通过标记和属性对文本的语义进行描述,并提供由一个文件到另一个文件或一个文件内部不同部分之间的链接。HTML 标记是区分文本各个部分的分界符,用于将 HTML 文档划分成不同的逻辑部分(如段落、标题等),它描述了文档的结构,与属性一起向浏览器提供该文档的格式化信息以决定 Web 页面的显示特征。

HTML 标记用"&lt;"和"&gt;"包含若干字符表示,通常成对出现,前一个是起始标记,后一个为结束标记。大部分标记都带有一个或多个属性,属性为浏览器提供的执行标记命令所需的附加信息。

HTML 文档的基本结构如下:

```
<HIML>
<HEAD>
    文档头部分
</HEAD>
<BODY>
    文档的主体部分
</BODY>
</HTML>
```

HTML 页面以＜HTML＞开始,以＜/HTML＞结束。在它们之间,就是文档头和主体部分。文档头部分用＜HEAD＞…＜/HEAD＞标记界定,一般包含网页标题、文档属性参数等不在页面上显示的网页元素。而主体部分用＜BODY＞…＜/BODY＞标记来界定,是网页的主体,其所有内容均会显示在页面上,页面的内容主要包括文字、图像、动画、超链接等。

### 3.7.2　Web 开发技术

目前开发企业网站主要有两种方法。

方法 1:使用 Java 开发语言和 Eclipse 开发平台,同时使用 JSP 技术进行网站的开发,并且由于 Java 语言和 Eclipse 开发平台都是开源的,因此可以节省一次性的软件采购费。

方法 2:使用微软公司的开发工具,例如使用 C♯ 编程语言和 Visual Studio 开发平台,同时使用 ASP 技术来开发企业网站。由于微软的产品都是付费的,因此选择本方法需要购买相应软件。

### 3.7.3　Web 3.0 技术

网络技术的升级依次经历了 Web 1.0 技术、Web 2.0 技术和 Web 3.0 技术。在 Web 1.0 技术下,每个用户在接收到信息后,不能立刻给对方回复信息,必须首先把要回复的信息发送给服务器,服务器验证通过后再转发给对方指定用户,这种背景下,信息交互的效率非常低下。而在 Web 2.0 技术下,信息是对等的,每个用户既可以作为信息的接收者,又可以作为信息的发送者。用户接收到对方的信息后,就可以直接给对方回复信息,不需要服务器转发。因此 Web 2.0 技术提供了信息交互的高时效性,并且在 Web 2.0 技术背景下,出现了 Facebook、微信、微博等实时聊天工具。Web 3.0 技术在 Web 2.0 技术基础上增加了个性化需求。Web 3.0 技术可以为用户提供更加个性化的通信服务。例如从互联网订购一款专属的个性化水杯等。该技术通过更加简洁的方式为用户提供更为个性化的互联网信息定制的一种技术整合。Web 3.0 技术将会是互联网发展中由技术创新走向用户理念创新的关键一步。

### 3.7.4　5G 技术

第五代移动通信技术(简称5G)是具有高速率、低延迟、大连接等特点的新一代宽带移动通信技术,是实现人、机、物互连的网络基础设施。国际电信联盟(International Telecommunication Union,ITU)定义了 5G 的三大类应用场景,即增强移动宽带、超高可靠低延迟通信和海量机器类通信。增强移动宽带主要面向移动互联网流量爆炸式增长,为移动互联网用户提供更加极致的应用体验;超高可靠低延迟通信主要面向工业控制、远程医疗、自动驾驶等对延迟和可靠性具有极高要求的垂直行业应用需求;海量机器类通信主要面向智慧城市、智能家居、环境监测等以传感和数据采集为目标的应用需求。

5G 生活最大的优点是可以实现视频数据资源的实时分享。由于通信带宽和速度的提升,使得用户间在分享视频数据资源时,可以更快、更完整。例如,某场足球比赛,现场观众都用自己的电子设备,从不同角度拍摄了自己喜欢的比赛视频片段。如果现场的观众能把各自拍摄的不同角度的比赛视频片段及时分享在 5G 网络,由于 5G 网络的数据传输速度很快,进而场外观众通过 5G 网络就可以及时观看到不同用户从不同角度拍摄的视频片段。

## 3.8 物联网

### 3.8.1 物联网定义

物联网(internet of things,IoT)的概念是由美国麻省理工学院的 Ashton 教授于 1998 年最早提出的。随着网络技术的发展,物联网技术逐渐受到了全球的广泛关注。物联网是指通过二维码识读设备、射频识别(radio frequency identification,RFID)、全球定位系统(global position system,GPS)、激光扫描器和红外感应器等信息传感设备与技术,实时采集任何需要监控、连接和互动的物体的声、光、电、热、力学、化学、生物、位置等各种信息,按约定的协议,把任何物体与互联网相连接,进行信息交换和通信,以实现人与物和物与物的相互沟通和对话,对物体进行智能化识别、定位、跟踪、管理和控制的一种信息网络。

物联网是"物与物相连的互联网"。物联网的核心和基础仍然是互联网,即它是互联网的延伸和扩展,允许任何物体之间进行信息交换和通信。物联网不仅是实现物与物之间的连接,更重要的是物与物的信息交互,以及由此衍生出来的各种应用。物联网技术范畴中的"物"一般要满足以下条件:要有相应的信息发送器和接收器;要有一定的存储功能和计算能力;要有专门的应用程序;要遵循物联网的通信协议;在网络中有可识别的唯一标识。

物联网把新一代信息技术充分运用在各行各业之中,具体地说,就是把感应器嵌入和装备到电网、铁路、桥梁、隧道、公路、建筑、供水系统、大坝、油气管道等各种物体中,然后将物联网与现有的互联网整合起来,实现人类社会与物理系统的整合,在这个整合的网络当中,存在能力超级强大的中心计算机群,能够对整合的网络内的人员、机器、设备和基础设施实施实时的管理和控制,在此基础上,人类可以更加精细和动态地管理生产和生活,达到"智慧"状态,提高资源利用率和生产力水平,改善人与自然间的关系。

物联网包括 3 种基本的应用模式:一是对物体的智能识别,即通过二维码或 RFID 等技术来识别和区分特定的对象,并利用网络获取该特定对象的名称、生产日期、价格和用途等相关信息等;二是环境监控和对象跟踪,即利用多种类型的传感器构成的传感器网络,实现对特定对象的实时状态获取和行为监控,如使用分布在市区的化学传感器监控大气中二氧化碳的浓度及通过 GPS 跟踪车辆位置信息等;三是对物体的智能控制,物联网可以对传感器网络获取的数据进行分析和处理,形成科学决策,然后实施有效的对象行为控制,如根据交通路口车辆的流量自动调整红绿灯的时间间隔等。

物联网将现实世界数字化和网络化,其应用范围十分广泛,遍及智能交通、环境保护、政府工作、公共安全、平安家居、智能消防、工业监测、环境监测、路灯照明管控、景观照明管控、楼宇照明管控、广场照明管控、老人护理、个人健康、水系监测、食品溯源等多方面。国际电信联盟于 2005 年发布的《ITU 互联网报告 2005：物联网》中指出，无所不在的物联网通信时代即将来临。

### 3.8.2 物联网基础架构

物联网的网络架构由感知层、网络层、应用层组成。各层通过相互配合，协同完成真正意义上的物与物相连。

（1）感知层。该层又称感知交互层，主要实现智能感知和交互功能，包括信息采集、捕获、物体识别和控制等。感知层的关键技术包括传感器、控制器、RFID、自组织网络、短距离无线通信、低功耗路由等多项技术。

（2）网络层。该层又称网络传输层，主要实现信息的接入、传输和通信，包括接入层和核心层。网络层可依托公众电信网或互联网，也可以依托行业专业通信网络，或者同时依托公众网和专用网，例如接入层依托公众网、核心层依托专用网，或者接入层依托专用网、核心层依托公众网。通过网络层的信息交换与传输，可以使物联网实现更大范围的覆盖和信息共享。

（3）应用层。该层又称应用处理层，主要实现信息的处理与决策，通过中间件实现网络层与物联网应用服务间的接口和功能调用，包括对业务的分析整合、共享、智能处理、管理等，具体体现为一系列业务支撑平台、管理平台、信息处理平台、智能计算平台、中间件平台等。应用层则主要包含监控服务、智能电网、工业监控、绿色农业、智能家居、环境监控、公共安全等各类应用服务。物联网应用层既包括局部区域的独立应用，又包括广域范围的统一应用。部分以楼宇内的控制系统、特定区域的环境监测系统等局部区域的独立应用为主，部分则是手机支付、全球性的 RFID 物流和供应链系统等广域范围的统一应用。

### 3.8.3 物联网技术应用实例——智能物流

物联网相关技术最有现实意义的应用领域之一是物流领域。物联网的建设会进一步提升物流智能化、信息化和自动化水平，推动物流功能整合，对物流服务各环节运作将产生积极影响。具体地讲，主要有以下几方面。

**1. 生产物流环节**

基于物联网的物流体系可以实现整个生产线上的原材料、零部件、半成品和产成品的全程识别与跟踪，减少人工识别成本和出错率。通过应用产品电子代码（electronic product code，EPC）技术，能通过识别电子标签来快速从种类繁多的库存中准确地找出各工位所需的原材料和零部件，并能自动预先形成详细补货信息，从而实现流水线均衡、稳步生产。

**2. 运输环节**

物联网能够使物品在运输过程中的管理更透明，可视化程度更高。通过给在途运输的货物和车辆贴上 EPC 标签,在运输线的一些检查点安装上 RFID 接收转发装置,企业能实时了解货物目前所处的位置和状态,实现运输货物、线路、时间的可视化跟踪管理。此外,还能帮助实现智能化调度,提前预测和安排最优的行车路线,缩短运输时间,提高运输效率。

### 3. 仓储环节

将 EPC 技术等物联网技术应用于仓储管理,可实现仓库的存货、盘点、取货的自动化操作,从而提高作业效率,降低作业成本。入库存储的商品可以实现自由放置,提高了仓库的空间利用率。通过实时盘点,能快速、准确地掌握库存情况,及时进行补货,提高了库存管理能力,降低了库存水平。同时,按指令准确、高效地拣取多样化的货物,减少了出库作业时间。

### 4. 配送环节

在配送环节,采用 EPC 技术能准确了解货物存放位置,大大缩短拣选时间,提高拣选效率,加快配送的速度。通过读取 EPC 标签,与拣货单进行核对,提高了拣货的准确性。此外,可确切了解目前有多少货箱处于转运途中、转运的始发地和目的地,以及预期的到达时间等信息。

### 5. 销售物流环节

当贴有 EPC 标签的货物被客户提取,智能货架会自动识别并向系统报告。通过网络,物流企业可以实现敏捷反应,并通过历史记录预测物流需求和服务时机,从而使物流企业更好地开展主动营销和主动式服务。

虽然物联网给物流产业带来很多积极的影响,但是总体来说,当前的应用还处于初级阶段,物联网在物流中的应用还存在技术、标准、安全及成本等方面的问题。目前,物联网已经成为继计算机、互联网和移动通信技术之后的又一次科技浪潮,在未来的物联网时代,信息技术与信息支持仍然是一个主流的发展方向。结合国家的物联网技术产业战略规划,物流企业要努力实现物流的高度自动化的组织与实施、物流决策的高度智能化、物流管理的高度虚拟化以及第四方物流信息平台的信息共享。物联网技术支持的物流管理也是信息科学技术的主流发展方向。未来国际科技竞争中,必须大力将物联网信息化管理融入物流领域,物联网技术将成为物流信息化的核心技术。任何一个物流新业务的开展,都离不开物联网技术的支撑,基于物联网技术的信息化工作一定要走在新的增值业务之前,信息化需首先准备好。企业应该重视物流信息化对整个物流体系的影响,加快信息化的建设,提高物联网时代信息化服务的水平,以促进物联网时代物流企业的转型和升级。

## 3.9 智慧城市

智慧城市是建立在发达的移动互联网、物联网和无线传感网基础之上的高度互连的数字化城市。构建在云计算技术基础上的城市公共信息服务平台是智慧城市的基本配置,智慧城市的智能性来源于对城市运营数据的创新应用,大数据创新产业的成熟标志着智慧城市初步建成。

数字城市是建设智慧城市的前提。数字城市以计算机技术、多媒体技术和大规模存储技术为基础,以宽带网络为纽带,运用遥感、全球定位系统、地理信息系统、遥测、仿真虚拟等技术,对城市进行多分辨率、多尺度、多时空和多种类的三维描述,即利用信息技术手段把城市的过去、现状和未来的全部内容在网络上进行数字化虚拟实现。"数字城市"系统是一个人地(地理环境)关系系统,它体现人与人、地与地、人与地相互作用和相互关系,系统由政府、企业、市民、地理环境等既相对独立又密切相关的子系统构成。数字城市是实体物理城市在"数字空间"的映射,它与现实城市物理空间分离,而智慧城市通过物联网把虚拟城市的"数字空间"与现实城市的"物理空间"融合在一起,智慧城市是数字城市的延伸、拓展和升华。

移动互联网是智慧城市建设的最佳实践载体。移动互联网将移动通信和互联网二者结合起来,成为一体。用户通过移动互联网可以随时随地地使用随身携带的移动终端(智能手机、平板计算机、笔记本计算机等)获取互联网服务。随着宽带无线接入技术的发展和移动终端设备的普及,我国移动互联网进入全民时代。根据中国移动互联网发展大会发布的移动互联网蓝皮书《中国移动互联网发展报告(2023)》数据显示,截至 2022 年 1月,我国移动互联网用户总数达 14.53 亿户,移动电话用户总数达 16.83 亿户。

移动互联网以其移动化、宽带化、融合化、便携化、可定位化、实时性的特征为用户的工作与生活带来了极大便利。例如,用户可以通过移动终端实时查询交通路况系统的路况信息,规划适合自己行程的出行路线;还可以通过移动终端实时查询地图系统帮助用户找到自己的目的地;在等待时乘客可以阅读新闻、观看视频以及发表心情。根据用户和服务商在移动互联网的行为可以将移动互联网数据分为用户生成内容(user-generated content,UGC)和机器生成内容(machine-generated content,MGC)。用户生成内容主要包括用户上传的视频、图片和文本,主要源于人的自我表达需求;机器生成内容主要包括传感数据、服务器日志等,主要源于科技、军事和商业需求。用户使用移动终端满足自己各种需求的同时,也为智慧城市建设提供了海量的数据,移动互联网实现了互联网、人际关系网和物联网的融合,为智慧城市的建设提供了最佳的载体。

物联网是智慧城市建设的桥梁。物联网以其强大的感知能力为智慧城市提供了对城市进行实时监控的可能,只有通过环境感知、水位感知、照明感知、城市网管感知、移动支付感知、个人健康感知、无线城市门户感知、交通交互感知等,智慧城市才能实现对市政、民生、产业等方面的智能化管理。

云计算是智慧城市的重要动力。云计算是一种基于网络的支持异构设施和资源流转的服务供给模型,它提供给客户可自治的服务。云计算支持异构的基础资源和异构的多任务体系,可以实现资源的按需分配、按量计费,达到按需索取的目标,最终促进资源规模化,促使分工的专业化,有利于降低单位资源成本,促进网络业务创新。智慧城市系统是由多种行业、多个领域及多个城市复杂系统组成的综合系统,其多个应用之间存在信息共享、交互的需求,需要抽取各应用系统的数据进行综合计算以便为城市管理者、企业领导者、城市普通居民提供决策的依据。这些相互联系、密不可分的系统需要多个强大的信息处理中心对各种信息进行处理,云计算技术以其低成本、虚拟化、可伸缩、多租户的特点,可以帮助解决智慧城市建设中需要大规模分布式数据管理、面向服务应用集成以及快速资源部署等问题。

数字城市建设、云计算、物联网只是智慧城市建设的手段,为城市居民提供更幸福的生活才是智慧城市的根本目标。为了更好地服务于城市居民,必须实时感知城市状态,分析城市信息,充分利用移动互联网数据,实现对城市数据的利用并反作用于城市,使城市变得更加美好。

## 3.10 社会计算

社会计算是一门现代计算技术与社会科学之间的交叉学科,主要研究面向社会活动、社会过程、社会结构、社会组织和社会功能的计算理论和方法;研究计算及信息技术在社会中得到应用,从而影响传统的社会行为的过程;基于社会科学知识、理论、方法,借助计算及信息技术来帮助人类认识和研究社会科学的各种问题。

社会计算旨在在社会问题和计算技术之间架起桥梁,从基础理论、实验手段及领域应用等各层面突破社会科学与计算科学交叉借鉴的困难。因此,社会计算研究可以定位如下。

(1)在深入理解当前社会问题动态性、快速性、开放性、交互性、数据海量性和复杂性的基础上,为解决新兴社会问题建立统一的社会科学基础模型和理论框架。

(2)实现社会科学基础模型和理论"计算化"或建立其到计算技术的映射机制,研究与社会相关应用中的建模与计算方法,自下而上地为解决新兴社会问题提供整套理论和技术支撑。

(3)深化学科交叉研究,为网络化社会背景下的社会科学研究提供实验方法;同时,以新兴问题促进相关研究领域内涵和内容的延拓,推动基础理论和方法的创新和突破。

社会计算的研究目标应为这一新兴学科的建设提供核心建模、实验、管理、控制的理论基础和方法,实现社会科学、信息科学和管理科学多学科交叉研究的实质进展和融合,搭建通用社会计算实验平台和编程环境,并通过在特定领域中的应用和拓展,对社会安全和应急、社会经济系统安全以及工业生产安全等方面形成有效指导。

具体任务应包括以下内容。

(1)建立针对网络化社会中新型问题的社会科学理论,构建计算社会学的基础理论框架,为复杂社会问题的建模和实验提供社会科学基础。

(2)建立社会计算中系统建模、实验、真实与计算模型互动核心理论基础,研究社会计算中的计算和学习方法论。

(3)构建统一的、可编程的社会计算实验平台和实验环境。从社会安全、应急管理、经济系统安全、工程安全等领域入手,研究对真实社会系统的监控和管理中涌现出的科学问题并提供针对这些领域的整套技术方案。

(4)凝聚一支由来自社会科学、计算科学和管理科学等领域的研究人员所组成的跨学科的、体系结构完整的高水平社会计算研究队伍,为此领域学科建设和引领国际、国内创新研究做出实质性贡献。

通常可以认为社会物理学、社会心理学和社会计算学相互之间有内容交叉。为了更有效地利用人工社会的模型，可以把计算机技术作为实验手段，进而对涉及社会计算的命题进行论证，对其正确性进行演绎界定，如图3.6所示。

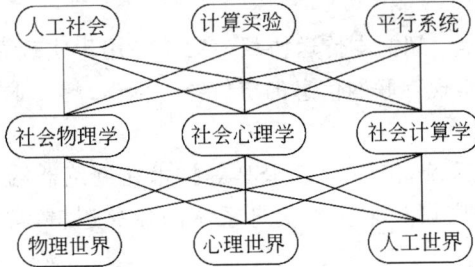

图 3.6　社会计算理论方法框架

# 本章小结

### 1. 计算机网络基础

计算机网络按照作用范围不同可分为局域网、城域网、广域网。根据计算机网络拓扑结构不同，可以分为总线拓扑结构和星形拓扑结构的网络。

数据通信是计算机与计算机或计算机与终端之间的通信，在计算机网络的数据通信中，数据、信号和信道是最基本的概念，在数据通信中，常用的评价指标有数据传输速率、数据传输带宽、传输延迟和误码率。

计算机网络有不同的类型，大小及功能上各有不同，但所有的网络都有消息、介质、设备和协议这4个共同的基本要素。

国际标准化组织(ISO)提出的开放系统互连参考模型(OSI-RM)，规定了一个7层的网络通信协议，自下而上为物理层、数据链路层、网络层、传输层、会话层、表示层、应用层。

基于网络的分布式系统在信息处理上常用的计算模式有客户-服务器模式(client-server model)、浏览器-服务器模式(browser-server model)及对等计算模式(peer-to-peer model，P2P)。

电视、电话和计算机通信都使用相同的规则、设备和介质传递时，产生了融合网路。

### 2. 因特网

因特网基于 TCP/IP 进行通信，它把世界各地的局域网、城域网等互连起来。互联网协议的主要功能包括数据报的传输、数据报的路由选择和拥塞控制。数据传输的可靠性是由传输控制协议(TCP)来提供的。

IP 地址是一个 32 位二进制数，是计算机在因特网上的标识。根据网络号和主机号所占位数的不同，通常可以将 IP 地址分为 A、B、C 三类 IP 地址。但 IP 地址记忆起来不方便，每台主机可以取一个便于记忆的名字，这就是域名地址，因特网通过域名管理系统

（DNS)完成域名地址到 IP 地址的转换。

数据传输的可靠性由传输控制协议来提供。TCP 的主要功能有差错控制、分组排序和流量控制。

### 3. Web 技术

Web 技术核心有 3 点：超文本传送协议（HTTP）用于实现万维网的信息传输，统一资源定位符（URL）用于实现互联网信息的定位统一标识，超文本标记语言（HTML）用于实现信息的表示与存储。

基于 Web 构建信息系统，需要 CSS、JSP 等技术在浏览器端完成系统与用户的交互功能，在服务器端需要程序设计来实现信息系统的业务逻辑，常用的技术有 PHP、JSP、ASP.NET 等。

### 4. 物联网

物联网包含感知延伸层、网络层、应用层，第一层负责采集物和物相关的信息；第二层是异构融合的通信网络，包括现有的互联网、通信网、广电网以及各种接入网和专用网，通信网络对采集到的物体信息进行传输和处理；第三层是应用和业务，为手机、个人计算机等各种终端设备提供感知信息的应用服务。

# 习题 3

### 一、简答题

1. 计算机网络常见的分类方法有哪些？它们是如何分类的？
2. 组成计算机网络的设备有哪些？
3. 举例说明什么是网络协议。
4. 网络计算模式有哪些异同点？
5. 计算机网络可以划分为哪 7 层？
6. 什么是物联网？物联网有哪些典型应用？

### 二、讨论题

1. 除了本章介绍的 Web 技术之外，还有哪些常见的应用于 Web 的技术？
2. 物联网应用会对社会产生哪些影响？物联网未来发展的主要领域会有哪些？
3. 试列举几项智慧城市成功应用的案例。
4. 举例说明自己对社会计算技术有哪些理解。

### 三、实践题

1. 个人求职网站的设计。

通过设计一个简单网站，了解简单网页的开发过程和 HTML 语言的语法规则和常用标签的使用方法,学会网页发布的方法。

本学习任务在完成的过程中,可以参考以下示例代码:

```html
<html>
<head>
    <title>个人求职网站</title>
</head>
<body>
    <img src="resume.jpg" align="center">
    <h1>个人简历</h1>
    <center>
        <a href="1.html">个人陈述</a>
        <a href="2.html">个人爱好</a>
        <a href="3.html">个人相册</a>
    </center>
</body>
</html>
```

2. 个人课程表的设计。

结合本学期每位学生的课程表,各自设计一个网页,显示自己本学期的课程表。

本学习任务在完成的过程中,可以参考以下示例代码:

```html
<html>
<head>
    <title>设定跨行的表格</title>
</head>
<body>
    <table bgcolor=red width="600" border="1">
        <caption>课程表</caption>
        <tr bgcolor=yellow>
            <td>节次</td>
            <td>星期一</td>
            <td>星期二</td>
            <td bgcolor=blue>星期三</td>
            <td>星期四</td>
            <td>星期五</td>
        </tr>
        <tr>
            <td>第 12 节</td>
            <td>体育</td>
            <td>大学英语</td>
            <td>高等数学</td>
            <td rowspan="2">数据结构</td><!--此处定义了一个单元格占了两行-->
```

```html
        <td>Web 开发</td>
    </tr>
    <tr> <!--表格第二行-->
        <td>第 34 节</td>
        <td>大学英语</td>
        <td>高等数学</td>
        <td>数据结构</td><!--此处开始少了一个单元格,因为上一行已经定义-->
        <td>Web 开发实验</td>
    </tr>
    <tr><td colspan="6">适用时间: 2008—2009 第一学期 083007 班</td></tr>
</table>
</body>
</html>
```

# 第4章 数据库技术基础

**本章学习目标**

- 了解数据管理的发展过程。
- 了解数据库概念、构成、数据管理的特点。
- 掌握关系数据库的基本概念。
- 了解 SQL 语言的概念。
- 了解数据库的设计步骤。
- 了解数据仓库、数据挖掘及其大数据的概念及应用。

数据管理技术是计算机科学技术的一个重要分支,也是信息系统的核心技术基础。20 世纪 50 年代以来,计算机应用由科学研究逐步扩展到企业、政府部门和社会的各个领域,数据处理很快上升为计算机应用的一个最重要的方面。近年来,数据库技术发展非常迅速,随着网络技术和多媒体技术的发展,数据仓库、大数据和数据挖掘技术的兴起,结合商业智能技术的应用,也成为目前信息以及数据管理的一个重要手段。

## 4.1 数据管理的发展过程

信息是管理的基础,是决策的依据。没有对信息的收集、传递、存储和加工处理,管理者既无法了解组织的运行状况,也无法实施对组织的各项管理控制职能。美国通用电气公司(General Electric Company,GE)首先使用计算机进行工资和成本会计核算,开创了现代信息系统发展的先河。现代信息系统经历了由单机到网络,由低级到高级,由电子数据处理到信息管理再到决策支持,由单项事务处理到企业资源计划综合管理系统的发展历程。在应用需求的推动以及计算机软硬件发展的基础上,数据管理技术经历了人工管理、文件系统和数据库系统 3 个阶段。

### 4.1.1 人工管理

从 1946 年计算机诞生至 20 世纪 50 年代中期,计算机主要用于科学计算。计算机除硬件设备外没有任何软件可用,使用的外存只有磁带、卡片和纸带,没有磁盘等直接存取设备。软件中只有汇编语言,没有操作系统,数据完全由人工进行管理。

人工管理阶段的数据模型如图 4.1 所示。注意,虽然图 4.1 中将程序和数据分成两部分,但是程序和数据

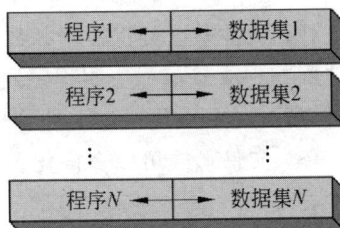

图 4.1 数据人工管理模型

事实上是一体化的。

在人工管理阶段，数据管理呈现出如下特点。

(1) 数据不保存。一组数据对应于一个应用程序，应用程序与其处理的数据结合成一个整体。程序运行结束后，释放内存空间，程序和数据同时被撤销。

(2) 没有软件对数据进行管理。如果数据的存储结构发生变化，读写数据的程序也要发生改变，数据没有独立性。

(3) 没有文件概念。数据的组织方法由程序设计人员自行设计和安排。

(4) 数据面向应用。数据附属于程序，即使两个应用程序使用相同的数据，不能共享数据。因此，程序与程序之间可能有大量的重复数据。

## 4.1.2　文件系统

20世纪50年代后期到60年代中期，计算机不仅用于科学计算，也大量用于经营管理活动。硬件设备有了磁盘、磁鼓等直接存储设备；软件发展了操作系统和各种高级语言。人们可以将应用程序所需的大量数据组织成一个数据文件长期保存在直接存取存储设备上，利用操作系统中的文件管理随时可以对文件中的数据进行存取，并且只需要知道相应的文件名即可实现按名存取。

文件系统的模型如图 4.2 所示。通过文件系统，程序和数据之间有了比较清晰的边界，不同的程序可以使用相同的文件，反之，一个程序也可以访问不同的文件。

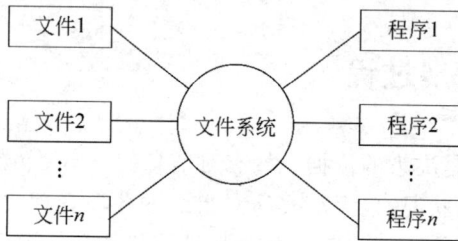

图 4.2　文件系统模型

### 1. 文件系统的特点

用文件系统进行数据管理具有如下特点。

(1) 数据可长期保存在磁盘上。用户可通过程序对文件进行查询、修改、插入或删除操作。

(2) 文件系统提供程序和数据之间的读写方法。文件管理系统是应用程序与数据文件之间的一个接口。应用程序通过文件管理系统建立和存储文件；反之，应用程序要存取文件中的数据，必须通过文件管理系统实现。程序和数据之间有了一定的独立性。

(3) 文件形式可以多样化。文件之间是相互独立的，文件与文件之间的联系需要用程序实现。

(4) 数据的存取基本上以记录为单位。

**2. 文件系统的缺陷**

文件系统的缺陷如下。

（1）数据冗余大，数据还是会在多个文件中被重复存储。

（2）数据的不一致。这是由数据冗余和文件之间的独立性造成的，在更新数据时，很难保证同一数据在不同文件中的一致。

（3）程序与数据之间的独立性差。修改文件的存储结构后，相关的程序也要修改。

### 4.1.3 数据库系统概述

从 20 世纪 60 年代后期开始，存储技术有了很大的发展，产生了大容量磁盘。计算机用于管理的规模更加庞大，数据量急剧增长。原有文件系统的固有缺陷使之不能满足大量应用和用户对数据的共享性和安全性等需求。为了提高效率，人们着手开发和研制更加有效的数据管理模式，并由此提出了数据库的概念。1968 年，IBM 公司研制成功数据库管理系统(information management system, IMS)标志着数据管理技术进入了数据库阶段。

使用数据库系统管理数据的基本思想是，将整个系统涉及的所有数据按一定的结构集中存放在数据库中，由数据库管理系统负责统一的数据管理和数据控制，用户或应用程序通过数据库管理系统操作数据库，存取其中的数据。数据库系统的数据存取模型如图 4.3 所示。

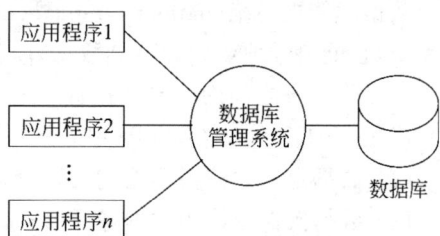

图 4.3　数据库管理系统模型

与文件管理相比，数据库技术有了很大的改进，主要表现在以下方面。

（1）数据库中的数据是结构化的。数据库系统不仅考虑数据项之间的联系，还要考虑记录之间的联系。

（2）数据库中的数据是面向系统的，任何应用程序都可以通过标准化接口访问数据库。

（3）数据库系统比文件系统有更高的数据独立性。

（4）数据库系统为用户提供了方便、统一的接口。用户可以用数据库系统提供的查询语言和交互式命令操纵数据库。用户也可以用高级语言编写程序来访问数据库，扩展了数据库的应用范围。

不仅如此，数据库技术的发展使数据管理上了一个新台阶，在数据完整性、安全性、并发访问和数据恢复方面，数据库管理系统都提供了非常完善的功能选择。

## 4.2　数据库技术及基本概念

数据库技术是信息系统的一个核心技术，是一种计算机管理数据的方法。数据库技术的研究包括如何组织和存储数据，以及如何高效地获取和处理数据。它是通过研究数据库的结构、存储、设计、管理以及应用的基本理论,并利用这些理论来实现对数据库中的数据进行处理、分析和理解的技术。数据库技术研究和管理的对象是数据,利用数据库管理系统能够实现对数据库中的数据进行添加、修改、删除、处理、分析、理解、报表和打印等操作,并利用应用管理系统最终实现对数据的处理、分析和理解。

### 4.2.1 数据库

数据库(database)是长期存储在计算机内的、大量的、有组织的、可共享的数据集合。数据库中的数据按一定的数据模型进行组织、描述和存储,它有以下特点。

(1)最小冗余。数据库中的数据尽可能不重复。

(2)数据独立性。数据库中的数据与应用程序没有依赖关系。

(3)安全性。保护数据库,以防止不合法使用。

(4)完整性。存取数据库中数据的过程要确保其正确性、一致性和有效性。

(5)数据共享。数据库中的数据可以同时为多个用户和多个应用程序服务。

### 4.2.2 数据库管理系统

数据库管理系统(database management system,DBMS)是一个用来管理数据库的软件系统,它能科学地组织和存储数据,以高效地获取和维护数据。数据库管理系统是位于用户与操作系统之间的一层数据管理软件,主要用来定义和管理数据库,处理数据库与应用程序之间的联系。它包括以下几个主要功能。

(1)数据定义。使用数据定义语言,可对数据库中的数据对象进行定义。

(2)数据操作。使用数据操作语言,可对数据库中的数据进行查询、插入、修改、删除等操作。

(3)数据库的运行管理。在数据库建立、运行和维护时,保证数据的安全、完整,实现多用户并发使用以及故障后的系统恢复。

(4)数据库的建立和维护。初始数据的输入、转换,数据的转储和恢复,以及数据库重组织功能和性能监视、分析功能等。

### 4.2.3 数据库系统

数据库系统(database system,DBS)是指基于数据库的一个人机系统,主要包括数据库、数据库管理系统、应用系统、数据库管理员和用户,如图 4.4 所示。

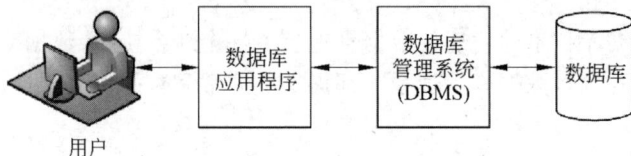

图 4.4 数据库系统的组成

数据库系统的出现是信息系统从以加工数据的程序为中心转向以共享的数据库为中心的新阶段,这样既便于数据的集中处理,又有利于应用程序的研发和维护,提高了数据的利用率和相容性,提高了决策问题的可靠性。

# 4.3 数据库的数据模型

    数据库是数据的集合,不仅仅反映数据本身的内容,而且反映数据之间的联系。由于计算机不可能直接处理现实世界中的具体事务,所以必须把具体事务转换成计算机能够处理的数据。在数据库中用数据模型这个工具来抽象、表示和处理现实世界中的数据和信息。通俗地讲,数据模型就是对现实世界的模拟。

    数据模型是数据库系统的一个核心问题,是对客观事物及其联系的抽象和模拟,是数据库系统设计中用于提供信息表示和操作手段的形式结构,是 DBMS 实现的核心和基础。数据模型不同,数据库中数据组织方式以及由此引发的操作方式也不同。数据库的类型就不同。目前,数据模型主要有层次模型(hierarchical model)、网状模型(network model)和关系模型(relational model)3 种。其中关系模型是 3 种数据模型中最重要的模型。20 世纪 80 年代以来,计算机系统厂商推出的数据库管理系统几乎全部支持关系模型。

## 4.3.1 层次模型

    层次模型是最早用于数据库技术的一种数据模型,它是按层次结构来组织数据的。层次结构也称为树状拓扑结构,树中的每个节点代表一种实体类型。这些节点满足以下条件。

    (1) 有且仅有一个节点无双亲(parent)。

    (2) 其他节点有且仅有一个双亲。

    在层次模型中,根(root)处在最上层,其他节点都有上一级节点作为其双亲。这些节点称为双亲的孩子(children),同一双亲的孩子称为兄弟(sibling),没有孩子的节点称为叶(leaf)。双亲和孩子表示了实体之间一对多的关系。

    层次模型是现实世界中各种数据关系的抽象和反映,企业组织、产品结构以及家庭关系都呈现层次结构。例如,大学中各院系的组织结构图就是非常典型的层次结构,如图 4.5 所示。

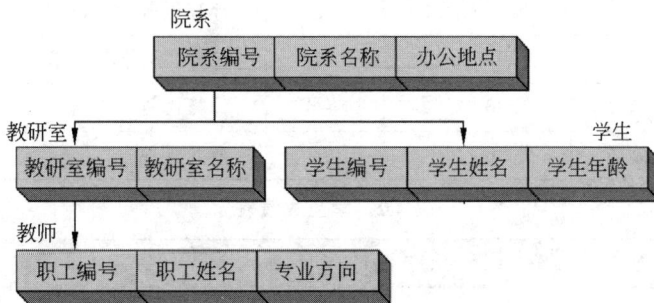

图 4.5　层次模型

### 4.3.2 网状模型

层次模型中的一个节点只能有一个双亲节点,且节点间的联系只能是 1∶$M$ 的关系,在描述现实世界中自然的层次结构关系时比较简单、直观,易于理解,但对于更复杂的实体间联系就很难描述了。在网状模型中,节点之间的联系是任意的,任意两个节点间都能发生联系,更适于描述客观世界。

虽然网状模型适于描述现实实体,但在计算机处理时却增加了复杂度。例如,如果实体之间存在 $M∶N$ 这样的联系,数据结构的组织和处理会十分繁杂。因此,在已经实现的网状数据库中,一般只处理 1∶$M$ 的联系;对于 $N∶M$ 关系,要先转换成 1∶$M$ 联系,然后再处理。通常也将只有 1∶$M$ 关系的网称为简单网,而将存在 $N∶M$ 关系的网称为复杂网。

网状模型的典型代表是 DBTG(Data Base Task Group,数据库任务组)系统,这是 20 世纪 70 年代数据系统语言研究会 CODASYL(Conference On Data System Language)下属的数据库任务组提出的一个方案。它虽然不是实际的软件系统,但对网状数据库系统的研究和发展起了重大的作用,现有网状数据库系统大都是基于 DBTG 报告文本开发的。

### 4.3.3 关系模型

关系模型是目前应用最广泛的一种数据模型。20 世纪 80 年代以来,几乎所有的数据库系统都支持关系模型,非关系模型也增加了关系模型接口,关系数据库已经成为数据库系统的工业标准。

关系模型的数据结构是用二维表格表达的实体集,与前两种数据模型相比,其数据结构相对简单。在现实世界中,人们经常使用的履历表、报名表、统计表、调查表等各种表格来表示信息,这些表格可以非常直接地转换为计算机存储信息。

例如,表 4.1 和表 4.2 所示为一个描述学生选课信息的关系模型数据结构。

**表 4.1 学生信息表**

| 学 号 | 姓名 | 出生日期 | 性别 | 专 业 | 院 系 |
|---|---|---|---|---|---|
| 2014070101 | 张元 | 1995-10-09 | 男 | 计算机科学与技术 | 计算机学院 |
| 2014070102 | 张红 | 1995-01-14 | 女 | 计算机科学与技术 | 计算机学院 |
| 2014070103 | 王明 | 1996-07-08 | 男 | 计算机科学与技术 | 计算机学院 |
| 2014070104 | 李伟 | 1996-03-11 | 男 | 计算机科学与技术 | 计算机学院 |
| 2014070105 | 孙楠 | 1996-11-19 | 男 | 财务管理 | 会计学院 |

**表 4.2 学生成绩表**

| 学 号 | 课程名称 | 成 绩 |
|---|---|---|
| 2014070101 | 计算机基础 | 89 |
| 2014070101 | 操作系统 | 81 |

| 学　号 | 课 程 名 称 | 成　绩 |
|---|---|---|
| 2014070101 | 数据结构 | 96 |
| 2014070102 | 计算机基础 | 85 |
| 2014070102 | 操作系统 | 74 |
| 2014070102 | 数据结构 | 77 |
| 2014070104 | 计算机基础 | 89 |

由表 4.1 和表 4.2 可以得到数据之间的一些"联系",例如张元和张红是计算机学院的学生,他们的计算机基础、操作系统和数据结构成绩分别是 89、81、96 分和 85、74、77 分。在关系模型中,数据被组织成一张二维表格,每一张二维表格称为一个关系。二维表中存放了两类数据与实体本身以及实体之间的联系,因此关系模型的数据组织是非常简单的,它将数据和关系一体化地存储在二维表格中。

# 4.4　关系数据库

## 4.4.1　关系数据库概述

关系数据库系统是支持关系模型的数据库系统。

在关系数据库中数据的基本结构是二维表(table),即数据按行、列有规则地排列、组织。数据库中的每个表都有唯一的表名。

### 1. 关系模型中的基本术语

下面介绍关系模型中的基本术语。

(1) 关系(relation)。关系在逻辑上对应一个按行、列排列的二维表,表名就是关系名,如表 4.1 所示。

(2) 属性(attribute)。表中的一列称为一个属性(或称一个字段),每个属性起一个名字,即属性名,如表 4.1 所示,每列表示一个属性(学号、姓名、出生日期、性别、专业、院系)。

(3) 域(domain)。属性的取值范围称为域。例如,性别的域是(男,女);院系的域是学校所有院系的集合。

(4) 元组(tuple)。表中的每一行称为元组,又称记录(record)。如在表 4.1 的"学生"关系中,元组如下:

```
(2014070101,张元,1995-10-09,男,计算机科学与技术,计算机学院)
(2014070102,张红,1995-01-14,女,计算机科学与技术,计算机学院)
(2014070103,王明,1996-07-08,男,计算机科学与技术,计算机学院)
(2014070104,李伟,1996-03-11,男,计算机科学与技术,计算机学院)
(2014080201,孙楠,1996-11-19,男,财务管理,会计学院)
```

（5）候选码（candidate key）。如果一个属性或属性集的值能够唯一标识一个关系的元组，又不包含多余的属性，则称该属性或属性集为候选码，又称候选关键字或候选键，一个关系上可以有多个候选码。

（6）主键（primary key）。在关系模型中，不允许一个表中有两个完全相同的元组，表中能够唯一标识元组的一个属性或属性集合称为主键（或称主码）。主键是多个候选码中的一个。

表 4.1 中的"学号"可以唯一确定一个学生，就成为"学生"关系的主键。主键可以由一个属性组成，也可以由多个属性共同组成。如表 4.2 所示的成绩表，其主键由"学号"和"课程名称"共同组成。若只有"课程名称"属性，"学号"属性为空，则无法确定是哪个学生的成绩，而只有"学号"属性，"课程名称"为空，不能确定是该学生哪门课程的成绩。因此，这个表的主键是由"课程名称"和"学号"两个属性构成的。

（7）主属性（prime attribute）。主键的诸属性称为主属性。在表 4.2 的"成绩"关系中"学号"或"课程名称"都是主属性。

（8）外键（foreign key）。如果一个属性或属性集合不是某个关系的主键，而是另一个关系（称为被参照关系）的主键，则这个属性或属性集合称为该关系（称为参照关系）的外键（或称外码）。

例如，在表 4.2 的"成绩"关系中，"学号"属性和表 4.1 的"学生"关系中的主键"学号"相对应，因此"学号"属性是"成绩"关系的外键。

（9）关系模式（relation schema）。二维表的结构称为关系模式。对关系的描述一般表示为：关系名（属性 1，属性 2，…，属性 $n$）。

例如，学生信息表的关系模式表示如下：

学生（学号，姓名，出生日期，性别，地址，专业，院系）

**2. 关系模型中的表具有的性质**

关系模型中的表与普通的二维表有本质上的区别，关系模型中的表具有如下性质。

（1）关系中每一列的所有值具有相同的数据类型，且取自同一个域。

（2）不同属性必须有不同的名称，但是不同属性的属性值可以出自相同的域，即不同属性的属性值取值范围可以相同。

（3）任意两行（即两条记录）不能完全相同。

（4）列的次序对表达查询要求的查询表达式没有影响。

（5）行的次序对表达查询要求的查询表达式没有影响。

（6）关系中的每个属性都是不可再分的最小数据项，即表中的每一列都不可再分，不允许表中还有表。

### 4.4.2　常用的关系数据库

目前有许多关系数据库产品，如 Oracle、SQL Server、Access、MySQL、SQLite、DB2等。这些产品各在数据库市场上占有一席之地。下面简要介绍几种常用的数据库管理系统。

### 1. Oracle 数据库管理系统

Oracle 是 Oracle(甲骨文)公司开发的关系数据库产品,是最早商品化的关系数据库管理系统,也是应用广泛、功能强大的数据库管理系统。作为一个通用的数据库管理系统,Oracle 不仅具有完整的数据管理功能,还是一个分布式数据库系统,支持各种分布式功能,特别是支持 Internet 应用。作为一个应用开发环境,Oracle 提供了一套界面友好、功能齐全的数据库开发工具,具有可开放性、可移植性、可伸缩性等特点。最新版的 Oracle 支持类、方法、属性等面向对象的功能,使得 Oracle 产品成为一种面向对象的关系数据库管理系统,并且根据用户的需求实现了信息生命周期管理(information lifecycle management)等多项创新。Oracle 的功能强大,一般应用于中大型数据的存储管理的信息系统中。

### 2. SQL Server 数据库管理系统

SQL Server 是微软公司开发的一款典型的关系数据库管理系统,可以在许多操作系统上运行,它使用 Transact-SQL 完成数据操作。由于 SQL Server 是开放式的系统,其他系统可以与它进行完好的交互操作。它具有可靠性、可伸缩性、可用性、可管理性等特点,为用户提供完整的数据库解决方案。SQL Server 是应用最广泛的数据库之一。

### 3. MySQL 数据库管理系统

MySQL 是由瑞典 MySQL AB 公司开发的一款关系数据库管理系统,在 Web 应用方面 MySQL 是最好的关系数据库管理系统应用软件之一。对于一般的个人使用者和中小型企业来说,MySQL 提供的功能已经绰绰有余,而且由于 MySQL 是开放源码软件,因此可以大大降低总体拥有成本。由于其体积小、速度快、总体拥有成本低,尤其是开放源码这一特点,一般预算有限的中小型网站的开发都选择 MySQL 作为网站数据库。

### 4. DB2 数据库管理系统

DB2 是美国 IBM 公司开发的一套关系型数据库管理系统,它主要的运行环境为 UNIX(包括 IBM AIX)、Linux 以及 Windows 服务器版本。DB2 主要应用于大型应用系统,具有较好的可伸缩性,可支持从大型机到单用户环境,应用于所有常见的服务器操作系统平台下。DB2 采用了数据分级技术,能够使大型机数据很方便地下载到局域网数据库服务器,使得客户-服务器用户和基于局域网的应用程序可以访问大型机数据,并使数据库本地化及远程连接透明化。DB2 以拥有一个非常完备的查询优化器而著称,其外部连接改善了查询性能,并支持多任务并行查询。DB2 具有很好的网络支持能力,每个子系统可以连接十几万个分布式用户,可同时激活上千个活动线程,对大型分布式应用系统尤为适用。

**5. SQLite 轻型数据库管理系统**

SQLite 是一个基于 C 语言的嵌入式 SQL 数据库引擎，它实现了一个小型、快速、自包含、高可靠性、功能齐全的 SQL 数据库引擎。SQLite 的数据库文件格式是跨平台的，使得 SQLite 几乎是世界上使用最广泛的数据库引擎。SQLite 可以内置于所有手机和大多数计算机中，人们每天使用的无数手机应用程序中大都是用 SQLite 进行数据的管理和存取的。与大多数其他 SQL 数据库不同，SQLite 没有单独的服务器进程。SQLite 把具有多个表、索引、触发器和视图的完整 SQL 数据库包含在单个磁盘文件中直接读写。

## 4.4.3  SQL 概述

SQL(structured query language,结构化查询语言)是一种用于数据库定义、操纵、控制、查询和编程的语言。1986 年 10 月，美国国家标准局(American National Standard Institute,ANSI)数据委员会 X3H2 批准将 SQL 作为关系数据库语言的美国标准，同年公布了 SQL 标准文件(SQL-86)。1987 年，国际标准化组织也通过了这一标准。自 SQL 成为国际标准以后，各数据库厂家纷纷推出各自的 SQL 软件或与 SQL 的接口软件，这使大多数数据库均用 SQL 作为共同的数据存取语言和标准接口，使不同数据库系统之间的互操作有了共同的基础。SQL 成为国际标准对数据库以外的领域也产生了很大影响，有不少软件产品将 SQL 语言的数据库查询功能与图形功能、软件工程工具、软件开发工具、人工智能程序结合起来。SQL 已成为数据库领域中的一个主流语言。

SQL 是一种介于关系代数与关系演算之间的结构化查询语言，是一个通用的、功能极强的关系数据库语言。之所以能够为用户和业界所接受并成为国际标准，正是因为它是一个综合的、功能极强又简捷易学的语言。SQL 语言集数据定义、数据操纵、数据查询、数据控制的功能于一体，语言风格统一，可以独立完成数据库生命周期中的全部活动，包括定义关系模式、建立数据库、查询、更新、维护、数据库重构、数据库安全性控制等一系列操作，为数据库应用系统的开发提供了良好的环境。用户在数据库系统投入运行后，还可根据需要随时、逐步地修改模式，并且不影响数据库的运行，从而使系统具有良好的可扩展性。

SQL 语言主要由数据定义语言(data definition language,DDL)、数据操纵语言(data manipulation language,DML)和数据控制语言(data control language)组成。SQL 功能极强，但由于设计巧妙，语言十分简洁，具体如下。

(1) 数据定义语言。用于定义和管理数据库以及数据库中的各种对象，包括 CREATE、ALTER、DROP 等语句，如 CREATE TABLE 创建表、DROP TABLE 删除表等。

(2) 数据操纵语言。用于查询、添加、修改和删除数据库中的数据，包括 SELECT 查询数据、INSERT 插入记录、DELETE 删除记录、UPDATE 修改数据等语句。

(3) 数据控制语言。用于设置或者更改数据库用户或角色权限，包括 GRANT 授予权限、REVOKE 撤销授权、COMMIT 提交事务、ROLLBACK 回滚事务等语句。

下面是一些常用的 SQL 语句。

(1) 使用 SELECT 语句进行查询：

```
SELECT STUDENT_NAME FROM STUDENT_TALBE WHERE STUDENT_GENDER='female'
```

其中，SELECT 是 SQL 数据操纵语言中的查询语句，STUDENT_NAME 是属性名，STUDENT_TALBE 是数据库中的二维表的名字，WHERE STUDENT_GENDER='female'是条件：性别为女。这条完整的 SQL 语句的含义就是从二维表 STUDENT_TALBE 中查询所有性别为女的记录的 STUDENT_NAME 属性。

(2) 使用 INSERT 语句向一个数据库的二维表中插入数据：

```
INSERT INTO STUDENT_TALBE VALUES (值 1,值 2,…)
```

其中，STUDENT_TALBE 是数据库中的二维表的名字，后边的值 1、值 2 等是这个表中相应属性的值。这句话的意思就是在二维表 STUDENT_TALBE 中插入一条记录，这条记录的各属性的取值则为值 1、值 2 等的数值。

(3) 使用 UPDATE 语句更新数据库中某个二维表中记录：

```
UPDATE STUDENT_TALBE SET STUDENT_NO=123 WHERE STUENT_NAME='张三'
```

其中，WHERE STUENT_NAME='张三'表达在二维表 STUDENT_TALBE 中以此为条件搜索相关的记录，然后使用 SET 后边的赋值等式 STUDENT_NO=123 将符合 STUENT_NAME='张三'条件的记录中 STUDENT_NO 属性的值更新为 123。

(4) 使用 DELETE 语句删除记录的语句：

```
DELETE FROM STUDENT_TALBE WHERE STUENT_NAME='张三'
```

这句 SQL 语句的含义是在二维表 STUDENT_TALBE 中删除所有符合条件 STUENT_NAME='张三'的记录。

SQL 语言既是自含式语言，又是嵌入式语言。作为自含式语言，它能够独立地用于联机交互的使用方式，用户可以在终端键盘上直接输入 SQL 命令对数据库进行操作；作为嵌入式语言，SQL 语言能够嵌入高级语言（如 C、Java）程序中，供程序员设计程序时使用。而在两种不同的使用方式下，SQL 语言的语法结构基本上是一致的。这种以统一的语法结构提供两种不同的使用方式的做法，提供了极大的灵活性与方便性。

### 4.4.4 数据库设计

数据库设计（database design）是实现数据库在 IT 领域应用的主要内容之一，它是指根据用户当前以及潜在的需求，在调查分析之后，构造最优的数据库模式，建立数据库及其信息应用系统的过程。

早期的数据库设计没有现成的规范可循，缺乏科学理论和工程方法的支持，设计人员完全凭自己的经验和技巧自主地设计数据库，设计质量难以保证，这种方法称为手工试凑法。为此，三十多个国家的数据库专家于 1978 年 10 月在美国的新奥尔良市专门讨论了数据库设计问题，提出了数据库设计的规范，这就是著名的新奥尔良方法。现在常用的规范设计法大多起源于新奥尔良方法，按照规范设计法，通常可以将数据库设计的全过程分为以下 6 个基本阶段,如图 4.6 所示。

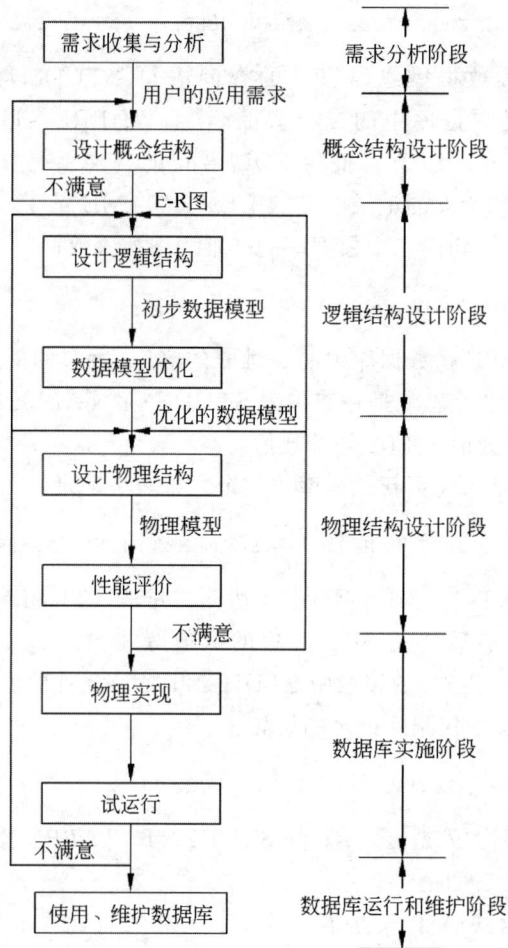

图 4.6　数据库设计步骤

（1）需求分析。

（2）概念结构设计。

（3）逻辑结构设计。

（4）物理结构设计。

（5）数据库实施。

（6）数据库运行和维护。

在数据库设计的不同阶段采用了某些具体的技术和方法。基于关系模型的数据库设计方法采用 E-R(实体-联系)法来设计数据库的概念模型(属于概念设计阶段),即用 E-R 图表示现实世界中的实体以及实体之间的联系,然后将其转换为某一具体的数据库管理系统所支持的数据模型。基于 3NF 的数据库设计方法则采用规范化理论来设计关系数据库的数据模型(即逻辑模型,属于逻辑设计阶段),即在需求分析的基础上确定数据库模式的全部属性及其依赖关系,先将它们组织在一个单一的关系模式中,然后通过模式分解将其规范化为若干关系模式的集合。在以上 6 个阶段中,需求分析和概念结构设计可以独立于任何数据库管理系统,因此,在设计的初期,并不急于确定到底采用哪种数据库管理系统,而是从逻辑结构设计阶段开始就进行选择。

目前已有一些工具软件可以通过人机交互方式来辅助设计人员完成数据库设计过程中的很多任务,这样的工具软件统称为计算机辅助软件工程(computer-aided software engineering,CASE),例如,Oracle 公司的 Designer、Sybase 公司的 PowerDesigner、Microsoft 公司的 Visio、CA 公司的 ERWin Data Modeler、Rational 公司的 Rational Rose 等。

【案例 4-1】 下面以学生成绩管理系统为例,结合数据库设计的基本步骤以及 SQL 语言进行数据库的设计。

1. 需求分析

在进行数据库设计之前,首先准确了解和分析各种用户的应用需求。以下是系统需求分析的结果:

对于学生成绩管理系统,假定学校只有一种类型的学生,每名学生有唯一的一个学号,还有姓名、性别、年龄、班级等基本信息。学校开设了多门课程,每门课程有唯一的一个课程号,还有课程名、学分、课程简介等基本信息。每名学生可以根据需要有选择地选修多门课程,同时每门课程也可以供多名学生选修。在学期末,学生所选课程的成绩被输入数据库中,供学生在网上进行查询。

2. 概念结构设计

概念结构设计是整个数据库设计的关键,它通过对用户需求进行综合、归纳和抽象,形成独立于任何数据库管理系统的概念模型,概念结构设计的主要工具是模型。

E-R 模型有 4 个基本成分。矩形表示实体,椭圆形表示实体属性,菱形表示联系,连线表示实体之间以及属性之间的联系。矩形框、椭圆形框、菱形框内要标注实体、属性和联系的名字,连线两头标注联系的类型是一对一、一对多还是多对多。

首先,根据用户需求,分析潜在的实体。实体通常是需求文档中的中心名词,主要活动都是围绕它们开展的。针对学生成绩管理系统,显然可以找出学生和课程这两个实体,因为该系统的主要活动——课程的选修以及成绩的输入与查询都是围绕这两个实体开展的。每个实体都有相应的属性用来描述它。

其次,根据用户需求,确定实体之间的联系。在本系统中,选修就是这两个实体之间发生的主要动作。由于一名学生可以选修不同课程,一门课程可以由不同学生选修,因此,这两个实体之间的选修联系是一个多对多联系($m:n$)。选修联系形成后,会产生一个基本属性,这就是要向数据库中输入课程成绩。

根据以上分析,可以画出学生成绩管理系统的 E-R 图,如图 4.7 所示。

3. 逻辑结构设计

逻辑结构设计是将概念模型转换为某一具体数据库管理系统支持的数据模型(即逻辑模型,如关系模型),并对其进行优化的过程。

关系模型是最常用的逻辑模型,其数据结构是关系,用关系模式进行描述,因此所有这些关系模式的集合就构成了关系数据库的逻辑模式(即关系模型),因此概念模型向逻

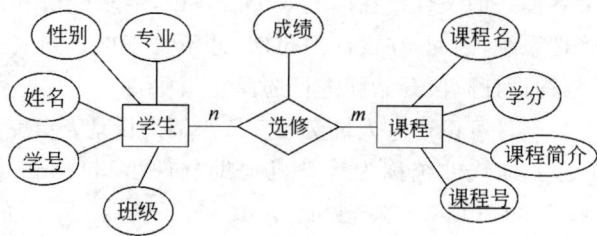

图 4.7　学生成绩管理系统的 E-R 图

辑模型的转换,实际上就是将 E-R 图中的实体以及实体之间的联系转换为若干关系模式,并确定其中的属性和码。

E-R 图向关系模型的转换需要遵循以下原则。

(1) 实体的转换。一个实体(型)转换为一个关系模式,关系模式的属性就是实体的属性,关系模式的码就是实体的码。

(2) 二元联系的转换。

① 一对一联系。可以和任何一端实体转换得到的关系模式合并,即在被合并的关系模式中增加与该联系相连的另一实体以及联系本身的属性,合并后的关系模式的码保持不变。

② 一对多联系。可以和 $n$ 端实体转换得到的关系模式合并,即在 $n$ 端实体转换得到的关系模式中增加该联系相连另一端实体(即 1 端实体)的码(该属性在合并后的关系模式中还是一个外码)以及联系本身的属性,合并后的关系模式的码保持不变。

③ 多对多联系。转换为一个独立的关系模式,关系模式的属性包括与该联系相连的两端实体的码以及联系本身的属性,关系模式的码由这两个实体的码共同组成,在这个独立的关系模式中,它们也都是外码。

在本系统中,选择关系模型进行逻辑结构设计。根据图 4.7 所示学生成绩管理系统的 E-R 图,可以得知实体"学生"与"课程"之间是多对多的联系,根据上述的转换原则,可以转换为以下 3 个关系模式:

学生(学号,姓名,性别,专业,班级)
课程(课程号,课程名,学分,课程简介)
选修(学号,课程号,成绩)

4. 物理结构设计

物理结构设计是为数据模型选取一个最适合应用环境的物理结构,包括存储结构和存取方法,这依赖于具体的数据库管理系统。物理设计主要包括聚簇设计、索引设计和分区设计。

在目前商品化的关系数据库管理系统中,数据库的大部分物理结构都由系统自动完成,用户需要设计的部分已经很少了。

5. 数据库实施

在数据库实施阶段,根据逻辑结构设计和物理结构设计的结果,设计人员用数据库管理系统提供的数据定义语言(如 SQL)建立数据库,并编制、调试应用程序,组织数据入库,进行试运行。SQL 语言是一种通用的关系数据库语言,因此无论选用哪一种关系数据库,都可以用几乎相同的 SQL 语句进行物理结构的设计。如果选用 Microsoft Access 作为 DBMS,可以用以下的 SQL 语句设计数据库中的二维表。

① 创建关系。学生(学号,姓名,性别,专业,班级)的二维表的 SQL 语句如下:

```
CREATE TABLE STUDENT_TABLE
(
    STUDENT_NO TEXT(10) [NOT NULL] [PRIMARY KEY],
    STUDENT_NAME TEXT(30),
    STUDENT_GENDER TEXT(4),
    MAJOR TEXT(30),
    CLASS TEXT(30)
)
```

其中,[NOT NULL]表达此属性不能为空值,[PRIMARY KEY]表达此属性为主键,TEXT 是文本型数据类型,后边括号内的数字表达此数据类型的长度。

创建关系:课程(课程号,课程名,学分,课程简介)的二维表的 SQL 语句如下:

```
CREATE TABLE COURSE_TABLE
(
    COURSE _NO TEXT(10) [NOT NULL] [PRIMARY KEY],
    COURSE _NAME TEXT(30),
    CREDIT TEXT(30),
    INTRODUCTION TEXT(500)
)
```

其中,MEMO 是长度比较长的文本数据类型。

② 创建关系。选修(学号,课程号,成绩)的二维表的 SQL 语句如下:

```
CREATE TABLE COURSESELECT_TABLE
(
    STUDENT_NO TEXT(10) [NOT NULL],
    COURSE _NO TEXT(10) [NOT NULL],
    SCORE TEXT(30)
    CONSTRAINT pk_CSelect PRIMARY KEY (STUDENT_NO,COURSE _NO)
)
```

其中,CONSTRAINT pk_CSelect PRIMARY KEY (STUDENT_NO,COURSE _NO) 的含义是指定 STUDENT_NO 和 COURSE _NO 一起组成主键。

6. 数据库运行和维护

数据库试运行合格后,就可以交给用户正式运行了。但由于应用环境的不断变化,对数据库的维护工作将是一项长期任务。在数据库运行阶段,对数据库经常性的维护工作主要由数据库管理员负责完成,包括数据库的转储和恢复、数据的安全性和完整性控制、数据库性能的监督与分析改造、数据库的重组织和重构造。

## 4.5　数据管理技术发展

当前数据库技术已经成为数据组织的主要方式,特别是关系数据库,由于它具有概念清晰、结构简单、语言一体化、能进行集合处理以及数学基础坚实等特点,在数据库应用和研究中占据了主导地位。随着互联网和多媒体技术的迅猛发展,各种高级数据管理技术已经出现并在持续开发中,以适应新的数据管理应用的需要。其中数据仓库、数据挖掘和大数据是近年来数据管理技术研究和实践领域中发展最为迅速的。

### 4.5.1　数据仓库

数据仓库(data warehouse,DW)是信息技术领域和企业界最新、最热门的流行词汇和概念之一。提高顾客的满意度、不断增加市场份额和利润、增强企业的市场竞争力等所有与企业历史信息相关的重大战略决策都需要数据仓库技术的支持。为支持企业的分析活动和决策任务,数据仓库将分析和决策所需的、来自不同业务数据库的、大量同构或异构的历史数据集成在一起,并以异于传统业务数据库的、面向分析主题的全新方式对数据进行重新组织和进行不同层次的汇总,形成单一集成的数据资源,从而使 DSS 分析员的工作变得容易很多。

#### 1. 数据仓库的概念

目前,数据仓库一词尚没有一个统一的定义,著名的数据仓库专家 W. H. Inmon 在 *Building the Data Warehouse* 一书中将其定义如下:数据仓库是一个面向主题的、集成的、稳定的且随时间变化的数据集合,用来支持管理人员的决策。对于数据仓库的概念可以从两个层次予以理解,首先,数据仓库用于支持决策,面向分析型数据处理,它不同于企业现有的、用来处理日常事务的操作型数据库;其次,数据仓库对多个异构的数据源进行了有效集成,集成后按照主题进行了重组,并包含大量的、长期的历史数据,而且存放在数据仓库中的数据一般不做修改。

根据以上概念,数据仓库具有以下 4 个基本特征。

(1)面向主题性。操作性数据库的数据组织面向特定业务的日常事务处理任务,各个业务系统之间相互分离、分析和决策所需的相关数据能分散在不同的业务数据库中,例如,要分析的客户投保信息就分散在汽车保险、健康保险、人寿保险、意外伤害保险等多个业务数据库中,这给分析和决策带来了困难;而数据仓库中的数据则是按照一定的主题域进行组织的。主题是一个抽象的概念,是指用户使用数据仓库进行分析和决策时所关心的重点方面,如客户、保险单、索赔等,一个主题通常与一个业务系统相关。

(2)集成性。面向事务处理的操作型数据库通常只与某些特定的应用相关,数据库之间相互独立,并且往往是不一致的、异构的。而数据仓库中的数据则是在对原有分散的数据库数据进转换、清理、装载的基础上,经过系统加工、汇总和整理得到的,消除了源数据中的噪声和不一致性,从而保证数据仓库中的信息是关于整个企业的一致的全局信息。

(3)不可更改性。操作型数据库中的数据通常需要实时更新,数据根据需要及时发生变化。而数据仓库中的数据则主要供企业决策分析之用,所涉及的数据只是历史数据,一旦某个数据进入数据仓库以后,一般情况下将被长期保留,也就是数据仓库中一般有大量的查询操作,很少有对数据的修改和删除操作,通常只需要做定期的装载、追加。

(4) 随时间不断变化性。操作型数据库主要关心当前某一个时间段内的数据,而数据仓库中的数据通常包含历史信息,系统地记录了企业从过去某一时点(如开始应用数据仓库的时点)到目前的各阶段的历史信息,通过这些历史信息,可以对企业的发展历程和未来趋势做出定量分析和预测。

企业数据仓库的建设,是以现有企业业务系统和大量业务数据的积累为基础的。数据仓库是静态的概念,只有把信息及时交给需要这些信息的使用者,供他们做出改善其业务经营的决策,信息才能发挥作用,信息才有意义。而把信息加以整理、归纳和重组,并及时提供给相应的管理决策人员,是数据仓库的根本任务。因此,从产业界的角度看,数据仓库是一个工程,是一个过程。

**2. 数据仓库的框架结构**

数据仓库提供了一种使信息可用于决策制定的方法。一个有效的数据仓库战略必须能处理现代企业的复杂问题。每个事物处理系统都会产生数据,并且存放在不同的数据库中。用户需要随时随地地访问数据,以满足对数据的需求。因此,一个数据仓库必须适应商业模式,而不是支配和改变它。

数据仓库使得经理、管理人员、分析专家和用户能够从它们业务活动的许多方面查询和分析公司数据。数据仓库允许用户对下列数据进行复杂的分析:为适应特别指标而摘录的、聚集的和汇总的数据,用来获取新数据的数据,为取消不想要和不必要的数据而重新格式化或过滤的数据,和其他数据源集成在一起的数据。

数据仓库系统由后置处理、中间处理和前置处理等多个模块所构成。系统以早期事务处理系统作为开始,通过中间过程对数据进行处理,使数据以局部而不是集中的方式支持用户操作,并最终实现用户对数据仓库内数据的查询。同时系统还包括覆盖整个处理过程的基础技术,例如安全系统,它不仅控制着在终端数据仓库的输入过程,还控制着用户在数据仓库的前台访问能力。

数据仓库的框架结构如图 4.8 所示。

**3. 数据仓库与数据库的区别**

数据库特别是常用的关系数据库,由很多二维表组成。而数据仓库则是数据库概念的一种升级,其数据组成可以来自多个不同类型的数据库以及数据文件,因而数据仓库使用多维的数据模型。数据库强调数据处理的完整性、一致性,在数据模型上要遵从范式模型,从而减少数据冗余,保证数据的完整性。而数据仓库则追求数据分析的效率和查询复杂问题的速度,分析寻找数据之间的相关性和联系。数据库通常应用于基本的、日常的事务处理,例如银行交易。数据仓库主要应用于复杂的分析操作,侧重于决策支持,提供直观、易于理解的查询或者解答结果。

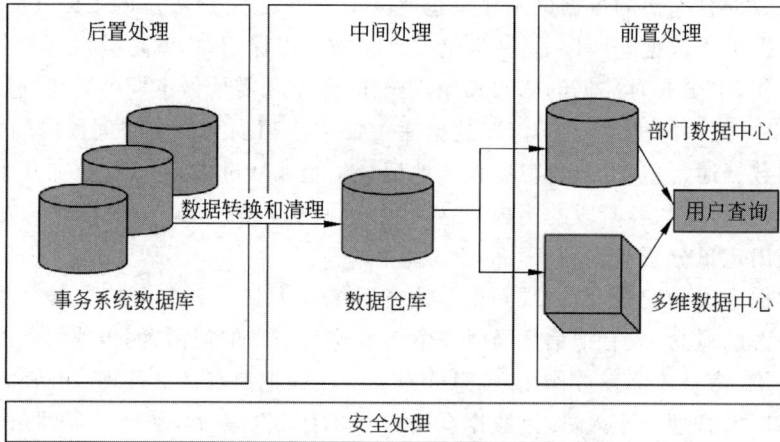

图 4.8　数据仓库框架结构

## 4.5.2　数据挖掘

在数据仓库存储的大量数据的基础上,数据挖掘(data mining,DM)技术被用来从中获取隐含的、用来指导决策的知识,从而实现从数据到知识的转变,体现数据应有的价值。

### 1. 数据挖掘的定义

数据挖掘又称知识发现(knowledge discovery in database),是从大量的、不完全的、有噪声的、模糊的、随机的实际应用数据中提取隐含在其中的、人们事先难以预计的但又是潜在有价值的知识的过程。

通常人们将数据看成知识的源泉,就像沙里淘金一样。原始数据必须是来自于现实的、大量的、含噪声的数据。发现的知识可用于信息管理、查询优化、决策支持和过程控制,还可以用于数据自身的维护。因此,数据挖掘是一门交叉学科,它把数据应用从低层次的简单查询,提升到挖掘知识和决策支持。

数据挖掘发现的知识,并不是崭新的自然科学定理或者数学公式,而是某些用户感兴趣(或者说,对某些用户潜在有用)的某种规律性知识。这种规律性知识对不同的人呈现出完全不同的价值。例如,购买果酱的人中有 60％同时购买了面包,这对超市经营者是非常难得的商业信息,而对消费者而言则无任何意义。数据挖掘发现的知识都是基于现实当中产生的数据、在特定前提和约束条件下、面向特定领域的知识。用这样的知识可以指导一定范围内的业务活动。知识的表现也要求易于被用户理解,最好能用简洁的图表或自然语言进行表达。

### 2. 数据挖掘的目标和基本特征

许多单位和组织在耗费巨额资金建立了规模庞大、覆盖整个企业所有经济活动的数据仓库后,仍然被一个基本的问题所困扰,即如何把握顾客的消费倾向,跟踪客户需求并提高产品的市场份额和市场竞争力。

为达到这样的商业目标,数据挖掘可以帮助用户处理大量的数据,以期在数据仓库中得到意外的发现,这些发现可以是潜在带来更高利润的顾客群,而不是任意的新顾客。这些发现是战略性的和富有竞争性的,对企业的未来有方向性的指引。

通常,企业的数据分析划分为 3 个不同的层次和范畴。首先要了解企业经营活动中发生了什么;其次要了解为什么会发生,然后依据原因制定企业可以做什么,不可以做什么。图 4.9 描述了数据分析的 3 个层次。传统的查询、报表以及基于数据仓库的多维分析技术主要集中处理发生了什么,但却很少考虑原因。数据发掘的贡献在于支持最高层次的数据分析,并预测可能采取的行动。

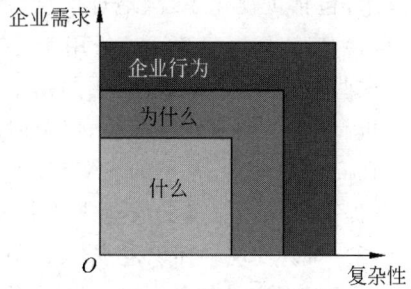

图 4.9　数据分析层次

### 3. 数据挖掘过程

数据挖掘是一个复杂的过程。数据挖掘充分利用人工智能、机器学习、统计学等多个学科的知识,并将它们同其他辅助技术结合到一起,从大量的数据中找出潜在的、有用的知识。数据挖掘的过程如图 4.10 所示。

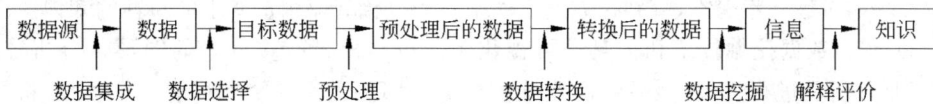

图 4.10　数据挖掘过程

(1) 识别业务问题、认清挖掘目标并据此有针对性地选择挖掘所需的目标数据是数据挖掘的第一步。虽然挖掘出的知识是不可预测的,但要探索的问题应是有预见的,为了数据挖掘而数据挖掘则带有盲目性,是不会成功的。

(2) 数据的质量关系着数据挖掘的成败。为了能成功地进行数据挖掘,需要对数据进行预处理,消除数据中可能存在的噪声、不一致性和数据冗余,以提供高质量的挖掘数据源。

(3) 不同的数据挖掘算法对数据有不同的格式要求,因此,在挖掘之前,需要对数据进行格式转换以符合数据挖掘算法的要求。例如,传统的决策树(decision tree)算法只适合处理离散型的数据,所以需要对连续型的数据进行离散化处理;对于带有大量特征的数据,为了提高数据挖掘的效率和有效性,需要对其进行特征选择和特征抽取,以获得数据相对少量的、重要的特征。

(4) 根据数据总结、分类、聚类、关联规则发现、序列模式发现等挖掘任务选择合适的数据挖掘算法,获取数据中隐藏的模式或知识。数据挖掘算法不同,得到的知识可能就有所不同。有些数据挖掘算法得到的是描述性的知识,而有的数据挖掘算法得到的则是预测性的知识。

(5) 最后,还要对挖掘出来的知识进行解释和评价,不但要为用户提供清晰、直观的结果描述,而且还要评价结果能否令决策者满意,如果不能,还需重新进行挖掘。

#### 4. 数据挖掘技术和工具

数据挖掘技术和工具可分为 3 大类：统计分析或数据分析、知识发现以及其他工具和技术，包括可视化系统、地理信息系统、分形分析和私有工具。

(1) 统计分析。统计分析用于检查异常的数据模式，然后利用统计模型和数学模型解释这些数据模式。通常使用的模型有线性分析和非线性分析、连续回归分析和逻辑回归分析、单变量和多变量分析，以及时间序列分析。

在商业活动中，常用的 SAS、SPSS 等统计分析工具寻求最佳机会来增加市场份额和利润，提高产品和服务的质量来使顾客更满意，通过流水线产品制造和后勤来增加利润。

(2) 知识发现。知识发现（knowledge discovery）源于人工智能和机器学习。通常人们将知识发现定义如下：知识发现用一种简捷的方式从数据中抽取信息，这些信息是隐含的、未知的，并且是潜在有用的；或者说，知识发现可以看作一种数据搜寻过程，它不必像统计分析那样先假设或提出问题，但仍能找到那些非预期的但却令人关注的信息。企业决策者和商业分析人员总是在寻找新的和相关的商业信息，以便做出更好的商业决策，而这些决策对企业生命力有重要影响。使用传统的基于数据库的商业查询技术和数据分析技术时，要求所问的问题是恰当的。而知识发现技术则由它自己来决定要问的问题，然后不断深入，做进一步探索，直到在数据仓库中找到符合商业用户要求的新颖的知识。

(3) 其他数据挖掘技术和工具。可视化系统可给出带有多变量的图形化分析数据，帮助商业分析员进行发现，然后让商业分析员查看那些无论系统计算能力有多强，机器算法都极难确定的关系。

地理可视化系统中的不同物理位置直至地理表示都与仓库中的数据相关。商业分析员可以按地理环境来看待这些数据，并比较相同产品在不同地域的差异，或相同地域不同产品的差异。通过可视化一段时间内特定地理领域内销售情况的变化、产品售出服务等，也可以分析数据仓库中的临时数据。

多维数据库提供了大量的分析信息并有较快的响应时间，但要存储整个数据仓库，则会受到空间限制。分形分析试图利用混沌科学来指明模式，然后用分形将其存储于数据仓库中，其目的是要为大型数据库提供诸如 OLAP 风格的响应。

查询和报表工具（query and reporting tool）与 QBE 工具、SQL 工具和典型数据库环境中的报表生成器类似。实际上，大部分数据仓库环境都支持 QBE、SQL 和报表生成器之类的简单易用的数据处理子系统工具。数据仓库用户经常使用这类工具进行简单的查询并生成报表。

智能代理（intelligent agent）应用神经网络、模糊逻辑等人工智能工具，形成 OLAP 中"信息发现"的基础。例如，华尔街某股票分析人员应用名为 Data/Logic 的 OLAP 软件，通过神经网络为自己的股票和期货交易系统制定规则。

### 4.5.3　大数据

从美国互联网数据中心得知，互联网上的数据每年增加 50%，每两年便将翻一番，而目前世界上 90% 以上的数据是最近几年才产生的。此外，全世界的工业设备、汽车、电表上有着无数的数码传感器,随时测量和传递着有关位置、运动、震动、温度、湿度乃至空气中化学物质的变化,也产生了海量的数据信息。随着谷歌(Google)公司的 MapReduce 和 Google File System(GFS)的发布,大数据不仅用来描述大量的数据,还涵盖了处理数据的速度。从 2009 年开始,大数据才成为互联网信息技术行业的流行词汇。物联网、云计算、移动互联网、手机、平板计算机、PC 以及遍布地球各个角落的各种各样的传感器,无一不是数据来源或者承载的方式。

大数据是需要新的处理模式才能具有更强的决策力、洞察发现力和流程优化能力的海量、高增长率和多样化的信息资产。大数据技术的战略意义不在于掌握庞大的数据信息,而在于对这些含有意义的数据进行专业化处理。换言之,如果把大数据比作一种产业,那么这种产业实现盈利的关键在于提高对数据的"加工能力",通过"加工"实现数据的"增值"。

因此大数据技术(big data)可以定义如下:数据量规模巨大到无法通过目前主流软件工具在合理时间内达到提取、管理、处理并整理成为帮助企业经营决策更具积极目的的信息。在维克托·迈尔-舍恩伯格及肯尼斯·库克耶编写的《大数据时代》中,大数据具有 4 个显著特点:大量(volume)、高速(velocity)、多样(variety)、价值(value)。大数据的数据量的单位要用艾字节(EB)表示(1EB = $2^{60}$ B)。人类产生的数据量随时间的变化如图 4.11 所示。

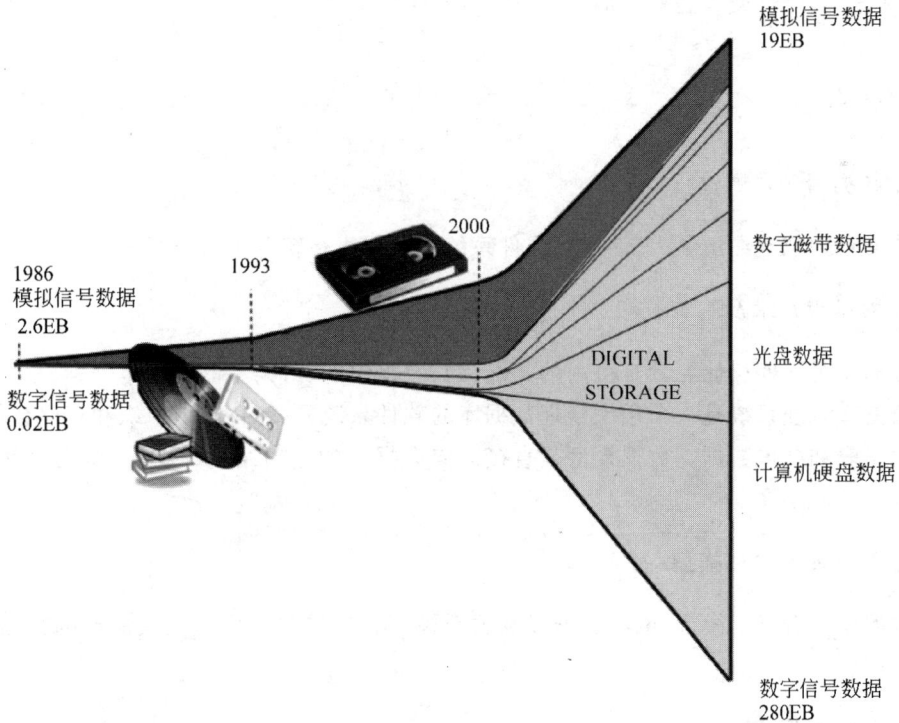

图 4.11　大数据的数据量变化

从某种程度上说,大数据是数据分析的前沿技术。从各种各样类型的数据中快速获得有价值信息的能力,就是大数据技术。大数据技术最核心的价值就是能对于海量数据进行存储和分析。应用大数据技术在商业上可以获得出乎意料的成果。

美国奈飞(Netflix)公司是美国最大的商业视频网站,2025 年 1 月,全球订阅用户总数已突破 3 亿。其本身也是一个大数据运营商,每天可以采集海量的用户数据,包括人们喜欢看什么类型的视频,在哪里看,用什么设备看等,甚至还包括用户何时快进,何时暂停,是否看完整个影片等信息。有了大数据分析这件武器,Netflix 公司花费巨资推出电视剧《纸牌屋》翻版经典的英国同名电视剧,彻底颠覆了影视发行业。《纸牌屋》是首个一次性播出整季剧集的在线电视剧。而普通的电视剧则是逐集拍摄播放,一边根据观众意见一边同时进行剧情和演员阵容调整,以保证收视率。而 Netflix 公司由于有了强大的大数据分析支持,已经完全可以预测受众和市场反应,可以据此设计剧情的发展和调整演员的表演。从而将原版《纸牌屋》的粉丝和主演凯文·史派西与导演大卫·芬奇的粉丝整合到一起,使《纸牌屋》这部史上首部"大数据制作"的电视剧集获得空前的成功。

随着云时代的来临,大数据分析常和云计算联系到一起,因为实时的大型数据集分析需要数十、数百甚至数千的计算机分配工作。从技术上看,大数据与云计算的关系就像一枚硬币的正反面一样密不可分。大数据必然无法用单台的计算机进行处理,必须采用分布式架构。它的特色在于对海量数据进行分布式数据挖掘,但它必须依托云计算的分布式处理、分布式数据库和云存储、虚拟化技术。与现有的其他技术相比,大数据的"廉价、迅速、优化"的综合成本是最优的。

# 本章小结

### 1. 数据管理发展过程

数据管理技术经历了人工管理、文件系统和数据库系统 3 个阶段。

### 2. 数据库技术及基本概念

数据库是长期存储在计算机内的、大量的、有组织的、可共享的数据集合。

数据库管理系统是一个用来管理数据库的软件系统,它能科学地组织和存储数据,以高效地获取和维护数据。数据模型是直接面向数据库的逻辑结构,描述了数据之间的逻辑组合。

### 3. 数据库的数据模型

数据模型有层次模型、网状模型以及关系模型。目前关系模型是最流行的数据库的数据模型。

### 4. 关系数据库

关系数据库系统是支持关系模型的数据库系统,在关系数据库中数据的基本结构是二维表,即数据按行、列有规则地排列、组织。

### 5. SQL 语言

SQL 是一种结构化查询语言,用于数据库的定义、控制、查询和编程,是关系数据库的标准语言。SQL 是一种介于关系代数与关系演算的结构化查询语言,是一个通用的、功能极强的关系数据库语言。SQL 语言具有综合统一、高度非过程化、面向集合的操作方式、以同一种语法结构提供两种使用方式、语言简洁等特点。

### 6. 数据库设计

数据库设计是实现数据库在 IT 领域应用的主要内容之一,它是指根据用户当前以及潜在的需求,在调查分析之后,构造最优的数据库模式,建立数据库及其信息应用系统的过程。

按照规范设计法,数据库设计的全过程可以分为需求分析、概念结构设计、逻辑结构、物理结构设计、数据库实施、数据库运行和维护这 6 个基本阶段。

### 7. 数据仓库、数据挖掘和大数据

数据仓库是一个面向主题的、集成的、不可更改的、反映历史变化的数据集合,主要用于管理决策。数据挖掘是从大量的、不完全的、有噪声的、模糊的、随机的实际应用数提取隐含的、人们事先难以预计的、潜在有价值的信息和知识的过程。大数据指的是所涉及的数据量巨大到无法通过目前主流软件工具,在合理时间内达到撷取、管理、处理,并整理成为对企业经营决策更有积极目的的信息。

# 习题 4

## 一、简答题

1. 与传统的文件方法相比,数据管理的数据库方法有何优点?
2. 什么是数据库、数据库管理系统和数据库系统?
3. 数据库的数据模型都有哪些?
4. 关系的完整性包括哪些?
5. 什么是 SQL? 其特点有哪些?
6. 简述数据库设计的基本步骤。
7. 什么是数据仓库和数据挖掘?
8. 数据仓库和数据库的区别是什么?
9. 什么是大数据? 如何从中取得有价值的信息?

## 二、讨论题

探讨一个初创互联网企业建设自己企业的信息系统,其中应该选择什么形式的数据管理方法? 选择什么样的数据库管理系统最适合自己的需求? 可以从数据库系统组成的

各方面来分析,如 DBMS 的选择、数据库系统中人员的配置等。

### 三、实践题

1. 利用 Microsoft Access 数据库,为了掌握关系数据库的基本工具,以"学生成绩管理系统"为例进行数据库设计,需要完成数据库的详细设计。

步骤如下:

(1) 进行调查,熟悉业务,明确需求。

① 通过调查了解学生成绩管理各环节的业务活动情况。

② 明确"学生成绩管理系统"的主要输入、输出和处理的信息需求。

(2) 根据上面所进行的需求分析,利用 Word 或 Visio 设计系统相应的 E-R 图。

(3) 将 E-R 图转换为关系模式。

① 根据一个实体(型)转换为一个关系模式,得到"学生"和"课程"两个关系模式。

② 根据"学生"和"课程"两个实体之间为"多对多"关系,得到"选修"关系模式。

(4) 根据生成的关系模式创建数据库。

① 建立"学生成绩管理系统"Access 数据库。

② 依次创建数据库表"学生""课程""选修"。

(5) 数据库装载与试运行。

① 采集相关数据,分别录入数据库表"学生""课程""选修"。

② 在"数据表视图"(即浏览状态)中对数据库表"学生""课程""选修"进行增、删、改的更新操作。

③ 在查询"设计视图"中对数据库表"学生""课程""选修"进行单表、多表查询。

④ 通过"数据库工具"栏中的按钮调出"关系工具",建立数据库表"学生""课程""选修"三者之前的连线(即表间关系)。

根据自身数据库相关知识的掌握情况,可选择"设计视图"等图形方式进行操作,也可选择 SQL 命令方式进行操作。

⑤ 选择 SQL 视图,如图 4.12 所示,使用 SQL 语句查询数据库表中的数据。例如,查

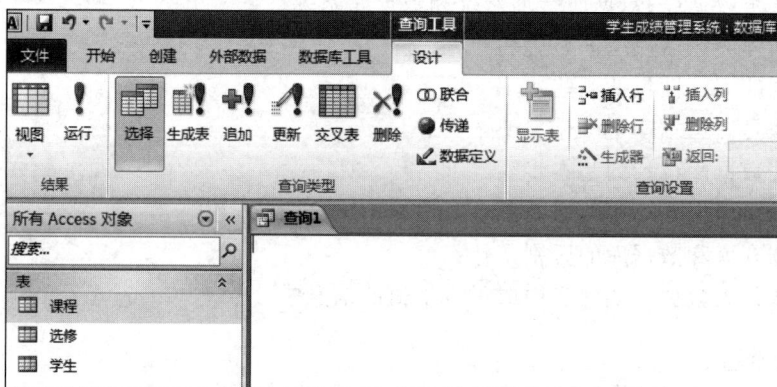

图 4.12　选择 SQL 视图

询所有姓张的同学,输入 SQL 命令:

```
select * from 学生 where 姓名 like '张 * ';
```

如图 4.13 所示,单击"运行"按钮,SQL 命令被执行并返回查询结果。

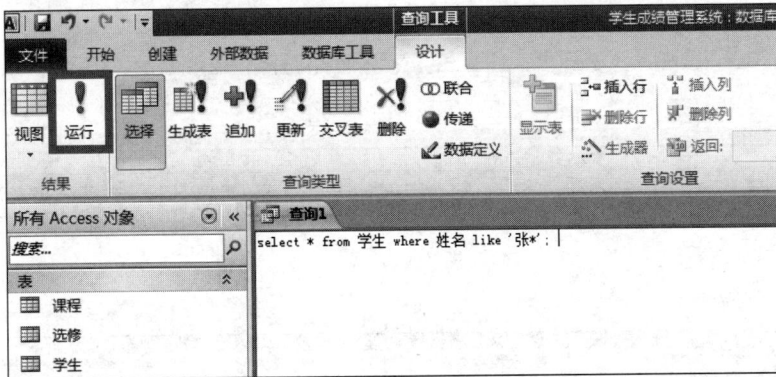

图 4.13　输入 SQL 命令

⑥ 分别使用 INSERT、UPDATE、DELETE 等命令进行数据库操作,根据需要设计下面命令中的各属性取值,例如:

```
INSERT INTO STUDENT_TALBE VALUES (值 1, 值 2, …)
UPDATE STUDENT_TALBE SET STUDENT_NO=1 WHERE STUENT_NAME='张三'
DELETE FROM STUDENT_TALBE WHERE STUENT_NAME='张三'
```

2. 本次实践利用 Microsoft Access 工具内置的示例 Northwind.mdb 数据文件。此示例数据基于一家虚拟的微型跨国网络销售公司。公司销售的产品遍及欧美各国市场,公司的供应商也来自很多国家。公司总部在伦敦,另外在美国多个城市都有雇员从事相关工作。示例数据中包含有多个二维表的数据,分别为 Suppliers 供应商、Customers 客户、Employees 雇员、Order 订单、Products 产品以及 Shippers 快递公司,如图 4.14~图 4.19 所示。根据所列各二维表的属性、主键,尝试分析并画出相应的 E-R 图。

| 字段名称 | 数据类型 | |
| --- | --- | --- |
| SupplierID | 自动编号 | Number automatically assigned to new supplier. |
| CompanyName | 文本 | |
| ContactName | 文本 | |
| ContactTitle | 文本 | |
| Address | 文本 | Street or post-office box. |
| City | 文本 | |
| Region | 文本 | State or province. |
| PostalCode | 文本 | |
| Country | 文本 | |
| Phone | 文本 | Phone number includes country code or area code. |
| Fax | 文本 | Phone number includes country code or area code. |
| HomePage | 超链接 | Supplier's home page on World Wide Web. |

图 4.14　供应商

| Customers : 表 | | |
|---|---|---|
| 字段名称 | 数据类型 | |
| CustomerID | 文本 | Unique five-character code based on customer name. |
| CompanyName | 文本 | |
| ContactName | 文本 | |
| ContactTitle | 文本 | |
| Address | 文本 | Street or post-office box. |
| City | 文本 | |
| Region | 文本 | State or province. |
| PostalCode | 文本 | |
| Country | 文本 | |
| Phone | 文本 | Phone number includes country code or area code. |
| Fax | 文本 | Phone number includes country code or area code. |

图 4.15 客户

| Employees : 表 | | |
|---|---|---|
| 字段名称 | 数据类型 | |
| EmployeeID | 自动编号 | Number automatically assigned to new employee. |
| LastName | 文本 | |
| FirstName | 文本 | |
| Title | 文本 | Employee's title. |
| TitleOfCourtesy | 文本 | Title used in salutations. |
| BirthDate | 日期/时间 | |
| HireDate | 日期/时间 | |
| Address | 文本 | Street or post-office box. |
| City | 文本 | |
| Region | 文本 | State or province. |
| PostalCode | 文本 | |
| Country | 文本 | |
| HomePhone | 文本 | Phone number includes country code or area code. |
| Extension | 文本 | Internal telephone extension number. |
| Photo | 文本 | Picture of employee. |
| Notes | 备注 | General information about employee's background. |
| ReportsTo | 数字 | Employee's supervisor. |

图 4.16 雇员

| Orders : 表 | | |
|---|---|---|
| 字段名称 | 数据类型 | |
| OrderID | 自动编号 | Unique order number. |
| CustomerID | 文本 | Same entry as in Customers table. |
| EmployeeID | 数字 | Same entry as in Employees table. |
| OrderDate | 日期/时间 | |
| RequiredDate | 日期/时间 | |
| ShippedDate | 日期/时间 | |
| ShipVia | 数字 | Same as Shipper ID in Shippers table. |
| Freight | 货币 | |
| ShipName | 文本 | Name of person or company to receive the shipment. |
| ShipAddress | 文本 | Street address only -- no post-office box allowed. |
| ShipCity | 文本 | |
| ShipRegion | 文本 | State or province. |
| ShipPostalCode | 文本 | |
| ShipCountry | 文本 | |

图 4.17 订单

| Products : 表 | | |
|---|---|---|
| 字段名称 | 数据类型 | |
| ProductID | 自动编号 | Number automatically assigned to new product. |
| ProductName | 文本 | |
| SupplierID | 数字 | Same entry as in Suppliers table. |
| CategoryID | 数字 | Same entry as in Categories table. |
| QuantityPerUnit | 文本 | (e.g., 24-count case, 1-liter bottle). |
| UnitPrice | 货币 | |
| UnitsInStock | 数字 | |
| UnitsOnOrder | 数字 | |
| ReorderLevel | 数字 | Minimum units to maintain in stock. |
| Discontinued | 是/否 | Yes means item is no longer available. |

图 4.18　产品

| Shippers : 表 | | |
|---|---|---|
| 字段名称 | 数据类型 | |
| ShipperID | 自动编号 | Number automatically assigned to new shipper. |
| CompanyName | 文本 | Name of shipping company. |
| Phone | 文本 | Phone number includes country code or area code. |

图 4.19　快递公司

编写 SQL 语句,实现如下需求。

(1) 查询所有在 London 的供应商名单以及地址。

(2) 查询所有 ship 地址城市是 London 的订单,以及下订单的雇员的名字。

(3) 查询类别是 seafood 的产品的供应商名单。

# 第二篇　应　用　篇

# 第 5 章　企业资源计划及关键应用系统

本原理。

能架构。

概念及系统主要功能。

主要功能及给企业带来的价值。

M 的关系。

和现代管理理念的不断推陈出新,企业信息化也在向纵深
应链管理(SCM)、客户关系管理(CRM)等就是现代企业信
读者介绍 ERP、SCM、CRM 的概念及核心管理思想和系统
现代企业管理信息系统有一概要了解。

e resource planning,ERP)的概念是在 20 世纪 90 年代初由
Gartner Group 提出的。Gartner Group 公司给出的 ERP 定
一代制造业系统和制造资源计划(MRPⅡ)的软件。除了
制造、财务、销售、采购管理等功能外,还包括质量管理、实
品数据管理、存货、分销与运输管理、人力资源管理和定期报
户-服务器体系架构,使用图形用户接口和开放的系统制作
和硬件应用两方面的独立性,而且使系统更加容易升级。特别
购裁其应用,因而它还具有天然的灵活性和易用性。

一种先进的管理思想,其主要内容是打破企业的四壁,把信息
下游,以管理整个供应链,实现供应链制造;其次,ERP 是综
效果,是以 ERP 的先进管理思想为灵魂开发的一类集成的、灵
ERP 软件;第三,ERP 系统是整合了先进的企业管理理念、企业业务流程、企业基础数据、企业人力物力等各种资源以及集计算机硬件和软件于一体的现代企业管理系统,如图 5.1 所示。

　　ERP 的意义在于以企业经营资源配置最佳化为出发点,整合企业所有资源的管理,并最大限度地提高企业经营效率和效益。

　　ERP 概念的形成也有一个历史发展过程,从最早的库存订货点法发展为物料需求计

图 5.1　ERP 层次结构示意图

划（material requirements planning，MRP），延伸到制造资源计划（manufacturing resource planning，MRPⅡ），随着企业内外部信息管理集成与共享的需求变化产生了 ERP 系统。ERP 系统是对旧系统的完善和补充，而非替代或否定。一个完整的制造业 ERP 系统包含了 MRP 和 MRPⅡ 的所有管理功能，同时 MRP 依然是 ERP 的核心思想。并且，随着信息技术的发展，ERP 概念的内涵和外延更加广泛，它几乎成了企业信息化的代名词。

## 5.1.2　ERP 的基本原理及其历史发展轨迹

作为一种先进的管理思想和方法，ERP 产生的背景及发展历程是伴随西方企业管理理论的发展成长起来的。20 世纪 40 年代，为了解决库存控制问题，人们提出了订货点法，这时计算机系统还没有出现。后来，随着计算机技术的发展，使得短时间内进行大量数据的复杂运算成为可能。于是，20 世纪 60 年代，人们为解决订货点法存在的缺陷，提出了物料需求计划 MRP 的管理思想和方法，并开发出了计算物料需求量和需求时间的 MRP 系统。最初 MRP 只是一种需求计算器，是开环的，没有信息反馈。在 20 世纪 70 年代，随着人们认识的加深和计算机系统的进一步普及，MRP 的理论也得到进一步发展，又形成了闭环的 MRP 系统。它将企业物料需求、生产能力需求计划、采购计划、车间作业计划和人力需求等管理构成一个闭环系统，使之成为一个更加有效的企业生产计划与控制系统。在 20 世纪 80 年代，随着计算机网络技术的发展，企业内部信息得到充分共享，MRP 的各子系统也得到了统一，进而发展形成了一个集采购、库存、生产、销售、财务、工程技术等于一体的企业集成信息系统，即制造资源计划 MRPⅡ。但是 MRPⅡ 仅能管理企业内部的物料和资金、人力等其他资源流。随着全球经济一体化的加速，企业与其外部环境的关系越来越密切，MRPⅡ 已不能满足需要，于是新一代的企业管理理论和信息系统应运而生，这其中影响最广、最具代表性的就是 ERP 系统。下面我们简单介绍一下这个历史发展过程及其所包含的基本管理思想和方法。

### 1. 库存控制订货点法

20 世纪三四十年代，企业控制物料的方法一般是通过控制库存物品数量的方法来实现的。在计算机尚未出现的情况下，发出采购订单和向供应商进行催货是当时所能做到的一切。库存管理人员的主要工作就是盘点清算物料的库存情况。一旦发现某种物料没有了，就填写缺料表，通知采购部门采购。在仓库管理人员列出的缺料表中，许多物料极有可能是生产中所急需的。库存控制订货点理论就是为了改变这种被动状况，而提出的一种根据过去的经验预测未来的物料需求方法。这种方法的着眼点在于进行合理的库存补充,以保证仓库中的某一种物料始终都有一定的存量,使之在需要时可随时使用。

按照订货点理论,企业通常采用控制库存物料数量的方法来满足物料的需求,即为需求的每一种物料设置一个最大库存量和安全库存量。最大库存量受到库存容量、库存占用资金等因素的限制。为了保证生产的连续性而设置的安全库存量又称为最小库存量,它是物料库存需保持的最基本库存量。由于物料的供应需要一定的时间(即订货提前期),因此不能等到物料的库存量消耗到安全库存量时再进行补充,而必须有一定的时间提前量,即必须在安全库存的基础上增加一定数量的库存。这个库存量是订货期间的物料供应量,当物料的供应到货时,物料的消耗刚好到达安全库存量。这种控制模型必须确定订货点和订货批量这两个参数。

1) 订货点法

订货点(order point,OP)法的示意图如图 5.2 所示。

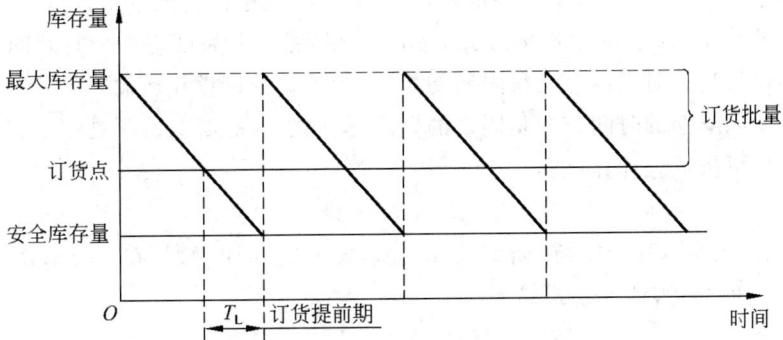

图 5.2　库存控制订货点法的示意图

订货点的计算公式为

$$OP = R \cdot T_L + Q_s \tag{5.1}$$

其中,$R$ 表示单位时间的库存消耗水平;$T_L$ 表示订货提前期;$Q_s$ 表示安全库存量。

例如,某企业生产过程中,物料 A 的消耗为每月 20t,且物料 A 的安全库存量为 25t,物料 A 从下达订单到订单货物入库需要 2 个月,则订货点 OP=20×2=25=65,这表明,物料 A 的现有库存达到或低于 65t 时,就应该发出该物料 A 的采购订单。

2) 订货批量法

确定订货批量的方法有很多,但从企业应用的角度出发,必须简明易懂、方便可行。在此只列举最常用的 4 种基本方法。

(1) 固定订货量(fixed order quantity,FOQ)法。由于受生产条件(如一炉的装载量等)、运输或包装的限制,不论需求量为多少都必须订货的最小批量或标准批量。采用此方法需要制定合理的固定批量,经常核查改进,防止库存积压。

(2) 经济订货量(economic order quantity,EOQ)法。这是运筹学介绍的传统方法,寻求在总费用(包括订货费与保管费)最少的条件下的经济订货批量。

$$T = \frac{U}{EOQ}S + \frac{EOQ}{2}C \tag{5.2}$$

其中，$T$ 表示总费用(元)；$U$ 表示年需求量(件)；EOQ 表示经济订货批量(件)；$S$ 表示每次订货费(元/次)；$C$ 表示年平均保管费。为了求得 $T$ 最少时的 EOQ，对式(5.2)计算极值：

$$\frac{\mathrm{d}T}{\mathrm{d}\,\mathrm{EOQ}}=0 \tag{5.3}$$

即

$$-\frac{U}{(\mathrm{EOQ})^2}S+\frac{C}{2}=0 \tag{5.4}$$

得

$$\mathrm{EOQ}=\sqrt{2U\cdot S/C}\,(件) \tag{5.5}$$

(3) 逐批(lot-for-lot,LFL)法。完全根据需求量决定订货量，不加任何修饰，也是保持库存量最小的订货方法。一般用于订货生产环境下的产品、易变质的物料或价值较高的物料。准时生产(JIT)必须是因需定量，因为它的特点是订货批量小，但订货次数频繁。

(4) 定期用量(fixed period requirements,FPR)法。人为设定一个时间间隔，每次按间隔期的用量订货。对于没有批量限制的物料，为了减少订货和运输次数，可以采用定期用量法。由于间隔期的时间长短是固定的，各时间间隔内的需求量不是一个固定值，每次订货的订货量可按下式计算：

$$Q=Q_{\mathrm{MAX}}-Q_{\mathrm{N}}-Q_{\mathrm{K}}+Q_{\mathrm{M}} \tag{5.6}$$

其中，$Q$ 表示订货量；$Q_{\mathrm{N}}$ 表示在途到货量；$Q_{\mathrm{K}}$ 表示实际库存量；$Q_{\mathrm{M}}$ 表示待出库货量。$Q_{\mathrm{MAX}}$ 表示最高库存量，计算公式如下：

$$Q_{\mathrm{MAX}}=R(T_{\mathrm{F}}+T_{\mathrm{L}})+Q_{\mathrm{S}} \tag{5.7}$$

式(5.7)中，$R$ 表示单位时间的库存消耗水平；$T_{\mathrm{F}}$ 表示订货周期；$T_{\mathrm{L}}$ 表示订货提前期；$Q_{\mathrm{S}}$ 表示安全库存量。

例如，某企业生产过程中，物料 B 的订货周期为 14 天，订货提前期为 3 天，平均库存消耗水平为每天 100 箱，安全库存量为 300 箱。一次订货时，在途到货量为 400 箱，实际库存量为 700 箱，待出库货量为 300 箱，则该物料 B 的最高库存量和本次的订货批量分别为

$$Q_{\mathrm{MAX}}=R(T_{\mathrm{F}}+T_{\mathrm{L}})+Q_{\mathrm{S}}=100\times(14+3)+300=2000(箱)$$

$$Q=Q_{\mathrm{MAX}}-Q_{\mathrm{N}}-Q_{\mathrm{K}}+Q_{\mathrm{M}}=2000-400-700+300=1200(箱)$$

3) 批量增量法

按照批量方法确定的订货量只是一个基准值，还需要考虑当订货量大于基准值时，超出基准值部分如何增加数量的方法。批量增量的计算一般有 3 种情况，如表 5.1 所示。

表 5.1　批量增量计算方法举例

| 增量原则 | 基准值/箱 | 需求量/箱 | 订货量/箱 |
|---|---|---|---|
| 基准值的倍数(多用于固定批量法) | 100 | 125 | 200 |
| 超出部分因需定量(较合理) | 100 | 125 | 125 |
| 按某个数量的倍数增量(本例为 15) | 100 | 125 | 130 |

对于需求稳定的物料,若订货点法是一种比较有效的管理方法。但是由于客户需求不断变化、产品结构日益复杂,这种方法也逐渐暴露出了一些问题,例如需求不明确、高库存量和低服务水平并存等。此外,订货点法是建立在一些苛刻的假设基础之上的,例如物料资源是无限的,也就是说,不管在什么时间、什么地点企业都能买到生产需要的原料;物料需求是相对均匀、连续、稳定的;未来时间段内的物料需求可以通过预测得到;物料需求是相互独立的,等等。显然这些假设的前提常常是不切实际的,市场物料的供应经常是不稳定的,企业物料采购的资金安排也是有计划的,企业不可能在任何时间、任何地点都能买到生产所需的物料;实际生产过程中的物料需求也是不稳定、不均匀的,是由生产需求决定的;物料需求常常也不是独立的,而是相互关联的。因此,随着市场的发展变化和产品的日益复杂,订货点法的应用受到了相当大的限制,于是人们进一步提出了 MRP 的管理思想和方法。

### 2. 物料需求计划

20 世纪 60 年代末,随着计算机的体积越来越小、功能越来越强大,企业已经有能力配置足够多的计算机,为在库存方面采用计算机辅助物料管理奠定了技术基础。

1965 年,美国 IBM 公司的约瑟夫·奥利基(Joseph A. Orilicky)博士提出,通过物料需求计划(material requirements planning,MRP)系统,企业可以真正地实现在正确的时间、正确的地点得到正确数量的正确物料的管理目标,并且提出了产品出产计划(master production schedule,MPS,又称为主生产计划)的概念。约瑟夫·奥利基博士认为,企业内部物料需求可以分为独立需求和相关需求两种类型。独立需求是指需求量和需求时间由企业外部的需求来决定,如客户订购的产品、科研试制需要的样品、售后服务维修需要的备品备件等;相关需求是指根据物料之间的结构组成关系,由独立需求所产生的物料需求,如半成品、零部件、原材料等的需求。独立需求来自企业外部,可以通过预测和顾客订货来确定;相关需求发生在制造过程中,需要通过计算得到。

MRP 是计算机技术对物料计划和生产管理最初的应用形式。基于将要完成的产品、当前的库存状况、已经分配出去的物料和在途物料等信息,MRP 可以快捷、准确地生成物料采购作业计划和生产作业计划。物料的库存和计划的可视性大大提高了,只要访问该系统,就可以随时查看到最新的库存状态。物料管理和计划管理中的错误大大减少,管理效率大大提高。这个阶段称为开环的 MRP 阶段,其结构原理图如图 5.3 所示。

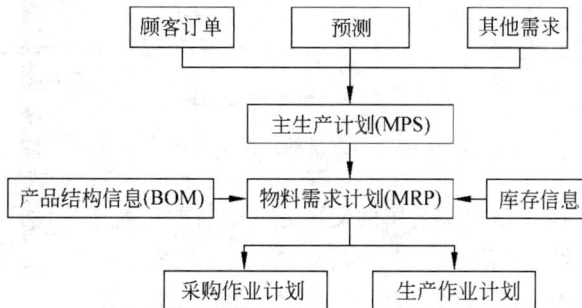

图 5.3 开环 MRP 的结构原理图

从图 5.3 中可见,开环的 MRP 可以基于顾客订单、预测以及其他需求得到 MPS,然后根据产品结构信息和库存信息计算 MRP。产品结构信息也称为物料清单(bill of material,BOM),是根据独立需求计算相关需求的基础数据,然后根据物料的采购或加工属性,计算得到采购作业计划和生产作业计划。MRP 系统中的产品结构信息 BOM 与销售、生产、采购三大主要业务有着密切联系,是 MRP 的核心信息。

1)物料和产品结构

(1)物料。物料是凡要列入生产计划、控制库存、控制成本的物件的统称,包括所有的原材料、配套件、毛坯、半成品、产成品、联产品、副产品、回收品、需要处理的废品、包装材料、标签、说明书、技术文件、合格证、工艺装备,甚至可以是不能存储的某些能源等。换言之,物料是产品生产计划的对象,库存的对象和成本的对象。

(2)产品结构。产品结构是指构成产品的物料组成结构。由一组唯一性的物料组成的"单层结构",是产品结构的基本单元。任何一个产品都是由若干"单层结构"组成的,单层结构中的上层物料称为父项(parent item,俗称母件),下层物料称为元件(component,俗称子件)。单层结构是由一个父项和从属于父项的一个或多个元件组成的。

例如,方桌的产品结构如图 5.4 所示,图中每个框都代表一种"唯一性"的物料。因此,物料编码具有唯一性。

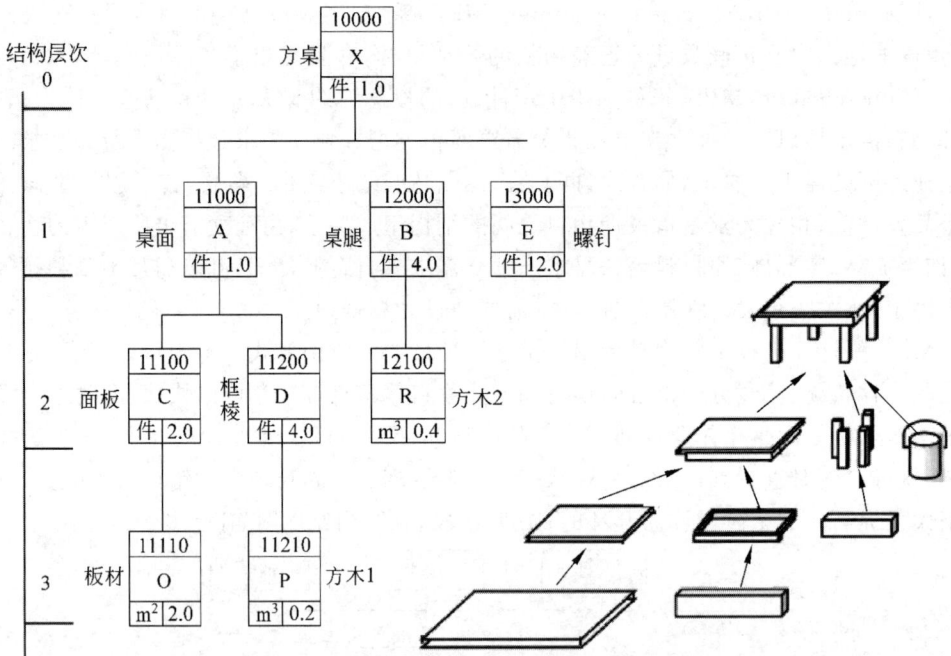

图 5.4 方桌的产品结构图

在图 5.4 中,X(方桌)作为最上层的父项是一个将要销售出厂的产品,它由 A(桌面)、B(桌腿)、E(螺钉)3 个子件组成。件 X 与件 A、B、E 组成一个"单层结构",可用"单层物料单(single level BOM)"报表格式表示。件 A 对应于件 X 是元件,但它对应于件 C(面板)、D(框棱)又是父项,并一起组成一个第 2 层次的单层结构。同理,件 D(框棱)与件 P

（方木1）一起组成一个第3层次的单层结构。任何一个产品都是由众多的单层结构组成。

父项同元件的关系可以是一对一，或一对多，但必须是唯一的。如果众多元件中存在品种或数量的差异，则是另一个不同的单层结构，从属于不同的父项，应有不同的父项编码。

建立物料清单，需要首先建立一个个单层结构，然后系统会根据各单层结构父项同元件的相互关系，自动逐层地把所有相关的单层结构联系起来，最后形成整个产品的产品结构。

以时间为坐标的产品结构，不仅反映了上下层物料的从属关系和数量关系，而且反映了每一件物料的加工周期或采购周期。对于加工件，父项同元件之间的连线是加工流程（又称工艺路线）和加工周期；对于采购件，父项同元件之间的连线是入库前的采购流程和采购周期（供应商的制造周期以及运输、通关、检验等）。

如图5.5所示，件X是将要销售出厂的产品，件E、R、O、P是需要采购的物料，件A、B、C、D是需要加工生产或装配的物料。所以，以时间为坐标的产品结构集成了销售、生产与采购的需求与供应信息，包括了物料的数量和需要的时间，即提供了动态和集成的"期量标准"。

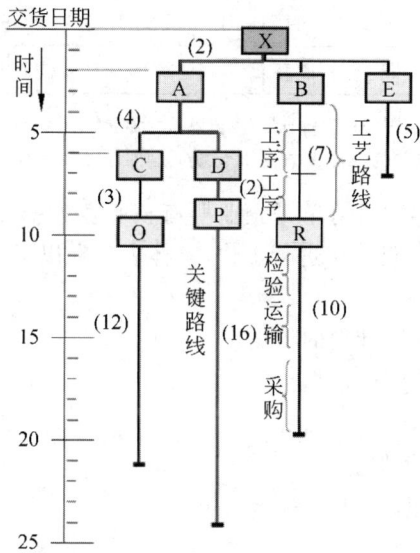

图5.5　以时间为坐标的产品结构图

2）物料清单

为了使计算机系统能够识别企业制造的产品构成、所涉及的物料以及数量关系，必须将以图形表达的产品结构转换为数据报表格式，即物料清单。

（1）编制物料清单的操作程序。在编制物料清单之前，需要做好以下前导工作。

首先，定义企业所有物料的分类，建立各种分类码的基本要求是说明物料的来源（自制、外购等）、处理方式（库存、选配等）以及同会计科目的关系，使任何一种物料都必须归属于至少一种分类之下。

其次,确认每一项物料编码(即物料号)都是唯一的,并为每一种物料建立各自的物料文档。只有建立了物料文档的物料才允许进入物料清单。

按照物料分类→物料编码→物料文档→物料清单的顺序依次编制,这是一个非常规范的操作程序。前项程序没有完成,后项程序不能进行。表 5.2 是方桌的物料清单。

### 表 5.2 方桌物料清单

物料号:10000　　　　计量单位:件　　　　批量:10　　　　现有量:8

物料名称:方桌 X　　　分类码:08　　　　提前期:1　　　　累计提前期:28

| 层次 | 物料号 | 物料名称 | 计量单位 | 数量 | 来源 | 生效日期 | 失效日期 | 成品率 | 累计提前期 |
|---|---|---|---|---|---|---|---|---|---|
| 1 | 11000 | 桌面 A | 件 | 1.0 | M | 20150101 | 99999999 | 1.00 | 26.0 |
| 2 | 11100 | 面板 C | 件 | 2.0 | M | 20150101 | 99999999 | 1.00 | 15.0 |
| 3 | 11110 | 板材 O | m² | 2.0 | B | 20150101 | 99999999 | 0.90 | 12.0 |
| 2 | 11200 | 框棱 D | 件 | 4.0 | M | 20150101 | 99999999 | 1.00 | 22.0 |
| 3 | 11210 | 方木 P | m³ | 0.2 | B | 20150101 | 99999999 | 0.90 | 20.0 |
| 1 | 12000 | 桌腿 B | 件 | 4.0 | M | 20150101 | 99999999 | 1.00 | 17.0 |
| 2 | 12100 | 方木 R | m³ | 0.4 | B | 20150101 | 99999999 | 1.00 | 10.0 |
| 1 | 13000 | 螺钉 E | 件 | 12.0 | B | 20150101 | 99999999 | 1.00 | 5.0 |

注:表中日期 99999999 表示无限制;"生效日期"也可默认为建立物料清单的日期;系统按照规定的"生效日期"和"失效日期",到期自动显示需要替换的物料;来源栏中 M 为自制件,B 为外购件。

(2) 物料清单的作用。物料清单是企业所有核心业务都需要使用的"共享"文件,各业务部门都要依据统一的物料清单进行工作,具体表现在以下方面。

① 是新产品报价的参考。

② 是编制生产计划、采购计划的依据。

③ 是识别物料、追溯物流的依据。

④ 是配套、领料的依据。

⑤ 是跟踪生产过程的依据。

⑥ 是采购和外协的依据。

⑦ 是计算成本的依据。

⑧ 使产品设计系列化、标准化和通用化。

上述工作涉及企业的销售、计划、物料、生产、供应、成本、设计、工艺等诸多部门。因此,物料清单的准确度必须达到 100%,它不仅是一种技术文件,也是一种管理文件,是联系与沟通各部门的纽带。

(3) 建立物料清单的顺序。制造的产品是由多个单层结构即单层物料单构成的,只需建立所有单层物料单,完整的产品物料清单就会由系统自动构成。在建立单层物料单时,从低层父项开始,必须按照实际装配顺序依次录入该父项的所有元件及数量;最后建立顶层(0 层)父项的单层物料单。在装配线上,每个工位是按照零部件装配顺序排列的;

而且,流水生产线上的工位也要同货位对应,便于发送物料和统计消耗量。

3)MRP报表的运算

MRP系统的核心是计算物料需求量,而需求计算回答了 3 个问题:需要什么物料?需要多少数量?什么时间交付?其实,这就是回答了物流需求的"期"与"量"的问题。

MRP报表的推算过程如下。

(1)推算物料的毛需求(gross requirements)。当物料同时有独立需求和相关需求时,把独立需求加到相应时段的毛需求。并且,还需考虑层次码不同的同一物料毛需求的汇总,不同产品对同一物料毛需求的汇总。公式如下:

$$毛需求 = 相关需求 + 独立需求$$

(2)推算当期预计可用库存(projected available balance,PAB)。根据现有库存、已分配量推算初始时段当期预计可用库存。公式如下:

$$PAB = 现有库存 - 已分配$$

(3)推算 PAB 初值。根据上期末预计可用库存、计划接收和毛需求推算特定时段的 PAB 初值。

$$PAB 初值 = 上期末预计可用库存 + 计划接收 - 毛需求$$

其中,计划接收(scheduled receipts)是指在报表的计划日期之前已经下达的订单,而不是在计划日期当日及以后完成的数量。

(4)推算净需求(net requirements)。根据安全库存推算特定时段的净需求。毛需求是指"需要多少",而净需求是指"还缺多少"。

当 PAB 初值≥安全库存,则

$$净需求 = 0$$

当 PAB 初值<安全库存,则

$$净需求 = 安全库存 - PAB 初值$$

(5)推算计划产出(planned order requirements)。为了满足净需求,根据批量、批量增量推算特定时段的计划产出。

(6)推算预计可用库存。根据 PAB 初值、计划产出推算特定时段的预计可用库存。公式如下:

$$预计可用库存 = PAB 初值 + 计划产出$$

(7)递增一个时段,分别重复(3)~(6),循环计算至计划期终止。

(8)推算计划投入(planned order releases)。根据提前期、成品率推算计划期全部的计划投入量。

下面以产品方桌 X、桌面 A、面板 C 为例,说明 MRP 是如何根据产品结构逐层展开计算各层物料的需求量。假定方桌 X 已经过 MPS 推算出计划产出和计划投入,方桌 X 与其他物料的提前期、现有库存量、已分配量、安全库存、批量、批量增量等均为已知。主要过程如下。

(1)推算 X 对 A 形成的毛需求,如表 5.3 所示。

表 5.3　X 对 A 形成的毛需求

| 层次码 | 提前期 | 物料 | 时　　段 | 当期 | 1 | 2 | 3 | 4 | 5 | 6 | 7 | 8 | 9 |
|---|---|---|---|---|---|---|---|---|---|---|---|---|---|
| 0 | 1 | X | MPS 计划产出量 | | 20 | 15 | | 15 | | 15 | | | 10 |
| | | | MPS 计划投入量 | 20 | 15 | | 15 | | 15 | | | 10 | |
| 1 | 1 | A | 毛需求 | | 15 | | 15 | | 15 | | | 10 | |

某一时段下层物料的毛需求是根据上层物料在该时段的计划投入和上下层数量关系计算得出的。例如，在时段 1，X 的计划投入为 15，引发对 A 的毛需求为 15。

（2）推算 A 的 PAB 初值、净需求、计划产出、预计可用库存、计划投入，如表 5.4 所示。

表 5.4　A 的需求计算

| 层次码 | 提前期 | 现有量 | 分配量 | 安全库存 | 批量 | 物料 | 时　　段 | 当期 | 1 | 2 | 3 | 4 | 5 | 6 | 7 | 8 | 9 |
|---|---|---|---|---|---|---|---|---|---|---|---|---|---|---|---|---|---|
| 1 | 1 | 5 | | | 10 | A | 毛需求 | | 15 | | 15 | | 15 | | | 10 | |
| | | | | | | | 计划接收量 | | | | | | | | | | |
| | | | | | | | （PAB 初值） | | −10 | | −15 | | −10 | | | −10 | |
| | | | | | | | 预计可用库存量 | 5 | 0 | 0 | 5 | 5 | 0 | 0 | 0 | 0 | 0 |
| | | | | | | | 净需求 | | 10 | | 15 | | 10 | | | 10 | |
| | | | | | | | 计划产出量 | | 10 | | 20 | | 10 | | | 10 | |
| | | | | | | | 计划投入量 | 10 | | 20 | | 10 | | | 10 | | |

在时段 1，A 的上期末预计可用库存为 5，计划接收为 0，毛需求为 15，PAB 初值 = 5+0−15 = −10，说明将出现短缺，则净需求是 10，所以引发 1 个批量的计划产出，即计划产出量 = 1×10 = 10。预计可用库存 = −10+10 = 0。

（3）推算 A 对 C 形成的毛需求，如表 5.5 所示。

表 5.5　A 对 C 形成的毛需求

| 层次码 | 提前期 | 物料 | 时　　段 | 当期 | 1 | 2 | 3 | 4 | 5 | 6 | 7 | 8 | 9 |
|---|---|---|---|---|---|---|---|---|---|---|---|---|---|---|
| 1 | 1 | A | 毛需求 | | 15 | | 15 | | 15 | | | 10 | |
| | | | 计划产出量 | | 10 | | 20 | | 10 | | | 10 | |
| | | | 计划投入量 | 10 | | 20 | | 10 | | | 10 | | |
| 2 | 1 | C | 毛需求 | | | 40 | | 20 | | | 20 | | |

某一时段面板 C 的毛需求是根据上层桌面 A 在该时段的计划投入和 C、A 间数量关系计算得出的。所以，在时段 2，A 的计划投入为 20，引发对 C 的毛需求为 40。

（4）推算 C 的 PAB 初值、净需求、计划产出、预计可用库存、计划投入，如表 5.6 所示。

表 5.6　C 的需求计算

| 层次码 | 提前期 | 现有量 | 分配量 | 安全库存 | 批量 | 物料 | 时　段 | 当期 | 1 | 2 | 3 | 4 | 5 | 6 | 7 | 8 | 9 |
|---|---|---|---|---|---|---|---|---|---|---|---|---|---|---|---|---|---|
| 2 | 1 | 16 | 6 | 10 | 20 | C | 毛需求 | | | 40 | | 20 | | | 20 | | |
| | | | | | | | 计划接收量 | | 15 | | | | | | | | |
| | | | | | | | （PAB 初值） | | 25 | −15 | | 5 | | | 5 | | |
| | | | | | | | 预计可用库存量 | 10 | 25 | 25 | 25 | 25 | 25 | 25 | 25 | | |
| | | | | | | | 净需求 | | 0 | 25 | | 5 | | | 5 | | |
| | | | | | | | 计划产出量 | | | 40 | | 20 | | | 20 | | |
| | | | | | | | 计划投入量 | | 40 | | 20 | | | 20 | | | |

计划初始现有库存为 16，已分配量为 6，当期预计可用库存＝16−6＝10。

在时段 1，C 的计划接收为 15，毛需求为 0，PAB 初值＝10＋15−0＝25，满足安全库存的需要，所以无净需求，也无安排计划产出量的必要。

但在时段 2，C 的上期末预计可用库存为 25，计划接收为 0，毛需求为 40，PAB 初值＝25＋0−40＝−15，说明将出现短缺，并考虑安全库存的需要，净需求＝10−（−15）＝25，所以引发 2 个批量的计划产出，即计划产出＝2×20＝40。预计可用库存＝−15＋40＝25。

另外，在此推算过程中如果考虑批量增量的因素，推算过程如表 5.7 所示。

表 5.7　C 的需求计算（考虑批量增量的因素）

| 层次码 | 提前期 | 现有量 | 分配量 | 安全库存 | 批量 | 批量增量 | 物料 | 时　段 | 当期 | 1 | 2 | 3 | 4 | 5 | 6 | 7 | 8 | 9 |
|---|---|---|---|---|---|---|---|---|---|---|---|---|---|---|---|---|---|---|
| 2 | 1 | 16 | 6 | 10 | 20 | 10 | C | 毛需求 | | | 40 | | 20 | | | 20 | | |
| | | | | | | | | 计划接收量 | | 15 | | | | | | | | |
| | | | | | | | | （PAB 初值） | | 25 | −15 | | −5 | | | −5 | | |
| | | | | | | | | 预计可用库存量 | 10 | 25 | 15 | 15 | 15 | 15 | 15 | 15 | | |
| | | | | | | | | 净需求 | | 0 | 25 | | 15 | | | 15 | | |
| | | | | | | | | 计划产出量 | | | 30 | | 20 | | | 20 | | |
| | | | | | | | | 计划投入量 | | 30 | | 20 | | | 20 | | | |

在时段 2,C 的净需求为 25,而批量增量为 10,所以引发 1 个批量和 1 个批量增量的计划产出,即计划产出=1×20+1×10=30,进而预计可用库存=−15+30=15。

通常 MRP 报表一般反映单一物料,我们也可把多种产品和物料合并在同一张表,如表 5.8 所示,该表未涉及批量增量的因素。

表 5.8　MRP 合并报表

| 层次码 | 提前期 | 现有量 | 分配量 | 安全库存 | 批量 | 物料 | 时　　段 | 当期 | 1 | 2 | 3 | 4 | 5 | 6 | 7 | 8 | 9 |
|---|---|---|---|---|---|---|---|---|---|---|---|---|---|---|---|---|---|
| 0 | 1 | | | | | X | MPS 计划产出量 | | 20 | 15 | | 15 | | 15 | | | 10 |
| | | | | | | | MPS 计划投入量 | 20 | 15 | | 15 | | 15 | | | 10 | |
| 1 | 1 | 5 | | | 10 | A | 毛需求 | | 15 | | 15 | | 15 | | | 10 | |
| | | | | | | | 计划接收量 | | | | | | | | | | |
| | | | | | | | (PAB 初值) | | −10 | | −15 | | −10 | | | −10 | |
| | | | | | | | 预计可用库存量 | 5 | 0 | 0 | 5 | 5 | 0 | 0 | 0 | 0 | |
| | | | | | | | 净需求 | | 10 | | 15 | | 10 | | | 10 | |
| | | | | | | | 计划产出量 | | 10 | | 20 | | 10 | | | 10 | |
| | | | | | | | 计划投入量 | 10 | | 20 | | 10 | | | 10 | | |
| 2 | 1 | 16 | 6 | 10 | 20 | C | 毛需求 | | | 40 | | 20 | | | 20 | | |
| | | | | | | | 计划接收量 | | 15 | | | | | | | | |
| | | | | | | | (PAB 初值) | | 25 | −15 | | 5 | | | 5 | | |
| | | | | | | | 预计可用库存量 | 10 | 25 | 25 | 25 | 25 | 25 | 25 | 25 | | |
| | | | | | | | 净需求 | | 0 | 25 | | 5 | | | 5 | | |
| | | | | | | | 计划产出量 | | | 40 | | 20 | | | 20 | | |
| | | | | | | | 计划投入量 | | 40 | | 20 | | | 20 | | | |

### 3. 闭环的 MRP

开环的 MRP,采购作业计划可行且执行过程顺利,生产作业计划可行且生产过程不受其他外界因素的影响。从本质上看,开环 MRP 系统是一个理想状况下的生产计划和执行系统。然而,这种前提往往是不现实的。如采购作业计划可能因为供货能力或运输能力不足,而不能按期或者按量执行,生产作业可能会受到加工设备能力不足、人力资源缺乏等因素影响而不能按期、按量完成。

为了解决这种 MRP 计算方式存在的问题,可以基于控制原理采取一些适当的措施,例如,在 MRP 计算过程中考虑企业的生产能力问题、供货企业的供货能力问题,确保制定的物料需求计划是可行的;在采购作业计划、生产作业计划的执行过程中,通过增加采购管理和车间管理功能而增强计划跟踪和反馈功能,确保物料需求计划可以及时地得到更新。采取这些措施之后得到的 MRP 称为闭环 MRP。权威机构美国生产与库存管理协会(America Production and Inventory Control Society,APICS)发表的闭环 MRP 的结构原理图如图 5.6 所示。

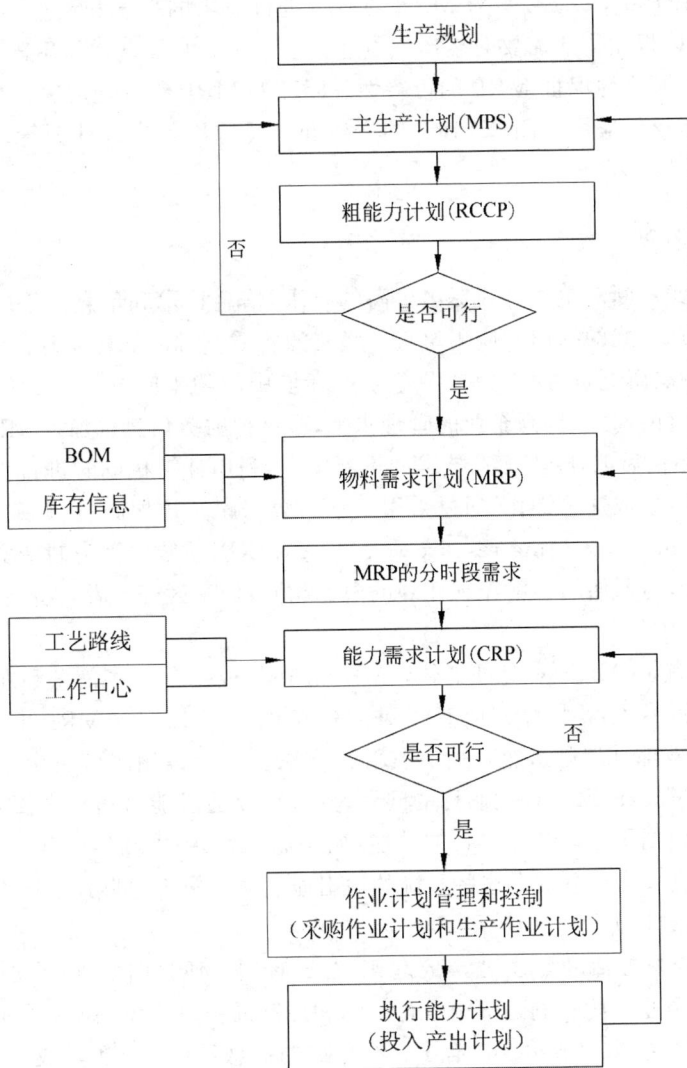

图 5.6　闭环 MRP 的结构原理图

在图 5.6 所示的闭环 MRP 结构中,MPS 来自企业的生产规划,MPS 是否可行在经过被称为粗产能计划(rough-cut capacity planning,RCCP)的产能负荷分析之后,如果可行,则可以作为下一个阶段制定 MRP 的依据,如果不可行,则需要调整 MPS。依据可行的 MPS 制定的 MRP 是在 BOM 和库存数据的支持下完成的,并且可以进一步分解为分时段的需求。MRP 的分时段物料需求可以把未来物料短缺问题的解决方案,提前到当前作为优先计划的 MRP 中。如果这个 MRP 超越了企业现有的生产加工能力和采购运输能力,它也就失去了指导车间作业的权威意义。如果 MRP 经过能力需求计划(capacity requirements planning,CRP)平衡被认为不可行,则可以及时调整 MPS,甚至可以调整企业的生产规划。因此,增加 CRP 可以检验 MRP 在当前生产环境中是否可行。增加"作业计划管理和控制"功能的目的,是便于将生产环境的变化和作业计划与实际作业的差异及时地反映到 MRP 中,以便今后对 MRP 的执行进行适当的平衡和调整。增加"执行能力计划"功能,可以根据作业需要对生产能力进行进一步的调整,以便 CRP 在变化的生产环境中,总是可以顺利地保证 MRP 的可行性。闭环的 MRP 很好地解决了物料管理和控制问题,得到了广泛的应用。闭环 MRP 的产生和广泛应用是生产计划管理理论发展的一个里程碑。

**4. 制造资源计划**

生产管理实践不断对生产方式提出更高的要求,信息技术和信息系统的发展又为更加先进的生产管理方式的提出和应用奠定了坚实的物质基础。虽然闭环的 MRP 有许多优点,但它没有解决资金资源、人力资源等生产环境中的约束问题。在 MRP 系统中,仅考虑物料是不完整的,为了提高企业的管理水平,应该把财务信息也加入 MRP 系统中。

20 世纪 70 年代后期,随着信息技术的不断发展,利用计算机同时进行物料和财务管理成为可能。为了集成这些操作,通过采用共享的数据库系统把制造、财务集成起来,形成制造资源计划(manufacturing resource planning,MRP)系统。因为制造资源计划的英文简称也是 MRP,与前面的物料需求计划的简称相同,为了区分二者,人们将制造资源计划的简称改为 MRP II 。

MRP II 是由闭环 MRP 演变过来的。MRP II 在集成企业更多信息和在更大范围监控作业计划与实际执行情况等方面有了重大的突破。APICS 对 MRP II 的定义如下:MRP II 是一种有效地计划制造企业所有资源的方法。它可以用来解决生产单位的经营计划、以货币形式表示的财务计划制订的问题,并且可以通过能力仿真来回答诸如"what if"这类问题。它包括了很多相互链接的功能,如企业规划、销售和经营规划、生产规划以及能力和物料的执行支持系统。这些系统的输出通过财务报表的形式表现出来。APICS 发布的 MRP II 的结构如图 5.7 所示。

把生产活动与财务活动紧密地集成起来,是从闭环 MRP 向 MRP II 迈出的关键一步。MRP II 是对企业的所有制造资源进行计划和控制的信息系统,作用范围包括整个企业生产经营活动。这时,企业第一次有了一个集成的信息系统。这种集成的、闭环的信息系统对企业产生了深远的影响。

**5. 企业资源计划**

进入 20 世纪 90 年代以后,企业的经营环境出现了新的特点。一方面,企业规模不断扩大,集团化、跨国企业、虚拟企业、动态联盟等新型企业模式不断涌出。企业资源的概念也由企业内部制造资源,向外部市场资源、分销资源扩展,企业组织结构和工作流程始终处于动态变化过程中,因此,客观上要求有更加先进的管理理论满足这种管理实践的需求。另一方面,在信息技术飞速发展的同时,基于 Internet 的电子商务开始迅速蔓延,许

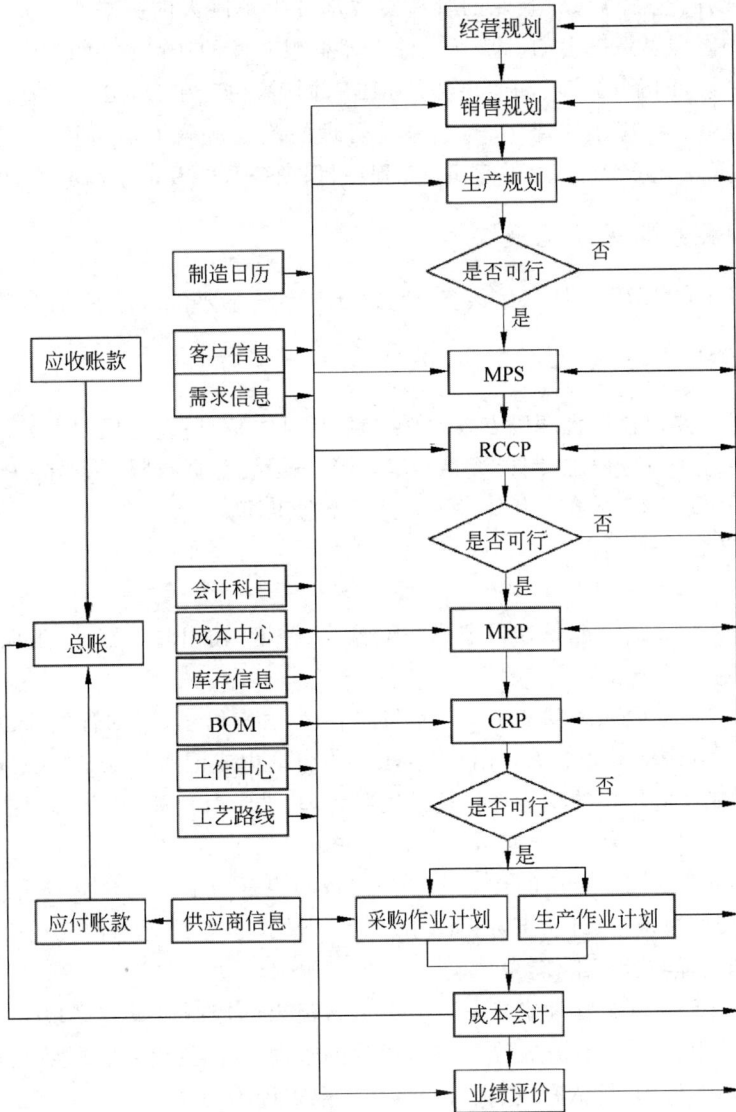

图 5.7　MRP Ⅱ 的结构原理图

多专家、学者开始思考,如何在企业生产经营管理中更好地发挥信息技术和信息系统的作用。

从 1990 年开始,美国 Gartner 公司连续发表一系列有关 ERP 的文章——《ERP:下一代 MRP Ⅱ 的远景设想》《ERP 的功能性》《实现 MRP Ⅱ 到 ERP 的跨越》《ERP:远景设想的定量化》等,这些文章奠定了 ERP 管理思想和系统开发应用的基础。Gartner 公司认为,ERP 是 MRP Ⅱ 的下一代,其主要内容是打破企业的四壁,把信息集成的范围扩大到企业的上下游,管理整个供应链,实现供应链制造。Gartner 公司设想 ERP 应该包括两方面的内容,在企业内部实现产品设计、管理、监控方面的集成,在企业外部实现供需链上所有合作伙伴的集成。虽然,Gartner 公司最初的 ERP 管理思想在 ERP 的实践中并没有得到完全的实现,但这种思想对企业的管理实践却产生了巨大的影响。因此,ERP概念最早是作为一种管理思想提出的。基于这种管理思想开发的产品称为ERP系统软件。对于制造企业来说,ERP的核心功能仍然是MRP,同时,它又在MRP功能基础上增加了对企业外部资源——供应链的管理,ERP系统管理的范围覆盖了企业财务、销售、采购、客户关系、人力资源、生产制造、资源管理、工程项目、商务智能及电子商务等业务。

### 5.1.3　ERP系统常见功能模块

目前市场上的ERP软件产品很多,通常ERP系统主要包括以下功能模块。

**1. 系统维护**

系统维护主要包括设置编码方案、数据精度等基本信息;设置机构人员、客商信息、存货信息、财务信息、业务信息、制造资料等基础档案;设置数据权限、单据格式、工作流等系统初始数据,以便ERP系统中其他各模块间的数据共享。

**2. 财务会计**

(1)总账。总账的功能是处理记账凭证输入、登记,输出日记账、一般明细账及总分类账,编制主要会计报表。

(2)应收账。应收账的功能主要包括发票管理、客户管理、付款管理、账龄分析等;与客户订单、发票处理业务相联系,并且将各项事件自动生成记账凭证,导入总账。

(3)应付账。应付账的功能主要包括发票管理、供应商管理、支票管理、账龄分析等;能够和采购模块、库存模块完全集成以替代过去烦琐的手工操作。

(4)固定资产。固定资产的功能主要是进行固定资产卡片的建立与管理、折旧计提等;进行固定资产总值、累计折旧数据的动态管理,协助设备管理部门完成固定资产实体的各项指标的管理与分析工作。

(5)现金管理。现金管理主要是对现金流入流出的控制以及零用现金、银行存款的核算,包括对硬币、纸币、支票、汇票和银行存款的管理。并且提供票据维护、票据打印、付款维护、银行清单打印、付款查询、银行查询和支票查询等功能。

(6)多币制。为了适应企业的国际化经营,多币制能以各种币制表示和结算整个财务系统的各项功能,而且客户订单、库存管理及采购管理等也可使用多币制。

在用友ERP-U8系统中,财务会计模块还包括网上报销、网上银行、Web财务、UFO报表、公司对账、票据通、报账中心等功能。

**3. 管理会计**

(1)成本管理。成本管理按照制造业的成本管理流程设计,支持生产订单、工序、工作中心管理,提供成本分析、成本核算、成本预测等功能,促使企业成本管理精细化,达到会计核算的事前预测、事后核算分析的目的。

(2)项目管理。项目管理是集财务成本核算会计和成本管理会计于一体的项目成本核算管理系统。不仅满足财务会计对项目成本核算的要求,而且满足管理会计对项目全成本核算的要求。适用于以项目管理为主要管理方式的出版、施工、旅游等行业进行成本计算。

（3）预算管理。预算管理是从企业的整体出发，通过科学预测以货币或数量的预算形式明确企业预定期间内的经营成果、财务状况和达成手段，包括预算假设建立、预算体系搭建、预算编制、预算调整、预算控制、预算分析等过程，从而对企业及各业务部门的经济活动进行调整与控制，实现企业的全面管理。

（4）资金管理。资金管理提供了全面、灵活、实用、准确的资金预测功能，可随时掌握企业未来的资金流向、流量和盈缺情况，进而通过资金分析，合理调整资金计划；提供资金风险预警功能，帮助企业防范支付危机；并且可进行筹投资规划和筹投资管理。

### 4. 客户关系管理

客户关系管理贯穿了售前、售中与售后的业务主线，体现在客户表达意向、商机挖掘、销售过程追踪、交易达成、决策分析的完整业务过程中。客户关系管理的统计分析功能可提供销售分析、商机分析、客户分析、业务员分析、产品分析、投诉分析、意向分析和活动分析等应用。

销售漏斗和客户价值金字塔是统计分析功能中最核心的应用。销售漏斗通过图形真实地反映企业当前销售状况，从而制定销售策略和管理决策。客户价值金字塔通过图形形象地反映不同价值等级的客户以及客户历史价值变化趋势。

### 5. 供应链管理

（1）销售管理。销售管理以销售计划为先导，提供了包括报价、订货、发货、开票的完整销售流程，支持普通销售、委托代销、分期收款、直运、零售、销售调拨等类型的销售业务；实时监控销售价格，建立信用控制机制，支持其他销售辅助业务的处理；提供了丰富、灵活、多维度的销售统计报表和分析，为管理决策提供依据。

（2）采购管理。采购管理主要对请购单、采购订单、采购到货、采购入库、采购发票、采购结算进行全程管理；支持普通采购、直运采购、受托代销采购等不同业务类型；自动比价给出采购建议，并依据权责划分设置审批采购订单的权限；为采购部门和财务部门提供准确、及时的信息，辅助管理决策，进而节约采购成本、缩短采购周期、避免采购风险。

（3）库存管理。库存管理是供应链的核心模块，可进行入库、出库、调拨、盘点、货位管理等库存业务处理；提供了库存状态控制、库存分析的功能，有效地跟踪库存的出入库情况，分析库存的异常状态，针对库存的短缺、超储、安全库存提供了预警机制；提供鲜活的动态库存信息，进而有效地配置库存结构，管理库存价值，为决策提供依据。

（4）质量管理。质量管理主要建立了规范、完整、先进的质量管理体系，实现企业的质量计划、质量检验、质量控制、质量分析及质量评估等功能；通过与采购、库存、生产订单、车间管理、销售管理等模块集成使用，可实现物流过程中对物料的数量、质量、金额、业务等全方位的管理；通过对供应商供货质量评估、生产过程中质量达成情况及对客户交付的货物质量追溯可实现供应链运作中的全程质量管理。

在用友 ERP-U8 系统中，供应链管理模块还包括合同管理、售前分析、出口管理、委外管理、存货核算、Web 购销存等功能。

## 6. 生产制造

### 1）产品出产计划

产品出产计划（master production schedule，MPS）又称主生产计划，是根据客户合同和市场预测，把销售与运作规划中的产品系列具体化，确定最终产品，进而使之成为 MRP 运算的主要依据，起到从宏观计划向微观计划过渡的重要作用。根据产品已知的毛需求、已分配、计划接收、现有库存计算出净需求，并根据提前期、批量、批量增量、安全库存计算出每一种产品的计划产出、计划投入、可供销售。

MPS 需要提交给生产、采购、财务、销售等相关部门及上级主管部门进行审核与批准，然后再下达给相关部门实施；也应根据市场需求变化对 MPS 进行及时、必要的调整。

### 2）产能管理

能力计划的实质是管理能力，不仅要求供需平衡，而且需要合理规划和利用能力资源。产能管理提供三层能力计划。

（1）资源需求计划（resource requirements planning，RRP）是在销售与运作规划阶段运行的远期能力计划。RRP 所指的资源是关键资源，可以是关键工作中心的工时、关键原材料、资金等少量关键因素。使用每一种产品系列消耗关键资源的综合平均指标来计算。RRP 是一种平衡需求的极其粗略的能力计划，不涉及工艺路线。

（2）粗产能计划（rough-cut capacity planning，RCCP）是与 MPS 相伴运行的中期能力计划。RCCP 是一种计算量较小、占用计算机机时较少、比较简单粗略的快速的能力核定方法。通常，RCCP 只考虑关键工作中心及相关的工艺路线，为了简化计算，一般只考虑计划订单和确认订单，而忽略在近期正在执行的和未完成的订单，也不考虑在制品库存。

（3）能力需求计划（capacity requirements planning，CRP）是与 MRP 相伴运行的近期能力计划。根据准备下达、已下达和未结订单的任务负荷，按时段核查所有相关工作中心的能力，有无超负荷或任务不足以及能否满足需求计划。

### 3）物料需求计划

MPS 是针对最终产品的计划，而一个产品可能由成百上千种相关物料组成。MRP 是针对相关物料的计划，根据 MPS、物料清单和物料可用量，计算出企业的全部加工件和采购件的需求量；按照产品出厂的优先顺序，计算出全部加工件和采购件的需求时间，并提出建议性的计划订单。MRP 是 MPS 需求的进一步展开，为了适应客观变化和处理异常情况，MRP 需要不断修订。

### 4）车间管理

车间管理主要包括定义各制成品的加工工艺路线，以支持车间工序计划，并作为产能管理、产品报价模拟的依据；可支持顺排和逆排两种方式的生产订单工序计划；通过车间事务处理，可随时掌握生产订单各工序在制品状态、完工状况，支持工序倒冲领料；收集生产订单各工序的实际工时作为成本计算依据，自动产生工序报检并随时掌握工序质量状况；可多角度及时生成生产订单工序在制状况表、工序完工统计表、工序开工日期异常状况表。

在用友 ERP-U8 系统中,生产制造模块还包括物料清单、生产订单、工程变更、设备管理等功能。

### 7. 人力资源管理

(1)招聘管理。招聘管理主要包括招聘计划制订、招聘活动流程管理、统计分析等功能;提供应聘信息处理、多角度统计报表及自定义报表等功能,有利于提高招聘工作效率和工作质量。

(2)考勤管理。考勤管理主要对考勤、出差、休假、请假、加班等业务进行处理,包括班次、班组、考勤规则设置;员工排班、调班处理;加班、请假、出差、休假登记;考勤刷卡数据处理和考勤报表生成等。并且,也为薪资管理模块提供考勤数据进行工资核算。

(3)薪资管理。薪资管理主要包括标准制定、工资核算、工资发放、工资费用分摊、工资统计分析和个人所得税核算等功能。可与总账模块集成使用,将工资凭证传递到总账中;也可与成本管理、项目管理模块集成使用,为其提供人员费用资料。

### 8. 办公自动化

办公自动化(office automation,OA)构建了一个高效运作的规范管理平台,提供了及时沟通与协同的手段、流程管理与控制的工具,从而保障企业管理制度的有效性。此外 OA 也为知识收集、共享、利用提供了先进的技术,帮助企业提高决策能力。

OA 是面向企业高层至基层的所有职能人员的。在用友 ERP-U8 系统中,OA 模块主要包括工作平台、数字签章、日常办公、个人事务、行政管理、知识管理、信息中心、部门主页、网络调查、内部论坛、消息平台等功能。

### 9. 决策支持

1)管理驾驶舱

管理驾驶舱是企业管理者查询、分析、监控的信息平台,主要面向总经理、主管副总经理、各部门经理等各层管理者。

(1)提供指标中心、业务主题分析、综合分析监控、信息发布与协同、目标管理、绩效计分卡、移动办公应用等功能。

(2)决策信息门户为用户提供自定义工作信息界面,可每天便捷地获得所有关注的信息。

(3)关键业务指标中心提供完整的指标体系,可定制监控界面,也可自定义指标,并根据企业实际情况划分指标类别。

(4)业务模型软件包、分析方法软件包将决策管理与实际业务切实相连,具有极强的针对性,并且涉及企业所有业务领域,业务模型与分析方法分开设计,具有很高的灵活性。

2)数据分析

数据分析主要面向企业中高层管理者和专职分析人员,基于数据仓库提供灵活的分析报表,并将分析结果提供给决策信息门户。

(1)提供专业的 OLAP 数据分析工具。

（2）提供灵活的分析模型。

（3）提供报表订阅功能，根据订阅条件系统可定期动态更新。

（4）支持鼠标拖拽操作，方便查询条件的选择。

（5）提供发送邮件、手机短信功能。

3）专家财务评估

专家财务评估适用于集团企业帮助自身或下属企业进行财务报表分析、财务绩效考核，进而发现集团企业财务状况、经营成果及现金流量变化原因，将财务管理重点聚焦于"重大和例外的问题"；提升企业的决策水平和竞争能力，充分挖掘企业的会计信息资源价值。

（1）具有最新的行业标准数据库和中国上市公司的财务历年数据，并且动态更新。

（2）自定义分析报告模板，系统可自动生成不同的财务分析报告。

（3）吸收和改进了国内外最新的绩效评价体系，可对企业经营绩效进行综合评价。

（4）可对单个企业的财务状况进行分析，也可对集团企业的整体财务状况按行业、按各成员公司进行分析。

（5）企业可横向与任何一家上市公司财务状况、经营成果进行对比分析，也可把各项财务指标与同行业标准值进行对比分析。

（6）提供强大的数据挖掘功能，可由比率、增长率指标挖掘企业报表底层具体财务项目数据。

目前市场上有很多商用 ERP 软件产品，图 5.8 和图 5.9 展示了金蝶的机械行业、零售行业 ERP 系统功能结构图。

图 5.8　金蝶的机械行业 ERP 系统功能结构图

图 5.9　金蝶的零售行业 ERP 系统功能结构图

## 5.1.4　ERP 相关现代管理思想

TPS、MIS 等信息系统虽然为传统企业提供了高效的管理工具,但是随着新技术革命的发展和生产力水平不断提高,现代企业的生产规模日益扩大,新的生产方式和企业形态不断涌现,企业管理工作变得越来越复杂,迫切需要新的管理理论和思想作为指导,ERP 正是现代管理思想和信息技术的融合体,它所包含的核心管理思想如图 5.10 所示。

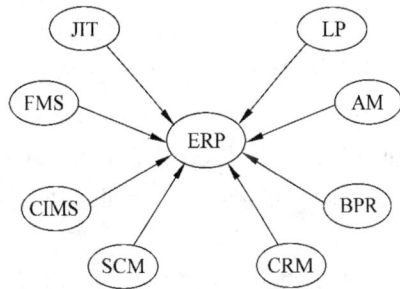

图 5.10　ERP 包含的核心管理思想

### 1. 准时生产

准时生产(just in time,JIT)是起源于日本丰田汽车公司的一种称为"看板"生产管理的方法。从 20 世纪后半期起,整个世界市场进入了一个需求多样化的新阶段,同时对产品质量的要求越来越高,这给制造业提出了新课题——如何有效地组织多品种小批量生产。否则,生产过剩会引起设备、人员、费用等一系列的浪费,从而影响企业竞争力乃至生存。在这种历史背景下,日本丰田公司综合了单件生产和批量生产的特点与优点,创造了一种在多品种小批量混合生产条件下,高质量、低消耗的生产方式,即准时生产。20 世纪 70 年代,这种生产方式在帮助丰田公司度过第一次能源危机时起到了突出的作用。后来JIT也在其他国家得到了重视,并逐渐在欧美的一些企业中推行开来。近年来,JIT不仅作为一种生产方式,也作为一种通用的管理模式在物流、电子商务等领域得到应用。

JIT方式的基本思想,即"只在需要的时候,按需要的量,生产所需要的商品"。这种生产方式的核心是追求一种无库存或库存达到最小的生产方式,由此开发了包括"看板"在内的一系列具体方法,并逐渐形成了一套独具特色的生产经营体系。JIT方式的最终目标是"获取利润",为了实现这个最终目标,降低成本就成为基本目标。JIT方式力图通过彻底排除浪费来达到这一目标。为了排除这些浪费,相应产生了弹性配置作业人数、适时适量生产等基本手段和"看板"等基本工具。"看板"管理的主要作用是传递生产和运送的指令。在JIT方式中,生产的月度计划是集中制订的,同时传达到各个工厂以及协作企业。而与此相对应的日生产指令只下达到最后一道工序或总装配线,对其他工序的生产指令均通过"看板"来实现。即后工序"在需要的时候"用"看板"向前工序领取"所需的量"时,同时向前工序发出了生产指令。由于生产不可能完全按照计划进行,日生产量的不均衡以及日生产计划的修改都通过"看板"进行微调。传统的"看板"是物理形式的"看板",一般是纸做的,主要在生产车间的各工序之间周转。随着信息技术的发展,一些先进的制造型企业开始采用"电子看板"进行生产控制,甚至延伸到整个供应链的控制。

JIT作为提高生产管理效率的一种思想和方法,在现代企业管理中占有十分重要的地位,为企业生产运作管理提供了理想目标和判断依据,成为精细化生产管理的精髓。在企业信息化中,JIT为计算机系统的开发和流程管理提供了面向需求的管理思想,为流程优化和业务衔接活动的设计提供了依据和标准,对企业级信息系统的发展和应用具有非常重要的指导意义和促进作用。

### 2. 精细生产

精细生产(lean production,LP)又称精益生产,是美国从丰田公司生产经验总结出来的一种生产管理方式,其核心思想是,从生产操作、组织管理、经营方式等各方面,找出所有不能为生产带来增值的活动或人员并加以排除。这种生产方式综合了单件生产和大批量生产的优点,既避免了单件生产的高成本,又避免了大批量生产的不灵活。精细生产的目标是"尽善尽美",因此要在生产中精益求精,力求做到无废品、零库存、无设备故障等。

在生产协作上,精细生产对操作工人的要求大大提高。它通过采取减少非增值岗位的措施,提高生产效率;实行集体负责制,努力在工序内把问题解决好;精心安排各种产品混合生产,最大限度地满足各工序间的复合平衡,彻底消除各种浪费,以取得总体上的最高效率。

在生产管理上,精细生产全面贯彻精益求精的管理思想。为工人提供全面了解工厂信息的手段,使每个工人都有机会为工厂需要解决的问题出力;改变单调枯燥的重复操作,培养工人的多种技能,进行岗位轮换;去掉了为保证生产正常进行而配备的冗余的缓冲环节、超额的库存、超额的面积、超额的工人等,使得生产是"精益"的;从"推的生产方式"变为"拉的生产方式",即由传统的根据前一道工序的生产结果决定后一道工序的生产,改变为在现场按照日程进度的后续需要,决定前一道工序的生产,形成准时生产。

在产品设计上,精细生产推行"主查"系统的领导方式,大大增强设计组项目负责人的权威感和荣誉感;强调集体协作,保证各成员对项目的充分参与;强调信息交流,避免可能发生的冲突,降低内耗,提高工作效率;采用并行工程,提倡尽可能平行地处理,以缩短总生产时间。

在协作配套上,精细生产要求加强与合作伙伴的关系,建立合理的利润分配和风险共担机制,鼓励协作伙伴之间经常交流技术,更加注重与经销商的合作,使销售策略更为积极主动,售后服务更加周到细致,并注意维持与用户的长期联系等。

精细生产的提出,代表着企业从粗放式生产方式向精细化生产方式的转变,从而使企业在生产过程中对质量、成本、效益进行深入挖掘,以达到精益求精的管理效果。

### 3. 柔性制造

随着市场需求的多样化,批量生产时代正在逐渐被适应市场动态变化的生产方式所替代,传统的制造技术已不能满足多品种、小批量生产的需求,于是柔性制造系统(flexible manufacturing systems,FMS)应运而生。

柔性制造系统是由若干数控设备、物料储运装置和计算机系统组成的,并能根据制造任务和生产品种变化而迅速进行调整的自动化制造系统。柔性制造技术的发展,首先是柔性制造单元的提出,在成组技术的基础上引入计算机控制和管理,提高了加工的自动化和柔性,进一步又增加了计算机调度功能,通过计算机可以实现24h连续工作,实现不停机转换零件品种和批量,同时在加工中心之间通过自动导向小车或传送带运输零件。柔性制造系统实现了柔性生产流水作业,使多品种、小批量生产取得了类似大批量流水生产的效果,是对各种不同形状加工对象实现程序化柔性制造加工的各种技术的总称。凡是侧重柔性,适应多品种、小批量的加工技术都属于柔性制造技术。

采用柔性制造系统,能根据装配作业配套需要,及时安排所需零件的加工,实现及时生产,从而减少毛坯和在制品的库存量及相应的流动资金占用量,缩短生产周期;提高设备的利用率,减少设备数量和厂房面积;减少直接劳动力;提高产品质量的一致性。

### 4. 敏捷制造

敏捷制造(agile manufacturing,AM)是美国为重振其在制造业中的领导地位而提出的一种新型制造模式。敏捷制造是通过先进的柔性生产技术与动态的组织结构和高素质人员的集成,着眼于获取企业的长期经济效益,用全新的产品设计和产品生产的组织管理方法来对市场需求和用户需求做出灵敏有效的反应。敏捷制造的目标是建立一种能对用户需求做出快速反应并及时满足的生产方式。它的核心思想是提高企业对市场变化的快速反应能力,满足顾客的要求。除了充分利用企业内部资源外,还可以充分利用其他企业乃至社会的资源来组织生产。这种动态的组织结构,容易抓住机会,赢得市场竞争。在这样一种全新的生产方式下,企业的竞争与合作并存,并且不断进行这种关系的变化交替。竞争提高了企业的创造性与积极性,而合作又使资源得到了最好的配置。这正是一个复杂系统为适应环境而进行的自组织过程,同时它对整个社会资源的有效配置也是有利的。

当然,这种生产方式需要建立在一种高效的信息网络上。

敏捷制造的特点如下。

(1) 从产品开发开始的整个产品生命周期都是为了满足用户需求。采用柔性化的、模块化的产品设计方法和可重组的工艺设备,使产品的功能和性能可根据用户的具体需求进行改变,再借助仿真技术可让用户很方便地参与设计,从而很快地生产出满足用户需求的产品。企业的质量跟踪将持续到产品报废,甚至到产品的更新换代。

(2) 采用多变的动态的组织结构。为了提高企业对市场反应的速度和满足用户需求的能力,必须以最快的速度把企业内部和外部的优势资源集中在一起,组成灵活的经营实体,即虚拟企业。虚拟企业能把与任务项目相关的各领域的精华力量集中起来,形成单个企业所不具备的竞争优势。当任务完成后,虚拟企业即行解体。当新的市场机会出现,新的实体企业再重新组建成新的虚拟企业。虚拟企业这种动态组织机构,大大缩短了产品上市时间,加速了产品的改进和发展,使产品质量不断提高,也能大大降低成本。

(3) 着眼于长期获取经济效益。传统的大批量生产企业,其竞争优势在于规模生产,以此降低产品的成本。敏捷制造是采用先进制造技术和具有高度柔性的设备进行生产。这些设备可用于多种产品的生产,可在较长时间内获取经济效益,它可以使生产成本与批量无关,做到完全按订单生产,充分把握市场中的每个机会。

(4) 建立新型的标准体系,实现技术、管理和人的集成。企业要充分利用分布在各地的各种资源,把企业中的生产技术、管理和人集成到一个相互协调的系统中。为此,必须建立新的标准体系来支持这一集成,包括大范围的通信基础结构、信息交换标准等。

(5) 最大限度地调动、发挥人的作用。敏捷制造提倡以人为中心的管理,强调用分散决策代替集中控制,用协商机制代替递阶控制机制。它的基础组织是“多学科群体”,是以任务为中心的一种动态组合,在保证全局的前提下把权利下放到项目组,要求各个项目组都能了解整体规划要求,但完成任务的中间过程则由项目组自主决定,以发挥人的主动性、积极性和创造性。

敏捷制造方式把企业的生产与管理的集成提到了一个更高的水平,它把有关生产过程的各种功能和信息集成,扩展到企业与企业之间的不同系统的集成。这种集成在很大程度上依赖于国家和全球的信息基础设施,以及企业内部先进的信息技术支撑平台。

### 5. 计算机集成制造

计算机集成制造系统(computer integration manufacture system,CIMS)的概念是在1974 年由美国的 Joseph Harrington 提出的,并在 20 世纪 80 年代初开始付诸应用。CIMS 是一种组织、管理和运行的企业理念,它将传统的制造技术与现代信息技术、自动化技术、系统工程技术等有机地结合起来,借助信息技术,将企业产品全生命周期,即市场需求分析、产品定义、研究开发、设计、生产、支持(包括质量、销售、采购、发送、服务)及产品最后报废、环境处理等,各阶段活动中有关的人/组织、经营管理和技术三要素及其信息流、物流、价值流进行有机集成并优化,以使企业能够更加自动化和更加高效地运行。

CIMS 系统包括了产品全生命周期各类活动的集合,可以分为 5 个级别的分级控制结构。

（1）工厂级控制系统。这是最高一级的控制系统，进行生产管理，履行"工厂职能"。

（2）车间级控制系统。这一级控制系统负责协调车间的生产和辅助性工作，以及完成上述工作的资源配置。

（3）单元级控制系统。这一级控制系统负责协调相似零件分批通过工作站的顺序和管理诸如物料储运、检验及其他辅助性工作。

（4）工作站级控制系统。这一级控制系统负责指挥和协调车间中的一个设备组的活动。

（5）设备级控制系统。该控制系统是机器人、机床、测量仪、小车、传送装置等各种设备的控制器。采用这种控制是为了实现加工过程中的改善修正、质量检测等方面的自动计量和自动在线监测与监控。

为了真正实现计算机集成制造，必须解决以下问题。

（1）信息集成。针对设计、管理和制造中大量存在的自动化孤岛，实现信息正确、高效的共享和交换，是改善企业管理水平必须首先解决的问题。

（2）业务过程集成。企业除了实现信息集成外，还要对过程进行重构。产品开发设计中的各传递过程应尽可能转变为并行过程。在设计时考虑到下游工作的可制造性、可装配性以及产品质量，可以减少反复，缩短开发时间。

（3）企业组织集成。为充分利用全球制造资源，把企业调整成适应全球经济、全球制造的新模式，必须解决资源共享、信息服务、虚拟制造、并行工程、网络平台等关键技术，以更快、更好地响应市场。

### 6. 企业流程再造

企业流程再造（business process reengineering，BPR）是在 20 世纪 90 年代初由迈克尔·哈默（Michael Hammer）与詹姆斯·钱皮（James Champy）提出的，之后在西方国家风靡一时，其核心思想是对企业的业务流程进行根本性的重新思考并彻底改革，以获得企业在成本、质量、服务和速度等方面业绩的飞跃性改善。

流程是指按一定逻辑顺序组成的一组活动，这种逻辑顺序通常由劳动分工所形成的活动时间和内在联系所决定。任何流程都可以由串行、并行、分叉、反馈这些基本关系组合而成。企业流程通常是以输入各种原材料和顾客需求为起点、以企业创造出对顾客有价值的产品或服务为终点的一系列活动所组成的。组成流程的基本要素包括活动、活动间的连接方式、活动承担者和完成活动的方式等。活动及活动间的连接方式受组织工作目标、劳动分工及生产工具和技术设备等因素影响。活动的承担者一般是具体的人员或组织。完成活动的方式一方面受技术条件的限制，另一方面又受工作习惯以及企业文化的影响。

工业时代已形成的企业流程，在一定程度上受到当时的生产工具和技术设备制约以及环境影响。由于受到手工操作的限制，在传统企业中完整系统的工作常常被分割成许多细块分别完成。为了实现工作目标，最后还需要把它们拼装起来，这种拼装的效率十分低下。在环境比较稳定的大生产时期，问题还不突出，一旦环境多变，这种工作方式就会暴露出严重的缺陷。原来的组织职能部门（如计划、生产、市场等）划分，也不利于鉴定执行者的责任,因为某一部门的人只对某个局部环节负责,无法对全流程负责。

进入信息时代后,企业内外部环境都发生了巨大变化,从外部环境来看,多样化和个性化的顾客需求日趋凸显,传统低效的企业流程已难以适应日益激烈的市场竞争;从内部环境来看,信息技术应用使得一些信息设备、自动化装置充当了企业活动的承担者。因此,要提高企业竞争力和信息化应用效果,就必须对企业流程进行再设计和再思考,即进行企业流程再造。

同时,信息技术应用也为企业流程再造提供了有力的支持。在企业流程再造过程中,首先,必须研究哪些企业流程环节需要利用信息技术,信息技术可以起到什么样的作用,以及如何实现企业流程的高效和自动化等;其次,为了使企业信息化收到实效,信息技术的应用必须和经营管理相结合,也必须与管理变革相结合。研究表明,企业流程再造的深度与广度越大,信息化的作用越显著。当然,流程再造不仅会影响到流程本身,还会影响到整个组织以及每个人,因为它可能涉及组织结构的调整、工作岗位和职责权利的再分配、人员的精简与调动等一系列问题。因此,在流程再造过程中,管理层一定要注意流程再造后的平稳过渡,并慎重实施。

### 7. 供应链管理

20 世纪 90 年代以来,随着各种自动化技术和信息技术在制造企业中的不断应用,制造生产效率已被提高到相当的水平,制造技术本身进一步提升的潜力开始变小。为了进一步挖掘降低产品成本和满足客户需要的潜力,人们开始将目光从企业内部生产过程转向产品全生命周期中的整个供应链,即从原材料和零部件采购、运输、加工制造、分销直至最终送到顾客手中的全过程。这一过程被视为一个环环相扣的链条,即供应链。而供应链管理(supply chain management,SCM)就是指对整个供应链系统进行计划、协调、操作、控制和优化的各种活动过程,其目标是将顾客所需的正确的产品,在正确的时间,按照正确的数量,正确的质量和正确的状态,送到正确的地点,并使总成本最小。

供应链管理思想的产生,使得企业管理的视角从对企业内部资源的优化配置和高效利用向外界扩展,从而更好地利用外界资源,提升企业对环境的适应性,并使自身在竞争中处于有利地位。在供应链中,企业只做自身有核心竞争力的工作,相关的业务可外包给专业的公司去完成。企业之间通过动态联盟形成有机衔接和协调运作的整体,从而不断提高在市场中的竞争能力。ERP 系统的开发应用在一定程度上正是为了满足和支撑供应链管理的需要。

### 8. 客户关系管理

基于 Internet 的电子商务正在改变社会经济各个行业的传统经营模式,尤其是彻底改变了企业与客户之间的关系。激烈的市场竞争要求企业的经营理念从"以产品为中心"转向"以客户为中心",即谁能把握客户的需求并以最快的速度做出响应,谁能吸引新客户、保持老客户,谁就能取得最终的胜利。因而,有关客户关系管理(customer relationship management,CRM)的思想和方法应运而生。

客户关系管理的思想是遵循客户导向的发展战略,对客户进行系统化的研究,通过改进对客户的服务水平,提高客户的忠诚度,不断争取新的客户和商机,力争为企业带来长期稳定的利润。客户关系管理是选择和管理客户的经营理念,其目的是实现客户长期价值的最大化。客户关系管理重新定义了企业的职能并对其业务流程进行重组,要求企业真正"以客户为中心"的理念来支持其有效的营销、销售和服务过程。企业关注的重点从内部运作转移到客户关系,并通过加强与客户的深入交流,全面了解客户的需求,不断对产品及服务进行改进和提高,以满足顾客的需求。

作为一种具体的管理方法,CRM 主要体现在客户与企业发生关系的市场营销、销售实现、客户服务和决策分析四大业务领域。市场营销包括对传统市场营销行为与流程的优化和自动化,商机预测、获取和管理,营销活动管理以及实时营销等。销售实现包括销售预测、过程管理、客户信息管理、业务分析等一系列工作。客户服务包括积极主动处理客户的各种信息咨询、订单请求、订单执行情况反馈,并提供高质量的现场服务。客户关系管理的另一个重要方面在于创造和具备了使客户价值最大化的决策和分析能力,在统一的客户数据基础之上,将所有业务应用系统融入分析环境中开展智能性分析,为管理层做出及时全面的商业决策提供支持。

客户关系管理思想和方法的产生,代表企业的运营着眼点已从产品转向客户,从计划推动式生产方式转向了"以客户为中心"的需求拉动式生产方式,从而更好地满足客户需求。

## 5.1.5 ERP 系统实施方法

综上所述,ERP 系统是一个融合了现代管理思想和信息技术的复杂的、集成的现代企业信息系统,其功能涵盖企业内外的物流、资金流、信息流及人员流的计划、控制、管理和决策活动。因此,ERP 系统的实施是一项复杂的系统工程,也是一场管理变革,它不仅需要采用一套科学的实施方法,而且还需企业管理人员及员工提高自身认识水平与信息素质。下面我们对相关内容进行简要介绍。

### 1. ERP 实施的方法

ERP 实施的方法主要有两种:一种是企业根据自身的业务需求,自行开发或请 IT公司专项开发;另一种是根据业务需求分析,选择一套现有的 ERP 产品(如 SAP、Oracle、用友、金蝶等公司都拥有成熟的 ERP 套件)导入本企业。前一种方法可参考第 3 篇的内容,本节将简单介绍后一种方法,即选用成熟的 ERP 套件导入企业的方法。

现在中国市场上的 ERP 产品比较多,主流的国外产品包括 SAP R3 系统、Oracle ERP 系统等;国内的 ERP 产品有用友、金蝶等。不同的 ERP 厂商在实施阶段划分方面会有些差别,但关键任务都基本相同。实施过程主要包括 IT 咨询阶段、实施准备、蓝图设计、系统建设、上线切换、持续支持等 6 个阶段。

(1) IT 咨询阶段。可由管理咨询公司或 ERP 提供商对客户进行整体业务调研、需求分析,对企业进行诊断,诊断客户业务中存在的问题,协助客户制定 IT 规划方案、业务应用方案,并编制《项目建议书》。

(2) 实施准备阶段。在此阶段,需要成立由多方参与的项目实施组织(如由软件供应商和客户方以及第三方 IT 咨询或监理机构等组成），并共同确认项目的工作计划，召开有双方高层参加的项目正式启动会，明确本项目对实现公司远景目标的重要性，从而引起全公司对项目的重视，取得公司各管理层对项目的支持。

（3）蓝图设计阶段。软件供应商项目小组将对客户方的各项相关业务流程进行详细调研，并与公司各级相关领导进行交流，明确企业提高业务管理水平的目标及 ERP 系统实现的基本蓝图。在这一阶段，将开展一系列的业务流程现状分析及应用 ERP 系统后可能的流程改进的研讨会，最终确认将要用 ERP 系统处理的业务流程的设计蓝图——业务解决方案。

（4）系统建设阶段。系统建设实际上就是客户方业务流程实现的过程，在这一阶段，项目小组将把上阶段设计的业务流程蓝图在 ERP 系统中实现（即在供应商 ERP 系统中进行设置），并对涉及 ERP 系统的各业务流程进行测试。在这一阶段，软件供应商项目小组和客户方项目小组应紧密合作，在应用 ERP 系统实现新业务流程的同时，将 ERP 系统的相关知识转移到客户方项目小组。

（5）上线切换阶段。上线切换是经过双方全体人员长时间的准备后推动系统上线的过程。在这一阶段，项目小组安排对最终用户进行操作培训。最终用户培训将由客户方的项目小组进行，软件提供商的项目小组只对培训进行帮助和指导，这将使客户方项目小组更快的成长，有能力在将来独立地对公司新员工开展培训。该阶段将完成最终数据准备，并导入生产系统中。

（6）持续支持。系统正式上线，项目小组进行运行支持。

### 2. ERP 实施对企业的要求

ERP 是先进管理思想与现代信息技术融合形成的一种新的企业管理模式，然而在实际的推广应用中，往往由于应用深度和广度的不到位，使得多数企业 ERP 的应用效果并不理想。究其原因，主要是思想认识不到位和方法不得当所致。因此，企业在 ERP 实施中应当注重以下几方面问题。

（1）实施 ERP 是企业管理全方位的变革。企业领导层应首先是受教育者，其次才是现代管理理论的贯彻者和实施者。规范企业管理及其有关环节，使之成为领导者、管理层及员工自觉的行动，使现代管理意识扎根于企业中，成为企业文化的一部分。国外企业实施 ERP 似乎没有讨论的余地，全盘接受，自觉性强。若还要等待思想提高，观念更新，甚至还要避开锋芒，迁就陈腐，互相推诿，这场全方位的变革就会反复甚至夭折。

（2）企业管理班子要取得共识。人们常把 ERP 的实施称为"第一把手工程"，这说明了企业的决策者在 ERP 实施过程中的特殊作用。ERP 是一个管理系统，牵动全局，没有第一把手的参与和授权，很难调动全局。

（3）ERP 的投入是一个系统工程。与其他固定资产设备的投入和产出比较，ERP 的投入和产出并不那么直观、浅显明了，投入不可能马上得到回报，见到效益。ERP 的投入是一个系统工程，并不能立竿见影，它所贯彻的主要是管理思想与方法。它将长期发挥作用，在不断深化中提高效益。

此外，实施 ERP 还需因地制宜，具体问题具体分析。首先，要根据企业的具体需求采用相应的系统,而不是不管企业的规模和基础,全部模块都采用,这样可能对企业危害性极大。其次,这种投入不是一劳永逸的,由于技术发展很快,并且随着工作的深入,企业会越来越感到资源的紧缺。因此,每年应有相应的维护升级投入,才能保证系统良好地运转。

(4) ERP 的实施需要复合型人才。实施信息化管理的效益和企业竞争优势的提升是依靠人的运用得以达到,即"信息的价值在于应用",而信息的应用者就是企业的各级管理人员,他们利用 ERP 系统提供的信息作为优化流程的参照、正确决策的支持。各级管理人员不仅需要拥有专业理论知识,而且也需要具备信息素养、信息能力和创新精神。因此,复合型人才是现代企业实施信息化管理的重要因素。

复合型人才的培养需要一定的过程,一些企业领导者对他们的重视远远不及市场开拓人员和产品研发人员,而是将其视为"辅助"角色,这往往会造成人才流失。

### 3. ERP 实施的风险及其预防

企业的条件无论多么优越,所做的准备无论多么充分,ERP 实施的风险仍然存在。在 ERP 系统的实施周期中,各种影响因素随时都可能发生变化。如何有效地管理和控制风险是保证 ERP 系统实施成功的重要环节之一。

ERP 项目的风险主要表现在以下几方面。

(1) 缺乏规划或规划不合理。

(2) 项目预准备不充分,硬件选型及 ERP 软件选择错误。

(3) 实施过程控制不严格,阶段成果未达标。

(4) 设计流程缺乏有效的控制环节。

(5) 实施效果未评估或评估不合理。

(6) 系统安全设计不完善,存在系统被非法入侵的隐患。

(7) 灾难防范措施不当或不完整,容易造成系统崩溃。

因此,ERP 项目风险的预防主要可从以下几方面着手。

(1) 战略规划。企业是否存在一个长期(如 5 年)的 IT 系统规划? ERP 的目标源于 IT 系统规划,是评价 ERP 系统成败的基本标准。应依据 IT 系统规划,明确 ERP 系统的实施范围和实施内容。

(2) 项目预准备。确定硬件及网络方案、选择 ERP 系统和评估咨询合作伙伴是该阶段的 3 项主要任务,也是 ERP 系统实施的 3 大要素。硬件及网络方案直接影响系统的性能、运行的可靠性和稳定性;ERP 系统功能的强弱决定企业需求的满足程度;咨询合作伙伴的工作能力和经验决定实施过程的质量及实施成效。

(3) 项目实施控制。在 ERP 系统实施中,通常采用项目管理技术对实施过程进行控制和管理。有效的实施控制表现在科学的实施计划、明确的阶段成果和严格的成果审核。不仅如此,有效的控制还表现在积极的协调和通畅的信息传递渠道。实施 ERP 的组织机构包括指导委员会、项目经理、外部咨询顾问、IT 部门、职能部门的实施小组和职能部门的最终用户。部门之间协调和交流的效果,决定实施过程的工作质量和工作效率。目前,在企业缺乏合适项目经理的条件下,这一风险尤其明显和严重。

（4）业务流程控制。企业业务流程重组是在项目实施的设计阶段完成的。流程中的控制和监督环节保证 ERP 在正式运行后，各项业务处于有效的控制之中，避免企业遭受人为损失。设计控制环节时，要兼顾控制和效率。过多的控制环节和业务流程冗余，势必会降低工作效率；而控制环节不足又会有业务失控的风险。

（5）项目实施效果。虽然项目评估是 ERP 实施过程的最后一个环节，但这并不意味着项目评估不重要。相反，项目评估的结果是 ERP 实施效果的直接反应。正确地评估实施成果，离不开清晰的实施目标、客观的评价标准和科学的评价方法。目前普遍存在着忽视项目评估的问题，忽视项目评估将导致实施小组不关心实施成果这一隐患，这正是 ERP 项目的巨大风险所在。

（6）系统安全管理。系统安全包括操作系统授权、网络设备权限、应用系统功能权限、数据访问权限、病毒的预防、非法入侵的监督、数据更改的追踪、数据的安全备份与存档、主机房的安全管理规章、系统管理员的监督，等等。过去，企业中熟练掌握计算机技术的人员较少，接入因特网的计算机也不多。因此，在实施 ERP 系统时，普遍存在着不重视系统安全的现象，例如用户不注意口令保密、超级用户授权多人等。缺乏安全意识的直接后果是系统在安全设计上存在漏洞和缺陷。近年来，不断有报道披露银行或企业计算机系统被非法入侵的消息，这给企业敲响了系统安全管理的警钟。

（7）意外事故或灾难。水灾、火灾、地震等不可抗拒的自然灾害，会给 ERP 系统运行带来毁灭性的打击。企业正式启用 ERP 系统后，这种破坏将直接造成业务交易的中断，给企业带来不可估量的损失。未雨绸缪的策略和应对措施是降低这一风险的有效方法，如建立远程备份和恢复机制；在计算机系统不能正常工作的情况下，恢复手工处理业务的步骤和措施。

**4. ERP 应用成功的标志**

ERP 应用是否成功，可以从以下几方面加以衡量。

1）系统运行集成化

这是 ERP 系统成功应用在技术解决方案方面最基本的表现。ERP 系统是对企业物流、资金流、信息流进行一体化管理的软件系统，其核心思想就是实现对供应链（supply chain）的管理。软件的应用将跨越多个部门甚至多个企业。为了达到预期设定的应用目标，最基本的要求是系统能够运行起来，实现集成化管理，建立企业完善的数据体系和信息共享机制。

一般情况下，如果 ERP 系统仅在财务部门应用，只能实现财务管理规范化、改善应收账款和资金管理；仅在销售部门应用，只能加强和改善营销管理；仅在库存管理部门应用，只能帮助掌握存货信息；仅在生产部门应用，只能辅助制订生产计划和物资需求计划。只有集成一体化运行起来，才有可能达到以下成效。

（1）降低库存，提高资金利用率和控制经营风险。

（2）控制产品生产成本，缩短产品生产周期。

（3）提高产品质量和合格率。

（4）减少财务坏账、呆账金额等。

这些目标能否真正达到,还要取决于企业业务流程重组的实施效果。

2) 业务流程合理化

这是 ERP 系统成功应用在改善管理效率方面的体现。ERP 应用成功的前提是必须对企业实施业务流程重组,因此,ERP 应用成功也即意味着企业业务流程趋于合理化,并实现了 ERP 应用的以下几个最终目标。

(1) 企业竞争力得到大幅度提升。

(2) 企业面对市场的响应速度大大加快。

(3) 客户满意度显著改善。

3) 绩效监控动态化

ERP 系统的应用将为企业提供丰富的管理信息。如何利用这些信息并使其在企业管理和决策过程中真正发挥作用,是衡量 ERP 应用成功的另一个标志。在 ERP 系统完全投入实际运行后,企业应根据管理需要,利用 ERP 系统提供的信息资源设计出一套动态监控管理绩效变化的报表体系,以期即时反馈和纠正管理中存在的问题。这项工作一般是在 ERP 系统实施完成后由企业设计完成的。企业如未能利用 ERP 系统提供的信息资源建立绩效监控系统,则意味着 ERP 系统应用没有完全成功。

4) 管理改善持续化

随着 ERP 系统的应用和企业业务流程的合理化,企业管理水平将会明显提高。为了衡量企业管理水平的改善程度,可以依据管理咨询公司提供的企业管理评价指标体系,对企业管理水平进行综合评价。评价过程本身并不是目的,为企业建立一个可以不断进行自我评价和不断改善管理的机制才是真正目的,这也是一个经常不被人们重视的 ERP 应用成功的标志。

总之,ERP 应用的实施是一个复杂的系统工程,企业在准备应用 ERP 之前一定要做好充分的准备,切忌盲目跟风,以免造成更大的损失。

【案例 5-1】 雀巢公司 ERP 系统实施案例。

雀巢公司已有约 140 年的历史,2024 年,在全球 75 个国家拥有 375 家工厂,有约 27.7 万名员工,销售额达到 91.4 亿瑞士法郎。然而,雀巢美国分公司 ERP 系统的实施并非一帆风顺,期间数次陷入困境,付出沉重的代价。雀巢艰难的 ERP 之旅,不仅引起业界的广泛关注,更值得业界深刻思考。

1991 年之前,雀巢只是一些独立运营公司的混合体,产品品牌归瑞士母公司所有。1991 年,雀巢美国分公司成立,品牌管理被统一重组到此家新公司,而它相当于一家控股公司,并非一个完整的统一体。虽然各分支机构都需向雀巢美国分公司报告工作,但各自的地理位置分散,商业决策具有很大的自主权。雀巢美国分公司曾尝试整合分散机构,实现规模经济,提高运作效率,但多年的"自治运营"成为了巨大的障碍。以下两方面对雀巢领导们的触动极大。

其一,1997 年,一项目组对雀巢美国分公司的各种系统进行检查,发现管理极其混乱,竟然为同一个供应商的"香草"支付了 29 种不同的价格。因为,雀巢的每个工厂都从此供应商处购买"香草",但互不沟通;而每个工厂都根据自身情况为"香草"设置编号,没有统一规范的编码,所以公司无法进行比较。

其二,各分支机构进行"自治式"业务运营,瑞士总部在1991年成立了雀巢美国分公司,统一品牌管理,Dunn被召集到瑞士帮助设计公司全球项目的通用方法,制定各个分支机构都要遵循的技术标准,增进数据共享。而Dunn在1997年返回美国,出任雀巢美国分公司的CIO,却发现在瑞士总部制定的标准很少被采用,理论与实践基本脱节。

1997年,SAP帮助雀巢美国分公司率先实施ERP项目,代号取为BEST(business excellence through systems technology),预计需要6年时间,预算成本为2.1亿美元,初步定于2003年第一季度完成。此举措与后来母公司的ERP投资相当,2000年6月,瑞士总部与SAP签署了合同,价值2亿美元,此后又追加8000万美元用于咨询和维护,在世界范围内推进ERP项目,加强对全球80多个国家的200多家分公司和分支机构的管理。理智的人士都深知,这个项目致力于实行集权化管理,将触及原来分散式的企业文化,若触及了公司文化的深层,风险就会不期而至。

1997年6月,Dunn与主管财务、供应链、渠道及采购的高级经理组成一个主要利益相关者小组,共同研究公司的管理现状并将研究结果提交高层领导核心。当时,公司有9个不同的分类账务、28个客户条目以及很多采购系统。因为每个工厂都通过自己的采购组,根据自己的需要进行采购,所以公司无法统计与某个供应商进行了多少笔交易。主要利益相关者小组列出了在3~5年内可获得重大改进的方面,建议采用SAP的ERP系统重整公司业务流程。Dunn认为,这将是一次业务流程再造,若不改变业务运行模式,就无法达到预期的目标,随后的整合将更加艰难,更加痛苦。虽然在实施之前有了心理准备,但是,无论是高层领导核心,还是主要利益相关者,都将ERP视为一个纯软件项目,而未真正理解BEST项目将如何改变雀巢公司的业务流程以及可能导致的艰难程度。

1997年10月,雀巢美国分公司召开ERP项目誓师大会,由50名高层业务经理和10名高级IT专家组成实施小组,制定一套对公司各分支机构都适用的通用工作程序,所有部门的功能都必须抛弃原有的方式,接受新的"一体化雀巢"理念。另外,一个技术小组花费18个月的时间,检查各部门的所有条目数据,考虑如何实现一个全公司通用的结构,从此,各分支机构的"香草"都具有了统一编码。由于SAP的供应链管理模块理念很新,隐藏的风险很大,雀巢转向SAP的合作伙伴Manugistics,其供应链模块遵循SAP的标准,可集成到SAP的ERP系统中。

1998年3月,ERP项目首先实施SAP的5个模块——采购、财务、销售、配送与应收账款,以及Manugistics的供应链模块,每个分支机构都将采用这五大模块。例如,糖果部采购组和饮料部采购组使用的准则和数据是一致的。

1998年7月,开发工作开始了,其中4个模块(3个SAP模块和1个Manugistics模块)要求在2000年之前完成。由于事先制定了进度表,但由于代码修改及千年虫问题,在匆忙完成既定任务的同时,又出现了大量的新问题。其中,最为棘手的是逆反心理在不同阶层中开始出现且高涨,原因是直接受到新业务流程影响的团体代表未被纳入主要利益相关者小组。

2000年年初,项目实施陷入混乱,员工不知道如何使用新系统,甚至不明白新的工作流程,无人愿意学习业务运作的新方式。预测产品需求的员工流动率高达77%,制订计划的员工不愿也无法放弃熟悉的电子表格而转向复杂的Manugistcis模块,部门主管和员工同样迷茫。当时,Dunn 每天接到的求助电话高达 300 个,ERP 的实施出现了停滞。

随后,另一个技术问题也很快出现。项目小组忽略了模块之间的集成,不知如何实现各部门的协同工作。虽然所有采购部门都使用通用的代码,遵循通用的过程,但并没有和财务部、计划部、销售部集成在一起。

2000 年 10 月,Dunn 召集雀巢美国分公司的 19 名主要利益相关者和业务主管,经过 3 天深入的讨论,小组成员痛定思痛,决定重新开始最初的革新,先分析业务需求,再制定结束日期。并且,还需要坚持两点:首先,必须确保获得主要部门领导的支持;其次,必须使所有员工确切知道正在发生什么变革,何时、为何及如何发生。

2001 年 4 月,规划设计结束,项目小组形成了一套可遵循的详细说明方案。一个月之后,公司任命了一名流程改革主管,专门负责各分支机构和项目小组之间的沟通,协同 Dunn 联络更多的部门领导。为了配合项目的实施,还定期调查员工受新系统影响的程度,若反馈信息表明需要进一步培训适应时,可适当暂停、推迟。

在随后的两年多,ERP 的实施继续艰难地向前推进,终于初见成效。ERP 就绪之后,通用的数据库和业务流程可对各种产品进行高可信度的需求预测,很大程度地减少了库存,节省了资金,雀巢美国公司获得了很显著的投资回报。

雀巢实施 ERP 的艰难实践深刻体现出:重大软件项目的实施,其实不是如何安装软件,而是如何变革管理。正如 Dunn 的感慨:实施 ERP 时,其实是在尝试改变人们传统的工作方式,挑战他们的原则、信念以及延续了多年的处事风格。

# 5.2 供应链管理系统

## 5.2.1 供应链管理概述

随着经济全球化进程的不断加快、信息技术的飞速发展、Internet 和 Intranet 技术和电子商务的广泛应用,企业所处的商业环境发生了很大的变化。顾客需求不断变化,技术创新不断加速,产品生命周期越来越短,市场竞争日趋激烈。企业在严峻的挑战面前,需要在提高客户服务水平的同时,努力降低运营成本;在提高市场反应速度的同时,给客户更多的选择。此外,有供需关系的上下游企业之间的联系越来越紧密。一个成功产品的推出,需要从原材料到成品再到销售与服务的一系列企业的配合。而成本的降低也与上下游企业的密切配合紧密相关。在这种情况下,20 世纪 80 年代人们提出了供应链的概念,在 20 世纪 90 年代供应链管理的思想得到较快的发展。

### 1. 供应链概念

在《物流术语》(GB/T 18354—2021)国家标准中,供应链(supply chain,SC)的定义是"在生产及流通过程中,涉及将产品更新换代或服务提供给最终用户的上游或下游企业,所形成的网络结构"。

由此可见,供应链首先是一个范围广泛的企业结构模式,它包含所有加盟的结点企业,从原材料开始,依次连接不同企业的制造、加工、组装、分销等过程直到最终用户。供应链不仅是一条连接供应商到客户的物料链、信息链、资金链,而且是一条增值链,物料在供应链上因加工、包装、运输等过程而增加其价值,给相关的企业带来收益。图5.11说明了供应链的结构模型,显示了在供应商、制造商和客户之间的信息流、物流与资金流的传递关系。

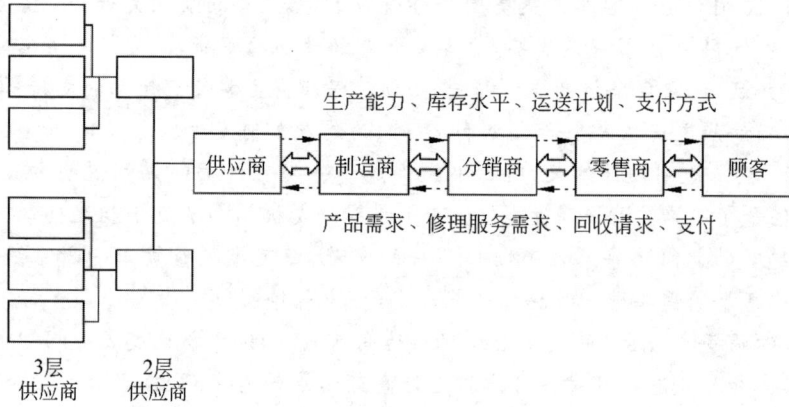

图 5.11　供应链结构模型

供应链具有复杂性、动态性、面向用户需求、交叉性等特征。因为供应链结点企业组成的跨度不同,供应链往往由多个多类型甚至多地域的企业构成,所以供应链的结构模式比一般单个企业的结构模式更加复杂。供应链的形成、存在、重构,都是基于一定的市场需求而发生的,并且在供应链的运作过程中,用户的需求拉动是供应链中信息流、产品和服务流、资金流的驱动力。在实践中,供应链管理经常由于企业战略和适应市场需求变化的需要,去掉一些结点企业,将另外一些企业加入结点中,使得结点企业处于动态更新之中,因此供应链具有显著的动态性。在一个供应链中,某个结点企业可能同时在多个供应链中担当角色,造成供应链形成复杂的交叉结构。这种交叉性增加了供应链的协调管理难度。

### 2. 供应链管理思想

供应链管理的基本思想是用系统的观点和方法,对整个供应链上的企业进行管理,以协调供应链上各企业的活动,加强链上各企业的合作,避免和减少链上各企业协作的延误或浪费,以达到整个供应链的优化,最终使供应链上各企业都受益。

供应链管理的目标就是正确地将顾客所需的产品,在正确的时间,按照正确的数量、质量和状态,送到正确的地点,并使总成本最小。

供应链管理是一种集成的管理思想和方法,与传统的企业管理相比,它有以下基本特点。

(1) 系统观念。改变传统企业只注重自身生产系统的管理方式,不再孤立地看待各协作企业及各部门,而是系统地考虑供应链中的供应商、制造商、销售商等所有结点企业,并把整个供应链视为一个有机联系的整体,在整体优化的前提下,寻求企业自身的局部优化。

（2）共同目标。供应是整个供应链上各企业和功能部门的共同目标，将产品与服务的最终消费者对成本、质量、服务等的要求，作为供应链中所有参与者的共同绩效目标，从而使利润最大化。

（3）主动积极的管理。不再把存货视为供应链中供应与需求平衡的首选方案，而是对供应链中增加价值的以及与成本有关的所有联系体进行积极主动的管理。

（4）企业间新型的合作伙伴关系。企业通过仔细地选择业务伙伴，减少供应商数目，将过去企业之间的竞争关系变为紧密的合作伙伴关系。这种新型关系主要体现在共同解决问题与进行信息共享等方面。例如供应商、顾客参与产品设计、质量改进，信息共享意味着有关库存水平、长期计划、进度计划、设计调整等关键数据在供应链中保持透明。

（5）开发核心竞争力。供应链合作伙伴关系的形成，不能以丧失企业的核心竞争力为代价，而应借助供应链的战略协作，形成、维持并强化企业自身的核心竞争力。

### 3. 供应链管理效能

供应链管理系统可以改善企业内部和外部的供应链过程，向管理层提供准确的关于生产、储存、运输等方面的信息。如果一个公司实施了一个网络化的、集成的供应链管理系统，公司就能使供应与需求相匹配，降低库存水平，改善运送服务，加快产品上市时间，使资产利用更加有效。有效的供应链管理系统将从以下几方面提高组织绩效。

（1）改善对顾客的服务和响应。有效的供应链管理可以提高客户需求的响应速度，使传统的"推式"供需模式向"拉式"供需模式转变。在"推式"模型中，生产计划是基于预测或产品需求的最好预测，产品是被推给顾客的。有了供应链管理中的信息流的共享，通过供应链管理可实现"拉式"模型。在"拉式"模型中，顾客的实际需求通过顾客订单触发供应链中事件的启动。生产和递送的执行因顾客订单而确定，它逆供应链而上，由零售商到分销商，再到制造商，最终到达供应商。只有满足订单的产品才沿供应链顺流而下，到达零售商。制造商只使用实际订单需求信息去驱动他们的生产调度与原材料及部件的采购。

（2）减少长鞭效应的影响。研究人员调查发现，在制造业的供应链中，微小的市场波动会造成制造商在执行生产计划时遇到巨大的不确定性，管理科学家将这种现象称为长鞭效应（bullwhip effect），即向供应商订货量的波动程度大于向其顾客销售量的波动程度，并且这种波动程度沿着供应链向上游不断扩大，如图 5.12 所示。显然，这种现象将会给企业造成严重的后果，如产品库存积压严重、服务水平不高、产品成本过高以及质量低劣等问题，这必然会使企业在市场竞争中处于不利的地位。通过有效的供应链管理，不同结点企业可以在一定范围内共享需求信息，在一定程度上削弱长鞭效应，从而提高整个供应链的竞争优势。

（3）降低库存和生产成本，提高企业竞争力。供应链合作伙伴关系一般是指在供应链内部两个或两个以上独立的成员之间形成的一种协调关系，以保证实现某个特定的目标或效益。建立供应链合作伙伴关系的目的在于通过提高信息共享水平，减少整个供应链产品的库存总量、降低成本和提高整个供应链的运作绩效。降低的成本包括材料采购、库存管理、运输和计划成本等。对许多企业而言，供应链成本是其运行费用的重要组成，

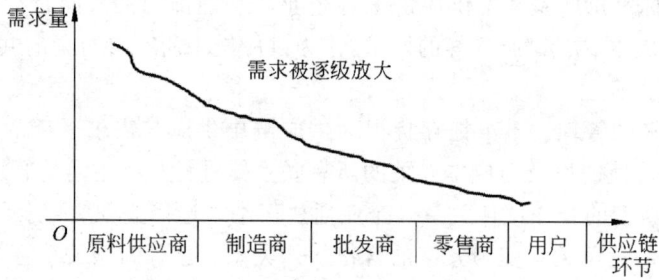

图 5.12　供应链中的长鞭效应示意图

因此,减少供应链成本会对公司获利产生重大影响。

**4. 现代供应链管理的发展**

目前,越来越多的企业利用互联网将上下游企业进行整合,以生产制造企业为核心,将原料供应商、产品分销商、物流运输商、批发零售商、产品服务商以及往来银行机构结合为一体,构成一个面向最终顾客的完整电子商务供应链。

现代供应链管理已经涉及动态联盟供应链和全球网络供应链。动态联盟又称虚拟企业,可联合行业中的其他上下游企业,建立一条经济利益相连、业务关系紧密的行业供应链实现优势互补,充分利用一切可利用的资源适应社会化大生产的竞争环境,共同增强市场竞争实力。动态联盟供应链也是一种敏捷供应链的基本模式,敏捷供应链支持迅速结盟、结盟后的优化运行和平稳解体,可集成其他的供应链系统与信息系统,结盟企业也能够根据敏捷化和动态联盟的要求方便地进行组织、管理和计划的调整。

在全球网络供应链中,企业形态和边界将发生根本性的改变,整个供应链的协同运作将取代传统的电子订单,供应商和客户间信息的沟通与协调将成为一种交互、透明的协同工作,也就是协同商务。

## 5.2.2　供应链管理系统主要功能

支持供应链管理的信息系统称为供应链管理系统。一般认为,供应链管理系统(supply chain management system,SCMS)是指采用系统工程的理论、技术和方法,借助于计算机技术、信息技术等建立的用于支持供应链管理的信息系统。

供应链管理包括对商流、物流、资金流、信息流的管理与控制,其中对物流的管理是整个供应链管理的基础。供应链管理系统的主要功能如下。

(1) 产品设计管理。SCMS 产品设计管理包括了供应链上多个企业的产品设计和产品开发技术的协同利用,以缩短产品投放市场的时间,提高产品投放市场的成功性。产品设计与工程设计图可通过安全的网络发送到供应链结点企业和有关部门,如测评机构、市场策划部门、下游制造商和销售商。结点企业可共享产品的信息,如设计标准、测试结果、设计更改和客户反馈的信息等。

(2) 综合管理。SCMS 的综合管理包括销售管理、计划管理、采购管理、库存管理、运输管理等,管理自供应商开始的物流,使制造企业与其供应商、客户能更好地进行协作,实时得到市场预测信息、原材料的供货信息,实时提供产品与原材料的库存信息、计划信息和生产信息等。供应链中的采购管理,一般采用连续补货计划来补充库存。所谓连续补货计划,就是供应商提高向需求方交货的频率,缩短从订货到交货的时间间隔,使安全库存保持在订货点附近,从而使客户的库存水平保持在一个最优状态。

（3）生产制造管理。SCMS 的生产制造管理能根据供应链中现有可调配的人力、物力和设备能力等资源进行优化并安排生产,以便实现按期交货。在 SCMS 的生产制造管理中,引入了精细生产（LP）、敏捷制造（AM）、准时生产（JIT）、全面质量管理（TQM）、看板管理等多种科学管理方法和手段,并通过 ERP 系统的建立实现生产管理的创新。

（4）财务管理。SCMS 的财务管理能帮助供应链建立起以预算管理为核心的全方位的财务控制体系,帮助供应链企业管理整个供应链的资金流。在整条供应链中建立现金中心、客户中心、供应商中心,有效地与财务相关的资金流和信息流进行集成。同时,严格实行成本管理和财务报告制度,为管理层决策提供依据。

（5）客户关系管理。SCMS 的客户关系管理可管理整条供应链的需求信息,以便更好地了解市场和客户需求。在供应链中以客户为中心,管理销售活动的全过程,包括选择、判断、争取、发展和保持客户的全部活动,范围涉及市场营销、客户服务、技术支持、客户培训等领域,帮助供应链中的企业深入理解客户需求,尽力改善与客户的关系,增强挽留客户的能力;简化销售流程,提高销售活动的效率,使管理层能快速有效地做出正确决策。

### 5.2.3　全球供应链和互联网

在互联网出现之前,采购、材料管理、制造、物流等孤立的内部供应链系统间的信息集成与传递十分困难,无法实现供应链的协调配合。同样,由于供应商、分销商、物流提供商的系统基于不兼容的技术平台和标准,企业与外部供应链伙伴之间也难以共享信息。互联网技术的出现,在一定程度上提升了企业供应链管理系统的集成度。

管理人员可以通过网络界面登录供应商的系统,判断其库存和生产能力能否满足公司的需求。业务伙伴可以使用基于网络的供应链管理工具,在线合作并做出预测。销售代表可以访问供应商的生产调度和物流信息系统,跟踪客户订单的状态。

#### 1. 全球供应链问题

随着越来越多的公司进入国际市场,将制造业务外包、在其他国家中寻找供应商、销售产品到国外已成为商业活动的主要形态。企业的供应链扩展到多个国家和区域,而管理一个全球化的供应链会带来更多的复杂性与挑战。

与国内供应链相比,全球供应链通常跨越更大的空间距离和时间差异,供应链成员来自多个不同的国家,绩效标准在各个国家或地区间可能有所不同,因此供应链管理需要考虑国外政府的法律法规以及文化差异。

互联网帮助企业管理全球供应链的多个方面,包括采购、运输、沟通和国际财务。例如,当今的服装业严重依赖中国和其他低生产成本国家的合同制造商,服装公司开始使用网络解决它们的全球供应链与生产问题。

除了生产制造外,全球化还推动了仓库外包管理、运输管理、第三方物流提供商的发展,如京东的供应链解决方案和顺丰公司的物流服务。这些物流服务公司提供基于网络的软件系统,使客户能更好地了解和掌控他们的全球供应链,登录网站安全地跟踪库存和物流情况,更高效地管理全球供应链。

**2. 需求驱动供应链——从推到拉的生产和高效的客户响应**

除了降低成本外,供应链管理系统还能带来高效的客户响应能力,实现客户需求驱动业务,提供高效率的客户响应系统。

传统的供应链管理系统由基于推动的供应链模型所驱动(也被称为基于库存的生产)。在推动模型(push-based model)中,产品出产计划基于预测或对产品需求的最佳猜测被制订,生产出的产品被"推向"客户。而基于网络的工具使信息集成成为可能,供应链管理可以更容易地实现基于拉动的供应链模型驱动。拉动模型(pull-based model)也被称为需求驱动或按订单生产模型,由实际的客户订单或采购行为触发供应链的运转。根据客户订单形成的生产计划和运输计划逆供应链而上,从零售商到分销商、制造商,最终到达供应商。生产出来的产品顺着供应链回到零售商。制造商根据实际订单的需求信息,驱动其生产计划和原材料采购,安排生产活动。

互联网和互联网技术使得顺序供应链向并行供应链转变成为可能。在顺序供应链中,信息流和物流依次从一家公司流到另一家公司,而在并行供应链中,信息可在供应链网络各成员间实现同时多向的流动。由制造商、物流提供商、外包制造商、零售商、分销商组成的复杂供应网络,可以根据计划或订单的变化及时调整。最终,互联网可以创造一个贯穿整个供应链的"数字物流神经系统",如图 5.13 所示。

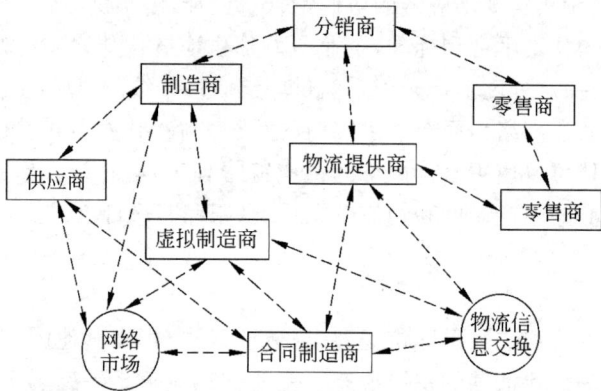

图 5.13　新兴的互联网驱动供应链

新兴的互联网驱动供应链就像一个数字物流神经系统一样运行。它为公司、公司网、电子市场提供了多向的沟通,供应链中的业务伙伴能够及时调整库存、订单和生产能力。

## 5.3　客户关系管理系统

### 5.3.1　客户关系管理概述

随着网络经济、电子商务的迅速发展，以及全球性产品过剩及产品同质化，企业之间的竞争从以价格、质量为主的产品竞争转变为以客户为中心的竞争。谁能在瞬息万变的市场中留住老客户、争取新客户，谁就会在激烈的竞争中取胜。客户资源越来越成为企业最重要的核心资源，客户关系管理也上升到了企业战略管理的层面。

**1. 客户关系管理的概念**

虽然客户关系管理(CRM)的思想已经深入人心，但是关于 CRM 的概念目前还没有一个统一的定义。以下是有关 CRM 的两个典型定义。

CRM 概念最早由 Gartner Group 提出，他把 CRM 定义为"是代表增进赢利、收入和客户满意度而设计的企业范围的商业战略"。可以看出，Gartner 强调 CRM 是一种商业战略(而不是一套系统)，它涉及的范围是整个企业(而不是一个部门)，它的战略目标是增加赢利和销售收入，提升客户满意度。

IBM 公司将 CRM 定义为："通过提高产品性能、增强顾客服务，提高顾客交付价值和顾客满意度，与顾客建立长期、稳定、相互信任的密切关系，从而为企业吸引新顾客、锁定老顾客，提高其效益与竞争优势。"IBM 公司所理解的 CRM 包括企业识别、挑选、获取、发展和保持客户的整个商业过程，其提供的 CRM 解决方案包括关系管理、流程管理、接入管理 3 部分。

由此可见，CRM 的核心思想是在整个客户生命周期中，企业始终保持"以客户为中心"的理念。CRM 的宗旨是改善企业与客户之间的关系，提高客户满意度和忠诚度，吸引新客户、保留老客户，最大化客户价值，为企业创造效益。

**2. 客户关系管理的主要内容**

客户是每个企业的核心资源，客户的选择决定了企业的价值，越来越多的公司转向客户关系管理，以实现他们的客户资产收益最大化。客户关系管理的内涵也随着社会的发展、科技的进步不断地发生变化。客户关系管理不再是局部的，不再只是销售人员或服务人员关心的，也不再仅仅停留在微笑服务的层面上，而是成为企业管理的核心。同时，客户关系管理的内容也更加丰富，主要体现如下。

(1) CRM 是基于整个客户生命周期的一种管理，需要全面整合客户信息。除了基本的静态信息和联系人信息外，还包括需求变化、联系历史、交易过程、客户价值等动态信息。企业的各项工作都是围绕客户生命周期的推进开展的。例如，在市场环节主要是获取机会客户；在销售环节推动机会客户成为签约客户；在服务环节则是使签约客户成为最终用户，同时挖掘新的销售可能。因此，整个客户生命周期管理是从客户的角度重新诠释企业的业务全过程管理。

（2）客户价值的分析是客户关系管理的核心，通过全方位的价值评估构建客户金字塔模型，对客户进行价值挖掘与提升；通过满足客户个性化需求，提高客户忠诚度和保有率，实现缩短销售周期、降低销售成本、增加收入、扩展市场，从而全面提升企业的盈利能力和竞争力。

因此，CRM 的基本内容包括以下几方面（简称"7P"）。

（1）客户概况分析（profiling）：包括客户的层次、风险、爱好、习惯等。

（2）客户忠诚度分析（persistency）：客户对某个产品或商业机构的忠实程度、持久性、变动情况等。

（3）客户利润分析（profitability）：不同客户所消费的产品的边际利润、总利润额、净利润等。

（4）客户性能分析（performance）：不同客户所消费的产品按种类、渠道、销售地点等指标划分的销售额。

（5）客户未来分析（prospecting）：包括客户数量、类别等情况的未来发展趋势，争取客户的手段等。

（6）客户产品分析（product）：包括产品设计、关联性、供应链等。

（7）客户促销分析（promotion）：包括广告、宣传等促销活动的管理。

**3. 客户关系管理的效能**

CRM 将客户作为企业运作的核心，在整个客户生命周期中都以客户为中心。CRM 期望最大限度地改善、提高整个客户生命周期的绩效。CRM 整合了客户、公司、员工等资源，对资源进行有效的、结构化的分配和重组，便于在整个客户生命周期内及时了解、使用有关资源和知识；简化、优化各项业务流程，使得公司和员工在销售、服务、市场营销活动中能把注意力集中到改善客户关系、提升绩效的重要方面与核心业务上，提高员工对客户的快速反应和反馈能力；同时，也为客户带来了便利，客户能够根据需求迅速获得个性化的产品、方案和服务。

## 5.3.2 客户关系管理系统主要功能

客户关系管理系统（customer relationship management system，CRMS）通过客户资源信息化、销售自动化、服务自动化、电子商务、商业机会挖掘等，帮助企业提高对客户的响应速度，实现对销售进行的有效控制，提高销售预测准确度，提升客户服务水平，提升市场活动效率，寻找新的销售机会提升销售业绩，提升客户满意度和忠诚度，提高企业决策精度，从而提高企业的市场竞争力。

CRMS 是基于完整客户生命周期的发生、发展过程，实现以客户为中心的信息整合，采用"一对一营销"和"精细营销"的模式帮助企业量化管理市场、销售及服务过程，实现员工、业务部门、分支机构及合作伙伴的协同工作，建立科学的知识管理、价值管理及决策支持体系，帮助企业更好地获取客户、保有客户及提升客户价值。图 5.14 是一个典型的 CRMS 系统功能架构图，其中主要功能解释如下。

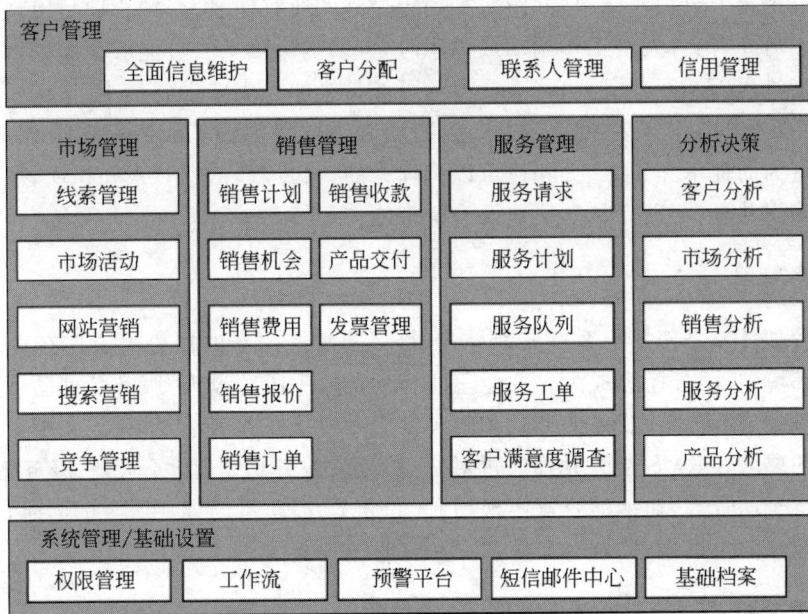

图 5.14　CRM 系统功能架构图

### 1. 市场管理

在市场管理环节主要是获取机会客户。市场管理是为销售开辟渠道,营造售前、售中和售后环境的行为管理。CRMS 通过以下方式支持直接的市场竞争:一是通过 e-mail、手机短信、电话、传真等多种方式进行销售商机的线索搜集;二是充分利用市场活动参与者的信息,使之转化为销售商机;三是对企业竞争对手的信息进行统一化管理,主要完成与企业构成商业竞争关系的企业信息定义、维护和查询,以便随时了解竞争对手的市场动向,便于企业采取相应的竞争对策。

### 2. 销售管理

销售管理环节是推动机会客户成为签约客户的活动。CRMS 通过系统的方法和工具来指导和规范销售人员的日常行为,动态掌握和控制销售过程,从而保障销售目标的实现。因此,CRMS 销售管理的主要功能如下。

(1) 全方位的计划制订及分析,并随时根据制订的计划动态对比销售完成的情况,改变管理信息滞后于财务信息,财务信息滞后于业务信息的状况。

(2) 以客户为中心的销售过程透视管理,完整的销售过程管控。CRMS 提供从销售机会设置、进度安排、资源计划、执行控制、费用管理、团队协同到项目分析和知识管理的全程销售项目管理机制,使销售推进过程更有效,机会主线更清晰,信息可追溯,控制更严谨。

(3) 高效的销售团队协同。CRMS 可以针对每个销售机会建立虚拟的销售团队,团队成员之间通过系统可以充分共享销售项目推进过程中的动态信息。团队负责人可以通过系统检查销售人员工作情况,并跟踪其销售过程的所有信息,当销售项目出现风险时可及时发现。另外,销售人员工作调动或离职时,可以确保接手人员能够全面了解过去销售业务的联络过程以及客户资料,将人员变动可能带来的损失减少到最小。

(4)可视化的工作流程指导。专门为使用者设计直观的工作流程图示,实现对销售人员日常行为的提示和指导。同时,可以将优秀的销售过程信息转入知识库,便于销售团队内部的知识共享,帮助新员工快速提升销售能力。

### 3. 服务管理

服务管理环节是使签约客户成为最终用户,同时挖掘新的销售可能。在竞争日趋激烈的市场环境中,服务已经成为企业竞争的一种重要手段。今天,服务管理已经超越了传统售后服务的理解范畴,服务的形式和内容发生了巨大的变化。为满足这种变化对企业管理提出的要求,CRMS服务管理通过对客户资产、服务请求、服务队列、服务工单、服务计划等进行全面管理,在帮助企业实现高效、低成本、高质量的客户服务的同时,通过主动服务促进客户的再销售,提升客户满意度和企业盈利能力。

### 4. 决策分析

决策分析就是进行全方位客户价值分析,构建客户价值金字塔模型。根据著名的帕雷托分布理论,企业80%的利润往往来自于20%的客户,如图5.15所示。所以,企业需要识别出自己的价值客户,并给予相应的重视,将企业有限的资源投向更有价值的客户,而非平均、泛泛的投放。

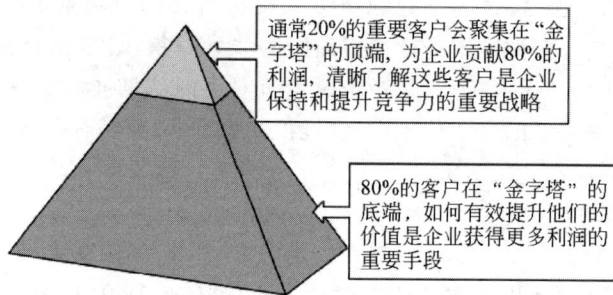

通常20%的重要客户会聚集在"金字塔"的顶端,为企业贡献80%的利润,清晰了解这些客户是企业保持和提升竞争力的重要战略

80%的客户在"金字塔"的底端,如何有效提升他们的价值是企业获得更多利润的重要手段

图5.15 客户价值金字塔模型

CRMS的客户价值评估功能可以综合客户特征、交易情况、财务贡献、联络状况等4方面100多项指标,如客户的规模、行业、交易额、利润贡献、服务情况等指标,综合评估客户的价值,帮助企业找出对企业价值较大的客户群,为企业采取有针对性的营销服务政策提供量化的决策支持。

CRMS动态、量化的销售预测分析功能,可以让销售管理人员随时了解销售项目的状态,透视正在追踪的各项目进展情况,有效安排和协调公司资源,提高销售项目赢单的可能性。

CRMS服务分析功能可以对服务请求、服务计划、服务工单,提供针对执行状态、过程、费用及预算的对比分析,帮助企业提高服务效率、降低服务成本、提高服务质量,促进客户再销售。

【案例5-2】 CRM产品简介——用友Turbo CRM的主要功能。

目前市场上主要的CRMS产品有微软的CRM、SAP CRM、Oracle Siebel CRM,用友的Turbo CRM、深圳华强CRM等。这里介绍用友Turbo CRM的主要功能。

1. 用友Turbo CRM软件功能构成

用友Turbo CRM的整体应用架构如图5.16所示。

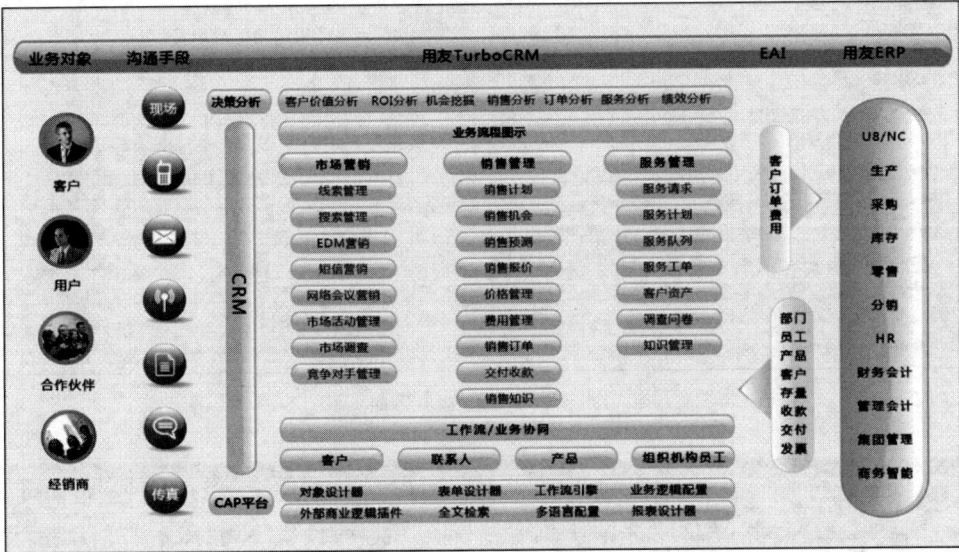

图5.16 用友Turbo CRM的整体应用架构

(1) 客户管理。客户管理是对客户、伙伴、供应商的信息进行动态、灵活、全面的管理。通过强大的支持组合查询和模糊查询的功能,不但可以对查询结果的数量进行统计,还可以将查询结果放入收藏夹中,以备在其他相关功能模块中使用。客户管理界面如图5.17所示。

(2) 销售管理。销售管理主要是跟踪销售机会、控制销售过程、提高销售预测成功率。销售管理界面如图5.18所示。

(3) 市场管理。市场管理是利用搜索营销、电话营销、EDM营销、直邮营销、短信营销等多种方式收集销售线索,并将线索转化为销售机会。销售线索管理界面如图5.19所示。

(4) 服务计划管理。服务计划管理包括客户请求、服务受理、工单派发、过程记录、服务回访、服务分析等功能。服务计划管理界面如图5.20所示。

(5) 决策分析。包括销售、市场、服务、运营等多种统计分析。通过分析,改进售前、售中、售后各阶段的管理,为企业吸引更多的客户,增加企业盈利能力。客户价值分析界面如图5.21所示。

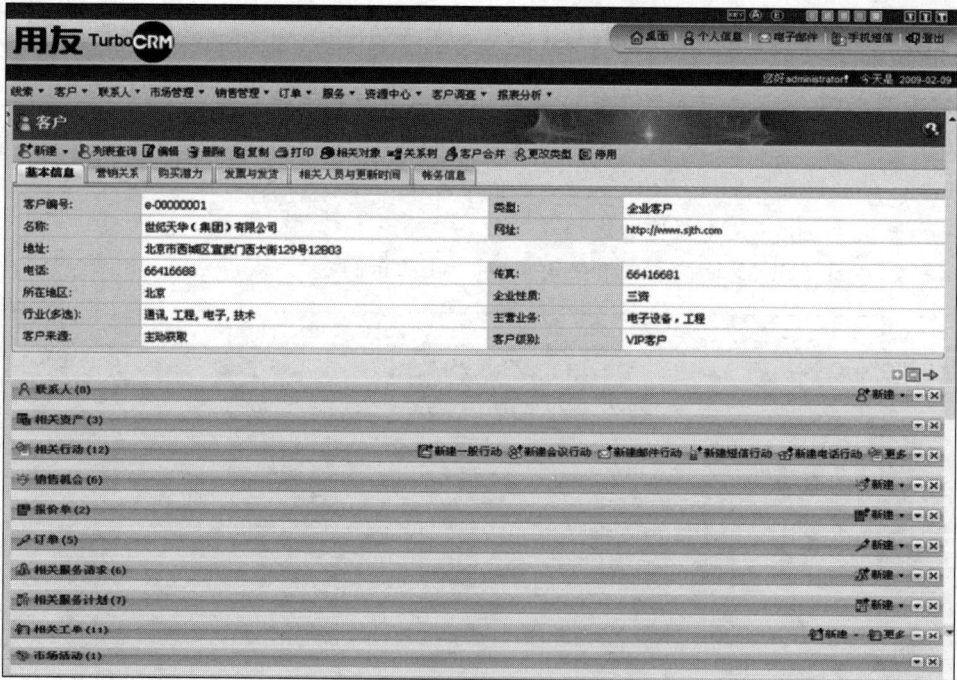

图 5.17 客户管理界面

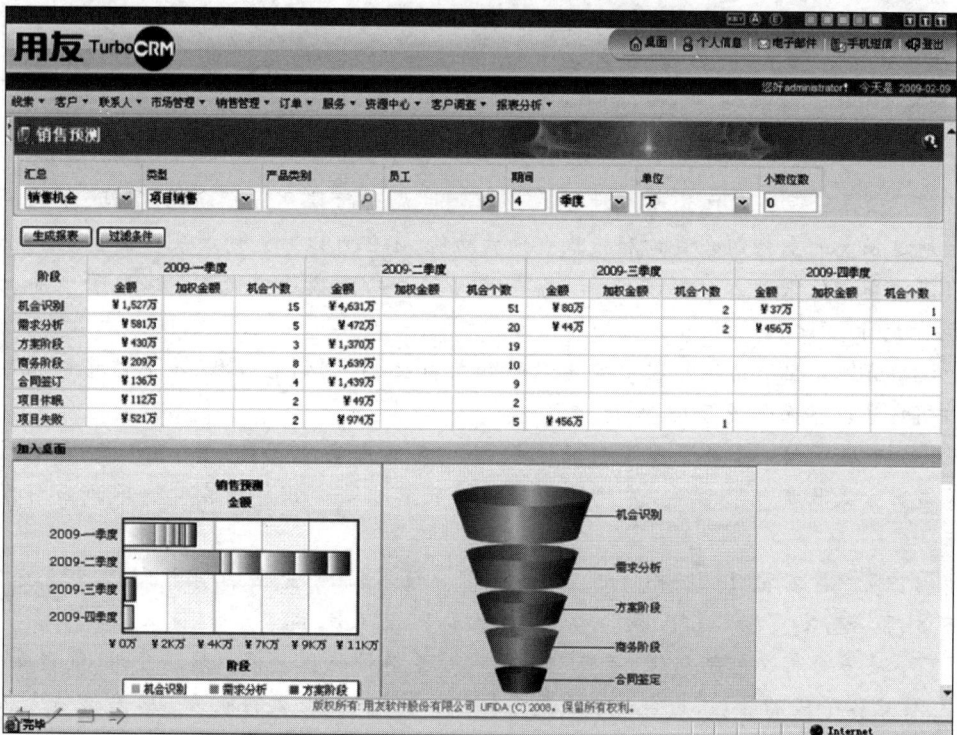

图 5.18 销售预测管理界面

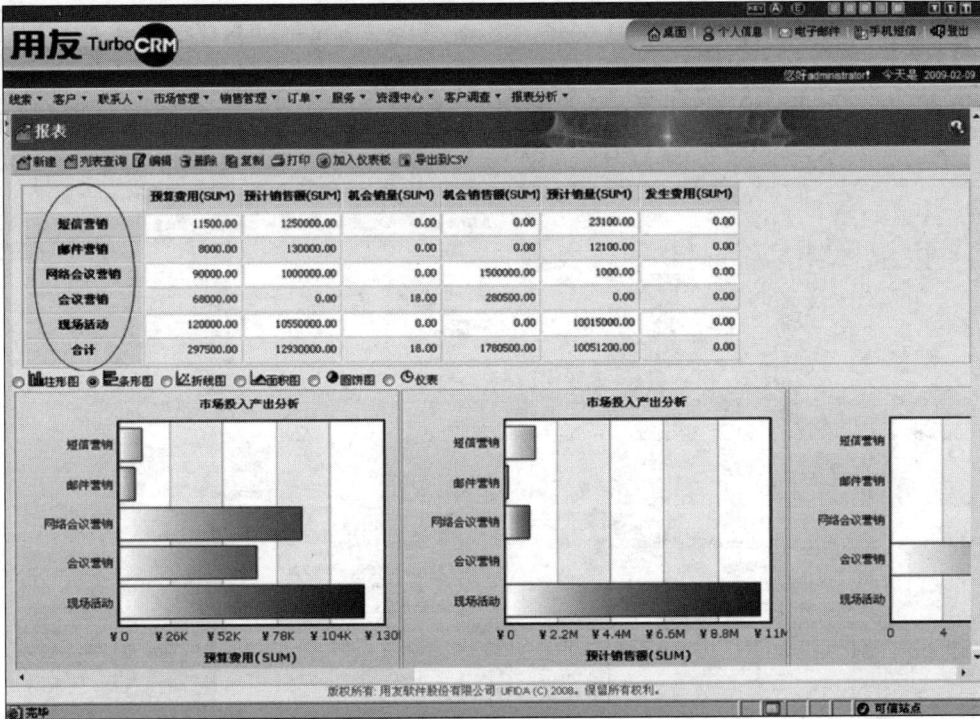

图 5.19　销售线索管理界面

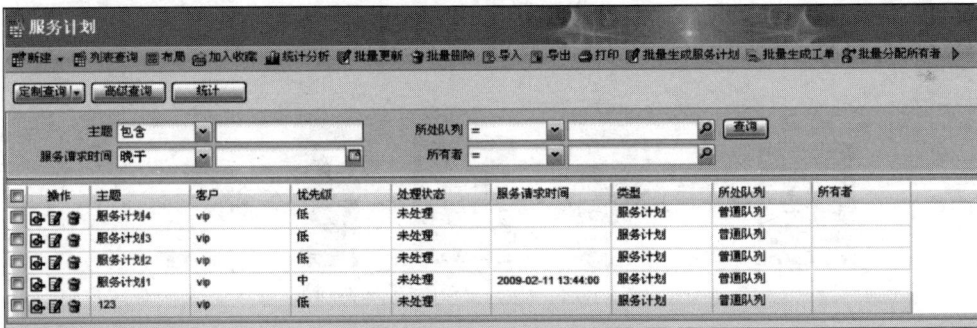

图 5.20　服务计划管理界面

2. Turbo CRM 硬件平台结构部署

用友 Turbo CRM 系统基于面向对象的设计思想,采用模块化方法进行设计,是硬件平台上一个基于 4 层结构的应用系统,其主体由浏览器(browser)、Web 服务器(Web server)、应用服务器(application server)和数据库服务器(database server)构成,如图 5.22 所示。

由此可见,用友 Turbo CRM 系统是一个基于 B/S 架构的应用系统,只要在客户端打开浏览器访问服务器即可实现软件的应用,而不必在客户端进行任何安装工作,因此系统的安装、维护和升级的成本低廉。在系统扩充时只需升级服务器端的软硬件环境就可提

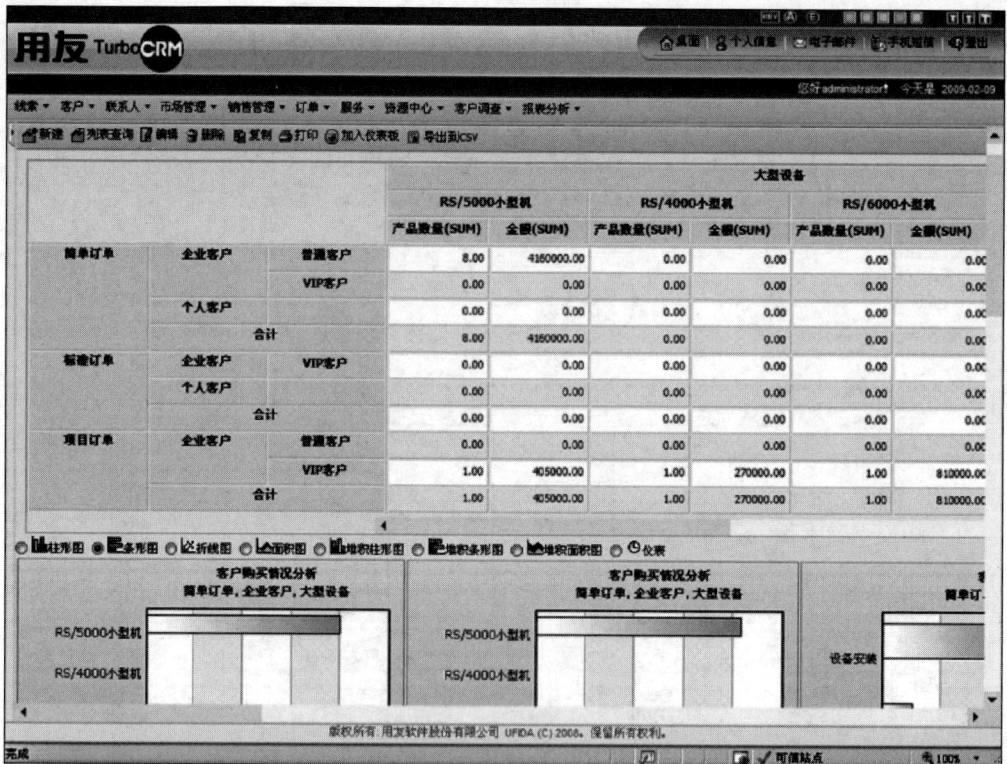

图 5.21 客户价值分析界面

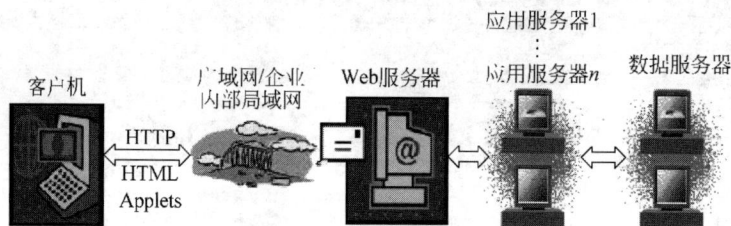

图 5.22 Turbo CRM 应用硬件平台构架

升整个系统的运行效率,可扩展性强,因而非常适合于大中型企业的应用和实施。

【案例 5-3】 搜狐公司 CRM 实施案例。

搜狐(Sohu)公司是中国领先的新兴媒体和通信及移动增值服务公司,是中文世界最强劲的互联网品牌。2013 年 7 月,搜狐新闻客户端日浏览量突破 3 亿,订阅媒体刊物超过 1000 家,用户总订阅量超过 6 亿,内容上的优势已远超国内其他同类应用,是中国网民上网冲浪的首选门户网站。2014 年,搜狐公司营业收入达到 85.37 亿元人民币。

互联网媒体最主要的生存支柱是广告,搜狐也不例外。作为 2008 年奥运会的赞助商,广告业务在搜狐的整体业务中占到 2/3 的比例。这一年是它实现广告业务大幅增长的绝佳机会,业务代表更想借此机会争取更多的广告客户,进而提高业绩。

而搜狐的销售团队仍处于依靠人工和 Excel 来支持协作的阶段,根本谈不上及时掌握销售数据、互动管理和协同销售过程。依靠 Excel 进行数据连接容易造成数据不完整，也降低了数据的准确性和及时性；同时，单纯依靠人工来控制销售管理流程，会增加客户资源管理的风险。而且，搜狐的客户资源不断壮大，广告费用也实时变化，没有一个统一的、准确的客户数据中心，显得很不"与时俱进"。

2006 年 10 月，搜狐终于决定启用新的 CRMS。互联网最大的特点就是"变化"，产品的更新层出不穷，每天都会推出数十个专题，签订 50 个以上的广告合同，并且绝大多数都是个性化的广告需求。CRM 本身也需要随着业务和管理的需求去顺应变化。从寻找厂商到选择合作伙伴，经过了半年的时间。

对于新兴的互联网行业来说，CRM 其实意味着 XRM，不再是传统意义上的客户（customer）关系管理，而是细分为市场（market）、销售（sale）、服务（service）3 个模块，范畴更加广泛，客户范畴的定义越来越大，关系也越来越复杂。

"以客户为中心"，必须落在实处。在搜狐 CRMS 中，客户被分为多个层次，从各级商业客户的管理和控制到对终端客户的拜访和跟踪，再到对消费者的信息的获取，围绕客户进行成本、利润分析。所有的业务流程和信息收集都是围绕客户进行的。

搜狐 CRMS 的应用可分为具体的业务操作人员、中层管理人员及高层领导 3 个层次。这 3 个层次人员的需求和应用方式完全不同，但要保证业务操作人员能够方便地输入信息，中高层领导能够方便地获取信息和进行监控。

销售人员去打单，合同的执行需要很长一段时间，从最早的排期、报价，到订单的执行、审批，到最终与 ERP 结合，以及财务收入的确认，必须是一个端到端的完整流程。搜狐的 CRM，不仅需要销售管理、客户管理、服务管理，而且包括硬件、通信等一系列设备，即需要一个平台，能够随着业务的不断变化而进行良性、适度的拓展。

采用 CRMS 后，客户信息得到了统一的管理和分析，克服了数据集成不完整、部门之间协调能力差、客户服务反应迟钝等问题，规范了市场、销售和服务流程，极大地提高了服务质量和销售成功率，真正使企业做到了以"客户为中心"。

## 5.4　企业资源计划、供应链管理和客户关系管理之间的关系

ERP 是利用信息技术对企业的采购、销售、生产制造等各环节，以及人力、物料、设备、资金等资源进行有效的控制和管理，从而实现企业内部资源的优化配置，提高企业生产效率和市场应变能力。

SCM 是以客户为中心，对组成供应链的企业进行计划、组织、协调与控制，提高供应链上各企业之间的相互协作，优化供应链中的商流、物流、资金流、信息流，为供应链上的所有企业创造更多的效益。它强调的是各企业之间的高效集成与协调运作。

CRM 的核心思想是将客户作为企业的重要资源，通过信息技术的应用来提高客户的满意度、忠诚度，与客户建立长期、稳定、相互信任的合作关系，实现客户资源的有效利用，以提高企业的市场竞争力。

ERP 侧重于企业内部管理，SCM 侧重于对企业的供应链进行管理，而 CRM 更侧重于对客户进行管理，三者构成一个有机整体，形成现代企业信息化的系统应用框架。

从广义的角度讲,SCM 和 CRM 可以看作 ERP 供应链管理思想由内部向外部两端的延伸。一方面,ERP 的运行是围绕客户订单展开的,如何更多、更好地承接到客户订单是企业生存发展的基础;同时,企业也需将订单执行情况及时传递给客户,让客户清楚地了解到所订产品的生产进程。另一方面,企业围绕客户订单进行生产,需要采购原材料和协作加工,企业也需清楚地了解到采购订单的执行情况。通过一定的技术手段与方法帮助企业实现以上需求,这恰恰是 CRM 和 SCM 的强项。

ERP、CRM、SCM 三者之间的关系如图 5.23 所示,可见三者在功能上是有交叉的。

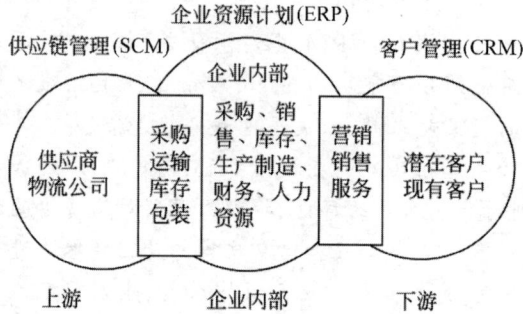

图 5.23　ERP 与 SCM、CRM 的关系

目前,国内外品牌 ERP 软件一般具有 SCM、CRM 等软件的部分功能,但从系统开发、实施和应用等各角度来看,让 ERP 具有 SCM、CRM 等软件的全部功能,即把 ERP 做得大而全,是不现实、不可行的。因此,一个具有一定规模的企业,尤其是对供应链管理、客户关系管理有较高要求的企业,不可能仅依靠 ERP 对所有业务环节进行管理,往往需要多个应用系统进行集成来实现其管理信息化。因此,企业应用集成成为下一代企业 IT 应用的新模式。

# 5.5　企业应用集成

随着信息化的不断推进,在企业尤其是大型制造企业建设了许多各种类型的应用系统,从与工程技术密切相关的应用系统,如计算机辅助设计(computer aided design,CAD)、计算机辅助工程(computer aided engineering,CAE)、计算机辅助工艺过程设计(computer aided process planning,CAPP)、计算机辅助制造(computer aided manufacturing,CAM)、产品数据管理(product data management,PDM)、虚拟产品开发(virtual product development,VPD)等,到在企业管理领域应用的 MRP、ERP、OA 等信息系统,再到可以实现对企业生产过程进行优化、监控和管理的制造执行系统(manufacturing execution system,MES)、数字控制技术(numerical control,NC)、柔性制造系统(flexible manufacturing system,FMS)、计算机辅助质量系统(computer aided quality,CAQ)、计算机辅助测试(computer aided testing,CAT)等生产制造领域的信息系统,乃至目前正在推广应用的电子商务(EC)、SCM、CRM 和商务智能(BI)等企业商务信息化系统,这些信息系统对企业生产制造技术和经营管理水平的提升都起到了巨大的推动作用。

　　然而,信息化的进程是循序渐进的过程,在信息系统逐步开发和推广应用的同时,也带来了一系列问题。如早期遗留系统和后期采购或者自行开发的系统,由于多数都是面向部门和功能开发的,使得这些系统之间存在非常严重的信息和业务流程割裂现象。为了消除由此导致的"信息孤岛"现象,有效发挥这些系统的整体优势,企业应用集成(enterprise application integration,EAI)成为下一代企业 IT 应用发展的必然。

　　当今,企业 IT 应用供应商正在致力于向企业提供更加灵活的、基于网络的、具有和其他系统集成能力的、更有价值的信息系统解决方案。这就是下一代的企业集成应用,它可使 ERP 系统、SCM 系统、CRM 系统、OA 系统、电子商务系统、BI 等紧密配合工作,也常被称为"企业解决方案""商业套装""企业套装"等。

　　EAI 是一种全新的企业 IT 战略解决方案,它利用通用的中间件(middle ware)融合了企业已有的应用软件、商业封装式应用软件以及新代码三方面的功能。因此,从本质上讲,EAI 是指完成在组织内、外的各种异构系统、应用和数据源之间共享和交换信息及协作的途径、方法、标准和技术。

　　企业应用集成可从广度和深度两个维度来分析。

　　(1) 基于集成的广度,从易到难有以下种类的集成。

　　① 部门内部的信息系统集成和人员结构的调整。

　　② 部门之间的信息系统集成和协作关系的调整。

　　③ 企业级的信息系统集成和组织结构的调整。

　　④ 与有稳定关系的合作伙伴之间的信息系统集成。

　　⑤ 与随机遇到的合作伙伴之间的信息系统集成。

　　(2) 基于集成的深度,从易到难有以下种类的集成。

　　① 用户界面集成:用户交互的集成。

　　② 流程集成:跨应用系统的业务流程集成。

　　③ 应用集成:多应用系统间的交互集成。

　　④ 数据(信息)集成:使多个系统中的信息保持一致,并能分布共享。

　　⑤ 平台的集成:实现多个平台应用系统的底层的结构、软件、硬件以及异构网络的平台集成。平台集成处理一些过程和工具,以保证这些系统进行快速安全的通信。

　　⑥ 云集成:基于云应用的集成。

　　SAP Business Suite 就是企业应用集成的范例,其完全基于面向服务的架构(service oriented architecture,SOA)和 NetWeaver 工具,将 SAP 自身的应用和独立厂商的网络服务相连接,使企业应用更易实现和管理。

　　SAP 也为企业创建了服务平台,可提供一个较传统的企业应用更大程度的跨职能集成。一个服务平台可从多个企业职能、企业单位、企业合作者集成多个应用,为顾客、员工和合作者提供服务,而这些新的服务越来越多地运用网络服务实现。

　　SAP Business Suite 提供的 2800 余项企业服务为广泛行业中的企业带来了更高的灵活性。企业可以利用 SAP NetWeaver 技术平台构建或集成各应用程序来应对新的业务流程。借助这一基于开放标准的平台和一套功能强大的企业服务,该软件可与合作伙伴软件解决方案进行集成，以扩展 SAPBusiness Suite 的原有行业功能。

# 本章小结

### 1. 企业资源计划

企业资源计划（enterprise resource planning，ERP）系统旨在跟踪端到端的财务管理、项目管理、供应链管理、供应商关系管理、人力资源管理、客户关系管理、执行管理支持和合规管理的业务流程。这些应用程序都是集成的，并且系统是追踪公司所有交易的主力。

### 2. 供应链管理

供应链管理（supply chain management，SCM）是由组织和业务流程组成的网络，包括原材料采购、原材料向半成品和成品转换、成品分销至客户等过程。它联结供应商、制造厂、分销中心、零售店和客户，涵盖从源头到最终消费的产品供应和服务全过程。供应链中的物流、信息流、资金流都是双向的。

在供应链中，产品从原材料开始，先被转换为半成品（也被称为配件或零件），最后成为成品。成品被运输至分销中心，再流向零售店和顾客。退还的商品则沿着相反的方向，从买家返回到卖家。

### 3. 客户关系管理

客户关系管理（customer relationship management，CRM）的核心思想是将客户作为企业的重要资源，通过信息技术系统应用来提高客户的满意度、忠诚度，与客户建立长期、稳定、相互信任的合作关系，实现客户资源的有效利用，提高企业的市场竞争力。

支持客户关系管理的信息系统称为客户关系管理系统（CRMS）。它通过客户资源信息化、销售自动化、服务自动化、电子商务、商业机会挖掘等现代化管理手段和方法来改善企业与客户之间的关系，提高客户满意度和忠诚度，吸引新客户、保留老客户，最大化客户价值，为企业创造效益。

### 4. ERP 与 SCM 和 CRM 的关系

ERP 侧重于企业内部管理，SCM 侧重于对企业的供应链进行管理，而 CRM 更侧重于对客户进行管理，三者构成一个有机整体，形成现代企业信息化的系统应用框架。

### 5. 企业应用集成

企业应用集成（enterprise application integration，EAI）是一种全新的企业 IT 战略解决方案，它利用通用的中间件（middle ware）融合了企业已有的应用软件、商业封装式应用软件以及新代码三方面的功能。因此从本质上讲，EAI 是指完成在组织内、外的各种异构系统、应用和数据源之间共享和交换信息及协作的途径、方法、标准和技术。

# 习题 5

## 一、简答题

1. 如何理解 ERP 系统?
2. 确定订货批量的方法有哪些?
3. 什么是产品结构? 其"单层结构"又是由哪些元素组成的?
4. 如何建立物料清单? 物料清单的作用表现在哪些方面?
5. ERP 系统主要包含哪些功能模块?
6. ERP 系统主要包含哪些核心管理思想?
7. ERP 实施的风险主要表现在哪些方面?
8. 如何评价一个企业 ERP 实施是否成功?
9. SCM 的基本思想是什么? SCMS 的主要功能有哪些?
10. CRM 的基本思想是什么? CRMS 的主要功能有哪些?
11. ERP、SCM、CRM 之间的关系是什么?

## 二、计算题

1. 某企业物料 A 的年需求量为 4.5 万件,每件物料 A 的年保管费为 15 元,每次订货费用为 60 元,请确定该物料 A 的经济订货批量。

2. 某企业生产过程中,物料 C 的订货提前期为 10 天,平均每日需求量为 20t,安全库存量为 200t,每 30 天订货一次。一次订货时,订货当日的实际库存量为 450t,已订货但尚未到货的数量为 40t。请确定该物料 C 的订货点;若采用定期用量法,请分别确定该物料 C 的最高库存量和本次的订货批量。

3. 参照图 5.4 中方桌 X 的产品结构,并假定方桌 X 已经过 MPS 推算出计划产出量和计划投入量,如表 5.9 所示。方桌 X 与其他物料的提前期、现有量、已分配量、安全库存、批量、批量增量等均为已知。请推算物料 A、D 的物料需求计划。

表 5.9　A、D 的需求计算

| 层次码 | 提前期 | 现有量 | 分配量 | 安全库存 | 批量 | 批量增量 | 物料 | 时　　段 | 当期 | 1 | 2 | 3 | 4 | 5 | 6 | 7 | 8 | 9 |
|---|---|---|---|---|---|---|---|---|---|---|---|---|---|---|---|---|---|---|
| 0 | 1 | | | | | | X | MPS 计划产出量 | | 25 | 20 | | 10 | | 10 | | | 15 |
| | | | | | | | | MPS 计划投入量 | 25 | 20 | | 10 | | 10 | | | 15 | |
| 1 | 1 | 15 | 5 | 8 | 10 | | A | 毛需求 | | | | | | | | | | |
| | | | | | | | | 计划接收量 | | 5 | | | | | | | | |
| | | | | | | | | (PAB 初值) | | | | | | | | | | |

| 层次码 | 提前期 | 现有量 | 分配量 | 安全库存 | 批量 | 批量增量 | 物料 | 时　　段 | 当期 | 1 | 2 | 3 | 4 | 5 | 6 | 7 | 8 | 9 |
|---|---|---|---|---|---|---|---|---|---|---|---|---|---|---|---|---|---|---|
| | | | | | | | | 预计可用库存量 | | | | | | | | | | |
| | | | | | | | | 净需求 | | | | | | | | | | |
| | | | | | | | | 计划产出量 | | | | | | | | | | |
| | | | | | | | | 计划投入量 | | | | | | | | | | |
| 2 | 1 | 12 | | 20 | 24 | 12 | D | 毛需求 | | | | | | | | | | |
| | | | | | | | | 计划接收量 | 16 | | | | | | | | | |
| | | | | | | | | （PAB初值） | | | | | | | | | | |
| | | | | | | | | 预计可用库存量 | | | | | | | | | | |
| | | | | | | | | 净需求 | | | | | | | | | | |
| | | | | | | | | 计划产出量 | | | | | | | | | | |
| | | | | | | | | 计划投入量 | | | | | | | | | | |

### 三、讨论题

1. 目前市场上的 ERP 软件产品很多，国外著名的有 SAP、Oracle 等公司的 ERP；国内知名的有用友、金蝶等公司的 ERP。请收集这些国内外知名 ERP 软件产品的资料，并从技术特点、系统功能构成以及实施方法、适合企业类型、产品价格等方面进行比较。

2. 通过一些 IT 公司在网上提供的 CRM 软件试用产品，了解 CRM 通过哪些功能来提高客户满意度和忠诚度，并使客户价值最大化。

# 第6章 决策支持与商务智能

**本章学习目标**

- 了解决策支持系统的基本概念和系统结构。
- 了解地理信息系统的基本概念和基本功能。
- 了解专家系统的基本概念和一般结构。
- 了解商务智能的技术体系。

随着人工智能技术的发展,人们不但可以对信息做表面的组织和管理,而且还能对信息做更复杂、更深入的分析,将信息中隐藏的知识更深刻地挖掘出来,通过模型分析和知识推理,为管理人员和高层决策者提供信息和知识的支持。本章主要介绍决策支持系统的概念、组成、主要发展分支及其应用,并且还介绍商务智能定义以及目前所使用相关技术。

## 6.1 决策支持系统

### 6.1.1 决策

#### 1. 决策模型

决策是人们为达到一定目的而进行的有意识、有选择的活动。

任何企业都需要管理人员做出各种各样的决策,管理工作的成败,首先取决于决策的正确性和科学性。一般决策模型如图6.1所示。

(1) 识别问题、明确目标。在进行决策之前,首先应识别决策问题的含义,明确决策目标及其评价标准,如干部招聘、先进评选、商场选址等,不同的问题和目标就会有不同的评价标准。如果对决策问题的定义不清楚、不准确,决策目标及其评价标准不明确、不适当,就难以做出正确或最优的决策。

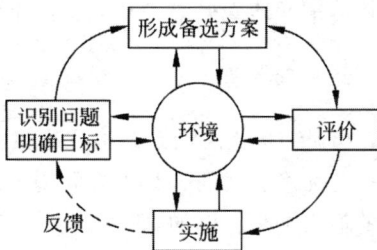

图6.1 决策模型

(2) 形成备选方案。在明确决策问题之后,就可以着手形成备选方案。这一过程需要综合运用有关数据、求解模型、计算方法和有关知识等,通过对数据的模型分析和知识推理尽可能找出所有可行的备选方案,如新商场的所有可选地址等,这些方案或能解决问题,或能满足需要,或能抓住机遇。

(3) 评价。这是对上一阶段得出的备选方案按事先确定的评价标准进行评价,对可能的实施结果进行仿真和评估,并从中选出最佳方案的过程。在评价时,先按评价标准得出评价指标,再按这些评价指标进行综合评价。例如在商场选址问题中,为获得最大利润,评价指标可能包括所在地区的人口密度及其收入情况、所在地区的交通情况、所在地区的竞争对手情况等;在先进评选问题中,为评价员工的先进性,评价指标可能包括品行、业绩、贡献、专业、特长等。

如果存在多个备选方案的综合评价都满足事先确定的评价标准,则从中选出最优者作为决策方案;如果所有备选方案都不能满足决策目标或评价标准,则需要重新形成备选方案。

(4) 实施。该阶段执行上一阶段选出的决策方案,检测实施的结果,并做出必要的调整。在实施过程中如果发现了某些原来未考虑到的情况,或者原来的情况发生了变化,则需要重新确定目标,重复以上过程。然而,在多数情况下,一旦做出了决策并予以实施后,其结果就不能再挽回了。所以,在进行一些重要问题的决策时应十分慎重。

(5) 环境。这里的环境是指与决策问题有关的客观条件以及与之密切相关的社会关系等。

为了提高决策的正确性和科学性,信息技术所拥有的强大的存储和处理能力可用来帮助管理人员快速获得决策所需要的各种有用信息,并对形成的各种备选方案进行分析、仿真和综合评价决策实施结果,使管理人员能够迅速响应市场变化、科学做出决策。

MIS 系统只能解决企业的一些结构化问题,即只能对信息做表面的组织和管理,如查询和统计等,不能对信息进行更复杂深入的分析,难以将信息中隐藏的知识更深刻地挖掘出来,从而不能为高层管理人员的战略决策提供更多支持。

为此,人们在 MIS 的基础上进一步提出了决策支持系统(decision support system,DSS)。DSS 可为中高层管理人员的半结构化和非结构化决策提供支持,克服传统决策主要靠经验估计和定性分析等方法而使决策的质量受限于个人的经验和水平等问题,以及传统决策方法常局限于某一种决策方案而缺乏多种方案的制定与比较的问题等。

### 2. 决策类型

(1) 结构化决策。结构化决策是指能够用确定的步骤、规则或算法反复求解的并可以得到准确答案的一类决策问题。这类决策是可编程的,即由一定的输入信息可得到一定的输出结果。例如,职工工资计算、固定资产折旧、增值税计算等,利用计算机很容易自动完成这一类结构化决策。

(2) 非结构化决策。非结构化决策是指难以用确定的步骤、规则或算法求解的决策问题。这类决策问题常常是随机的,每次出现都有不同的情况,无法用固定的规则、步骤或精确的算式得到决策最佳方案。如企业技术研发投入决策、产品广告投资决策等。

(3) 半结构化决策。大多数决策是介于结构化和非结构化之间的半结构化决策。如生产计划、资金预算、仓库与工厂位置选择决策等。

### 6.1.2 决策支持系统的基本概念

**1. DSS 的基本概念**

具体地讲,决策支持系统是指通过数据、模型和知识,以人机交互方式支持管理人员进行半结构化或非结构化决策的一类信息系统。它为管理人员提供决策所需要的数据、信息和背景资料,帮助明确决策目标、分析决策问题、建立决策模型、模拟决策过程、提供备选方案,并对各种方案进行评价和优选,帮助管理人员提高决策的水平和质量。

**2. DSS 的基本特征**

概括起来,DSS 具有以下基本特征。

(1) DSS 只能辅助管理人员进行决策,而不能代替管理人员进行决策,决策的主体仍然是人,而不是 DSS。也就是说,DSS 是结合了管理人员的知识技能和信息技术的计算能力的一个人机系统。

(2) DSS 解决的问题一般是半结构化或非结构化的。相对于结构化问题,半结构化或非结构化问题难以用明确的语言给予清晰的描述,可能需要直观或经验判断,因此会存在若干"正确"的解决方案,但不存在一种精确的方法或标准来计算出最优解决方案。例如,是否需要引进一条新的生产线,是否需要降价促销,在股票市场上如何进行投资,等等。比较具有代表性的 DSS 有用于产品的推销、定价和广告决策的 Brandaid 和用于大型卡车生产企业的生产计划决策的 Capacity Information System 等,它们都是相对复杂的半结构化或非结构化决策,难以完全由信息技术自动实现。

(3) DSS 以人机交互方式进行工作。DSS 不是要找出决策的结构并使之完全自动化的,而只是对管理人员的决策过程进行支持的。

(4) DSS 利用数据分析和决策模型来实现决策支持,因此需要将传统的数据存储及检索技术和模型分析技术结合起来。

(5) DSS 追求的是决策的有效性(effectiveness),而不是提高决策的效率(efficiency)。

(6) DSS 应具有灵活性和适应性,以应付决策环境的改变和管理人员决策方法的变化,支持动态决策。

和 MIS 相比,DSS 更先进一步,因为 MIS 只能提高数据处理的速度和工作效率,为管理人员提供决策所需要的各种基础信息,而不能对其进行深入分析以提供决策建议和支持决策活动。高效率并不等于高效益,只有正确的、科学的决策才能带来更大的效益,为企业带来活力和生命力,错误决策下的高效率反而只会加重损失的程度。因此,从 MIS 发展到 DSS 是企业管理自身的要求,它们的主要区别如下。

(1) MIS 完成的是例行业务活动中的信息处理任务,而 DSS 完成的则是决策支持活动,提供决策所需的高层综合信息。

(2) MIS 追求的目标是提高工作效率,而 DSS 追求的目标则是提高决策的质量和效果。

(3) MIS 的设计方法是数据驱动的,而 DSS 的设计方法则是模型驱动的,也是用户驱动的。

（4）MIS的设计思想是实现一个相对稳定协调的工作系统，努力使系统设计符合实际情况，而DSS的设计思想则是实现一个适应性强的开放系统，应充分发挥人的经验、智慧、判断力和创造性，努力使决策更加正确、更加科学。

（5）MIS趋向于信息的集中管理，而DSS则趋向于信息的分散使用。

（6）MIS的分析着重体现系统全局的、总体的信息需求，而DSS的分析则着重体现管理人员的信息需求，通常是综合信息或预测信息需求。

因此，DSS是鉴于MIS的不足而推出的、目标不同于MIS的新型管理系统，和MIS是信息技术应用于管理活动的两个不同的发展阶段，其设计思想和工作对象都有所差异。它们是不能相互代替的，各有各的地位和作用。

### 3. DSS的发展

自20世纪70年代中期由Keen和Scott Morton首次提出DSS的概念以来，DSS由最初的两库系统发展到三库系统和四库系统，如图6.2所示，即在数据库和模型库的基础

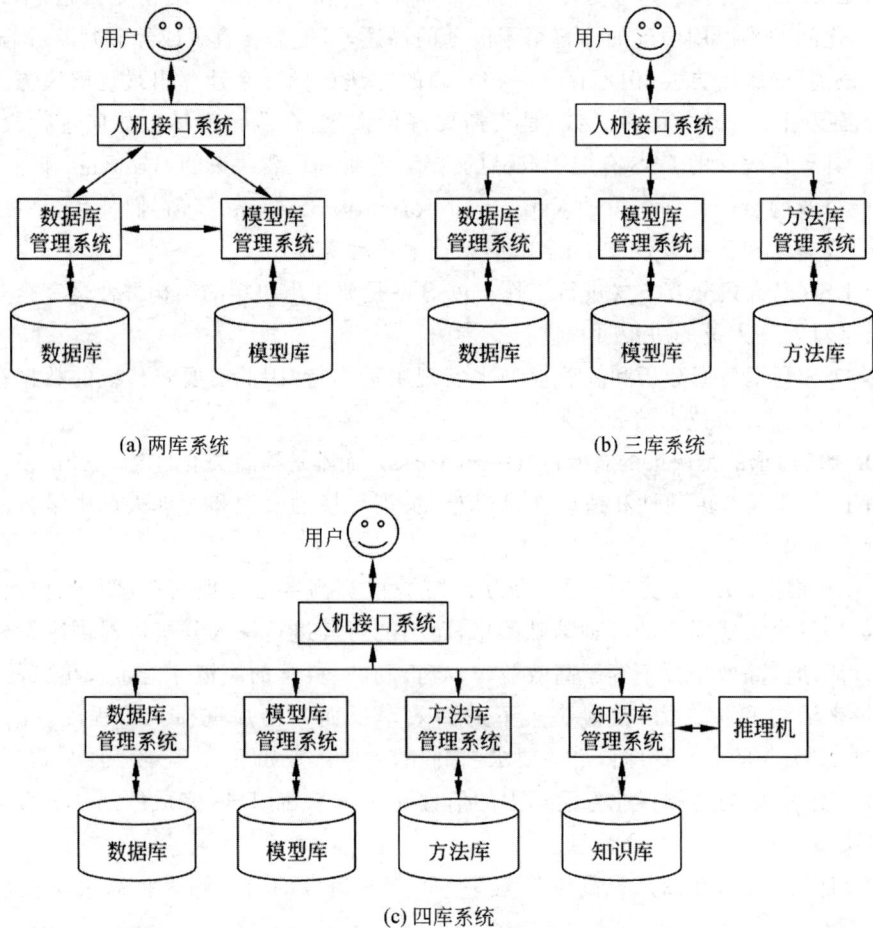

(a) 两库系统  (b) 三库系统

(c) 四库系统

图6.2　DSS的系统结构

上又增加了方法库和知识库,既充分发挥了传统 DSS 在数值分析方面的优势,又充分发挥了专家系统在知识推理方面的特长,既可以进行定量分析,又可以进行定性分析,从而能更加有效地解决半结构化或非结构化问题,这就是结合人工智能技术,特别是专家系统而形成的智能决策支持系统(intelligent decision support system,IDSS)。

### 6.1.3　决策支持系统的基本功能

DSS 的功能由其系统结构所决定,不同结构的系统,功能不尽相同,但总体上应为决策提供所需要的各种有用信息,并根据相应的决策模型模拟决策过程、提供备选方案。DSS 至少应具有以下几个功能。

(1) 管理并随时提供与决策问题有关的组织内部信息,例如订单要求、库存状况、生产能力与财务报表等。

(2) 收集、管理并提供与决策问题有关的组织外部信息,例如政策法规、经济统计、市场行情、同行动态与科技进展等。

(3) 收集、管理并提供各项决策方案执行情况的反馈信息,例如订单或合同执行进程、物料供应计划落实情况、生产计划完成情况等。

(4) 能以一定的方式存储和管理与决策问题有关的各种数学模型,例如定价模型、投入产出模型、库存控制模型与生产调度模型等,从中选择恰当的模型可以构造适合于具体问题的决策模型。

(5) 能够存储并提供各种决策常用的数学方法及算法,例如回归分析方法、线性规划、整数规划、动态规划、排序算法、最小生成树算法、最短路径算法等。

(6) 使系统中的数据、模型和方法能容易地修改和添加,如数据模式的变更、模型的连接或修改、各种方法的修改等。

(7) 能灵活地运用模型和方法对数据进行加工、汇总、分析、预测,得出所需的综合信息与预测信息。

(8) 具有方便的人机会话和图像输出功能,能满足随机的数据查询要求,回答"如果……则……"(What…if…)之类的询问,对使用者提交的方案进行灵敏度分析,或者以新的参数进行模拟得到一个新的方案。

(9) 提供良好的数据通信功能,以保证及时收集到所需要的数据,并将加工结果传送给使用者。

### 6.1.4　决策支持系统的系统结构

不同类型的 DSS,其系统结构也有所不同。例如,二库系统、三库系统和四库系统的系统结构,通常如图 6.2 所示。由图 6.2 可见,DSS 通常有以下几个基本的组成部分。

#### 1. 人机接口系统

人机接口系统是任何一个 DSS 都不可缺少的基本部件,是用户和计算机的接口,在使用者、数据库、模型库、方法库和知识库之间传送命令和数据,其核心是人机界面,目的是为用户提供一个方便、友好的交互环境。

在实际工作中,由于 DSS 通常是由那些需要系统提供决策支持但又对计算机技术或系统内部构造知之甚少的人(通常是管理人员)直接使用的,因此,人机接口系统对 DSS 的成败有举足轻重的意义,最佳的人机接口系统应当采用用户习惯的术语和方法,并具有灵活、简单的优点,以及良好的一致性和适应性。此外,人机接口系统也要便于系统维护人员的使用。

从功能上讲,人机接口系统需要满足一般用户操纵 DSS 各部件的要求以及系统维护人员检验、评价和修改系统的要求。因此人机接口系统的功能需要从以下两方面进行阐述。

首先,为了满足一般用户的要求,人机接口系统应该提供如下功能。

(1) 用户可以方便地了解系统中现有数据、模型、方法和知识的情况,包括其数量、功能、完整程度、约束条件等。

(2) 用户可以在系统的提示和帮助下自行选择并运行模型和方法,以取得某种分析或预测结果,为用户的判断提供依据。

(3) 用户可以提出"如果……则……"(what…if…)之类的询问,系统应能返回得出的参考意见,为用户的判断提供支持。

(4) 对用户的输入要有纠错和容错能力,对用户有明确的操作提示。

(5) 当需要的时候,可以按用户要求的方式输出易于理解的图形和表格等。

(6) 在决策完成后,用户可以把反馈结果输入系统,以便能够对现有模型进行评价和提出修改意见。

其次,对于系统维护人员,人机接口系统应能帮助系统维护人员方便地了解系统运行的状况、分析存在的问题、找出改进的方法,并能迅速而可靠地帮助系统维护人员完成系统的修改任务。

随着多媒体技术和人工智能技术(尤其是模式识别和自然语言理解)的发展,人机接口系统可以为管理人员提供声、文、图并茂的交互方式,信息的表达形式更加直观、形象、便于理解,管理人员可以自己习惯的方式(如自然语言、声音、文字、图像等)与 DSS 进行信息交流,这就是所谓的多媒体人机智能接口。

**2. 数据库及其管理系统**

数据库及其管理系统(简称数据库系统)是任何一个 DSS 都不可缺少的基本部件,用于存储和管理决策所需要的重要数据资源,为系统提供数据支持。

DSS 和 MIS 的数据库系统在概念上有许多相同之处,都具有数据独立性、共享性、统一管理性、最小冗余性、可扩充性等主要特征。

DSS 和 MIS 的数据库系统虽然存在以上一些相同特征,但由于两者的目标和用途不同,因此也存在一些区别,主要表现在以下几方面。

(1) 多重数据来源。决策所需要的数据可能来自系统内部,也可能来自外部环境。决策涉及的方向越多,数据的来源也就越多。如何对这些多源的、通常也是异构的数据进行有效的集成,是 DSS 的一个重要研究内容,数据仓库(data warehouse,DW)技术及其 ETL(extract transform load,抽取、转换、装载)工具是目前较为有效的解决办法。

（2）更宽的时间范围。决策所需要的数据具有更宽的时间范围，通常需要根据过去长时间的历史数据才能发现其中存在的问题和机会，并据此规划未来等。

（3）更宽松的精确要求。由于在决策过程中经常需要使用综合后的粗粒度数据，可能不要求绝对精度，而允许存在少许误差。

（4）数据综合。决策所需要的数据通常都是综合后的高层次数据，为此，数据仓库技术被逐步引入 DSS 中，用来支持对数据的不同方式的汇总。

（5）数据预处理和分析。DSS 强调数据库系统应具有对数据的预处理和分析能力，要求它能及时地为决策提供所需要的（通常是综合后的）数据及其存在的内在规律性知识等，而不只是简单的查询和统计能力。

### 3. 模型库及其管理系统

数据库系统提供的是制定决策所需要的原始数据，而模型库系统则会对这些原始数据进行加工处理，从而为管理人员提供推理、比较、选择以及分析问题、解答问题的能力。DSS 之所以能够对决策的制定提供有效的支持，主要原因在于 DSS 具有能为管理人员提供以上处理能力的模型库。因此，模型库及其管理系统（简称模型库系统）是传统 DSS 的核心，是 DSS 区别于其他信息系统最有特色的部件之一，而且 DSS 中的数据库需求大多也是由模型库来确定的。

所有的决策都需要不同程度地建立模型。模型是对客观世界中现实事物的概括和抽象，是用一定形式对事物本质及其属性的抽象概括和描述，用于揭示该事物的功能、行为及其变化规律。管理人员就是依靠模型库中的模型进行决策的，因此传统的 DSS 是模型驱动的。在模型库中，一个模型通常是由若干子模型构成的，最底层的子模型对应于一个基本单元，通常由程序进行表达。

对于那些结构化的决策问题，其处理算法是明确规定了的。表现在模型上，其参数值是已知的。而对于非结构化的决策问题，有些参数值并不知道，需要使用数理统计等方法估计这些参数的值。由于不确定因素的影响、参数值估计的非真实性，以及变量之间的制约关系，用这些模型计算得到的输出一般只能辅助决策或对决策的制定提出建议。

根据功能和用途可将支持决策活动的模型分为若干模型群，通常有以下几种。

（1）预测模型群。在这个模型群中，定性模型主要包括德尔菲法（Delphi method）、主观概率预测法和交叉影响矩阵法等；定量模型主要包括回归预测、平滑预测和马尔可夫链预测等。这些模型还可以进一步细分，如回归预测有一元回归和多元线性回归等；平滑预测有平均预测法和指数平滑预测法等。

（2）系统结构模型群。该模型群主要用来分析社会经济系统或其他系统的结构，反映系统各要素之间的主要联系和关联作用，它们主要从宏观和结构上来描述和刻画系统的运行规律。系统结构模型群主要包括系统结构模型、层次分析模型、投入产出模型和系统动力学模型等，它们充分考虑了人类认识现实世界抽象过程中的思维模式、逻辑推理以及因果规律所揭示的"行为"机制的重要性，并把人的主观因素考虑进去，把人的判断能力、经验与严格的逻辑推理结合起来，从而克服了其他模型过于理性化、经典化和过于依赖数据的缺点。

（3）数量经济模型群。该模型群主要包括以经济活动为核心的计量经济模型、经济控制论模型、生产函数模型和消费需求模型等。

（4）优化模型群。该模型群是系统优化的主要手段和方法，主要包括线性规划、非线性规划、动态规划、目标规划和最优控制等方法。

（5）不确定模型群。该模型群主要用来解决和描述系统中的不确定因素和不确定概念，主要包括模糊数学模型、灰色模型和随机模型。

（6）决策模型群。该模型群主要包括单目标风险性决策、多目标决策，还有一些不确定性决策方法等。

（7）系统综合模型群。该模型群主要运用大系统分解协调原理对各子系统的优化方案进行综合，并通过计算机仿真，生成若干总体优化方案。

模型库是用来存储模型及其基本单元的机构，具有共享性和动态性。所谓共享性是指一些可用来支持不同决策活动的基本模型可被不同的决策活动所共享；所谓动态性是指基本单元可以以不同的方式组合成为不同的模型，用来支持不同的决策活动。

模型库管理系统是为了创建、利用和管理模型而建立的一个软件系统，主要功能如下。

（1）创建模型。当模型库中不具有可用于当前决策问题的模型时，模型库管理系统应能通过和用户的交互创建新的、适合于当前决策问题的模型。为此，模型库管理系统需要解决模型表示和模型生成等问题。

（2）利用模型，包括决策问题的定义和概念的模型化，从模型库中选择恰当的模型或基本单元构造适合于具体问题的决策模型，并在为模型提供一组输入参数时，负责启动、执行模型，控制模型的运行状态。

（3）管理模型，主要包括模型的组织、模型的校验和模型的维护。决策通常需要对模型进行组合，为提高模型的组合效率，模型库管理系统需要对模型进行合理的组织。为解决半结构化或非结构化问题，求解问题的过程通常是试探性的，如果所建立的模型其运行结果和实际情况不吻合，就需要检查误差是否超出了允许的范围，并分析产生误差的原因等，这就是模型检验要做的工作。随着决策环境的变化，模型还可能需要修改甚至删除，这就是模型的维护。

模型库系统是在与 DSS 其他部件的交互过程中发挥作用的。

（1）与数据库系统进行交互，可获得各种模型所需要的数据，实现模型输入、输出和中间结果存取的自动化。

（2）与方法库系统进行交互，可实行目标搜索、灵敏度分析和仿真运行的自动化等。

（3）与人机接口系统之间进行交互，模型的创建、利用与维护实质上是用户通过人机接口系统予以控制和操作的。

### 4. 方法库及其管理系统

方法库及其管理系统（简称方法库系统）用来向系统提供各种决策常用的方法（或算法），如数学方法、数理统计方法、优化方法等，并实现对方法的管理，其目的是为 DSS 提供一个合适的环境，根据具体问题的决策模型的要求，从数据库中选择数据，从方法库中选择算法,然后将数据和算法结合起来进行计算,其结果供管理人员使用。

在 DSS 中,方法一般以程序方式存储,常用的方法有排序算法、分类算法、最小生成树算法、最短路径算法、线性规划、整数规划、动态规划、各种统计计算法和各种组合算法等。

方法库管理系统具有创建、选配、调用、修改和删除方法等功能,统一管理方法库中的各种方法,并且在调用时可以实现方法之间的动态链接,具有灵活性、经济性和可用性,与模型库管理系统类似。

在 DSS 中引入方法库系统具有以下主要优点。

(1) 提供各种通用计算、分析、加工处理的能力。

(2) 提高模型的运行效率。用户可以根据模型的需要从方法库中调出相应的方法程序,通过它们之间的链接,就可以有效地完成模型的运算和分析。

(3) 实现方法的共享。由于建立了方法库,就无须为模型库中的每个模型都配置一组方法程序,而可以共享方法库中相同的方法程序。

### 5. 知识库及其管理系统

知识库及其管理系统(简称知识库系统)是 DSS 中的智能部件,用于模拟人类决策过程中的某些智能行为,用来获取、表示、推理、解释、管理和维护决策所需要的有关规则、因果关系及经验等知识。

知识库是知识库系统的核心,其中存储的是那些既不能用数据表示,也不能用模型和方法描述的决策专家的决策知识和经验知识,同时也包括一些特定问题领域的专门知识。例如,拖债达 3 级以上的客户其信用度比较低,与信用度比较低的客户做交易一定要谨慎,紧急订货的任务应优先安排,等等。

要存储知识,首先要解决知识的表示问题。知识的表示就是知识的符号化过程,同一个知识可有不同的知识表示方法,这在很大程度上决定着一个系统的能力和通用性,是知识库系统研究的一个重要课题。常见的知识表示方法有逻辑表示法、产生式规则表示法、语义网络表示法、框架表示法和过程表示法等。

对知识的利用是通过推理机来实现的。推理机是知识库系统的核心部件,由一组程序构成,可以从已知事实出发,利用知识推出决策所需要的结论。例如,根据知识库中存储的知识"拖债达 3 级以上的客户其信用度比较低"和已知事实"客户 A 拖债达 4 级",可以推出"客户 A 的信用度比较低"这一结论;再根据知识"与信用度比较低的客户做交易一定要谨慎",又可以推出"与客户 A 做交易一定要谨慎"这一结论。

和数据库系统相比,知识库系统由于可以表达知识,从而可以自动保持语义的完整性。此外,知识库系统还具有演绎推理的功能,从而可以得出进一步的结论,而且在存储时还可以省去那些可由其他知识推出来的冗余知识。

知识库系统也不同于专家系统,因为专家系统一般是面向特定领域的,知识面比较狭窄,知识结构比较单一;而知识库系统则主要用于支持各种各样的决策,具有一定的通用性,不但应具有专门的或经验的决策知识,而且还应具有与数据、模型、方法有关的知识。例如,用于建立决策模型和评价模型的知识,用于选择并完善候选方案的知识,用于完善数据库的知识,等等。

### 6.1.5 智能决策支持系统

#### 1. IDSS 的基本概念

智能决策支持系统(intelligent decision support system,IDSS)是把人工智能技术,特别是专家系统应用于传统 DSS 而发展起来的。因此,一个 IDSS 应由数据库系统、模型库系统、方法库系统、人机接口系统和智能部件这 5 个基本部分组成,其中的智能部件通常就是上述的知识库系统。需要注意的是,这里所说的知识库系统不仅包括知识库和相应的知识库管理,而且还包括推理、解释等功能。

知识库系统是有关规则、因果关系及经验等知识的获取、解释、表示、推理、管理与维护的系统,前面已经给予介绍,这里不再赘述。然而,知识库系统存在和专家系统同样的问题,即难以对知识进行自动获取。把决策所需要的各类专门或经验知识从人类决策专家的头脑中或其他知识源那里人工地转换到知识库中,费时低效,而且还难以从过去处理过的实例中进一步学习。

为了克服这一问题,IDSS 通常采用机器学习技术来实现知识的自动获取和学习,其中,比较具有代表性的机器学习技术就是人工神经网络(artificial neural network,ANN)。

此外,为了更方便地与人交互,使不熟悉计算机的人也能方便地使用 DSS,IDSS 在人机接口系统中还加入了自然语言处理的功能,可以接受以自然语言或接近自然语言的方式表达的决策问题和决策目标,以及以自然语言或接近自然语言的方式输出系统得到的决策方案,从而在很大程度上改善了 DSS 的易用性。

因此,和传统的 DSS 相比,IDSS 在决策问题的输入和描述、决策过程的推理和求解、决策方案的输出等方面都有显著的改进,向着人类靠近了一大步。

#### 2. IDSS 的组成

根据人工智能技术应用于 DSS 的程度和范围不同,IDSS 可以有不同的结构。较完整也较常见的 IDSS 的结构是在传统的三库系统基础上增设知识库系统(包括推理机),在人机接口系统中加入自然语言处理系统,并于四库之间插入问题处理系统而构成的四库系统,结构如图 6.3 所示。

问题处理系统处于 IDSS 的中心位置,是联系人和计算机及其存储的决策资源的桥梁,既要识别与分析问题、判断问题的结构化程度、设计求解方案,还要为问题求解调用四库中的数据、模型、方法和知识等资源,对结构化问题选择或构造模型,采用传统的模型计算来进行求解,对于半结构化或非结构化问题还要触发推理机进行知识的推理。

IDSS 将数据仓库、在线分析处理(on line analytical processing,OLAP)、数据挖掘(data mining,DM)、模型库、知识库等结合起来而形成的智能综合决策支持系统,则是更高级形式的 IDSS,可以为决策支持提供良好的、全面的基础数据,并实现不同方式的数据汇总和知识发现,具有更高的智能性。

【案例 6-1】 某钢铁企业铁水运输调度的智能决策支持。

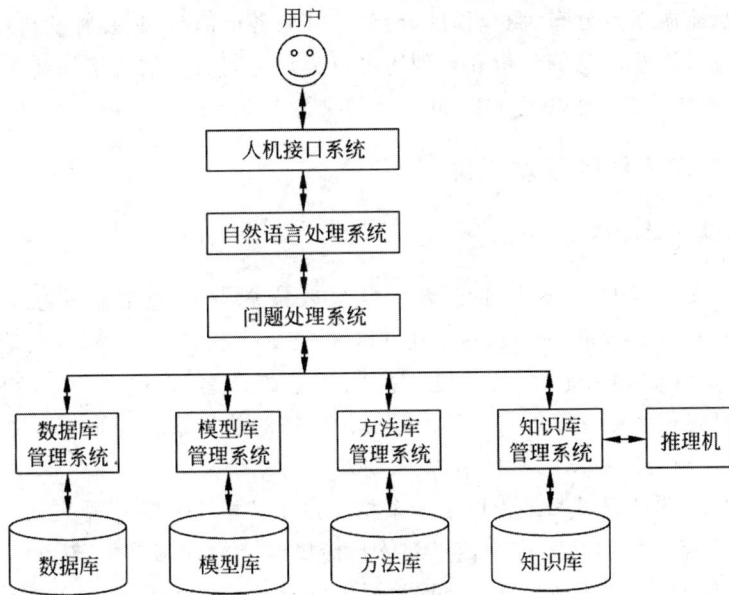

图 6.3　IDSS 的常见结构

　　铁水运输是大型钢铁企业的一个重要的物流环节,在大型钢铁企业中,一般由多座高炉向多座炼钢厂运送铁水,而且途中要经过多个工位点如铁水预处理、扒渣、倒罐站、脱硫等。运输铁水的机车和鱼雷罐车往往也有十多台,该调度问题是一个典型的 NP 问题。在一般情况下采用人工调度的方法,有的企业采用的是建立机车调度指令库的方法,但由于这个问题的组合情况实在太多,情形非常复杂,指令库的条件难以完全和实际情况相匹配,所以往往无法自动生成指令,应用效果很不理想。另外,由于运输环节多,常常会出现一些异常情况,使铁水运输调度更加困难,因此建立一个铁水运输调度的智能决策支持系统十分必要,采用基于仿真和 CBR(case based reasoning,基于案例的推理)技术的智能决策支持系统,可以解决以上的问题。

　　采用 CBR 技术的相似性推理,一方面,可以大大减少指令库中的指令,利用相似性可以对这些指令进行提取和归类;另一方面,可以使自动生成调度指令成为可能。利用铁水运输的仿真系统可以离线研究各种条件下的运输调度方案,即便是实际没有发生的情况,也可以通过仿真运行和比较得到最优或较优的运输调度方案,经过一定处理后放入知识库。利用 CBR 技术的相似性推理可以通过访问知识库中和当前情况相类似的运输调度方案来自动获得当前情况下的调度指令。此外,它所具有的自学习能力也保证了其推理能力的不断增强。

## 6.2　地理信息系统

　　地理信息系统(geographic information system,GIS)的发展为人们提供了前所未有的便利,可以足不出户地获取一个城市、一个地区的全部信息,包括地形地貌特征、自然环境和交通状况、旅游景点分布、商业街区分布、公共服务部门分布、森林和耕地分布及其变化趋势等,通过对这些信息的分析和处理还可以为与空间有关的决策如商场选址、森林和耕地的保护等提供支持,可以说,GIS 也是一种决策支持系统。

### 6.2.1　地理信息系统的基本概念

#### 1. GIS 的基本概念

地理信息系统有时又称为地学信息系统或资源与环境信息系统(resource and environmental information system),是在计算机软硬件系统的支持下,以地理空间数据库(geospatial database)为基础,支持地理空间数据的采集、建模、管理、分析、处理和显示,为与地理研究和地理决策等有关的决策提供支持的信息系统。简单地说,GIS 就是综合分析和处理地理空间数据的信息系统(或决策支持系统)。

目前,对 GIS 的认识可归纳为以下 3 个相互独立又相互关联的观点。

(1) 地图观点。强调 GIS 作为信息载体与传播媒介的地图功能,认为 GIS 是一种地图数据处理与显示系统。因此,每个地理数据集可看成一张地图,通过地图代数实现数据的操作和运算,其结果仍然再现为一张具有新内容的地图。测绘及各专题地图部门非常重视 GIS 快速生产高质量地图的能力。

(2) 数据库观点。强调数据库(具体地讲,是地理空间数据库)系统在 GIS 中的重要地位,认为一个完整的数据库管理系统是任何一个成功的 GIS 都不可缺少的部分。

(3) 分析工具观点。强调 GIS 的空间分析与空间建模功能,认为 GIS 是一门空间信息科学。该观点普遍地被 GIS 界所接受,并认为这是区分 GIS 和其他地理数据自动化处理系统的唯一特征。

#### 2. GIS 的基本特征

根据定义,GIS 具有以下基本特征。

(1) GIS 的物理外壳是计算机化的技术系统。它由若干相互关联的子系统构成,如数据采集子系统、数据管理子系统、数据处理和分析子系统、可视化表达和输出子系统等,这些子系统的优劣、结构直接影响着 GIS 的硬件平台、功能、效率、数据处理方式和产品类型。

(2) GIS 的操作对象是地理空间数据,即点、线、面、体这类有三维要素的地理实体。地理空间数据的最根本特点是每一个数据都要按照统一的地理坐标进行编码,实现对其定位、定性和定量的描述,也就是说,GIS 是一种以地理坐标为骨干的信息系统,具有公共的地理定位基础,这是 GIS 区别于其他类型信息系统的根本标志,也是其技术难点之所在。

(3) GIS 中的"地理"并非狭义地指地理学,而是广义地指地理坐标参照系统中的空间数据、属性数据以及以此为基础演绎出来的知识。

(4) GIS 的技术优势在于它的空间分析能力。GIS 独特的地理空间分析能力、快速的空间定位和复杂的查询能力、强大的图形处理和表达能力、空间模拟和空间决策支持能力等,可产生常规方法难以获得的重要信息,这是 GIS 的重要贡献。

(5) GIS 和地理学、测绘学有着密切的关系。地理学是 GIS 的理论依托,为 GIS 提供有关空间分析的基本观点和方法。大地测量、工程测量、矿山测量、地籍测量、航空摄影测量和遥感技术为 GIS 中的空间实体提供各种不同比例尺和精度的定位数据;电子速测仪、GPS 全球定位技术、解析或数字摄影测量工作站、遥感图像处理系统等现代测绘技术的使用,可直接、快速和自动地获取空间目标的数字信息产品,为 GIS 提供丰富和更加实时的信息源,并促使 GIS 向着更高层次发展。

GIS 在外观上表现为计算机软硬件系统,但其内涵却是由计算机程序和地理空间数据组织而成的地理空间信息模型。当具有一定地学知识的用户使用 GIS 时,他所面对的数据不再是毫无意义的,而是把客观世界抽象为模型化的地理空间数据,用户可以按照应用的目的来观测这个现实世界模型各方面的内容,取得自然过程的分析和预测的信息,用于管理和决策,这就是 GIS 的意义。

【案例 6-2】 GIS 在某冷箱运输公司中的应用。

某冷箱运输公司采用 GIS 可以为货运委托人全面了解货物各方面的信息提供支持。该公司在冷箱监控装置中增加了 GPS 模块和天线装置,通过接收定位卫星的定位信息得到冷箱的地理位置。冷箱的位置信息连同温湿度等信息一起通过 GSM/GPRS 网络返回到监控中心。监控中心采用 GIS 提供全国范围内的地理空间数据,并采用专业的 GIS 软件平台对地理空间数据和冷箱的状态数据(位置和温湿度等信息)进行整合,货运委托人通过网站就可以看到货物的位置和温湿度等相关的状态信息。

### 6.2.2 地理信息系统的组成

与普通的信息系统类似,一个完整的 GIS 主要由 4 部分组成,即计算机硬件系统、计算机软件系统、地理空间数据,以及参与系统开发、管理和操作的人员,其核心是计算机软硬件系统,地理空间数据反映的是 GIS 的地理内容,是 GIS 的操作对象,而系统开发、管理和操作人员则决定着系统的工作方式和信息的表示方式。

#### 1. 计算机硬件系统

计算机硬件系统是计算机系统中的实际物理装置的总称,是 GIS 的物理外壳。系统的规模、精度、速度、功能、形式、使用方法甚至软件都和硬件有着极大的关系,受硬件指标的支持或制约。构成计算机硬件系统的基本组件包括计算机标准的和 GIS 专有的输入输出设备、中央处理单元、存储设备等。这些硬件组件协同工作,为计算机软件系统的正常运行提供物理环境;向计算机系统提供必要的信息,使其完成既定任务;存储数据以备现在或将来使用;将处理和分析得到的结果或信息提供给用户。

GIS 专有的输入输出设备主要有扫描仪、数字化仪、解析测图仪、测绘仪、遥感、GPS、绘图仪等。

#### 2. 计算机软件系统

计算机软件系统是指 GIS 为正常运行和完成既定任务所需的各种程序。对于 GIS

应用而言,通常包括如下几方面。

(1)计算机系统软件。由计算机厂家提供的、为用户使用计算机提供方便的程序系统,通常包括操作系统、汇编程序、编译程序、诊断程序、库程序以及各种维护使用手册、程序说明等,是 GIS 日常工作所必需的。

(2)GIS 软件和其他支持软件。包括通用的 GIS 软件包,也包括用于管理地理空间数据的数据库管理系统,以及用于处理和表达地理空间数据的计算机图形软件包和计算机图像处理系统等,用来支持对地理空间数据的输入、存储、转换、输出以及和用户间的接口。

(3)应用分析程序。是系统开发人员根据地理专题或区域分析模型编制的、用于某种特定应用任务的程序,是系统功能的扩充与延伸。在 GIS 工具的支持下,应用程序的开发应是透明的和动态的,与系统的物理存储结构无关,并随着系统应用水平的提高不断优化和扩充。应用程序作用于地理专题或区域数据,构成 GIS 的具体内容,这是用户最为关心的、真正用于地理分析的部分,也是从地理空间数据中提取地理信息的关键。应用程序的水平在很大程度上决定着系统的应用性优劣和成败。

### 3. 系统开发、管理和操作人员

不同于一般的地图,GIS 是一个动态的地理模型。仅有系统软硬件和数据还不能构成完整的 GIS,需要人进行系统的组织、管理和维护,数据的更新,应用程序的开发等,并灵活运用地理分析模型以提取各种地理信息,为地理研究和地理决策服务。一个周密规划的 GIS 项目应包括负责系统设计和执行的项目经理、系统开发和信息管理的技术人员以及最终运行系统的用户。

### 4. 地理空间数据

地理空间数据是指以地球表面空间位置为参照的自然、社会和人文经济景观数据,可以是图形、图像、文字、表格和数字等。它由系统的建立者通过数字化仪、扫描仪、键盘、磁带机等输入地理信息系统中,是地理信息系统所表达的现实世界经过模型抽象的实质性内容,是地理信息系统的操作对象。

## 6.2.3  地理信息系统的基本功能

为了满足各种应用需求,GIS 通常需要回答以下 5 方面的问题。

(1)位置(locations)。根据几何数据来查询属性数据,即在给定位置上会有什么。例如,当前指示的小区的名称、面积、绿化率、楼盘个数、居住户数、开发商、所属行政区划等。

(2)条件(conditions)。根据属性数据来查询几何数据,即在什么位置会有满足给定条件的地理实体,或满足给定条件的地理实体的分布情况。例如,五星级酒店分布、大宗客户分布、原始森林分布、水稻种植区分布等。

(3)变化趋势(trends)。该类问题需要综合现有数据,以识别已经发生了或正在随时间发生变化的地理实体,如人口、森林面积、耕地面积等的变化趋势。

（4）模式（patterns）。该类问题是分析与已经发生或正在发生的事件有关的因素。GIS将现有数据组合在一起，能更好地说明正在发生什么，找出发生的事件和哪些数据有关。例如，机动车辆事故通常符合某个特定模式，该模式（即事故）发生在何处？发生地点与时间有关吗？是不是在某种特定的拐弯处？这些拐弯处又具有什么条件？

（5）模型（models）。为了能够支持与空间有关的决策，首先需要建立相应的模型，如评价指标、选择标准、检验方法等。在建立了一个或多个模型之后，GIS应能产生满足选择标准的所有地理实体及其指标值的一个详细报表。例如，儿童书店的选址，其评价指标可能包括10min、15min、20min可以到达的空间区域；附近居住的12岁以下儿童的人数；附近家庭的收入情况；周围竞争对手的情况。

为了回答上述问题，大多数商用GIS软件包都提供了以下5种基本功能。

（1）数据的获取。数据主要是从对现实世界的观测所得以及现存文件和地图中获取，并保证GIS数据库中的数据在内容和空间，具有完整性、一致性和正确性等。

（2）数据预处理。数据预处理主要包括数据的格式化、转换和概括，将原始数据转换为结构化的、基于同一坐标系的数据，以使其能够被系统查询和分析。

（3）数据的存储与组织。数据的存储与组织是建立GIS数据库的关键步骤，涉及空间数据和属性数据的组织。向量结构、栅格结构或栅格/向量混合结构是常用的空间数据组织方法。

（4）数据的查询与分析。空间查询是GIS应具备的最基本的分析功能，包括根据几何数据查询属性数据和根据属性数据查询几何数据；而空间分析则是GIS的核心功能，也是GIS和其他信息系统的根本区别，模型分析是在GIS的支持下，分析和解决现实世界中和空间有关的问题，是GIS应用深化的重要标志。

（5）图形的显示与交互。GIS为用户提供了许多用于表现地理空间数据的工具，其形式既可以是通过计算机屏幕显示，也可以是诸如报告、表格、地图等硬复制图件，尤其要强调的是GIS的地图输出功能。一个好的GIS应能提供一种良好的、交互式的制图环境，以便使用者能够设计和制作出高质量的地图。

### 6.2.4 地理信息系统的主要应用

下面只介绍GIS的几个主要的应用领域。

#### 1. 资源清查

资源清查是GIS最基本的职能，这时系统的主要任务是将各种来源的数据集成在一起，并通过系统的统计和覆盖分析等功能，根据多种边界和属性条件，提供资源统计和原始数据的快速再现。以土地利用类型为例，可以输出不同土地利用类型的分布和面积，按不同高程带划分的土地利用类型，不同坡度区内的土地利用现状，以及不同时期的土地利用变化等，为资源的合理利用、开发和科学管理提供依据。

#### 2. 城市与区域规划

城市与区域规划要处理许多不同性质和不同特点的问题，涉及资源、环境、人口、交通、经济、教育、文化和金融等多个地理变量和大量数据。GIS 的数据库管理有利于将这大量的数据归并在一个统一的系统中,据此可以进行城市与区域多目标的开发和规划,包括城镇总体规划、城市建设用地适宜性评价、环境质量评价、道路交通规划、公共设施配置,以及城市环境的动态监测等。这些规划功能的实现,是由 GIS 的空间查询功能、多种信息的叠加处理和一系列分析软件(回归分析、投入产出计算、模糊加权评价、0-1 规划模型、系统动力学模型等)加以保证的。我国大城市数量居于世界前列,根据加快中心城市的规划建设、加强城市建设决策科学化的要求,利用 GIS 作为城市规划、管理和分析的工具具有十分重要的意义。

### 3. 灾害监测

借助遥感遥测数据的搜集,利用 GIS,可以进行有效的森林火灾的预测预报、洪水灾情监测和洪水淹没损失的估算,为救灾抢险和防洪决策提供及时准确的信息。例如,据我国大兴安岭地区的研究,通过普查分析森林火灾实况,统计分析十几万个气象数据,从中筛选出气温、风速、降水、温度等气象要素、春秋两季植被生长情况和积雪覆盖程度等 14个因子,用模糊数学方法建立数学模型,建立微机信息系统的多因子综合指标森林火险预报方法,对预报火险等级的准确率可达 73%以上。再如,黄河三角洲地区防洪减灾信息系统,在 ARC/INFO 地理信息系统软件支持下,借助于大比例尺数字高程模型,加上各种专题地图如土地利用、水系、居民点、油井、工厂和工程设施以及社会经济统计信息等,通过对各种图形进行叠加、操作、分析等,可以计算出若干泄洪区域及其面积,比较不同泄洪区域内的土地利用、房屋、财产损失等,最后得出最佳的泄洪区域,并制定整个泄洪区域内人员撤退、财产转移和救灾物资供应等的最佳运输线路。

### 4. 环境管理

环境管理涉及人类社会活动和经济活动的一切领域,一个大中型城市每年搜集和监测的环境数据可能多达 100 万个,对于如此大量的数据,应使其有效地为环境管理决策和其他用途服务。例如,上海市环境管理信息系统具有如下主要特征。

(1)建立了动态数据库,可以存储环境监测数据(包括污染源和环境质量)和其他有关数据(如环境标准、水文、气象等),对于大多数环境管理功能来说,实现了数据共享。

(2)面向环境质量管理,可以对环境质量状况的统计、评价、预测、规划以及其他管理提供支持。

(3)为实现面向污染源的污染控制管理提供支持,可以实现排污收费、排污许可证制度的管理。

(4)为方便用户的使用,系统设计了一个界面友好的窗口菜单系统,可提供不同形式的输出,包括屏幕显示、表格打印、图形绘制、磁盘传输等,还预留了远程通信接口。

### 5. 宏观决策

GIS 利用拥有的数据库,通过一系列决策模型的构建和比较分析,为国家宏观决策提供依据。例如,GIS 支持下的土地承载力的研究,可以解决土地资源与人口容量的规划。

再如,我国在三峡地区的研究中,通过利用 GIS 和机助制图的方法,建立环境监测系统,为三峡宏观决策提供了建库前后环境变化的数量、速度和演变趋势等可靠的数据。

# 6.3　人工智能与专家系统

人工智能的发展不仅使计算机具有了看、听、说的能力,提高了计算机的易用性和普及性,而且还使其具有了对企业来说非常重要的思考能力,从而为企业的管理和决策提供智力支持。

## 6.3.1　人工智能的概念和发展

人工智能(artificial intelligence,AI)是计算机科学的一个分支,研究如何用计算机来模拟人类的智能活动,求解需要人类智力才能解决的复杂问题,如定理证明、医疗诊断、下棋、管理决策、自然语言理解、手写字符识别等,从而实现对人类智能的模拟、延伸和扩展。因此,人工智能又称为机器智能或模拟智能。自 20 世纪 50 年代诞生以来,在争议、困难和挑战中不断发展壮大,新思想、新观点、新理论、新技术不断涌现,成为 20 世纪最伟大的科学成就之一。

人工智能的最终目标是使计算机能够做到人类所能做到的智能化,所以“机器能否思考”(can machine think)就成为人工智能的基本问题。在很久以前,哲学家亚里士多德和培根就相继提出了人类思考、求解问题所依赖的两大思维法则——演绎法和归纳法,为智能以及人工智能的研究提供了依据。1950 年,英国数学家图灵(Turing)在他所撰写的文章《计算机器和智能》(*Computing Machinery and Intelligence*)中提出了机器是可以产生智能的观点,并用著名的“图灵测试”游戏形象地说明什么是人工智能以及机器应该达到的智能标准。尽管学术界目前存在不同的看法和争议,现在仍有很多人把它作为衡量机器智能的准则,它对人工智能这门学科的发展是功不可没的。1956 年在美国达特茅斯学院(Dartmouth College)召开的一次历史性聚会,被认为是人工智能学科正式诞生的标志。自此开始,人工智能进入了曲折的、不平凡的发展历程。

图灵测试是采用“问”与“答”的模式,即观察者通过控制打字机与两个测试对象通话,其中一个是人,另一个是机器。要求观察者不断提出各种问题,从而辨别回答者是人还是机器。图灵还为这项测试亲自拟定了几个示范性问题。

问:请给我写出有关“第四号桥”主题的 14 行诗。

答:不要问我这道题,我从来不会写诗。

问:34957 加 70764 等于多少?

答:(停顿 30s 后)105721。

问:你会下国际象棋吗?

答:是的。

问:我在我的 K1 处有棋子 K;你仅在 K6 处有棋子 K,在 R1 处有棋子 R。现在轮到你走,你应该下哪步棋?

答:(停顿 15s 后)棋子 R 走到 R8 处,将军!

图灵指出，"如果机器在某些现实的条件下能够非常好地模仿人回答问题，以至于提问者在相当长时间内都误以为它不是机器，那么机器就可以被认为是能够思考的"。

**1. 形成时期（1956—1969 年）**

这一时期人工智能的研究工作主要集中在以下几方面。

（1）在机器学习方面，塞缪尔（Samuel）于 1956 年研制出了一个具有自学习、自组织、自适应的国际跳棋程序，它能够从棋谱中学习，也能从下棋实践中提高棋艺，1959 年击败了塞缪尔本人，1962 年又击败了美国一个州的冠军。

（2）在定理证明方面，美籍华人数理逻辑学家王浩于 1958 年在 IBM 704 计算机上用了 3～5min 时间证明了《数学原理》中有关命题演算的全部 220 条定理；鲁宾逊（Robinson）于 1965 年提出了消解原理，使得定理证明的机械化成为现实。

（3）在问题求解方面，纽厄尔（Newell）等的心理学小组总结出了人们求解问题的思维规律，并以此为基础编制了能求解不同类型问题的通用问题求解程序（general problem solving，GPS）。

（4）在专家系统方面，费根鲍姆（Feigenbaum）领导的研究小组于 1968 年研制完成专家系统 DENDRAL，能根据质谱仪的实验，通过分析、推理确定化合物的分子结构，其能力接近甚至已超出了相关专家的水平，在美、英等国得到了实际应用。该专家系统的成功研制不仅为人们提供了世界上第一个实用的智能系统，而且为以后专家系统的建造树立了榜样，对人工智能的发展产生了深远的影响，其意义远远超出了系统本身在使用上所创造的价值。

（5）在人工智能语言方面，麦卡锡（McCarthy）于 1960 年研制出了人工智能语言 LISP，该语言至今仍然是建造智能系统的重要工具。

这一时期发生的一个重大事件是 1969 年成立了国际人工智能联合会议（International Joint Conferences on Artificial Intelligence，IJCAI），标志着人工智能这门新兴学科已经得到了世界的肯定和认可。

**2. 发展时期（1970 年以后）**

进入 20 世纪 70 年代，许多国家都相继开展了人工智能方面的研究，涌现出了逻辑程序设计语言 PROLOG、专家系统 MYCIN 等一大批标志性的研究成果。更值得一提的是，于 1970 年创刊的国际知名杂志——《人工智能》（*Artificial Intelligence*），对人工智能的发展和研究者们的交流起到了重要的推动作用。

然而，前进的道路是曲折的，在取得不少成就的同时，困难和问题也接踵而至。例如，塞缪尔的国际跳棋程序在和世界冠军对弈时 5 局中败了 4 局；"两个连续函数之和仍是连续函数"这一简单定理经过数万步推理还得不到证明；原以为只要用一部双向词典和语法知识就可以实现两种语言文字间互译的机器翻译也闹了不少笑话，例如，"The spirit is willing but the flesh is weak"翻译成俄语，再翻译回来竟变成了"The wine is good but the meat is spoiled"。在这种情况下，本来就持怀疑态度的人开始对人工智能进行指责，说人工智能是"骗局""庸人自扰"，有些国家还削减了人工智能的研究经费，使人工智能的研究一时陷入了困境。

人工智能研究的先驱者们在困难和挫折面前并没有退缩,经过认真的反思,先前注重对一般思维规律进行探讨并以此为基础研究通用问题求解程序的方法,片面地强调了算法的通用性,而忽视了问题领域知识的指导作用,正如费根鲍姆所说,其最大缺点是缺乏知识。费根鲍姆关于以知识为中心开展人工智能研究的观点被大多数人所接受,从此,人工智能的研究又迎来了蓬勃发展的新时期,即以知识为中心的时期。

自人工智能从对一般思维规律的探讨转向以知识为中心的研究以来,专家系统的研究在许多领域都取得了重大突破,各种不同功能、不同类型的专家系统如雨后春笋般建立起来,产生了巨大的经济效益和社会效益。专家系统的成功使人们越来越清楚地认识到知识是智能的基础,对人工智能的研究必须以知识为中心进行。

这一时期发生的一个比较重要的事件是,费根鲍姆在总结专家系统建造历史的经验和教训的基础上,于1977年在第五届国际人工智能联合会议上提出了"知识工程"的概念,对以知识为基础的智能系统的研究和建造起到了重要作用。

## 6.3.2  人工智能的应用领域

目前,人工智能的研究更多是结合具体领域展开的,下面介绍几个主要的应用领域。

### 1. 专家系统

专家系统是一种基于知识的智能程序系统,根据其存储的相关领域内的大量专家知识(构成知识库),运用人工智能技术模拟人类专家求解问题的思维过程,求解需要人类专家才能解决的领域难题。目前,专家系统已广泛地应用于医疗诊断、地质勘探、石油化工、农业、气象、交通、教学、军事等各领域。

例如,在医学界有许多医术高明的医学专家,他们在各自的工作领域都有丰富的诊疗经验。如果能把某一具体领域(如糖尿病的诊疗)中各医学专家的诊疗经验集中起来,并以某种表示方法存储在计算机中形成知识库,然后再把这些医学专家诊疗疾病的思维过程编成程序构成推理机,通过对知识的推理使计算机能像医学专家那样诊疗疾病,该系统就是一个专家系统。

### 2. 自然语言理解

目前对计算机的使用还存在诸多不便,如果能让计算机"听懂""看懂"人类的自然语言(如汉语、英语等),将会大大提高计算机的易用性和普及性。自然语言理解就是研究如何让计算机理解人类的自然语言,要达到以下3个目标。

(1) 计算机应能正确理解人们用自然语言输入的信息,并能正确回答输入信息中的相关问题。

(2) 对于输入的信息,计算机应能产生相应的摘要,能用不同语句复述输入信息的内容。

(3) 计算机应能把某一种自然语言表示的信息自动地翻译为另一种自然语言。

### 3. 数据库的智能检索

随着应用的发展,数据库中存储的信息量越来越多,智能检索对于提高信息的利用率、更加满足用户的各种检索需求具有重要的实际意义。

智能信息检索系统应具有如下功能。

(1) 能理解自然语言,允许用自然语言提出各种检索需求。

(2) 具有推理能力,能根据存储的信息演绎出数据库中并不存在的检索答案。

(3) 系统拥有一定的常识性知识,用于补充相关领域的专业知识,并能演绎出更一般的答案。

### 4. 定理证明

定理证明对人工智能的发展起到过重要的推动作用,通过对其的研究,可以帮助人们更加清晰地理解推理过程(定理证明主要采用演绎推理方法)的各组成部分。许多其他领域的问题也可以转化为定理证明问题,因此,自动定理证明的研究具有普遍意义。

在定理证明方面最成功的工作也许是"四色定理"的证明。四色定理的内容是,任何一张地图只用 4 种颜色就能使具有共同边界的国家着上不同的颜色。作为世界近代三大数学难题之一,四色定理于 1976 年在两台不同的计算机上用了 1200h 终于得以证明,解决了这个历时一百多年的难题,轰动了世界。

### 5. 博弈

博弈被公认是智能的活动,人工智能主要研究下棋问题。博弈问题为搜索策略、机器学习等问题的研究提供了很好的实际背景,所发展起来的一些概念和方法对人工智能的其他问题也很有用。

20 世纪 60 年代出现的国际跳棋程序和国际象棋程序就已经达到了大师级的水平。1997 年 5 月,IBM 公司开发的"深蓝"国际象棋系统第二次与国际象棋世界冠军卡斯帕罗夫进行了 6 个回合的比赛,结果以 3.5∶2.5 获胜,在世界范围内引起了轰动。

### 6. 机器人学

机器人是指可以模拟人类行为的机器。人工智能的所有技术几乎都可以在它的身上得到应用,因此它可被当作人工智能理论、方法、技术的试验场地。反过来,对机器人学的研究又大大推动了人工智能研究的发展。自动装配、海洋开发、空间探索等实际问题需要机器人,危险环境、人们难以胜任的场合更加迫切地需要机器人。

随着工业自动化和计算机技术的发展,20 世纪 60 年代研制成功的程序控制机器人在工厂、车间得到了广泛应用,国际上商品化、实用化的机器人也大都属于这一类,但这一类机器人只能呆板地完成程序规定的动作,不能适应变化了的情况,更不能通过分析、推理和规划等思维过程来控制自身行为,从而会对现场的人员造成危险,日本就曾经出现机器人把现场的一个工人抓起来塞进刀具下面的情况。

为此,人们在机器人上配备了相应的感觉传感器,如视觉传感器、触觉传感器、听觉传感器等,采用模式识别技术对感知到的信息进行分析和识别,并通过推理和规划来控制自身行为,不但使其能够自适应地随着环境的改变而改变,而且还能实现自我优化和自我完善,实现一定的信念、愿望和意图等。

### 6.3.3 专家系统的定义和基本特征

作为人工智能的一个重要分支,自 1968 年费根鲍姆等研制完成世界上第一个专家系统 DENDRAL 以来,专家系统得到了迅猛发展,广泛地应用于医疗诊断、地质勘探、石油化工、农业、气象、交通、教学、军事等各领域,产生了巨大的社会效益和经济效益,同时也促进了人工智能基本理论和基本技术的研究与发展,目前已经成为人工智能中一个最活跃也最有成效的研究领域。

迄今为止,专家系统还没有一个公认的严格定义。一般而言,专家系统(expert system,ES)就是一种在相关领域内具有专家水平解题能力的智能程序系统,它运用领域专家多年来积累的经验和专门知识,模拟人类专家求解问题的思维过程,求解需要人类专家才能解决的领域难题。

根据定义,专家系统一般具有如下一些基本特征。

**1. 具有专家水平的专门知识**

人类专家之所以称为"专家",就在于他掌握了某一领域内的专门知识,因而在处理该领域问题时能比别人更技高一筹。一个专家系统为了能像人类专家那样地工作,就必须具有专家级的知识,知识越丰富,质量越高,解决问题的能力就越强。

专家拥有的这些专门知识通常就存放在专家系统的知识库中,是推理的依据和构成专家系统的基础,其质量和数量决定着专家系统智能的程度和性能的高低。

任何一个专家系统都是面向一个具体领域的,求解的问题仅限于一个较窄的范围内。例如,糖尿病诊疗专家系统只能适用于糖尿病的诊断和治疗,对其他疾病就无能为力了。因此,一个专家系统中的知识只能是某一领域内的专家知识,具有专门性,针对性强,并且具有特定的知识结构和知识特点,例如,有的只是精确知识,而有的则是不确定性知识。在对这些专门知识进行推理以求解问题时,可以根据问题领域及其知识结构的特点对推理系统的运行过程进行相应的控制,这就是对系统效率至关重要的元知识(或启发式知识)。

**2. 能进行有效的推理**

专家系统的根本任务就是求解相关领域内的现实问题。问题的求解过程就是模拟人类专家的思维过程,即对知识的推理过程,这就要求专家系统必须具有相应的推理系统(即推理机),能从用户提供的已知事实出发,通过不断运用知识库中的专门知识进行有效的推理来实现对问题的求解。

不同专家系统面向的领域不同,待求解的问题具有不同的特点,知识结构和知识特点也有所不同,因此不同专家系统的推理机制也不尽相同,有的只需要进行精确推理,而有的则需要进行不确定性推理、不完全推理、试探性推理等,需要根据问题领域及其知识结构的特点进行有针对性的设计,以保证问题求解的有效性。

### 3. 具有获取知识的能力

专家系统的基础是知识,为了使专家系统拥有知识、提高智能程度,就必须具有获取知识的能力。遗憾的是,目前专家系统还难以真正实现知识的自动获取,通常还是人工方式,即由知识工程师把从领域专家那里获取的知识输入专家系统的知识库中。人工方式难免费时低效,容易出错,为此,一些高级专家系统目前正在采用机器学习技术(如人工神经网络),使系统具有自学习能力,能不断地从系统的运行实践中学习得到新知识,使知识库中的知识能够自我丰富、自我完善。

### 4. 具有透明性

一个计算机程序系统的透明性是指系统自身及其行为应能被用户所理解。专家系统具有较好的透明性,在于它具有解释功能。人们在应用专家系统求解问题时,不仅希望得到正确答案,而且还希望知道得出该答案的依据,即希望系统能够向用户解释"为什么是这个结果"等。为此,专家系统一般设置了解释机构,可以让用户比较清楚地了解问题的求解过程(即知识的推理过程),从而增加系统的透明度、提高用户对系统所得答案的可信程度。另外,由于专家系统具有解释功能,系统设计者和领域专家可以方便地找出系统及其知识存在的潜在错误,便于维护。

### 5. 具有交互性

专家系统应该是一个交互式系统。一方面,它需要和领域专家、知识工程师进行对话,以获取知识或对知识进行管理和维护;另一方面,它也需要和用户对话以索取求解问题所需的已知事实、回答用户的询问、给用户提供解释等。

### 6. 具有灵活性

大多数专家系统都采用了知识库与推理机相分离的构造原则,既彼此联系又相互独立,这样做的好处在于,一方面,可以灵活地对知识库和推理机进行各自的管理和维护,尤其是经常要对知识库中的知识进行补充、修改和更新;另一方面,人们还可以很方便地把一个技术上成熟的专家系统变为专家系统的快速建造工具——专家系统外壳,这只需要将和问题领域有关的知识库中的具体知识抽去并将领域专用的人机接口改为通用的人机接口即可,保留具有一定通用性的知识库框架以及推理机、解释机构等。在建造另外一个功能与之类似的专家系统时,只需要把相应的知识装入该外壳的知识库中即可,节省了耗时费力的开发工作。事实上,目前有一些专家系统建造工具就是这么得来的,例如,由专家系统 MYCIN 得到的专家系统外壳 EMYCIN,由专家系统 PROSPECTOR 得到的专家系统外壳 KAS 等。

推理机的通用性势必会导致推理效率的低下,为了提高推理的效率,可以根据问题领域及其知识结构的特点得到一定的元知识,据此对推理过程进行有针对性的控制。

#### 7. 实用性

专家系统是为求解某一领域内的实际问题而开发的,具有坚实的应用背景,是实用化的人工智能。由于专家系统拥有大量的、高质量的专家知识,能模拟人类专家求解问题的思维过程,可使问题求解达到较高的水平,加之透明性、交互性等特性,在许多领域的应用都取得了巨大的经济效益和社会效益,是人工智能其他研究领域所不能比拟的。

此外,专家系统还具有启发性、复杂性等基本特征。为实现这些基本特征,专家系统一般包括人机接口、推理机、知识库及其管理系统、数据库及其管理系统、知识获取机构、解释机构这 6 个基本组成部分,如图 6.4 所示。

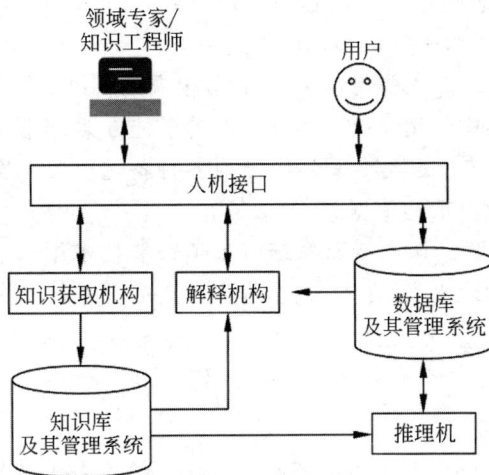

图 6.4 专家系统的一般结构

### 6.3.4 专家系统的应用类型

如前所述,目前国内外已经研制了多种专家系统,在各自领域内都得到了成功应用。按照专家系统的特性和处理问题的类型,可大致将其分为以下 12 类。

(1)解释型专家系统。该类专家系统根据所得到的有关数据,经过分析、推理,可以阐明数据的含义,给出相应解释。化学结构分析、地质结构分析、语音识别、信号解释等都属于这一类。

(2)预测型专家系统。该类专家系统根据所处理对象过去及当前的已知状况,去推断未来可能发生的情况。天气预报、地震预报、人口预测、市场预测、农作物收成预测等都属于这一类。

(3)诊断型专家系统。该类专家系统根据输入的信息推出所处理对象存在的故障,找出产生故障的原因,并给出排除故障的方案。医疗诊断、电子机械和软件故障诊断等都属于这一类。

(4)设计型专家系统。该类专家系统根据给定要求,形成相应的设计方案和图样。工程设计、建筑与装修设计、机械设计、电路设计、服装设计等都属于这一类。

(5)规划型专家系统。该类专家系统根据给定目标,拟定总体规划、行动计划、运筹优化等。机器人动作控制、军事指挥调度、汽车和火车运行调度等都属于这一类。

（6）控制型专家系统。该类专家系统自适应地管理并控制一个受控对象的全面行为，使之满足预期要求。自主机器人控制、生产过程控制、质量控制等都属于这一类。

（7）监测型专家系统（或监视型专家系统）。该类专家系统对所处理对象或过程的行为进行实时监测，一旦发现异常情况，能尽快做出反应。高危病人监护、机场监视、森林监视等都属于这一类。

（8）维修型专家系统。该类专家系统对发生故障的对象制定排除故障的规划，并实施排除使其恢复正常工作。电话电缆维修、内燃机故障排除等都属于这一类。

（9）教育型专家系统。该类专家系统根据学生在学习中所产生的问题，经过分析、评价，找出原因，有针对性地确定教学内容或采用有效的教学手段，从而更好地辅助教学。教学计划制订、习题设计、水平测试等都属于这一类。

（10）调试型专家系统。该类专家系统根据相应的标准，检测被调试对象存在的错误，并能从多种纠错方案中选出适合于当前情况的最佳方案，排除错误。

（11）决策型专家系统。该类专家系统能对各种备选决策方案进行综合评判和选优以辅助决策，并给出所做决策的依据。

（12）管理型专家系统。该类专家系统将人工智能技术用于信息管理，以达到优质、高效的管理目标，提高管理水平，在人力、物资、时间、费用等方面获得更大的效益。

# 6.4　商务智能

经过多年的信息化建设，企业积累了大量的数据，包括来自企业内部各业务信息系统的商品、订单、库存、交易账目、员工和客户资料等内部数据，还有来自企业所处行业和竞争对手的各种外部数据。现有的数据库技术和以此为基础的各种信息系统已经能够比较有效地将这些数据应用于日常的事务处理；但如何对这些数据进行更深层次的分析，将其转化为有用的知识，并以此来更好地辅助管理人员进行正确的决策，还需要全新的概念和技术，这就是商务智能（business intelligence，BI）。

## 6.4.1　商务智能的概念

商务智能最初是由美国加特纳（Gartner）公司的分析师 Howard Dresner 于 1996 年提出来的，经过十多年的发展已经日趋成熟，在中国也正处于蓬勃发展的时期。关于商务智能的含义，不同学者根据自己的理解发表了不同看法，主要有以下 4 种。

（1）商务智能是指通过数据的收集、管理、分析以及转化，使数据成为可用的信息，从而获得必要的洞察力和理解力，更好地辅助决策和指导行为。

（2）商务智能是运用数据仓库、在线分析处理和数据挖掘技术来处理和分析数据的技术，用户可以无障碍地直接查询和分析数据库和数据仓库，找出影响商业活动的关键因素，最终帮助用户做出更好、更合理的决策。

（3）商务智能是应用于 Internet 上的集查询、报表、分析于一体的在线分析处理工具，企业用户在客户端可对数据进行深层次的挖掘、钻取、切片等分析处理，轻松完成数据的分析处理、报表统计工作。

（4）商务智能是指企业利用现代信息技术收集、管理和分析结构化和非结构化的商务数据和信息，创造和累计商务知识，改善商务决策水平，采取有效的商务行动，完善各种商务流程，增强企业的综合竞争力。

简言之，商务智能是对企业收集到的各种商务数据进行管理和分析，将其转化为有用的商务知识，并以此来更好地辅助管理人员进行正确商务决策的工具。

在这个定义中，需要注意以下几点。

（1）数据的收集工作十分重要，是管理和分析的前提，必须引起企业的高度重视。不但要收集来自企业内部各业务信息系统的商品、订单、库存、交易账目、员工和客户资料等内部数据，还要收集来自企业所处行业和竞争对手的各种外部数据。

（2）由于数据来源的多样性，对数据的管理包括数据的抽取、转换、清洗、装载和整合等工作，其目的主要是提高数据的质量。

（3）这里的分析是一个广泛的概念，包括对数据的查询、统计与报表、在线分析处理、数据挖掘等，通过对数据的分析可以将其转化为决策所需要的知识。大多数人理解的商务智能都集中在这些分析工具上。

（4）更好地辅助管理人员进行正确决策是商务智能的功能和目的。企业能否利用好这一功能、实现这一目的，在很大程度上还要取决于管理人员的意识以及决策科学化、民主化的成分。

为了能将数据转化为知识，通常需要利用数据仓库、在线分析处理和数据挖掘等技术。从技术层面上讲，商务智能并不是什么新技术，而只是对数据仓库、在线分析处理和数据挖掘等技术的综合运用，因此把商务智能看成一种解决方案会更恰当一些。

### 6.4.2　商务智能环境

图 6.5 概述了商务智能环境，突出强调了由各大厂商提供的且不断更新的各种硬件、软件和管理能力。商务智能环境存在 6 个要素。商务智能和商业分析需要一个强大的数据库基础、一套分析工具，以及一个可以提出有价值的问题并分析数据的管理团队。

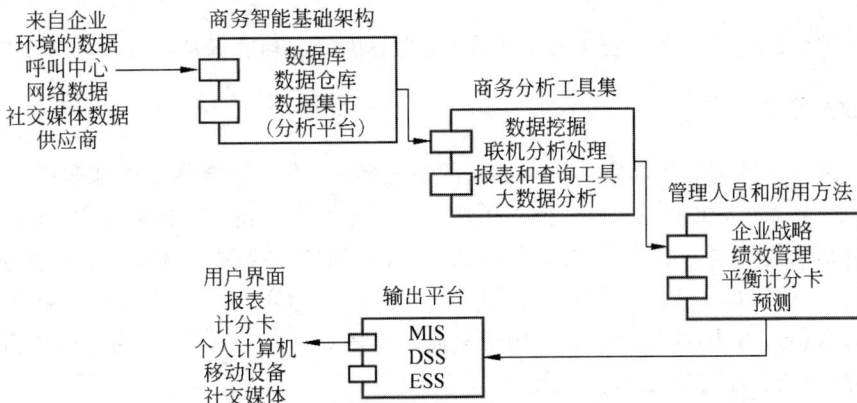

图 6.5　用于决策支持的商务智能和商业分析工具

（1）来自企业环境的数据。企业需要处理包括大数据在内的多源结构化或非结构化数据。这些数据需要被整合和组织，供决策人员分析和使用。

（2）商务智能基础架构。商务智能的基础是功能强大的数据库系统来收集和存储所有与企业运营相关的数据。这些数据可以存储在业务数据库中，合并、集成到企业级数据仓库中，或一系列相互关联的数据集市中。

（3）商务分析工具集。它是用于分析数据并生成报告的软件工具包，可及时响应管理人员提出的问题，可通过计算关键绩效指标（KPI）帮助管理人员跟踪业务进展。

（4）管理人员和所用方法。商务智能的硬件和软件不会比使用者更有智慧。管理人员可利用各种管理方法对数据进行分析，这些管理方法包括确定企业业务战略目标的方法、确定如何评估业务发展情况的方法（其中包括业务绩效管理方法、关注关键绩效指标（KPI）的平衡记分卡方法），以及关注整体商业环境变化，在这一过程中尤其关注竞争对手动向的行业战略分析方法。如果缺乏高级管理人员强有力的监控，商业分析工具所生成的大量信息、报表和在线显示的信息，可能会使管理人员对实际问题的关注发生转移。

（5）输出平台。商务智能和商业分析工具的结果可通过各种方式传递给管理者与员工，这取决于他们完成工作所需的信息。管理信息系统（MIS）、决策支持系统（DSS）、经理支持系统（ESS）能够给公司一线员工、中层管理人员和高层管理人员按照不同的层次提供信息与知识。过去，这些系统都是独立运行的，相互之间不能共享数据。如今，以商务智能和商业分析系统形式出现的硬软件工具包，能够整合所有这些信息，并把它们推送到管理者的台式计算机或移动设备上。

（6）用户界面。相对于传统形式的枯燥报表，管理人员更喜欢从可视化的数据呈现中更快地获取信息。如今的商业分析软件不但提供了丰富的图形、表格、仪表板和地图等数据可视化（data visualization）工具，还能把报表及时推送到 iPhone、iPad 和其他移动设备以及公司的门户网站上。此外，商业分析软件还增加了在 Twitter、Facebook 或内部社交媒体上发布信息的功能，可支持线上决策，而无须面对面开会讨论。这使得在办公室的台式机上进行管理已成为过去。

### 6.4.3 商务智能的技术体系

商务智能的技术体系主要由数据仓库、在线分析处理和数据挖掘这 3 部分组成。

**1. 数据仓库**

辅助决策的数据分析经常要访问大量的历史数据，有时还会用到外部数据。这些数据来自不同的系统，在编码、命名习惯、属性度量等方面会存在不一致的地方，而且还可能存在噪声和属性缺失。此外，从各业务信息系统得到的细节数据并不能直接用来分析，原因在于，细节数据量太大，会严重影响分析的效率，而且也不利于分析人员将注意力集中于有用的信息。因此，在进行数据分析之前通常需要对这些数据进行抽取、转换、清洗、装载和综合，数据仓库可以做到这一点。

数据仓库就是面向主题的、集成的、稳定的且随时间变化的数据集合，用来支持管理人员的决策。也就是说，数据仓库具有以下 4 个基本特征。

（1）数据仓库是面向主题的。主题是一个抽象的概念，是在较高层次上对企业信息系统中的数据进行综合、归类并进行分析利用的抽象。在逻辑意义上，它对应企业中某一宏观分析领域所涉及的分析对象。例如，对于保险公司，管理人员通常关心的是：哪些客户投保的保险种类最多、金额最大？哪些客户容易申请索赔、索赔金额多大？哪些种类的保险容易遭到索赔、索赔金额多大？根据这些决策分析，很容易抽取出其中的宏观分析对象，即存在客户、保险单、保险费、索赔等主题。

面向主题的数据组织方式就是根据主题对数据进行重新组织，把分散在不同数据库中涉及同一个主题的信息集成到一起，在较高层次上对主题形成完整、一致的数据描述，从根本上实现数据和应用的分离，满足决策分析的数据需求。例如，对于保险公司，客户主题涉及的所有信息包括客户的个人信息以及所投的汽车保险、健康保险、人寿保险和意外伤害保险等相关信息，将这些信息集成在一起，就可以方便地实现上述决策分析。然而，传统的数据组织方式是面向应用的，例如一个保险公司业务应用可分为汽车保险、健康保险、人寿保险和意外伤害保险等，同一个客户所投的各种保险会被分散在不同险种的数据库中，因此难以得到此客户的信息集合，从而影响相关的决策分析。

（2）数据仓库是集成的。在数据仓库的所有特征之中，这是最重要的。为了对主题形成完整、一致的数据描述，必须将涉及的数据全部集成起来。当将不同来源的数据（包括内部数据和外部数据）装入数据仓库进行集成时，必须消除面向应用的数据的不一致性，将源数据统一，并根据需要对数据进行综合，例如，在原来的销售数据库中，顾客的每一次购买都作为一条记录，而在数据仓库中，可以按天、周、月、年等对数据进行综合，从而形成数据仓库中的轻度综合级数据和高度综合级数据，在降低数据量的同时更便于进行宏观的决策分析。

（3）数据仓库是稳定的（非易失的、不可更新的）。数据仓库中的数据只是历史数据，主要供企业决策分析之用，不是用来进行日常操作的。数据仓库所涉及的数据操作主要是数据查询，只定期进行数据的装载和追加，并不进行一般意义上的数据更新。

（4）数据仓库是随时间不断变化的。数据仓库中的数据随时间不断变化主要体现在数据仓库随时间变化不断增加新的历史数据、删去过期的历史数据（将其移到专门的存储设备如磁带上），数据仓库中的数据也经常按时间段进行综合。为此，数据仓库中的数据都包含时间项，以标明数据的历史时期。

数据仓库是商务智能的基础，许多基本报表可由此生成，但它更大的用处是为商务智能中的数据分析工具如在线分析处理和数据挖掘提供高质量的数据源，即清洗后的干净数据、集成后语义一致的数据、综合后的高层次粗粒度数据。

为了能够提供如此良好的数据源，数据仓库提供了 ETL 工具，用来从各同构或异构的数据源中抽取出所需要的数据，经过清洗、转换，最终按照统一的结构和格式，将数据装载到数据仓库中去。

**2. 在线分析处理**

在线分析处理使分析人员和管理人员能够从多个角度对从原始数据转化而来的、能够真正为用户所理解的、并真实反映企业维特性的信息进行快速、一致、交互式的访问，从而获得对数据更深入的了解。

进行在线分析处理的是企业的分析人员和管理人员,他们在分析业务数据时,从不同角度审视业务的衡量指标是一种很自然的思考模式。例如,在分析销售数据时,可能会综合时间周期、产品类别、分销渠道、地理分布、客户群类等多种因素进行考量。这些分析角度虽然可以通过报表来反映,但每一个分析角度都可以生成一张报表,各分析角度的不同组合又可以生成不同的报表,使得 IT 人员的工作量相当大,而且很难跟上分析人员和管理人员的思考步伐。

在线分析处理的主要特点是直接仿照用户的多角度思考模式,预先为用户创建相应的多维数据模型,又称数据立方体,如图 6.6 所示。这里,维是指用户的分析角度,而用户想要考察的对象被称为度量。例如,在分析销售数据时,时间周期、产品类别、分销渠道、地理分布、客户群类等都是维,待考察的销售量则是度量。一旦多维数据模型创建完成,用户不但可以快速地从各分析角度来获取数据,而且能动态地在各分析角度之间进行切换,或者进行多角度综合分析,具有极大的分析灵活性。它从设计理念和真正实现上都与传统的 MIS 有着本质的区别。

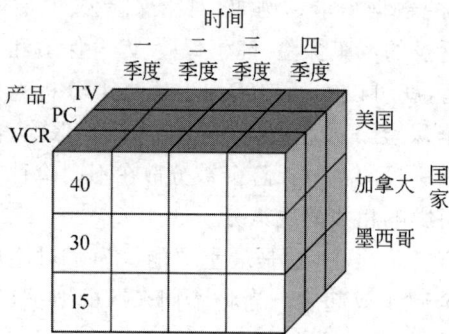

图 6.6　数据立方体的一个例子

多维数据模型上的 OLAP 操作可以方便地实现用户分析角度的上述改变,主要操作如下。

(1) 钻取(drill)。改变维的层次,变换分析的粒度。它包括向上钻取(drill up)和向下钻取(drill down)。向上钻取是在某一维上将低层次的细节数据概括为更高层次的综合数据;而向下钻取则相反,它从综合数据深入细节数据中进行更细致的观察。

(2) 切片(slice)和切块(dice)。切片和切块用于在给定了一部分维的取值后,关注度量在剩余维上的分布。

(3) 旋转(pivot)。旋转就是变换维的方向,重新安排维的放置。

### 3. 数据挖掘

目前的数据库系统可以高效地实现数据的录入、查询、统计等功能,但难以发现数据中存在的关系和规则,难以根据现有的数据预测未来的发展趋势,缺乏挖掘数据中隐藏的知识的手段,从而导致了"数据爆炸但知识贫乏"的现象。

数据挖掘是一种决策支持过程,它主要基于人工智能、机器学习、统计学等技术,高度自动化地对数据进行分析,做出归纳性的推理,从中挖掘出有效的、新颖的、潜在有用的、最终可理解的模式,用来预测市场的变化和客户的行为,帮助企业的管理人员调整市场策略、减少风险、做出正确的决策。所以,数据挖掘又常被称为知识发现。常用的数据挖掘方法有关联分析、分类分析、聚类分析、序列模式分析、孤立点分析等。

除此之外,商务智能还应包括将分析结果以用户容易理解的方式呈现出来的可视化工具,可视化工具的正确应用不但可以形象地展现数据分析的结果,提高对数据的洞察力,而且还可以使商务智能更加平民化。

## 6.4.4　商务智能的应用举例

### 1. 采购价格分析

采购价格的管理是企业的采购主管的核心工作之一。在 ERP 中,由于其实行限价管理,从而可以在价格审批中得到必要的控制。但是在实务中,许多制造企业的物料品类众多,很难完整地实现限价管理;同时,某些物料价格的上涨有其客观因素,所以事后对历史价格的分析就变得十分重要了,具体涉及的问题如下。

(1) 采购比重较大的物料价格波动情况如何?

(2) 如何找出价格波动最大的物料?

(3) 如何找出价格持续上升的物料?

(4) 如何识别这些物料的采购比重?

(5) 如何掌握这些物料的历史价格波动情况?

(6) 这些物料曾经由哪些供应商供过货?

(7) 每个供应商的价格是怎么样的?

(8) 如何快速定位价格异常的交易明细?

要从成千上万个物料数据中快速找出这些有价值的信息,在 ERP 中基本上是不可能实现的。为此,采用商务智能技术对物料的价格变化进行异常检测,并在此基础上构建采购价格预警分析模型,通过该模型,企业就可以在历史采购交易的汪洋大海中洞察每个异常的价格变化,从而提高企业应对价格变化的应变能力,从而最大限度地降低采购成本。

在这个模型中,异常的价格变化主要根据以下两个条件进行判断。

(1) 物料采购价格连续 3 个月持续上升。在这种情况下,企业首先要关注为什么价格会持续上升,然后确定是因为交货期较短而供应商加价这样的客观原因,还是因为不正常的采购造成的;在找到原因之后,再采取有针对性的措施,例如采用替代物料。

(2) 本年度采购价格波动幅度较大。通过最高价格、最低价格与平均价格的对比计算,快速找出波动幅度较大的物料清单,评估影响大小,跟进具体原因,以采取必要的措施。

### 2. 客户流失分析

在今天产品高度同质化的品牌营销阶段,企业和企业之间的竞争集中地体现在对客户的争夺上。"客户就是上帝"促使众多企业不惜代价去争夺尽可能多的客户。但是,企业在不惜代价争夺客户的过程中,往往会忽视或无暇顾及已有客户的流失情况,结果会导致出现这样一种窘况:一方面,新客户在源源不断地增加;而另一方面,辛辛苦苦找来的客户却在悄无声息地流失。

新客户的有限增长率与高额的开发成本促使企业越来越重视现有客户的流失问题。

对企业来说,客户的流失是不可避免的,但是适时地对潜在的流失客户展开相应的挽留措施,还是可以把客户的流失降低到一个合理状态的。

为此,采用商务智能技术对客户的交易历史及其趋势进行分析和预测,主要根据以下两个条件来判断是否存在客户流失风险。

(1) 客户的销售收入连续数月呈下降趋势。在这种情况下,不管该客户的销售量是大还是小,只要持续下降,就很可能存在流失的风险,就进入潜在流失客户名单,此时,只要找出下降原因,并采取相应有力的措施,则极有可能挽回损失。

(2) 客户连续数月的销售收入都没有超过某个金额。在这种情况下,如果连续数月都没有订单,即金额为0,则说明该客户极有可能已经流失;如果设定一个大于0的经验值,则可以找出那些虽然可能没有下降,但是只是象征性地给一些订单的客户,这种客户极有可能已经另外找到供应商,只是处于过渡阶段而已。如果反应及时,仍有机会将损失降低。

【案例6-3】 天津联通商务智能解决方案。

天津联通根据其业务需要与企业的实际情况,选择SAS电信业智能解决方案中的3个组成部分:客户挽留解决方案、电信业客户细分解决方案、电信业交叉销售和提升销售解决方案。

这3个项目的实施分别帮助天津联通解决如下3个决策的问题。

第一,预测哪些客户最具有流失的倾向,以及影响客户流失的关键因素。通过预制的分析模型提供"流失记分"来帮助识别风险客户,在客户流失之前采取针对性措施来挽留他们。

第二,根据客户可能的行为和潜在的营利性对客户进行分类,给出更加准确的产品组合、更加准确的产品介绍和产品捆绑服务。

第三,从现有客户中识别出有可能接受交叉销售和提升销售的客户人选,评估客户过去的购买模式,预测客户下一步可能会购买什么。

通过运行该系统,并对业务数据进行分析,天津联通制定了更精细的营销策略,留住了利润贡献最高的客户,并开发了更有针对性的新业务,提高了每个用户的平均收入,增强了赢利能力。

# 本章小结

本章主要介绍了决策支持与商务智能的相关内容,是对管理信息系统(MIS)的延伸和深化。

## 1. 决策支持系统

决策支持系统(DSS)是通过数据、模型和知识,以人机交互方式支持管理人员进行半结构化或非结构化决策的信息系统。它为管理人员提供决策所需要的数据、信息和背景资料,帮助其明确决策目标、分析决策问题、建立决策模型、模拟决策过程、提供备选方案,并对各种方案进行评价和优选,帮助管理人员提高决策的水平和质量。

为了提供上述的决策支持能力,DSS由最初的两库系统发展到三库系统、四库系统,主要由人机接口系统、数据库及其管理系统、模型库及其管理系统、方法库及其管理系统、知识库及其管理系统等基本部件组成,其中,模型库及其提供的模型分析能力是DSS有别于其他信息系统最有特色的地方。

### 2. 地理信息系统

地理信息系统(GIS)是在计算机软硬件系统的支持下,以地理空间数据库为基础,支持地理空间数据的采集、建模、管理、分析、处理和显示,为与地理研究和地理决策等有关的决策提供支持的信息系统。简单地说,GIS就是综合分析和处理地理空间数据的信息系统(或决策支持系统)。

为了满足各种应用需求,大多数商用GIS软件包都提供了以下5个基本功能。

(1) 数据的获取。

(2) 数据预处理。

(3) 数据的存储与组织。

(4) 数据的查询与分析。

(5) 图形的显示与交互。

其中,空间分析功能是GIS的核心功能,也是GIS和其他信息系统的根本区别。

### 3. 人工智能与专家系统

人工智能(AI)研究的是如何用计算机来模拟人类的智能活动,求解需要人类智力才能解决的复杂问题,例如定理证明、医疗诊断、下棋、管理决策、自然语言理解、手写字符识别等,从而实现对人类智能的模拟、延伸和扩展。因此,人工智能又称为机器智能或模拟智能,是20世纪最伟大的科学成就之一。

专家系统(ES)是一种在相关领域内具有专家水平解题能力的智能程序系统,它运用领域专家多年来积累的经验和专门知识,模拟人类专家求解问题的思维过程,求解需要人类专家才能解决的领域难题。IDSS就是融入了人工智能技术,特别是专家系统的DSS。

专家系统对信息的处理以知识为中心,通过对大量的专家级知识的有效推理来获得专家级的问题求解能力。为此,专家系统一般由人机接口、推理机、知识库及其管理系统、数据库及其管理系统、知识获取机构、解释机构这6个基本部分组成,其中,知识库中的知识是推理的依据和构成专家系统的基础,其质量和数量决定着专家系统智能的程度和性能的高低。

### 4. 商务智能

简言之,商务智能(BI)是对企业收集到的各种商务数据进行管理和分析,将其转化为有用的商务知识,并以此来更好地辅助管理人员进行正确商务决策的工具。

为了能对商务数据进行全面的、更深层次的分析,将其转化为有用的商务知识,更好地满足商务决策支持的需要,商务智能的技术体系主要由数据仓库(DW)、在线分析处理(OLAP)和数据挖掘(DM)这3部分组成。

# 习题 6

## 一、简答题

1. 什么是决策支持系统？它有哪些基本组成部件？各起什么作用？
2. 决策主要有哪些类型？各类型决策有何特点？DSS 主要支持哪些类型的决策？
3. 地理信息系统的基本功能都有哪些？
4. 什么是专家系统？有哪些基本特征？具有什么样的一般结构？
5. 商务智能的技术体系一般都包含哪些技术？

## 二、讨论题

1. 根据本章学习和自己以往相关知识的积累，讨论如何让当当、淘宝等电子商务网站有针对性地向登录用户推荐感兴趣的商品。
2. "动感地带"是中国移动通信为年轻人推出的客户品牌，20 元可以发 300 条短信。为什么广东移动又制定了 10 元的动感地带套餐业务？商务智能在其中起到了什么样的作用？

# 第 7 章  电 子 商 务

**本章学习目标**

- 了解电子商务的概念及其分类。
- 了解电子商务系统的构成及一般运作流程。
- 了解电子商务的主要安全技术及安全管理方法。
- 了解电子商务在线支付系统的构成以及主要支付工具。

随着移动互联网技术的快速推广,电子商务在我国得到了快速发展。本章主要介绍电子商务的定义、电子商务系统的构成、电子商务安全防范技术和在线支付方式以及物流领域的发展现状。

## 7.1  电子商务概述

因特网(Internet)为人类社会创造了一个全新的信息空间,在这一空间里,人们通过电子信号在互联网上交换各种信息、开展各种类型的社会活动。商业活动作为人类最基本、最广泛的社会活动自然也渗透到了这个网络空间当中。因此,电子商务是人类经济、科技、文化发展的必然产物,也是信息社会的一种商业运营模式创新。而且随着技术的发展,这种创新的内容和形式会越来越丰富多彩,并极大地改变着人类的生产和生活方式。

电子商务活动是现代信息系统应用且发展最为活跃的重要领域,本章主要从信息系统的角度介绍电子商务的概念、系统构成及电子商务应用所涉及的安全和支付管理等重要系统要素构成,以便于从信息系统建设和应用的角度理解并掌握有关电子商务应用与管理的一些核心问题。

### 7.1.1  电子商务概念及其分类

#### 1. 电子商务的概念

有关电子商务的概念,目前还没有一个被人们广泛认同的统一定义。各种社会组织、政府机构、公司企业以及学术团体等,依据自己的理解和需要给电子商务做了一些定义。下面把其中一些具有代表性的定义整理罗列如下,以帮助理解电子商务概念的内涵及本质。

(1) 加拿大电子商务协会对电子商务的定义是,电子商务是通过数字通信进行商品和服务的买卖以及资金的转账,它还包括公司间和公司内利用 e-mail、EDI、文件传输、传真、电视会议、远程计算机联网所能实现的全部功能(例如,市场营销、金融结算、销售以及商务谈判)。

（2）在 1997 年 7 月由美国政府发布的《全球电子商务纲要》中，对电子商务的定义是，通过因特网进行的各项商务活动，包括广告、交易、支付和服务等，全球电子商务将会涉及各个国家。

（3）联合国国际贸易法委员会指出，电子商务的一个重要技术特征是利用 Web 技术进行商业信息传输和信息处理，是在互联网上进行的商务活动，是纸上信息交流和存储方式的一种替代形式，主要功能包括网上广告、订货、付款、客户服务、货物递交等销售和售前、售后服务，以及市场调查分析、财务核算、生产安排等多项利用互联网开发的商业活动。

（4）全球信息基础设施委员会（GIIC）电子商务工作委员会报告草案中对电子商务定义是，电子商务是运用电子通信作为手段的经济活动，通过这种方式人们可以对带有经济价值的产品和服务进行宣传、购买和结算。这种交易的方式不受地理位置、资金多少或零售渠道的所有权影响，公有私有企业、公司、政府组织、各种社会团体、一般公民、企业家都能自由地参加的、广泛的经济活动，其中包括农业、林业、渔业、工业、私营和政府的服务业。电子商务能使产品在世界范围内交易并向消费者提供多种多样的选择。

（5）IBM 公司对电子企务（e-business）定义包括 3 部分：内联网（intranet）、外联网（extranet）和电子商务（e-commerce）。它强调的是在网络计算环境下的商业化应用，不仅仅是硬件和软件的结合，也不仅仅是通常意义下只强调交易的狭义电子商务，而是把买方、卖方、厂商及其合作伙伴，在 Internet、intranet 和 extranet 结合起来的应用。它同时强调这 3 部分是有层次的：只有先建立良好的内联网，建立好比较完善的标准和各种信息基础设施，才能顺利扩展到外联网，最后扩展到电子商务。

（6）美国学者沈鸿将电子商务定义为通过信息网络以电子数据信息流通的方式在全世界范围内进行并完成的各种商务活动、交易活动、金融活动和相关的综合服务活动。

（7）美国学者瑞维·卡拉抖塔和安德鲁 B.惠斯顿在《电子商务的前沿》中提出，广义地讲，电子商务是一种现代商业方法。这种方法通过改善产品和服务质量、提高服务传递速度，满足政府组织、厂商和消费者降低成本的需求。这一概念也用于通过计算机网络寻找信息以支持决策。

纵观上述定义，可以对电子商务概念的内涵及本质做以下几点归纳。

（1）电子商务与传统商务的最大区别是采用电子手段进行的商业活动。虽然电报、电话、电视、POS 机等电子设备早已介入人类的商业活动，但是，只有计算机网络特别是因特网在商业活动中被广泛应用，才使得人类的商业活动以及商业模式发生了又一次革命，其最大改变就是商务活动的网络化、数字化和虚拟化。

（2）电子商务与传统商务相同的地方是都以商业经济活动为背景和出发点。各种具有商业活动能力的实体（如生产企业、商贸企业、金融机构、认证机构、物流配送等各种中介服务机构、政府机构、个人消费者等）都可以是电子商务的参与者。

（3）对于电子商务的理解可以从狭义和广义两个角度加以描述。

狭义电子商务是指利用计算机网络开展的多种商业交易活动，包括商品和服务的提供者、广告商、消费者、中介服务商等有关各方参与交易行为的总和，如广告、交易、支付和服务等活动。狭义的电子商务也是人们一般理解的电子商务。

广义的电子商务是指利用计算机网络技术进行的全部商业活动。这种商业活动可以发生在公司内部,公司与公司之间,公司与客户等经济实体之间,它可以包括电子数据交换(electronic date interchange,EDI)、基于因特网的电子商务(electronic commerce,EC)、企业资源计划(ERP)、供应链管理(SCM)和客户关系管理(CRM)等内容。

(4) 无论是从狭义层面还是从广义层面理解,电子商务的本质是一次现代商业革命,是一种现代商业模式创新,其目的是缩短商业流程、加速商业处理过程、减少商业成本、创造新的商业机会和竞争优势,进而创造新的商业价值等。总之,电子商务最终将推进人类社会建立一种更高品质的经济发展秩序,诸如网络经济、信息经济等新经济发展模式。

综上所述,可以这样认为,从宏观上讲,电子商务是现代信息技术特别是因特网的广泛应用所带来的一场商业革命,它在促进人们通过电子及网络技术手段进行商业模式创新的同时,也在推进社会经济发展方式的变革,催生出诸如网络经济、信息经济的新经济发展模式;从微观角度说,电子商务是指生产企业、商贸企业、金融机构、政府机构、个人消费者等各种具有商业活动能力的实体利用互联网和先进信息技术进行的各种商务及贸易活动的总称。

### 2. 电子商务的分类

按照交易涉及的对象、商品类型以及所使用的网络类型等内容的不同,可以对电子商务进行不同的分类。

(1) 按参与交易对象不同分类。

① 企业对企业(business to business,B2B)电子商务。B2B 是企业与企业之间通过互联网或专用网方式进行的电子商务活动。B2B 又可以分为两种,一种是非特定企业间的电子商务,它是在开放的网络中针对每笔交易寻找最佳伙伴,并与伙伴进行从订购到结算的全面交易行为;第二种是特定企业间的电子商务,它是过去一直有交易关系,而且今后要继续进行交易的企业间,围绕交易进行的各种商务活动。在特定企业间的买卖双方,既可以利用因特网进行从订购到结算的全面交易活动,也可以通过在企业间建立的专用网络完成双方的买卖交易。

根据网经社电子商务研究中心(www.100ec.cn)发布《2019 年全球电子商务数据报告》,2018 年中国电子商务交易额达 47.3 万亿元,其中 B2B 电子商务市场交易额达 29 万亿元。

② 企业对用户(business to customer,B2C)电子商务。B2C 是企业通过网上商店,实现在线商品零售或为消费者提供所需服务的商务活动。这是人们最熟悉的一类电子商务形式。随着万维网(WWW)的出现,网上销售迅速发展起来。目前,在因特网上有很多类型的网上虚拟商店,向客户提供各种商品销售及相关服务。通过网上商店买卖的商品,可以是书籍、鲜花、服装、食品、汽车、电视等有形的实体商品,也可以是图书、音乐、电影、数据库、软件等各类基于信息和知识的、无形的数字化商品,还可以是商家或某个社会组织提供的旅游、在线医疗、远程教育等各类服务。

③ 企业对政府(business to government,B2G)电子商务。B2G 模式即企业与政府之

间通过网络所进行的交易活动。B2G 可涵盖政府与企业间各项事务的活动,包括政府采购、税收、商检、管理条例发布以及法规政策颁布等。政府一方面作为消费者,可以通过因特网发布自己的招标、采购清单等信息,以公开、透明、高效、廉洁地完成政府项目招标或所需物品的采购;另一方面,通过网络以 B2G 方式为企业提供服务和监管,以及进行信息交流等,从而能更加高效地发挥政府对企业的宏观调控、指导和监督等管理职能。例如政府通过"网上税务征缴系统",可以方便、快捷、高效地完成对企业和商业交易活动的征税工作等。

④ 企业内部电子商务。企业内部电子商务即企业内部各部门之间,通过内联网(intranet)的方式处理与交换商务交易信息(如客户订单)等。通过企业内部的电子商务,可以提高企业商务活动处理的敏捷性,使企业对市场变化能更快地做出反应,并更好地为客户服务。企业内部网在自动处理商务操作与工作流程的同时,还可增加对重要系统和关键数据的存取,共享信息,共同解决客户问题,并保持组织内部的联系。

⑤ 政府对公众(government to citizen,G2C)电子商务。G2C 是政府机构为提高工作效率和服务质量,效仿商业服务模式通过电子网络系统为公众提供的各种服务活动。G2C 电子政务所包含的内容十分广泛,主要的应用包括公众信息服务、电子身份认证、电子税务、电子社会保障服务、电子民主管理、电子医疗服务、电子就业服务、电子教育、培训服务、电子交通管理及服务等。G2C 是现代电子政务的一个重要组成部分,其目的一方面是给公众提供方便、快捷、高质量的服务,另一方面是可以开辟公众参政、议政的渠道,畅通公众利益的表达机制,建立政府与公众的良性互动平台。

⑥ 用户对用户(customer to customer,C2C)电子商务。C2C 是个人与个人之间的电子商务活动。目前在网上的主要表现形式是消费者间的二手货拍卖或交换,随着今后各种技术的进步以及网上支付形式的多样化,C2C 形式的电子商务可能也会像现实社会中自由市场上的商品交易一样普遍和容易。

(2) 按照应用网络类型的不同分类。

① 基于 EDI 的电子商务。EDI(electronic data interchange)是指按照一种公认的标准和协议将商务活动中涉及的文件标准化和格式化,在贸易伙伴的计算机网络系统之间进行交易数据的交换和自动处理。EDI 主要应用于企业与企业、企业与批发商、批发商与零售商之间的批发业务。传统的 EDI 是在企业内部和协作企业间建立的专用网上进行的,随着因特网技术的发展,现在也可在因特网上进行 EDI 数据传输。

② 基于因特网的电子商务。基于因特网的电子商务是指利用全球开放的 Internet 开展的电子商务活动,在因特网上可以进行各种形式的电子商务业务,所涉及的领域非常广泛,世界各国的企业和个人都可以参与。随着 Internet 技术的不断发展,基于因特网的电子商务也在蓬勃快速发展之中,并已成为目前电子商务的主流模式。

③ 基于内联网的电子商务。基于内联网的电子商务是指在一个大型企业的内部或一个行业内开展的电子商务活动。它可以在企业内部或协作企业之间形成一个商务活动链,从而大大提高企业运作效率,降低运营成本。目前,许多国内知名的大企业(如长虹、海尔、TCL 等)都利用内联网建立了自己内部的集生产、管理、资金划拨为一体的企业资源计划系统,开展企业内部电子商务活动,从而大大降低了管理成本和费用,加速了企业

内部资金的周转和使用效益。

（3）按资金支付方式的不同分类。

① 完全电子商务。完全电子商务是指资金流也加入网上电子商务活动的环节中，即交易时可在网上进行资金支付。这种电子商务形式，因减少了网下支付的中间环节，从而大大提高了交易的速度和效率，减少了交易成本。因此它是一种较高级别的电子商务形式。

② 不完全电子商务。不完全电子商务是指在电子商务交易过程中，只有交易的前端环节是在网上进行的，如商品的选购、信息的查询、谈判、下单等活动是在网上进行的，而后端的资金支付环节则是在网下进行的，这是一种较低级的电子商务形式。

### 3. 电子商务的特点

与传统商务模式相比，电子商务主要有以下几个特点。

（1）全球性。互联网的全球信息共享特征使电子商务的交易活动突破了传统时空的局限，也使市场突破了国界与地区局限，使企业或商家可以构筑覆盖全球的商业营销网络，获得全球性的巨大市场空间。预计不久的将来，全球大多数的贸易活动都将会以电子商务的形式完成。

（2）直接性。电子商务的网上交易可以使供需双方直接沟通，减少了中间环节，提高了商务活动的效率和便利性，降低了交易成本。

（3）均等性。互联网有灵活多样的接入方式并且随时可以扩容，是一个开放的市场体系。从理论上讲，中小企业只需在互联网上建立一个网页，就可以打开国际市场，接触全球范围内的广大客户，而无须耗费巨额投资去建立庞大的商业体系、投入昂贵的广告费用和众多的营销人员，因而它使中小企业可以获得和大企业同样多的竞争机会。但在实际应用中，中小企业还必须精心设计谋划，采取创新、巧妙、出奇制胜的网络营销策略，才能使自己的网站从浩如烟海的网页中脱颖而出，为广大客户所熟知，从而获得竞争机会。

（4）具有较大风险性。由于网络交易的虚拟性，买卖双方可以在无须见面的情况下进行交易，这就增加了交易过程的不确定性。同时，网上交易过程还可能受到"黑客"等不法分子的攻击以及各种经济犯罪活动的威胁。因此，电子商务可能会存在较大风险性，需要采取一系列安全措施进行防范。

## 7.1.2 电子商务发展

事实上，电子商务并不是一个新概念，早在 1839 年，当电报刚出现的时候，人们就开始了对运用电子手段进行商务活动的尝试。当贸易开始以莫尔斯码点和线的形式在电线中传输的时候，应该说是人类运用电子手段开展商务活动新起点的一个标志。

从 20 世纪 70 年代开始，电子计算机技术、网络通信技术及其相关技术的快速发展，又为现代电子商务发展提供了新的技术和手段。EDI（electronic data interchange，电子数据交换）和因特网技术的发展为现代电子商务注入了新的活力，特别是基于因特网的电子商务，目前正在呈现出蓬勃旺盛的快速发展态势。

一般认为，现代电子商务起源于 EDI，并大致可分为以下 3 个发展阶段。

### 1. 基于 EDI 的电子商务(20 世纪 70—90 年代)

EDI 在 20 世纪 70 年代初期产生于美国,当时的贸易商们在使用各自的计算机信息系统处理各种繁杂的商务文件时发现,由于过多的人工干预,影响了数据的准确性和工作效率。如果贸易伙伴之间能够通过各自的计算机信息系统进行自动数据交换,就能克服这些弊端,于是 EDI 技术应运而生。

EDI 技术是将业务文件按照一个公认的标准,从一台计算机传输到另一台计算机的电子交易数据传输方法。由于 EDI 大大减少了纸张票据,因此,人们也形象地称 EDI 为无纸贸易或无纸交易。从技术上讲,EDI 包括硬件与软件两大部分。硬件主要是指计算机网络,软件包括计算机系统软件、应用软件以及 EDI 标准和 EDI 翻译软件。

在硬件方面,20 世纪 90 年代之前的 EDI 是通过租用专用线路在专用网络实现的,这类专用的网络被称为增值网(value added network,VAN),这样做的目的主要是考虑安全性问题。在软件方面,EDI 所需软件的主要功能是将用户数据库系统中的信息翻译成 EDI 标准格式以供传输交换。由于不同行业的企业,是根据自己的业务特点来规定数据库信息格式的,因此,当需要发送 EDI 文件时,从企业专有数据库中提取的信息,必须通过软件翻译成统一的 EDI 标准格式文件传输给对方,才能使对方识别并方便地使用这些信息。

### 2. 基于因特网的电子商务(20 世纪 90 年代以后)

20 世纪 90 年代中期,因特网迅速普及,逐步从大学、科研机构走向企业和寻常百姓,其功能也从信息共享演变成为一种大众化的信息传播工具。从 1991 年起,一直被排除在因特网之外的商业贸易活动也正式进入这个王国,从而使电子商务成为因特网应用的一个最大热点。

基于因特网的电子商务发展之初,企业只是在因特网上建立静态网页,并基于 HTML 的网页进行在线信息发布。自 1997 年以来,一些创新公司实施了第二代电子商务计划,计划的核心就是将其网站前端网页(如浏览器主页的信息发布和商品目录、价格、网上订单等)与后端订单管理和存货控制等业务系统进行连接。第二代电子商务一方面能使客户直接从企业网站发出和追踪订单,这不但大大提高了交易过程的透明性,并能使客户更多地了解和控制订购过程,提高了客户在交易过程中的主动性。另一方面,这种后端系统与前端因特网界面的集成,使得公司电子商务信息系统可提供有关库存、价格以及订货和发货情况等实时业务信息,增加了企业对销售过程的管理和控制能力,从而降低交易成本,提高交易效率。

### 3. 基于移动互联网的电子商务

进入 21 世纪后,移动通信技术的迅猛发展和智能终端设备的普及,使人们通过智能手机、PDA(personal digital assistant,个人数字助理,俗称掌上电脑)、上网本等智能移动通信设备,与因特网有机结合进行电子商务活动成为可能。目前移动电子商务提供的常见服务有个人信息管理(personal information management,PIM)、网上银行业务、购物、交易、基于位置的服务(location-based service,LBS)、在线视频、音乐、游戏娱乐等。

移动电子商务因其快捷方便、无所不在等特点,已经成为现代电子商务发展的一个新方向和新热点。不久,人们就会看到移动电子商务意想不到的发展,它主要受到金融、旅游和零售等对时间和地点敏感的行业推动,移动商务正好能体现这些行业的业务发展需要。

【案例7-1】 国内外电子商务发展概况。20世纪90年代特别是进入21世纪以来,电子商务一直在以惊人的速度发展。1994年全球电子商务销售额仅为12亿美元,1997年即达到26亿美元,1998年销售额竟高达500亿美元,比1997年增长了近20倍。2000年销售额更猛增到3000亿美元。2002年交易额突破6153亿美元,比2001年的3549亿美元增加了73.1%。到2003年达到1万亿美元,约占全球商业贸易总额的10%。自1999年以来,电子商务在中国开始了由概念向实践的转变。从一开始的B2C模式,到1999年的C2C网上拍卖以及1999年末兴起的B2B模式,近几年,电子商务在中国也取得了良好的发展。图7.1显示了2012—2019年中国电子商务市场交易规模的趋势统计图。

图 7.1 2012—2019 年中国电子商务市场交易规模

中国电子商务行业的发展孕育产生了一大批电子商务(简称电商)上市公司,促进了中国资本市场的发展和新兴产业的发展。2019年,国内电子商务行业中新上市电子商务公司达17家。截至2019年年底,中国共有电商上市公司达66家。报告显示,截至2019年底,国内电子商务上市公司达66家。2019年,66家电商上市公司总市值6.45万亿元,平均市值977.61亿元。其中,零售电商上市公司总市值5.21万亿元,平均市值1859.29亿元;生活服务电商上市公司总市值1.16万亿元,平均市值550.54亿元;其中阿里巴巴作为领头军,仍遥遥领先,市值占比超六成;美团点评自2019年以来市值飞速增长,超五千亿元,比上半年市值增长52.5%;京东、拼多多均处于3000亿元以上,拼多多市值增幅明显,比上半年增长85.9%,超过小米集团;小米集团市值比上半年略有上升,达2000亿元以上。

电子商务的发展也促进了各产业中的传统企业参与电商数字化变革。据网经社"电数宝"电商大数据库显示,2020年中国产业电商市场规模达27.5万亿元,较2019年的25万亿元同比增长10%。产业电商作为产业互联网的重要切入点和主要推动者,2020年行业发展依然迅猛。疫情下,越来越多的数字企业参与电商数字化变革,助力传统电商转型升级,打通电商全产业链发展。今后国内数字经济发展重点将从数字产业化转向产业数字化,更加重视融合应用,产业数字化的重心将从服务业逐步转移到工业和建筑业,信息技术开始与传统行业深度融合。

### 7.1.3　电子商务对社会经济发展的影响

随着电子商务的迅猛发展,电子商务正在对企业生产经营和社会经济的发展产生越来越大的影响。

#### 1. 电子商务对企业的影响

(1) 改变企业的营销方式。电子商务为企业营销方式的发展提供了新的机遇,主要表现为,企业对目标市场的确定将更加注重对网上信息的分析和利用;可以通过网络这个拥有数十亿用户的第四媒体发布商品信息,树立企业形象;可以运用网络和传统手段相结合的方法开展市场调研,为正确决策提供有力支持;可以打破传统时空局限搜索货源,利用网络公开招标等采购方法创造更好的贸易机会。

(2) 促进企业供应链的有效建立。电子商务密切上下游企业之间、企业和客户之间的关系,为企业与企业、企业与消费者之间,提供了更加广泛的商业交流机会,促使企业管理由面向内部资源的管理,转变为面向整个供应链的管理。

(3) 为组建虚拟企业创造了条件。电子商务大大增加了企业与企业之间信息资源共享的可能性。这就为上、中、下游企业建立虚拟企业创造了条件。为了快速响应客户个性化需求的发展,企业可以通过因特网,借助分布在世界各地的其他企业资源,实现企业资源的优化管理。例如,美国的苹果手机就是采取在美国本土设计,在韩国、日本生产零配件,在中国进行组装,然后向全世界销售的企业经营模式。

(4) 促进企业体制改革和业务流程重组。电子商务正在促使企业体制改革向纵深发展。信息化、网络化、虚拟化的管理必然导致企业体制和机构的重大改革。在传统的企业管理中,业务流程仅被理解为企业范围内的作业处理过程。随着企业管理由内部资源管理向整个供应链管理的转变,企业传统业务流程深层次的问题已经暴露出来。在推进电子商务发展的过程中,必须朝着企业资源优化组合和合理利用的目标发展,加快企业业务流程再造,实现外协、外购、分销、库存管理、运输、仓储等一系列业务流程的网络化及协同、协作管理,是开展高效电子商务的基础和前提,因此企业体制及流程的变革与重组成为必然。

#### 2. 电子商务对社会经济发展的影响

(1) 对社会商业体系结构的影响。电子商务打破了市场的时空限制。传统供需信息交换活动被电子商务系统替代后,商业活动将在全球市场上进行"365×24"的运作方式,即能做到无国界、无昼夜时间之分。供需双方直接沟通,使消费者的消费观念和行为都在发生变化。消费者将处于主动地位,他们可以从网上获得充分的商品信息,并以一种自我服务的方式来完成交易过程。

虽然互联网不能取代商业活动中的实体物流过程,但在实现电子商务以后,传统商品交易过程中商品逐级批发和运送的多级物流过程,将由商品配送中心组织的一次性物流过程所替代。随着信息技术的发展和智能化高效物流配送系统的建立,会使客户足不出户就可以从网上方便快捷地买到所需的任何商品。

所有这些变化,不仅极大地降低了交易费用和物流成本,而且将从根本上改变整个社会的商业体系结构。在电子商务的虚拟环境中,市场准入条件也会发生变化,企业规模的大小,对竞争力的影响可能变得不像传统那样突出。一些中小企业有可能进入原来主要被大企业占有的市场,甚至可以与大企业竞争。例如,天猫商城里的商家虽然没有自己的库房和物流体系,但利用阿里巴巴的库存站点和物流配送体系,却可在网上向国内市场各个区域乃至全球用户销售自己的产品,可以与传统意义上的大型企业开展市场竞争。

(2) 对经济理论产生影响。电子商务的兴起和发展正在对经济理论产生深远影响。不少经济问题已不能简单地用传统的经济理论来研究与解释,而需要从新的视角对传统经济理论进行重新认识。例如,过去商品价格在很大程度上随供求关系的变化而变化,在电子商务条件下,地区差别变得无关紧要,消费者可以从网上迅速掌握全球的商品价格,从而出现了集体砍价现象,迫使企业转换价格策略,努力去降低成本。

随着电子商务的发展,越来越多的新经济问题需要去研究,并出现了许多新的经济名词,如数字经济、网络经济、电子商务经济、注意力经济等。

网络经济是基于互联网进行资源分配、生产和消费的新经济模式。其基础条件是互联网,其核心将是电子商务。网络经济的发展是信息技术快速发展的结果,它使世界经济在互联网上以数字形式发生联系后而极大地改变了面貌。因此,有人将网络经济也称为"数字经济"。

电子商务经济学研究的基本内容是网络经济时代数字产品和实物产品的经济学含义。它应用了基础微观经济学理论,论述电子交易市场上的质量不确定性以及市场信息、市场中介和新的市场效率问题;分析在网络时代十分敏感的版权问题。同时,电子商务经济学还系统地进行网络营销、网络广告、信息查询、产品差别定价、金融电子商务的经济学分析等。具体来看,电子商务经济学所研究的就是在电子商务形成的虚拟市场上,市场过程和产品发生了怎样的基本变化,市场参与者在生产、营销、消费过程中,应当就产品选择、市场战略、价格制定等问题考虑哪些新的影响因素。

注意力经济是研究如何以最少投资获得最广泛、最有效的注意力问题的经济理论研究。1997年,美国经济学家迈克尔·戈德海指出,在以网络为基础的信息社会中,信息已不再是稀缺的资源,而是相对过剩的资源,稀缺的是人的注意力。谁能抓住更多的眼球(注意力),谁就能成为21世纪经济的主宰。他认为,在新经济时代,最重要的资源已不再是传统意义上的货币资本,也不是信息本身,而是注意力。

信息的获取需要消耗一种十分稀缺的资源——人的注意力。而信息只有被有效利用才能成为资源。否则,信息不但成不了资源,还会白白消耗掉"人的注意力"这一稀缺资源。人的注意力在信息急剧膨胀的时代中,显得越来越不够用了。众所周知,"经济是由稀缺资源决定的",注意力经济的概念由此而产生。

综上所述,电子商务的发展对人类社会经济发展的影响是深刻的,因此,需要不断研究探索相关新经济的发展规律,形成新的经济发展理论,指导人们的经济活动。

(3) 电子商务对人类的生存方式的影响。电子商务是在虚拟空间进行的商务活动,是对传统商务活动的一次根本革命,它将使人类的社会、政治和文化生活发生深刻变革,将人类社会带进一个新经济时代。在新经济中,信息技术使经济建立在信息和知识基础上。人类的交往方式发生了改变,交往距离的消失,诱导了新的生产与竞争,推动经济不断发展。当网络带宽增长到足以承担完全多媒体的所有应用时,人类将能够穿越时间和空间进行交流,这就需要用新视角去观察、理解事物的发展过程。产品和服务的知识内涵增加了,知识产品在社会生活中的应用更加广泛,终身学习、追求知识成为社会成员生存发展的第一需要。

【案例7-2】 海尔智家公司通过线上线下融合发展,不断提高竞争力,主导变革改变自己。海尔智家公司开展了电商平台、社交电商、直播电商、社区团购等多种形式的电子商务活动无缝直达用户。2020年,受到线下疫情防控的影响,海尔智家公司积极拓展线上市场。由于居家时间延长、喜好网购的新一代年轻用户增多,各种形式的电子商务作为无接触、云体验的营销媒介,对用户购买意向和决策产生巨大影响。海尔智家公司利用自建平台和各类第三方直播电商平台,凭借移动化、社交化、场景化的特点,提高了传播效率并加速流量变现。通过自建和自运营海尔智家App这一电子商务众博平台,汇集丰富的在线内容,吸引用户观看涵盖衣食住行娱等全场景直播,交互得到用户满意的家装家居场景解决方案。目前,海尔集团家电类产品线上市场规模均已超过线下销售额,未来伴随着KOL、KOC等核心用户圈层的兴起,以及5G网络的普及和VR技术的日趋成熟,电子商务线上内容平台将更加丰富,电子商务直播有望带给企业和用户更深入直接的交互体验。

## 7.2 电子商务系统构成

作为一个集商流、信息流、资金流和物流综合运转的复杂系统,电子商务系统的实施和应用需要有一个完善的体系来加以保证。从广义上来讲,电子商务系统就是保障电子商务活动开展的各种信息技术和管理服务环境要素的集合。为了使读者对电子商务系统构成有一个概括、清晰的了解,本节主要从宏观运行环境和技术系统构成框架两个角度来描述电子商务系统的构成,前者可以使读者对电子商务系统的整体构成有一全面和宏观的认识,后者则能使读者从信息系统角度,对电子商务系统实现的主要信息技术构成有一概括了解。

### 7.2.1 宏观电子商务系统构成

宏观电子商务系统是指为保障电子商务活动开展所需的所有要素集合。图7.2显示的是一个完整的基于因特网的宏观电子商务系统构成,它是运行在基于因特网的信息系统基础之上的,由参与交易的企业、组织和消费者,提供实物配送和支付服务以及提供其他服务的电子商务服务商等几大部分构成的一个复杂系统,同时它还要受到其他一些环境因素的影响和制约,这些环境因素包括经济、政策、法律和技术等环境因素。

**1. 基于因特网的信息系统**

基于因特网的信息系统是指企业、组织和电子商务服务商,在因特网的基础上开发的各类信息系统,它们是电子商务系统运行的基础。在电子商务交易中所涉及的信息流、物流和货币流的运转,都与这些信息系统的控制和处理紧密相关。例如,为了实现企业产品

经济环境

政策环境

实物配送

企业、组织、消费者

Internet信息系统

电子商务服务商

支付结算

技术环境

法律环境

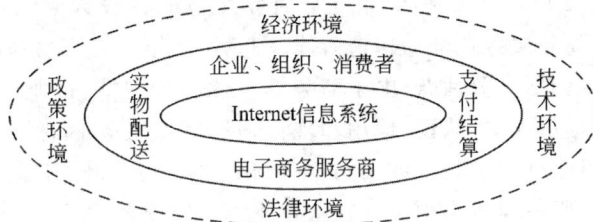

图 7.2　电子商务宏观系统构成

的在线销售,企业需要开发产品销售的电子商务网站或网页,为了实现在线支付,还需要基于因特网的网上支付系统,为了实现物流的快速运送和管理还需要基于因特网的物流信息系统等。基于因特网的信息系统的主要作用,是提供一个开放、安全和可控制的信息交换和运行平台,它们是保障电子商务运行的基础和核心。

### 2. 电子商务服务业

作为一个基于因特网和信息技术的新型商务模式,电子商务具有较强的技术和专业性,需要有一大批专业化的服务机构,为企业、组织和消费者在因特网上开展电子商务活动提供支持。电子商务服务商即是这类基于信息技术的、为企业、组织和个人开展电子商务提供服务和支持的商业或社会组织机构。

伴随着电子商务的快速增长,如今各类电子商务服务已形成了一个规模化、专业化和不断创新的新兴行业——电子商务服务业,并已成为现代电子商务系统的一个重要组成部分。

在国外,电子商务服务业经历了因特网服务提供方(Internet service provider,ISP)、因特网内容服务方(Internet content provider,ICP)和应用服务提供方(application service provider,ASP)和电子商务服务(electronic commerce service)等发展过程。以亚马逊等为代表的一批美国电子商务服务企业,率先开发的电子商务服务包括搜寻商品项目、提供商品信息、提高顾客浏览量、创建全功能商品购物车、提供商品供应商信息、推荐同类型或相关产品、虚拟主机服务、网站设计与建设、特殊功能应用系统开发(如接受订单、处理订单、确认订单)等。

美国是全球电子商务技术和应用的开拓者和引领者,它拥有全球 90% 的商业网站,互联网产业的收入已超过 5000 亿美元。美国电子商务发展以大型企业为主导,以集成供应链管理为起点,以降低成本为主要目标。其主要表现形式为,大型企业首先利用 ICT 信息平台(ERP、ISC、CRM、IPD 等),在整合企业内部流程和信息资源基础上,进一步向上游的供应商和下游的客户扩展,打通与上下游的信息流、资金流和物流,从而改善沟通效率和服务质量,大幅度降低交易成本、库存成本、生产成本和采购成本,通过全球化资源配置,提高竞争优势,这构成了美国 B2B 电子商务发展的主流模式,例如戴尔(DELL)、UPS、沃尔玛、思科等企业的电子商务系统的开发应用。美国网上零售市场 B2C 典型代表亚马逊,目前的业绩远超网上零售市场典型代表 eBay。同时,美国 B2C 发展也要好于 C2C。

我国电子商务服务业的发展,起源于 1999 年,以阿里巴巴为代表的电子商务服务平台的诞生为标志的。2003年,中小企业电子商务交易平台服务商——阿里巴巴开始赢利,标志着中国电子商务服务业开始构造阶段。此后,以第三方交易与服务平台为代表的我国电子商务服务业创新十分活跃,电子商务综合性服务网站、行业性服务网站、面向个人的服务网站,以及提供支付、认证、信用和现代物流信息服务的电子商务服务商纷纷涌现。当当、卓越、阿里巴巴、慧聪、全球采购、中国化工网、淘宝网、eBay、支付宝、中国金融认证机构等电子商务服务商成为中国互联网企业中的佼佼者。

2007年以来,随着我国电子商务的爆发式增长,电子商务服务需求急剧增加,我国电子商务服务业也进入了快速发展阶段。电子商务平台服务规模迅速扩张,标志着我国电子商务服务领域的专业化水平有了质的飞跃。截至2010年,已有来自200多个国家,超过5600万的会员使用阿里巴巴平台,平台上的企业商铺已超过800万,付费会员超过100万名。截至2010年年底,我国电子商务服务平台服务业已集成了信息、支付、物流、金融、IT运营等多种服务,电子商务平台服务业的网络零售交易额已占网络零售的90%,占全国社会消费品零售总额的比例超过2.7%。

2019年,商务部以习近平新时代中国特色社会主义思想为指引,全面贯彻党的十九大和十九届二中、三中、四中全会精神,以供给侧结构性改革为主线,贯彻新发展理念,努力适应数字经济发展新要求,扎实推进各项工作落实,推动电子商务高质量发展取得新进展。经过十几年的迅猛发展,在物流快递、在线支付和电子认证等服务业发展推动下,我国电子商务服务业已初具规模。我国电子商务服务业形成了涵盖交易平台服务、代运营服务、物流服务、信用服务、咨询服务、教育培训服务、数据基础服务、金融服务等门类不断专业细化的庞大产业。

如果企业要开展电子商务,一般需经过“建立电子网站(包括注册域名、购买(或者租用)服务器、购买虚拟主机、制作网页等)、营销推广、流量转化、支付支持、物流服务及售后服务”等一系列技术性和专业性极强的活动才能实现。然而,电子商务服务业的兴起则意味着这一切都可以通过专业化的电子商务服务商提供的服务平台来完成,这样不仅大大降低了中小企业开展电子商务应用的专业技术门槛,简化了企业开展电子商务的复杂性,同时,还可以利用服务平台营造的良好环境和规模效应,降低企业营销成本,不断扩大企业销售,促进企业产品、营销和管理等各种创新。

由上述可知,电子商务服务业的发展对促进社会经济交易成本的降低,促进社会分工协作和服务创新,提高社会资源配置的效率和优化等方面,都具有十分积极的意义,并成为促进电子商务应用和创新发展的重要基础支撑性行业,成为推动国民经济增长的新引擎。

### 3. 企业、消费者和社会组织

企业(商家)、消费者(客户)及相关社会组织都是电子商务活动参与的主体。通常情况下,对于消费者来说,只需接入互联网就可参与网上交易活动。而对于企业来说,它不但需要连接上网,而且作为交易主体,它还需为其他参与交易方提供相应的服务和支持。如提供产品信息的查询服务、在线订购服务、商品配送服务、支付结算服务、售后服务等。因此,企业要开展网上交易,应当首先建设好自己的电子商务应用系统。

图7.3所示为一个基于因特网的企业电子商务系统主要技术构成框架结构图。由图

7.3 可见,企业电子商务系统由基于企业内联网(intranet)的企业信息系统、企业电子商务Web站点,以及相关的管理人员等要素组成。为方便企业同业务联系紧密的合作伙伴进行信息资源共享,同时又保证交易的安全,在企业内网与互联网之间,可通过防火墙来控制非法人员进入企业内部网络系统,只有那些经过授权的用户才可以进入企业内部网。

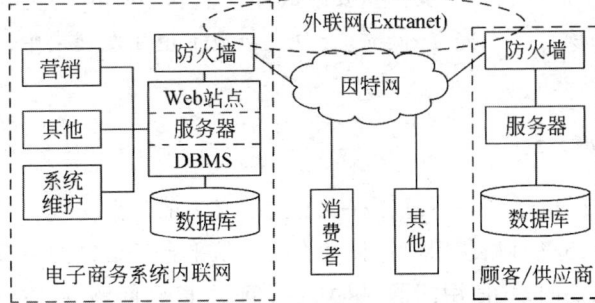

图 7.3 企业电子商务系统主要技术构成框架图

在基于因特网的电子商务交易中,参与交易活动的还需要有银行、认证机构、物流公司等相关的社会组织机构提供的服务支持。银行可为网上交易提供在线支付服务。认证机构(certificate authority,CA)作为第三方中立机构,可以为交易双方提供安全认证服务。物流公司则可以提供交易的实物运输与配送服务。图 7.4 显示了电子商务系统中以上各方参与者的相互联系。此外,还需要有相关政府主管部门、行业协会组织、教育科研机构等社会组织来研究电子商务的发展规律,制定与电子商务相适应的政策法规,开展电子商务人才培养教育等,以促进和保障全社会电子商务及电子商务服务业的良性发展。

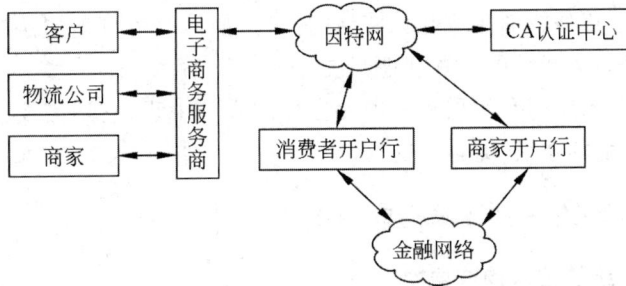

图 7.4 电子商务系统中各角色的联系图示

### 4. 物流配送系统

一个完整的电子商务系统,如果没有高效的实物配送物流系统支撑,是难以维系交易顺利进行的。物流系统主要具有包装、运输、存储保管、装卸搬运和流通配送以及相关信息处理等基本功能。随着电子商务的蓬勃发展,迫切需要建立一个高效快捷的"第三方"社会化物流系统。因此,现代化的物流产业发展对电子商务发展具有重要的支撑作用,它是目前社会各方都十分看好的朝阳产业。

**5. 支付结算系统**

支付结算是网上交易完整实现的重要一环,关系到购买者是否讲信用,能否按时支付;销售者能否及时回收资金,促进企业经营良性循环等问题。因此,网上在线支付结算系统是高效完整电子商务交易过程的重要组成部分。但当前电子虚拟市场尚处在初级发展阶段,相关的市场规则还不完善,同时,安全支付技术也在发展之中。因此,目前网上支付还存在诸多安全问题。

**6. 电子商务环境系统**

与传统市场一样,电子商务系统在提供交易所必需的信息交换、支付结算和实物配送等基础服务的同时,还将面临使用信息技术作为交易平台所带来的一系列新的问题,如信息安全问题、身份识别问题、信用问题、相关法律问题、隐私问题、税收问题等。此外,网络基础设施的完善和相关信息技术的发展、企业信息化水平、消费者的购物习惯、政府对电子商务的引导推进措施及相关政策等,都是与电子商务发展密切相关的环境建设问题。

例如,互联网是一个跨国界的网络,建立在其上的电子商务活动必然也具有跨国界的特点,如果各个国家按照自己的交易规则和方式运作电子商务,势必会阻碍电子商务在本国乃至世界的发展,所以有必要建立一个全球性的电子商务标准和规则,以保证电子商务的顺利实施。

又如,法律维系着商务活动的正常运作,违规活动必须受到法律制裁。电子商务活动有其独特性,买卖双方很可能存在地域法律法规的差别,如果没有一个成熟的、统一的法律体系进行仲裁,交易之间的纠纷就不可能得到妥善解决。如何保证授权商品交易的顺利进行,如何有效遏止侵权商品或假冒商品的销售,如何有力打击违法违规交易行为等,这些都决定了电子商务活动能否顺利地开展。

因此,电子商务的应用和发展是一项社会性的系统工程,它还需要技术、经济、法律、政策等相关宏观环境的建设、完善和支撑。

## 7.2.2 电子商务系统主要技术构成层次

**1. 电子商务系统的技术构成层次**

如上所述,电子商务系统是在技术标准体系和国家宏观政策、法律法规等社会人文环境的两大支柱体系支持下,应用计算机技术、网络与通信技术、安全技术、数据库技术、电子支付技术、电子数据交换技术等多个要素构成的一个复杂系统。

从技术上来说,电子商务系统由3个层次技术构成,如图7.5所示。

(1) 网络平台层。网络平台层位于电子商务系统技术构成框架的底层。它是电子商务的信息传输的平台和用户接入的环境,由各种各样的网络基础设施,信息传输与表达技术(如多媒体技术)以及相关的信息网络传输协议等技术构成。

(2) 公共服务平台层。公共服务平台层位于电子商务系统技术构成框架的中层,是所有参与电子商务交易的企业、客户等各方都会用到的服务管理功能,例如认证机构

电子商务应用
- 供应链管理
- VOD
- 远程金融服务
- 采购
- 在线营销和广告
- 家庭购物

公众、政策、立法和隐私问题

文件、安全和网络协议的技术标准

公共的商业服务基础设施层
(安全/证明、电子支付、电话簿/目录)

信息传播的基础设施层
(EDI、电子邮件、超文本传输协议)

多媒体内容和网络表示层
(HTML、Java、WWW)

网络基础设施层
(电话、有线电视、无线通信、互联网)

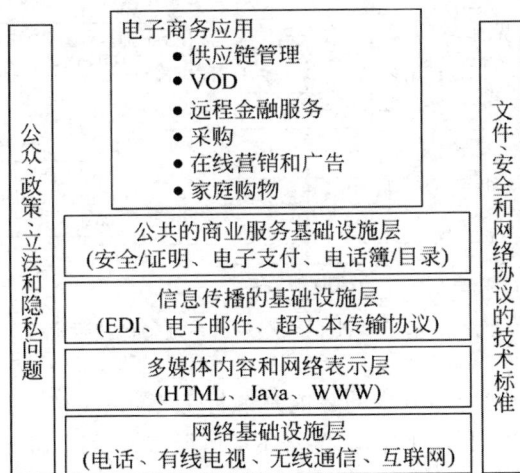

图 7.5　电子商务系统技术构成框架

(CA)、支付网关、客户服务中心和商品目录/价目表等服务。

① 认证机构。认证机构(CA)是电子商务应用系统中权威公正的第三方机构,主要为参与电子商务活动的企业、个人和组织提供数字证书(digital certificate),并通过加、解密方法实现网上安全的信息交换与安全交易。

② 支付网关。支付网关是 Internet 与金融网连接的接口,支付信息必须通过支付网关才能进入银行支付系统。支付网关主要完成两者之间的通信、协议转换和进行数据加密、解密等工作,以保护银行专用网的安全。

③ 客户服务中心(又称呼叫中心)。它与传统的呼叫中心的区别是,它不仅支持电话接入方式,而且支持 Web、e-mail、电话和传真等多种接入方式;此外,客户服务中心与传统意义上由企业独立建设和运作的客服中心不同,是由 ISP 统一建设的客服管理系统,即是一种向客户提供咨询和服务的公共服务平台,企业可以申请租用其中的"客服席位",例如淘宝的阿里旺旺,京东的在线客服等系统。客户服务中心的出现,大大简化和方便了中小企业开展电子商务。

(3) 电子商务应用服务层。电子商务应用服务层位于电子商务系统技术构成框架的高层,是在上述两层之上建立的各种电子商务应用及服务系统,如供应链管理、VOD(视频点播)、远程金融服务、采购、在线营销和广告、家庭购物等。

**2. 一般电子商务应用系统的主要技术构成**

(1) 硬件逻辑层次结构。不同的电子商务应用系统,尽管其技术系统的体系结构和涉及的技术内容会各有不同,但目前其基本结构一般是建立在 3 层分布式体系结构上的,即客户端服务层(即数据表示层或用户界面层)、业务逻辑层(即业务服务和其他"中间"服务层,该层是实现电子商务系统功能的应用程序的核心与主体)、数据服务层(即数据存储层)。图 7.6 所示是一个常用的基于 Web 的三层电子商务应用系统硬件技术架构模型。

① 客户端服务层。客户端服务层基于 Web 的 3 层系统结构的客户端,主要由浏览器和 Web 服务器构成用户界面层。

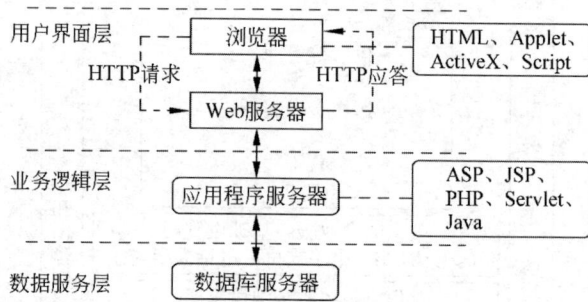

图 7.6  基于 Web 的 3 层应用系统硬件技术模型

- 浏览器。Web 浏览器最基本的功能是解析 HTML 文档,并把它以正确的格式显示在用户的计算机上。此外,浏览器还可运行和显示用 Java、ActiveX 以及脚本语言(如 VBScript、JavaScript 等)创建的应用、程序、动画等。
- Web 服务器。Web 服务器负责响应浏览器请求,在指定位置查找所需要的信息或资源,并将其发送给浏览器。Web 服务器软件在主机上安装运行,如微软的互联网信息服务器(IIS)、网络通信服务器(CS)等。

② 业务逻辑层。业务逻辑层主要由应用服务器和运行其上的业务处理应用程序构成,这些应用程序负责处理商业逻辑和规则等功能的实现,如订单管理服务、支付服务等。

③ 数据服务层。数据服务层主要由数据库服务器和存储其上的数据库系统构成。负责系统的数据存储与管理。

由于 3 层体系结构具有标准性强、管理和使用方便、容易与大部分现有系统兼容或易于集成,具有可扩展性和可移植性等优点。因此,在电子商务应用系统中被广泛采用。

(2) 软件逻辑结构模型。电子商务应用系统的软件通常可分为前台网页信息发布和后台管理系统两大部分。前台电子商务网页是为客户提供产品浏览、查询、订购以及与企业联系等功能和服务的;后台管理系统则是供企业内部管理和业务人员使用的,主要是帮助他们对整个网站系统的数据信息进行维护和业务管理等处理活动。图 7.7 显示了电子商务应用系统软件一般功能组成及逻辑结构模型。

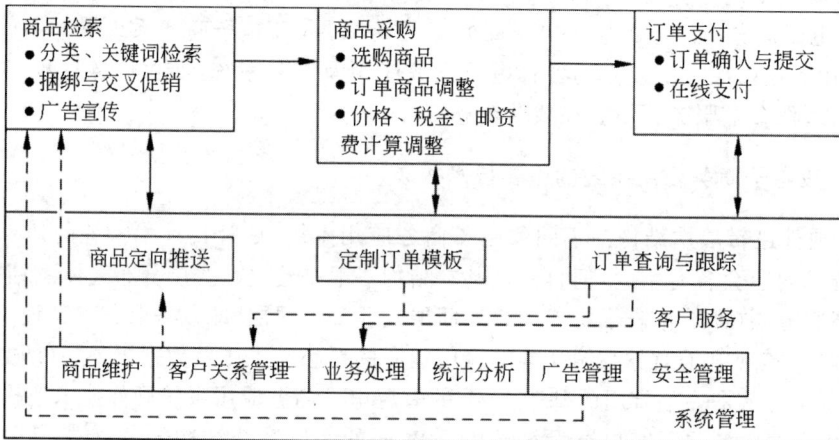

图 7.7  电子商务应用系统软件结构逻辑模型

## 7.3 电子商务安全

### 7.3.1 电子商务安全基本要求

安全问题是电子商务实施中的一个瓶颈,它既是技术问题,也是管理问题。依照目前技术发展的水平,还不能完全解决电子商务活动中存在的安全问题。电子商务的安全涉及计算机网络安全和商务安全两大方面。计算机网络安全,是指网络设备、网络系统和网络数据库等网络设备及软硬件本身可能存在的安全问题。商务安全,是指为了保证交易过程中信息的保密性、可鉴别性、防止篡改性和不可抵赖性,消除信息被窃取、篡改和假冒等隐患而采取的管理手段和措施。

因此,为了保证电子商务交易活动的安全,要求满足如下几个基本条件。

**1. 信息的真实性和完整一致性**

信息的真实性和完整一致性保证,是指信息在传输和存储过程中,应保持信息从发出到接收的完全一致,防止被他人非法修改、删除。

**2. 信息的安全保密性**

信息的安全保密性是指信息在传输和存储过程中,一方面应防止机密信息被泄露或被非法用户窃取使用或重放(指只能使用一次的信息被多次使用);另一方面应防止信息被破坏。例如,由于硬件或软件故障可能导致信息在传递和存储过程中丢失或出现错误或者被黑客、病毒等恶意程序攻击而造成的信息破坏等。

**3. 交易者身份的真实性**

交易者身份的真实性,一是指应保证参与交易各方身份的真实,避免有第三方可能假冒其中一方的身份,破坏交易正常进行或在其中非法牟利;二是使交易信息具有不可否认性或不可抵赖性,即交易信息发送方和接收方都不能否认或抵赖自己发送或接收信息的真实性。

**4. 系统的可靠性**

系统的可靠性是指应防止系统因硬件失灵、软件错误及其他不可抗拒突发因素(如自然灾害、电力系统故障等),造成系统损坏、瘫痪、失效等故障,以保证电子商务活动的正常可靠进行。

### 7.3.2 电子商务安全技术

在电子商务实施中采用的主要安全技术有加密技术、认证技术、虚拟专用网络(VPN)、防火墙技术等。

**1. 加密技术**

(1) 加密技术的概念。加密技术是实现信息保密性的一种重要的手段,其目的是防止合法接收者之外的人获取系统中的机密信息。信息加密就是采用数学方法对原始信息(通常称为"明文")进行再组织,使得加密后在网络上公开传输的信息内容对于非法接收者来说成为无意义的信息(加密后的信息通常称为"密文")。而对于合法的接收者来说,因为其掌握正确的密钥,可以通过解密过程得到原始数据(即"明文")。由此可见,在加密和解密的过程中,都要涉及信息(明文、密文)、密钥(加密密钥、解密密钥)和算法(加密算法/解密算法)这 3 项内容。一条信息的加/解密传递过程如图 7.8 所示。

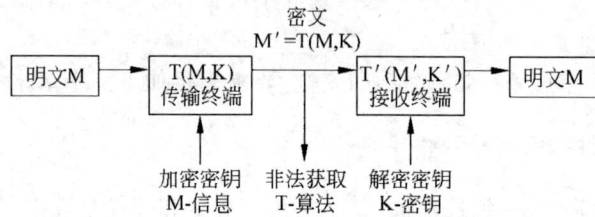

图 7.8  信息加密传递的过程

由此可见,在网上传递的经过加密的信息如果被非法接收者捕获,仍是比较安全的。因为要想在没有密钥和解密算法的前提下恢复明文或者读懂密文是非常困难的,其困难程度取决于加密算法的复杂程度以及密钥的长度。

(2) 密码体制的分类。按加密密钥和解密密钥是否相同,可将现有的加密体制分为对称加密体制和非对称加密体制两种。

① 对称(或单钥)加密体制。这种体制的加密密钥和解密密钥相同,其典型代表是美国的数据加密标准(data encryption standard,DES)。该加密算法的原理是将明文分成固定长度的组(块)(例如每 64 位为一组),用同一组密钥和算法对每一块加密,输出也是固定长度的密文,同时还采用一些精心设计的置换和迭代,最终产生每块 64 位的密文。

对称加密算法的优点是效率高,即可用较短的密钥长度、较简单的算法和较少的系统投入实现较好的加密效果。

对称加密算法的缺点是对称密钥的安全传递问题;对于每个不同的合作者都需要使用不同的密钥,使得密钥难以管理;不能提供信息完整性的鉴别;无法验证发送者和接收者的身份。

② 非对称(双钥或公钥)加密体制。这种体制的加密和解密的密钥不同。其中一个(公开密钥)加密报文,而用另一个(私有密钥)解密报文。其中公钥是公开的,可发表在任何一篇可供人们阅读的文章中;而私钥是保密的,最典型的代表是 RSA 算法。

RSA 算法过程如下。

① 选择两个足够大的素数 $p$ 和 $q$。

② 计算 $n = p * q$ 和 $z = (p-1) * (q-1)$。

③ 选择一个与 $z$ 互质的数 $d$。

④ 找出 $e$，使得 $(e*d)$ MOD $z=1$，其中 MOD 表示取模运算。

⑤ 设消息为数 $M$，则加密过程为 $C=(M*e)$ MOD $n$，解密过程为 $M=(C*d)$ MOD $n$。

⑥ 公开密钥由 $(e,n)$ 组成，私有密钥由 $(d,n)$ 组成。

例如，利用 RSA 算法对字符串"SUZANE"进行加密和解密。

① 选择 $p=3$ 和 $q=11$，得出 $n=p*q=33$，$z=(p-1)*(q-1)=20$。

② 由于 7 和 20 没有公因子，因此取 $d=7$。

③ 解方程 $(7*e)$ MOD $20=1$，可得出 $e=3$。

④ 由 $C=(M*3)$ MOD $33$ 可得出明文 $M$ 的密文 $C$。

⑤ 接收者根据私有密钥 $(7,33)$ 解密，则得出密文 $C$ 的明文 $M$。其中，$(e,n)$、$(d,n)$ 二者选一个作为公钥，另一个作为私钥。

加密和解密过程如表 7.1 所示。

表 7.1　加密和解密过程示例

| 明文 | 数值($M$) | $M^3$ | $C=M^3$ MOD 33 | $C^7$ | $M=C^7$ MOD 33（数值） | 明文 |
|---|---|---|---|---|---|---|
| S | 19 | 6859 | 28 | 13492928512 | 19 | S |
| U | 21 | 9261 | 21 | 101088541 | 21 | U |
| Z | 26 | 17576 | 20 | 128000000 | 26 | Z |
| A | 01 | 1 | 1 | 1 | 1 | A |
| N | 14 | 2744 | 5 | 78125 | 14 | N |
| E | 05 | 125 | 26 | 8031810176 | 5 | E |

公钥加密体制的优点是密钥分配简单，密钥的保存量少，可以满足互不相识的人之间进行私人谈话时的保密性需求，可以完成数字签名和数字鉴别。

公钥加密体制的缺点是使用较长的密钥，加重了系统的负担。

（3）公钥基础设施（public key infrastructure，PKI）。PKI 是一种密钥管理平台，它能够为所有网络应用透明地提供采用加密和数字签名等密码服务所必需的密钥和证书管理，认证机构、证书库、密钥备份及恢复系统、证书作废处理系统、客户端证书处理系统是构建 PKI 必须具备的五大系统。

PKI 支持 SET、SSL、IP over VPN、S/MIME 等协议，其加密部分一般采用 128 位对称加密算法，数字签名部分采用 1024 位非对称加密算法。从体系结构来看，PKI 采用证书管理公钥，通过认证机构把用户的公钥和用户的名称、e-mail 地址、身份证号等其他信息捆绑在一起，用于在互联网上验证客户的身份。PKI 支持不同认证机构间的交叉认证，并能实现证书、密钥对的自动更换。

## 2. 认证技术

（1）数字签名（digital signature）。数字签名是通过对文件进行摘要、加密来实现确认信息发送者和防止假冒篡改等功能的，其作用与书面签名类似。

数字签名必须保证以下 3 点。

① 接收者能够核实发送者对报文的签名。

② 发送者事后不能抵赖对报文的签名。

③ 接收者不能伪造对报文的签名。

使用公钥密码技术就可以实现数字签名。发送方 $A$ 用其不公开的解密密钥（Akd）对报文 $M$ 进行运算，将结果 $D(M,\text{Akd})$ 传给接收方 $B$。$B$ 用 $A$ 的公共密钥（Ake）对接收到的内容进行运算，得出结果 $E(D(M,\text{Akd}),\text{Ake})$，即 $A$ 发送的报文 $M$。因为除了 $A$ 以外没有人能拥有 $A$ 的解密密钥，所以除了 $A$ 以外就没有人能产生密文 $D(M,\text{Akd})$ 了，这样就表示报文 $M$ 被 $A$ 电子签名了。

如果 $A$ 抵赖曾发报文给 $B$，$B$ 就可以将 $M$ 及 $D(M,\text{Akd})$ 出示给第三方（仲裁方）。仲裁方可以很容易地用密钥 Ake 验证 $A$ 确实发送消息 $M$ 给 $B$ 了，从而使 $A$ 无法抵赖。反过来，如果 $B$ 将 $M$ 伪造成 $M'$，则 $B$ 不能在仲裁方面前出示 $D(M',\text{Akd})$，从而证明 $B$ 伪造了报文，可见数字签名也同时起到了验证信息完整性的作用。

由这个过程可以看出，以上处理仅对报文进行了数字签名，并没有对报文进行加密。因为任何一个截获到 $D(M,\text{Akd})$ 的人都可以利用公开的加密密钥得到原始报文 $M$。所以，在这种传输系统中，通常会使用两套密钥，一套用于数字签名，另一套用于加密。

（2）数字证书（digital identifier）。数字证书也称为数字标识或数字凭证，是由专门的发放机构（认证机构）颁发的用户的身份证明。数字证书提供了一种在互联网上验证个人或组织身份的方式，可用来保护数据或建立安全的网络连接。

数字证书的使用机制是基于公钥（PKI）的一种认证或鉴别系统。它发给客户的数字证书有两份，一份含有私钥，它将与用户的计算机系统集成在一起；另一份含有公钥、用户身份相应权限授权以及发证机构的数字签名等。任何一个认证机构的通信一方，都可以通过验证对方数字证书上的认证机构的数字签名来建立起与对方的信任关系，并且获得对方的公钥以备使用。

数字证书使用数字形式的特殊文档在计算机间传递。数字证书可分为个人数字证书、服务器数字证书、软件数字证书 3 种类型。

在上述 3 种数字证书中，前两者最为常用，第 3 种用于较特殊的场合。数字证书可以用于电子邮件、电子贸易、访问安全站点、网上银行交易等。

（3）认证机构（certification authority，CA）。在电子交易中数字证书的发放需要有一个具有权威性和公正性的第三方来完成。认证机构就是提供交易双方身份认证并保证交易安全进行的第三方服务机构，它承担网上安全电子交易认证服务、能签发数字证书、并能确认用户的身份。认证机构通常是企业性的服务机构，主要任务是受理数字证书的申请、签发及对数字证书的管理。认证机构依据认证服务业务规则（certification practice statement，CPS）来实施服务操作。概括地说，认证机构的主要功能有证书的颁发、证书的更新、证书的查询、证书的归档、证书的作废，以及密钥的备份与恢复等。

### 3. 虚拟专用网络技术

虚拟专用网络（virtual private network，VPN）是专用网络在公共网络上的扩展。

VPN 通过私有隧道技术在公共网络上仿真一条点对点线路,从而达到安全传输的目的。从用户的角度来看,VPN 就是用户计算机即 VPN 客户机和 VPN 服务器之间点对点连接,由于数据通过一条仿真专线传输,用户感觉不到公共网络的实际存在,能够像在专线上一样处理内部信息。VPN 的功能包括数据封装、认证、数据完整性和合法性验证、数据加密、密钥管理、地址管理等。

### 4. 防火墙

防火墙是设置在用户网络和外界之间的一道屏障,防止外界对用户网络的破坏。防火墙在开放和封闭网络的界面上构造一个保护层,属于内部管理范畴,依照协议在授权许可下进行,外部对内部网络的访问则受到防火墙的限制,防火墙功能的实现可以有软硬件两种方式。

电子商务应用系统的数据传输都通过网络平台进行,因此网络平台的安全性是保障整个应用安全的基础。通过防火墙可以保证内部网络的边界安全,就像御敌于国门之外。可以说,防火墙是保护电子商务及电子政务网络安全的第一道屏障。

一般情况下,防火墙具有以下一些基本功能。

(1)过滤。对进出网络的数据包进行过滤,根据过滤规则决定哪些数据包可以进入,哪些数据包可以外出,封堵某些禁止的访问行为。

(2)管理。对进出网络的访问行为进行管理,决定哪些服务端口需要关闭,哪些服务端口可以开放。

(3)日志。记录通过防火墙的信息内容和活动,系统管理员可以查看和分析日志内容。

(4)报警。对网络攻击行为进行检测并告警。

### 5. 安全协议

为了保证信息传递的安全性,近年来,信息界和金融界一起推出了一系列安全性标准,主要有以下几种。

(1)安全超文本传送协议(S-HTTP)基于 SSL 技术对 HTTP 进行了安全性扩充,增加了报文的安全性。该协议向 WWW 的应用提供了完整性、鉴别、不可抵赖性及机密性等安全措施。

(2)安全套接字层(secure sockets layer,SSL)协议是由 Netscape 公司提出的,提供加密、认证服务和报文完善性管理。SSL 可用于 Netscape 公司的 Communication 浏览器和 Microsoft 公司的 Internet Explorer 浏览器。

(3)安全交易技术(secure transaction technology,STT)协议由 Microsoft 公司提出,可在 Internet Explorer 浏览器中使用。

(4)安全电子交易(secure electronic transaction,SET)协议由 Visa 和 Master Card 公司开发,得到了 IBM、Microsoft、Netscape 等公司的支持,其中包括交易协定、信息加密、资料完整管理、数字凭证、数字认证及数字签名等内容,已得到国际公认,成为事实上的工业标准规范。

### 7.3.3 电子商务安全管理

#### 1. 常用安全管理措施

目前,电子商务已越来越紧密地将企业、客户、供应商、合作伙伴及其各种应用联系在一起,越来越多的人将会使用这些系统,而这些复杂的系统应用并不能完全依靠前面介绍的安全技术进行防范,还应树立安全管理的思想,采用科学完备的安全管理控制措施,多管齐下才能保证电子商务交易的安全。常用的安全管理措施有认证(authentication)、授权(authorization)、审计(auditing)、管理(administration),即 4A 管理。

(1) 认证。认证是对系统用户的身份进行认证。目前,大部分的系统都是采用"用户名+密码"的方式进行身份验证的,这种方法具有简单、方便的优点,但由于密码容易被网络监听、破解,从而带来不安全的隐患。除了密码认证外,还有认证卡、生物辨别技术等更先进的身份认证方式可以利用。

(2) 授权。授权实质上是对用户环境中的重要服务器进行安全性加强,并改造操作系统的安全管理策略。例如,将超级用户的权限进行分化,设立安全管理员、应用操作人员以及安全审计员等多个角色,分别完成原本属于超级用户一个人的工作,并且能够保护系统的文件、数据和进程不被非法访问和中断,大大提高了系统的安全级别。

(3) 审计。审计是记录下用户在该系统中进行了何种操作,并对各安全管理功能收集的事件以及记录下来的安全日志进行安全综合评估分析。信息系统所有者和管理者必须意识到信息系统的安全正受到何种威胁,并能大致评估网络和应用系统中隐藏的风险,从而采取适当的措施提高信息系统的安全性。

(4) 管理。在电子商务系统中,安全管理思想就是把有关用户、组、组织单元、整个组织,甚至事件与各种网络服务关联起来,既满足客户的各种需求,又无缝化系统和网络管理,即把网络作为一个整体来管理,把系统作为网络范围的服务或应用,给出端到端的解决方法、交叉域的管理解决方案,采用信息模型定义抽象的对象等方法,保证网络范围的安全性,消除人为管理的孤岛现象,在互操作方面实现数据的共享。

#### 2. 安全策略

针对电子商务应用的需求以及存在的各种威胁,电子商务系统的安全防护必须采取多项安全措施和多种安全技术。常见的安全策略如下。

(1) 通过防火墙保证内部网络的安全。防火墙是保护企业内网安全的第一道屏障,它能够阻止外界对内部网络的非法访问,防止内部网络机密数据的泄露,保证电子商务系统基础网络平台的安全。

(2) 通过虚拟专用网络技术实现公网的安全信息传输。通过虚拟专用网络(VPN)通过私有隧道技术在公共网络上模拟一条点对点线路,从而达到安全传输的目的。电子商务系统需要通过互联网进行信息交流,而不仅仅是局限于某个局域网内的交流。为了防止黑客通过互联网窃取信息,可以采用 VPN 技术保证通过公网传递信息的安全,提供信息在公网上传输的安全性。

（3）建立入侵检测系统，阻止各种潜在威胁。入侵检测（intrusion detection）是指通过分析在计算机网络或计算机系统中的若干关键点收集的信息，发现网络或系统中是否有违反安全策略的行为和被攻击的迹象。

在电子商务网络中建立入侵检测系统，可以尽早地发现异常的网络访问行为，尽早地消除入侵。如果说防火墙是保证安全的第一道关卡，那么入侵检测系统则是保证内网安全的第二道关卡。

（4）通过加解密技术保证信息的机密性。防火墙技术和入侵检测技术主要是保证网络信息传输的安全性，而对信息内容本身的安全性的保证就要涉及加密、解密技术。在计算机通信中，采用密码技术将信息隐蔽起来，再将隐蔽后的信息传输出去，使信息在传输过程中即使被窃取或截获，窃取者也不能了解信息的内容，从而保证信息传输的安全。通过加/解密技术，可保证电子商务网络上传输信息的机密性、完整性、一致性和不可否认性。

（5）通过颁发数字证书和建立认证机构进行用户身份认证。数字证书是由认证机构颁发的身份证明。它提供了一种在互联网上验证个人或组织身份的方式，可用来保护数据或建立安全的网络连接。

认证机构是具有权威性、可信赖性和公正性的第三方机构。认证机构能签发数字证书、数字时间戳及各种授权的服务，并能鉴别用户身份，因此认证机构可以承担网上安全电子商务的认证服务。认证机构通常是营利性商业机构，由一套运营设施和人员组成。

### 3. 电子商务系统整体安全解决方案框架

电子商务系统的安全目标是防止来自外部和内部的各种入侵和攻击，防止非授权的访问，防止各种冒充、篡改和抵赖行为，防止信息泄密和破坏。建立电子商务系统时必须考虑用户的各种需求，综合各种安全技术，整合各种安全管理措施，采取"统一规划，分步实施"的总体战略，实现对电子商务与电子政务系统的总体安全防护。图7.9给出了电子商务系统的整体安全防护模型。

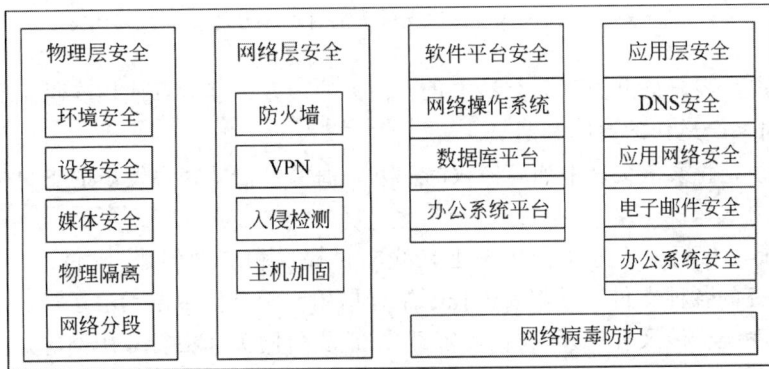

图 7.9　电子商务系统整体安全防护模型

电子商务系统的整体安全防护可以从物理层安全、网络平台安全、软件平台安全、应用层安全以及网络病毒防护等几个层面进行。其中，每个安全层面都可以采用相应的安全技术。

# 7.4 电子商务网上支付系统

电子商务网上支付是指参与交易者使用安全的电子支付手段,通过因特网进行货币支付或资金流转的活动。它是一种建立在金融电子支付系统基础上的、主要依托因特网的实时支付转账方式。在电子支付系统中,货币以二进制数据形式存储在银行的计算机系统中,并通过计算机网络系统以电子信息形式传递实现流通和支付。电子支付系统的功能是实现实时的付款交易活动,当顾客在浏览器上单击"付款"按钮后,支付过程通过该系统自动完成。

## 7.4.1 网上支付系统基本构成

电子商务网上支付系统主要包括活动参与主体、支付方式和工具以及遵守的支付协议等几部分。电子商务活动参与主体包括客户、商家、银行和认证机构等。

网上支付系统的基本构成如图 7.10 所示。

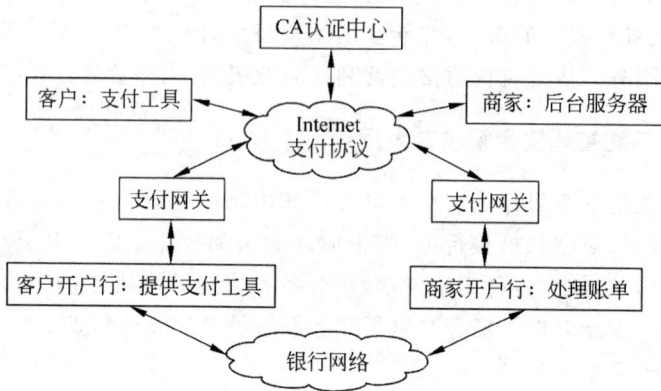

图 7.10 网上支付系统的基本构成

（1）客户。客户是电子商务交易中负有债务的一方。客户可使用支付工具进行网上支付,是支付系统运作的原因和起点。

（2）商家。商家是交易中拥有债权的一方。商家可根据客户发出的支付指令向金融体系请求资金入账。

（3）银行。银行要为电子商务网上在线支付提供相应的转账、支付、清算等业务支持。电子商务的各种支付工具都要依托于银行信用。没有信用便无法运行。作为交易参与方的银行系统会涉及客户开户行、商家开户行、支付网关和银行专用网等几方面。

① 客户开户行。客户开户行是指客户在其中拥有账户的银行,客户拥有的支付工具一般是由开户行为其提供的。客户开户行在提供支付工具的同时,也提供了银行信用,保证支付工具的兑付。在信用卡支付系统中客户开户行又称为发卡行。

② 商家开户行。商家开户行是指商家在其中拥有账户的银行。商家将客户的支付

指令提交给其开户行后,就由商家开户行进行支付授权请求以及银行间的清算工作。商家开户行是依据商家提供的合法账单(客户的支付指令)进行工作,因此又称为收单行。

③ 支付网关。支付网关是因特网与银行专用网之间的接口,支付信息必须通过它才能进入银行支付系统,进而完成支付的授权和获取。支付网关的主要工作是完成两者之间的通信、协议转换和进行数据加密解密,以及保护银行专用网的安全等。

(4) 认证机构。认证机构的职能是为参与电子商务交易的各方(包括客户、商家与支付网关)发放数字证书,以确认各方身份,保证网上支付的安全性。认证机构必须对参与者的资信状况加以确认,因此也离不开银行的参与。

(5) 支付协议。支付协议的责任是保证支付信息在因特网公共网上传输的安全。其中比较著名的是安全电子交易(SET)协议和安全套接字层(SSL)协议。

## 7.4.2 网上支付工具及基本流程

网上支付面临的首要问题是,客户以什么作为支付凭据来证明自己对支付对象的支配权,即为支付工具问题。目前在网上支付系统中,常用的支付工具主要有网上银行、第三方支付和储值卡支付等电子货币形式。每种支付工具都代表着一种不同的网上支付解决方案。

### 1. 网上银行支付

网上银行又称为网络银行、电子银行、在线银行,是指银行通过因特网向客户提供开户、销户、查询、对账、行内转账、跨行转账、信贷、网上证券、投资理财等服务项目,使客户可以足不出户就能够安全便捷地办理存款管理、转账支付、信用卡及个人投资管理等业务。确切地说,网上银行是因特网上的虚拟银行柜台。

网上银行的功能一般包括银行业务、商业服务以及信息发布等方面。

(1) 银行业务。银行业务是指银行通过信息网络提供的金融服务,包括传统银行业务和因信息技术应用带来的新兴业务。主要包括个人银行、对公业务(企业银行)、信用卡业务、多种付款方式、国际业务、信贷及特色服务等功能。例如,中国建设银行的网上银行可以在线提供所有的传统银行服务,客户在登录网银后可查询管理的账户种类包括龙卡通账户、理财卡账户、财富卡、私人银行卡、陆港通龙卡、准贷记卡账户、定期一折(本)通账户、信用卡账户、一户通账户、零存整取账户、整存整取账户、定活两便账户、活期储蓄一折/卡通账户、公积金账户、贷款账户、社保账户、企业年金账户等。

(2) 商业服务。商业服务主要包括投资理财、融资理财、投资银行、资金清算、资本市场、政府服务等功能。银行通过网上投资理财服务,更好地体现了以客户为中心的服务策略。投资理财可以有如下两种方式。

① 客户主动型方式。该方式的客户可以对自己的账户及交易信息、汇率、利率、股价、期货、金价、基金等理财信息进行查询。

② 银行主动型方式。该方式的银行可以把客户服务作为一个有序进程,由专人跟踪,进行理财分析,提供符合其经济状况的理财建议、计划及相应的金融服务。

(3) 信息发布。通过因特网发布的公共信息主要包括国际市场外汇行情、对公利率,储蓄利率、汇率、国际金融信息、证券行情以及银行的历史背景、机构设置、经营状况、业务品种、国内外经济金融信息、新闻信息等。通过发布信息,为客户提供有价值的信息,更重要的是起到宣传广告的作用,使客户更深入地认识银行,了解银行的业务品种和经营状况,同时通过了解各项业务的规章制度,为客户办理业务提供方便。

### 2. 电子支票支付方式

电子支票是完全电子化的支票形式,它是一种借鉴纸质支票转账支付的优点,利用计算机网络传递经付款人私钥加密的、写有相关信息的电子文件,进行资金转账的电子付款形式。多数使用公用关键字加密签名或个人身份密码(PIN)代替手写签名。利用电子支票,可以使支票支付业务和全部处理过程实现电子化。

网上电子支票支付的业务流程如下。

(1) 客户到银行开设支票存款账户,存入存款(此步骤也可通过网上银行实现),申请电子支票的使用权。

(2) 客户开户行审核申请人资信状况(如存款是否充足、有无欺诈记录等),开户行发放电子支票生成软件,赋予客户使用电子支票的权利。电子支票上有银行的数字签名。

(3) 顾客在网上购物支付时,使用电子支票生成器和开户行发放的授权证明文件生成此笔支付的电子支票,一同发往商家。

(4) 商家将电子支票信息通过支付网关发往收单行请求验证,收单行将通过金融网络验证后的信息传回商家。其中收单行做出验证记录以便据此为商家入账,客户开户行做出确认记录以便据此转账(甚至可暂时"冻结"此笔款项,以防止欺诈和其他商业纠纷)。

(5) 支票有效,商家则确认客户的购货行为,并组织送货。

(6) 在支票到期日前,商家将支票向收单行背书提示,请求兑付。商家可以积累一定数量的电子支票进行批量处理。在背书的过程中生成"数字时间戳"以及其他背书标志,以防止商家利用支票复制文本而多次背书欺诈。收单行根据上一步的验证信息确定是否接受背书,背书成功则发送完成消息返回商家。

电子支票的即时认证功能加快了交易的速度,保障了交易的安全,减少了支票处理的时间成本与财务成本,对电子支票丢失或被盗的挂失处理也方便有效得多。票据交换所的加入在很大程度上降低了电子支票的处理成本,提高了整个电子支票支付系统的运行效率。所有这些优点使得电子支票系统具有很强的生命力,十分适合在 B2B 电子商务活动的网上支付。

### 3. 电子货币支付方式

电子货币(electronic currency)又称电子现金(electronic cash),是一种以数字形式流通的货币。它把现金数值转换成一系列的加密序列数,通过这些序列数来表示现实中各种金额的币值。它通常具有纸基现金的货币价值、可交换性、可存储性和可重复性等属性和多用途、匿名性、使用灵活及快速简便,可以满足及时支付要求等特点。由于其存在的方式是电子的,在"网络社会"进行存储、传送和处理十分方便。电子货币可以直接完成收款人和付款人之间的收付,无须银行的参与,从而可以有效降低处理成本,使其在小额支付方面拥有一定的优势。

(1) 电子货币种类。电子货币目前主要有两种常用形式,一是 IC 卡(integrated circuit card,集成电路卡)形式的电子货币;二是硬盘数据文件形式的电子货币。

① IC 卡形式的电子货币。IC 卡形式的电子货币是一种需要新硬件(如读卡器等)支持的电子货币支付方式。它将货币金额数值存储在 IC 卡中,当向卡内存入或支出货币时,就会改写卡内的余额。IC 卡形式的电子货币除了与银行账户之间的资金转移之外,其余操作均可独立完成,不用与银行发生任何联系,从而保证了其分散匿名性和离线操作性。IC 卡形式的电子货币具有容易携带、能够进行信息存储、具有安全密码锁等性能,是一种较为普及的电子货币形式。

② 硬盘数据文件形式的电子货币。硬盘数据文件形式的电子货币是一种需要软件(如客户端的电子钱包软件等)支持的电子货币支付方式。它用一系列的加密序列数据文件(即按一定规则排列的一定长度的数字串)作为代表纸币或辅币所有信息的电子化手段。它虽然具有使用灵活、匿名、快速简便等优点,但由于它具有易复制等缺点,其安全性不高。

(2) 电子货币网上支付的流程。

① 客户用现金或银行存款向发行机构申请兑换电子货币。现金直接交付,银行存款则通过金融专用网由客户开户行的存款账户转入发行机构的账户中。发行机构则将同等金额的货币数据输入客户的计算机中或智能卡中。其中,客户计算机上的电子钱包是管理电子货币的软件或硬件设备。

② 客户持电子货币进行网上购物,将电子货币货款金额转移到商户的电子钱包中。

③ 商户验证电子货币的数量及真伪(若为硬盘数据文件型电子钱包,则通过与发行机构的连线进行联机操作验证;若为智能卡型电子货币,则由电子钱包验证,可离线操作),向客户组织发货。至此,交易与支付就完成了,交易效率很高。

④ 商家向发行机构申请将一定量的电子货币兑换成存款账户。

⑤ 发行机构验证并收回电子货币,同时将等额的货币金额从自己的银行账户中转移到商家的银行账户中。

### 4. 第三方支付平台

高效的电子商务活动离不开电子支付,而传统的银行支付方式只具备资金转移功能,不能对交易双方进行约束和监督;另外,支付手段也比较单一,交易双方只能通过指定银行网站直接进行资金的划拨,或者采用汇款方式;交易也基本全部采用款到发货的形式。在整个交易过程中,对货物质量、交易诚信、退换等方面要求都无法得到可靠的保证;交易欺诈行为也时有存在。第三方支付平台则对上述问题提供了较好的改进方案。

第三方支付平台是指由具备一定实力和信誉保障的第三方独立机构,采用与各大银行签约的方式,提供支付交易支持的平台。在通过第三方支付平台的交易中,买方在选购商品后,使用第三方平台提供的方式和银行渠道进行货款支付,货款暂时存在第三方平台账户中,第三方平台通知卖家货款到达,卖家可以发货;买方收到商品后,检收没问题就可以通过第三方平台确认付款,这时,第三方平台再把货款转账给卖家。

因此,通过第三方平台支付交易的主要流程如下。

(1) 客户在电子商务网站上选购商品,最后决定购买,买卖双方在网上达成交易意向。

(2) 客户选择通过第三方平台作为交易支付中介,客户用信用卡将货款划到第三方账户。

(3) 第三方支付平台将客户已经付款的消息通知商家,并要求商家在规定时间内发货。

(4) 商家收到通知后按照订单发货。

(5) 客户收到货物并验证后通知第三方。

(6) 第三方将其账户上的货款划入商家账户中,至此交易完成。

第三方支付平台是电子支付方式的一个创新,它的出现主要体现了以下优势。

(1) 较好地突破了网上交易的信用瓶颈,充当了商家与消费者之间的信用纽带,保障了电子商务交易的顺利进行。

(2) 大大方便了消费者和商家在交易过程中的结算实现。第三方支付平台可以将多种银行卡支付方式整合到一个界面上,并由第三方平台负责在交易结算中与各银行网络的业务对接,从而大大方便了消费者和商家在交易过程中的结算实现,使消费者和商家不需在多个银行开设不同的账户。这不仅降低了消费者网上购物和商家的运营成本,而且也帮助银行节省了支付网关的开发成本。

(3) 可提供交易支付数据的增值服务。例如,提供商家实时交易额查询和交易数据分析,提供方便及时的退款和止付服务等增值业务。

中国最早的第三方支付企业是成立于 1999 年的北京首信股份公司和上海环迅电子商务有限公司。他们主要为 B2C 网站服务。目前,我国已经出现了数十个第三方支付平台,比较知名的有支付宝、银联商城、财付通、易支付、快钱、拉卡拉等。第三方支付目前已成为电子商务在线支付的主流方式。

当然,第三方支付还存在一些问题有待进一步解决。

(1) 第三方支付平台从事的业务介于网络运营和金融服务之间,其法律地位尚不明确;当电子支付达到一定规模后,会对整个支付结算体系产生一定影响。

(2) 第三方支付平台虽然为电子商务交易安全提供了一定信誉保障的增值服务,但其自身的信用和安全性还无法保证。

(3) 第三方支付平台还可能会成为资金非法转移和套现的工具,因此,存在一定金融风险等。

# 7.5 电子商务物流系统的发展特征及趋势

物流是决定有形商品的网上商务活动能否顺利进行的关键环节之一,具体由一系列相互联系的物流活动来完成,其中包括运输、储存、配送、装卸、保管、物流信息管理等各种活动,物流是一个复杂的系统。物流环节被著名的管理学家彼得·德鲁克称为"一块经济界的黑大陆",具有极大的"利润创造空间"。物流系统的完善对推动电子商务发展具有举足轻重的作用。

## 1. 电子商务物流系统的发展特征及趋势

（1）物流服务社会化。物流服务社会化是指采用"第三方物流"服务模式既能使生产企业集中精力搞好核心业务，又能通过规模效应降低物流成本，大大提高了服务质量和客户满意度。

（2）物流信息化。物流信息化主要表现在物流信息采集的代码化、物流信息处理的电子化、物流信息传递的自动化、网络化以及物流信息存储的数字化等方面。在现代物流系统中，广泛使用条码、RFID、GPS等新技术以及电子订货系统、地理信息系统等信息系统来提高物流信息化的水平和运行效率。

（3）物流一体化。物流一体化指的是以物流系统为核心的供应链管理，即实现从订单信息传递到仓储、运输、配送、装卸、保管等物流信息的集成、共享与处理传递的自动化，目标是要使电子商务物流体系整体效益的最优。

（4）物流智能化。物流智能化是物流自动化、信息化的高级应用层次，用于解决物流管理中的各种相关决策问题。例如，运输线路与工具的优化配置问题，物流配送方案的优选，等等。

（5）物流服务国际化。物流服务国际化是指物流设施的国际化和物流服务的全球化，目标是按照国际分工协作的原则和国际惯例，利用全球化的物流网络、物流设施和物流技术及标准和规范，实现货物在世界各地的快速流动和交换，是未来物流服务系统发展的趋势。

## 2. 第三方物流系统

在传统生产经营方式下，物流管理大都由企业自己承担。但在电子商务条件下，随着网络技术的发展，世界经济全球化进程的加快，企业面对远距离、跨地区、跨国界的市场，就很难再完全依靠自己的力量来组织物流，随之而来的是物流的社会化和物流配送服务的全球化。目前，物流社会化的程度已成为衡量电子商务发展水平和企业市场竞争力的重要标志。

物流社会化的重要方式之一是"第三方物流"。第三方物流是运用现代信息技术建立起来的新型物流组织形式，其特点是物流服务由商品供需方之外的第三方提供。第三方并不参与商品的买卖，但提供整个流通过程的服务。第三方物流的提供与被服务方的企业之间通过合同形式建立起一种优势互补、合作共赢的战略联盟。

第三方物流能保证生产企业集中精力搞好核心业务，并通过规模效应降低成本，大大提高服务质量，增强企业的竞争力。据北美东北大学的一项调查显示，世界财富500强企业中83%与第三方物流企业有业务来往，其中60%拥有多家合作的第三方物流企业。可见，第三方物流是现代物流体系发展的一个十分重要的特征和趋势。

## 3. 物流系统信息化

为了使商品能够准确、快速、及时地到达，并满足用户的需求，作为中枢神经的信息流,起着指导整个电子商务活动中物流过程的正确运行和对市场做出积极反应的关键作用。由高技术支持的物流信息化是物流高效运作的重要基础。目前应用于物流领域的高科技除了电子数据交换技术和条码技术外,还有地理信息系统、全球卫星定位系统等。

例如,地理信息系统(geographic information system,GIS)是在计算机和通信网络的支持下,对空间数据进行采集、处理、查询、分析,动态地提供空间地理信息,为相关决策提供服务的信息系统。在物流管理中,运用 GIS 可以帮助建立物流网络模型、分配集合模型、车辆路线模型和设施定位模型,更好地为物流管理提供决策优化支持。

又如,在物流管理中可以利用全球定位系统通过卫星对汽车、铁路车辆、船舶、飞机等运输工具进行实时跟踪,掌握移动轨迹和商品配送情况的实时信息,为调度和最优路线制定以及客户查询等提供实时的服务。

# 本章小结

### 1. 电子商务的概念及分类

电子商务是指利用电子信息技术从事的各种商务活动。常见的分类方法是按参与交易的对象分类,主要有企业与企业间的电子商务(B2B)、企业与消费者间的电子商务(B2C)、企业与政府间的电子商务(B2G)以及企业内部电子商务等。

### 2. 电子商务的特点

电子商务的主要特点有全球性、直接性、均等性、较大风险性。

### 3. 电子商务系统构成

(1)基于因特网的宏观电子商务系统构成。它是在因特网信息系统基础上运行的,由参与交易的企业、组织和消费者以及提供实物配送和支付等服务机构要素构成的一个复杂系统,并且受到经济、政策、法律和技术等因素的影响和制约。

(2)电子商务应用系统的技术架构。从硬件结构上看,目前常用的 3 层分布式体系结构有客户端服务层(即数据表示层或用户界面层)、业务逻辑层(即业务服务和其他"中间"服务层,该层是实现电子商务系统功能的应用程序的核心与主体)、数据服务层(即数据存储层)。

从软件组成的功能上看,主要可分为前台网页信息发布和后台管理系统两大部分。前台电子商务网页是为客户提供商品浏览、查询、订购以及与企业联系等功能和服务的;后台管理系统是供企业内部管理和业务人员使用的,主要是帮助他们对整个网站系统的数据信息进行维护和管理等处理。

### 4. 电子商务基本安全性要求

为了保障电子商务的安全,对信息的真实性、完整一致性、安全保密性、交易者身份的真实性和系统的可靠性等有一些基本要求。

### 5. 电子商务主要采用的安全技术及管理措施

电子商务主要采用的安全技术有加密技术、认证技术、虚拟专用网络(VPN)、防火墙技术等。常用的安全管理措施有认证、授权、审计、管理(即 4A 管理)等。

### 6. 网上支付系统的基本构成

电子商务网上支付系统主要包括活动参与主体、支付方式和工具以及遵守的支付协议等几部分。电子商务活动参与主体包括客户、商家、银行和认证机构等。

常用的支付工具主要有银行卡、电子支票、电子货币和第三方支付平台等。每种支付工具都代表着一种不同的网上支付解决方案并各有优缺点。

### 7. 电子商务现代物流

现代物流具有服务社会化、信息化、一体化、智能化和国际化的特征。物流社会化的重要方式之一是第三方物流。第三方物流是运用现代信息技术建立起来的新型物流组织形式,它并不参与商品的买卖,主要提供电子商务交易商品流通过程的服务。第三方物流可与被服务方的企业之间通过合同形式建立起一种优势互补、合作共赢的战略联盟。

# 习题 7

### 一、简答题

1. 什么是电子商务? 它主要有哪些分类? 何谓 O2O 类型的电子商务?
2. 试述电子商务对传统企业生产经营产生的影响。
3. 简述电子商务系统的构成。
4. 电子商务的基本安全性要求是什么?
5. 电子商务常用的安全技术有哪些? 常用的安全管理措施及策略有哪些?
6. 常用的网上支付工具有哪些? 并简要说明其支付流程和适用情况。
7. 物流管理信息系统的主要功能包括哪些?
8. 电商物流系统的发展趋势和特点有哪些?
9. 除了在线销售产品,电子商务还能帮助企业做哪些事情?

### 二、讨论题

1. 以阿里巴巴、淘宝或京东等电子商务服务平台为例,说明其提供给企业或卖家的服务项目有哪些,并结合所学专业提出可以开发哪些新的电子商务服务项目计划。
2. 什么是第四方物流? 第三方物流和第四方物流的区别与联系是什么?
3. 社交化电子商务的特点是什么? 为什么社交化电子商务可以刺激消费者的购买意愿?

### 三、实践题

1. 由 2 或 3 人组成一个小组,以团队为单位在传统电子商务网站平台完成网上店铺的创建和装修,发布自己组织的商品(不少于 10 件),提交店铺网址链接,并写出本次实践的过程、收获和体会,说明网上开店需要具备的条件以及如何提高网店的浏览量和商品销售量。

2. 由 2 或 3 人组成一个小组,以团队为单位在社交化电子商务平台上发布短视频信息推广自己组织的产品,搜集平台的流量和留言信息。并写出本次实践的过程、收获和体会,说明社交化网上开店需要具备的条件以及与传统电子商务平台的区别与联系。

# 第8章 电子政务

**本章学习目标**

- 了解电子政务与社会信息化的关系。
- 了解电子政务的概念和特点。
- 了解电子政务系统的组成。
- 了解我国电子政务的发展和建设目标。

随着社会信息化进程的不断推进,大量的社会、经济、文化活动都开始在网上进行,这就要求相应的政府管理和服务活动也应运行于该信息平台上,以提升社会信息化的整体水平和效益。本章将介绍电子政务的特点、电子政务的基本模式、电子政务系统构成以及我国电子政务的发展概况及趋势。

## 8.1 电子政务概述

政府信息化是指通过在政务活动中广泛采用信息技术(即实施电子政务),促使政府信息资源得到更加有效的开发和广泛利用,并由此提升政府工作效率,提高政府的管理、服务水平,实现由传统政府向现代政府转变的过程。

电子政务是政府信息化的核心内容,也是社会信息化的重要组成部分。电子政务的发展将会对我国政府机构改革和管理效率的提升,乃至对整个社会经济的发展产生非常积极和重要的影响。同时,它对推进整个国民经济的信息化进程还有着十分重要的引导和推动作用。

本节首先从电子政务的概念介绍入手,使读者初步了解什么是电子政务,它与传统政务的不同之处,电子政务的特点和实施意义。

### 8.1.1 电子政务概念

20世纪90年代互联网的普及应用,对政府信息化的发展产生了重要影响,并推动了电子政务概念的形成。1992年,美国克林顿政府首先提出电子政务的概念,1997年以后受到世界各国重视,电子政务发展由此成为一个世界性潮流。

国内外有多种关于电子政务的提法,如电子政府、政府信息化、数字政府、网络化政府等。这些提法都从不同角度揭示了电子政务的概念和特征。但由于电子政务是一个综合性的概念,其内容十分广泛,人们对它的理解和认识还有待进一步深入。因此,目前还没有统一公认的电子政务定义。

综合国内外学者较有代表性的观点,我们将电子政务简单定义如下。

电子政务是指借助计算机和网络通信等信息技术进行的各种政务活动的总称。电子政务是政府信息化的手段和内容。

实施电子政务的目的是要实现政府组织机构和工作流程的优化与重组,以向社会提供全方位优质高效、透明、规范的管理和服务,促进政府由传统政府向现代政府发展演变。

由于电子政务是信息技术与政务活动的结合体,所以其外延在很大程度上取决于对政务活动的定义。政务活动有广义和狭义之分。广义的"政务"泛指各类行政管理事务,包括党委、政府、人大、政协、军队等系统从事的行政管理活动;狭义的"政务"则专指政府部门的管理和服务活动。我国电子政务虽然是在广义范围进行的,但本章讨论的电子政务主要是针对狭义的政务活动展开的。

## 8.1.2 电子政务与传统政务特征比较

### 1. 存在的形态不同

传统政务是在工业经济时代环境中运行的,而电子政务则是在以信息和知识为基础的后工业经济或新经济环境中运行的。传统意义上的政府是一个实体的政府,而电子政务出现以后,将形成一个虚拟的政府,并使实体的政府与虚拟的政府融为一体。电子政务的最大价值在于它的虚拟性。因为虚拟性将改变传统政府存在的形态,使政府活动不再受时空局限,并可"7×24小时"的全天候运行。

### 2. 手段不同

信息资源的数字化和信息交换的网络化,是电子政务与传统政务的一个重要区别。传统政务的办公模式,主要依赖于纸质文件作为信息传递的媒介,工作效率低下。电子政务应用现代信息技术进行办公,政府部门之间及政府与社会之间通过电子化渠道进行沟通,人们可以随时传递、交换和共享各种信息,这不但极大地加快了信息交换的速度,而且也大大提高了政府部门的办事效率。

### 3. 行政业务流程不同

实现行政业务流程的集约化、标准化和高效化是电子政务的核心,是其与传统政务的重要区别。传统政务由于采用垂直化分层结构,机构设置和管理层次多,这样,一方面使得决策层与执行层之间的信息沟通速度较慢,信息失真率高,常会使高层行政意志在基层贯彻落实过程中出现不同程度的偏离,从而影响了政府行政职能的有效发挥。另一方面还造成了政府机构臃肿膨胀、行政流程复杂、办事效率降低等不良后果。电子政务由于采用了电子化网络化的信息传递手段,可以使政府组织结构扁平化,适度地减少管理层次,拓宽管理幅度,这样不但可以保证信息传递的高效、快捷,也降低了行政成本,大大提高信息传递的准确性和利用率。电子政务还可以使行政流程尽量优化和标准化,使大量常规、例行的事务程序化与电子化,这样既可以减轻政府部门工作人员的劳动强度,又可以使政府内部的领导层与执行层之间、各职能部门之间直接对话,从而极大地提高政府的行政效率。

#### 4. 服务方式不同

电子政务可以提供一站式服务(one-stop service),即公民或企业只需在一个政府综合办公网站,即可解决需要政府办理的所有相关事项。如果公民申办的事情要涉及多个政府机关,通过电子政务提供的一站式服务,公民通过计算机网络只需在一个部门登录有关信息,其他相关部门即可共享这些信息,并可直接记录备案,使公民申办事宜在各政府部门自动流转办理。一站式服务可以整合行政业务流程,减少审批环节,简化办事程序,使公民无须再奔波于多个政府部门,实现"一处办理,全程服务"。

此外,政府通过网络还可以让公众迅速了解政府机构的组成、部门职能、办事章程以及各项政策法规,提高办事效率和执法的透明度,促进勤政、廉政建设;同时,普通公众可以在网上与政府领导人直接进行信息交流,反映民众呼声,促进政府职能转变,更有利于促进民主政治建设。

#### 5. 工作中心不同

电子政务不仅改变了政府行政活动的工作方式及工作流程,同时,还改变了政府的执政理念和执政方式,传统政务是以政府机构和职能为中心,而电子政务则是以社会需求为中心,即从管理型政府向服务型政府转变。政府以"向社会提供高效、优质的政府管理与服务"作为出发点,帮助企业、社会组织和公众办理各种经济社会事务,协调各种关系,共同推进经济和社会的发展和进步。表 8.1 对电子政务和传统政务的差异进行了一些特征比较。

表 8.1  电子政务和传统政务的特征比较

| 比 较 项 目 | 传 统 政 务 | 电 子 政 务 |
|---|---|---|
| 政府机构存在形式 | 物理实体 | 网络虚拟化 |
| 政务办理方式 | 面对面 | 跨越地理位置局限 |
| 政务办理时间 | 严格时间限制 | $7 \times 24$(每周 7 天,每天 24h) |
| 政府组织结构 | 金字塔垂直结构 | 网络型扁平化结构 |
| 政府管理方式 | 集中式管理 | 分权式管理 |
| 政务生效标志 | 公章 | 数字签名 |
| 政务处理程序 | 串行作业 | 协同并行作业 |
| 政府工作重心 | 以管理审批为中心 | 以服务、指导为中心 |
| 政府主要议事方式 | 会议等 | 网络讨论 |
| 政府决策参考范围 | 主要集中在政府内部 | 政府内部与外部相统一 |
| 政府决策方式 | 传统、经验的方法 | 以信息技术为基础的智能化决策支持工具 |

### 8.1.3 电子政务基本模式

电子政务几乎包括了传统政务活动中的各方面,根据服务对象的不同,基本上可以分为政府对政府(government to government,G2G)、政府对企业(government to business,G2B)、政府对公民(government to citizen,G2C)、政府对雇员(government to employee,G2E)等 4 种基本模式,如图 8.1 所示。

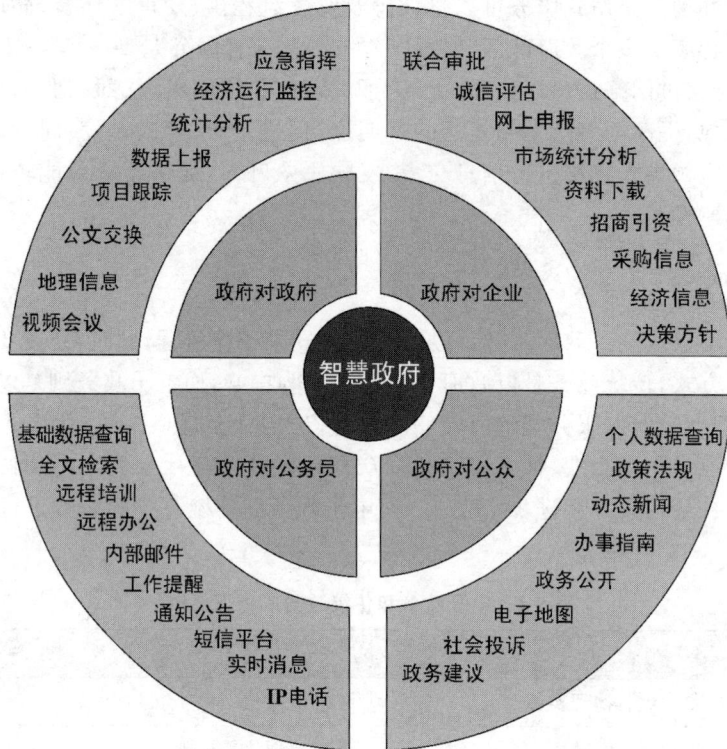

应急指挥
经济运行监控
统计分析
数据上报
项目跟踪
公文交换
地理信息
视频会议

联合审批
诚信评估
网上申报
市场统计分析
资料下载
招商引资
采购信息
经济信息
决策方针

政府对政府　政府对企业

智慧政府

政府对公务员　政府对公众

基础数据查询
全文检索
远程培训
远程办公
内部邮件
工作提醒
通知公告
短信平台
实时消息
IP电话

个人数据查询
政策法规
动态新闻
办事指南
政务公开
电子地图
社会投诉
政务建议

图 8.1　现代电子政务 4 种模式及主要功能

**1. G2G 模式**

G2G 模式的电子政务是政府机构和部门之间的电子政务,它包括政府内部、政府上下级之间、不同地区和不同职能部门之间实现的电子政务活动。

政府的职能是协调社会这个庞大而复杂的系统,所以涉及部门数量之多,是任何其他机构所无法比拟的。大多数政府业务的处理,都需要不同部门之间的协作和沟通。如何加强部门之间的沟通与协作,无论在理论上还是在实践中都是政务管理需要解决的问题。G2G 电子政务建设,对打破传统条件下部门与部门之间的交流障碍,促进政府部门之间的沟通与协作,构筑新型的、基于网络的政府部门间的合作关系有着十分重要的意义。

**2. G2B 模式**

G2B 电子政务是政府对企业的电子政务。促进企业发展、提高企业的市场适应能力和国际竞争力是各级政府机构共同的责任。在美国政府 2003 年 4 月发布的《电子政务战略》中指出，G2B 电子政务的目标是减少企业的负担，为企业提供一站式服务及获取政府信息的平台，使企业能通过电子商务的手段与政府进行数字化沟通。

### 3. G2C 模式

G2C 电子政务是政府对公民的电子政务，是指政府通过电子网络系统向公民提供各类政府服务，使公民在线获得政府信息和各种服务。

G2C 电子政务是政府网上办公的重要内容。政府除了有经济管理职能之外，还承担着大量的社会职能，同时还负责为公众提供基本的福利和保障。G2C 电子政务的功能，就是使政府部门能够利用先进的信息技术，更为快捷而高效地向公众提供服务。同时，G2C 电子政务也使得政府提供的信息和服务不再以政府部门为中心，而是变为以公民的需求为中心，这对增加公民对政府的满意度和信任度具有重要的作用。

### 4. G2E 模式

G2E 电子政务是政府对雇员的电子政务。该模式是政府机构通过网络技术实现内部政务电子化管理的重要形式，也是其他 3 种电子政务模式的基础。G2E 电子政务主要是利用 Intranet 建立起有效的行政办公与雇员管理体系的，为提高工作效率和雇员管理水平服务。

## 8.1.4 实施电子政务的意义

电子政务不但可以提高政府办公效率，方便市民与政府的实时沟通，减少政务成本，还有利于促进政府在管理体制、管理观念、管理方式和管理手段等方面的转变，带动整个国民经济和社会信息化进程。电子政务的意义如下。

### 1. 改善政府公共服务，提升政府形象

从政府管理的角度来看，电子政务主要从以下 3 方面对政府公共服务产生积极影响。

（1）政府可以通过网络向社会及时、准确地传递信息。例如政府的政策导向服务、信息咨询服务、信访服务、管理服务等，这些服务为企事业单位和群众及时了解政府的各种公共服务信息提供了有利条件。

（2）电子政务可以大大提高政府服务的效率，克服官僚主义。

（3）电子政务可以保证公共服务的正确性和公平性。在传统政府管理模式下，社会上的各种组织和个人对政府提供的公共服务常常处于一种被动的状态，如要办理一件事，要跑很多路，到很多政府部门，花费大量的时间和精力，即使如此，也不一定能顺利办成事。同时，人们对政府提供的公共服务没有选择的余地，更谈不上个性化服务。而电子政务则可以从根本上扭转这一局面。

### 2. 提高行政效率，降低行政成本

高效的政府是经济和社会发展的基础，然而建立一个高效的政府却非易事。传统的

政务处理之所以会出现管理成本过高、行政效率低下等问题，其中一个重要的原因就是不能充分利用各种资源，造成严重的人力、物力和财力的浪费。电子政务为建立高效能的政府提供了良好的契机。它可以有效地利用政府内部和外部资源，提高资源的利用率，降低行政管理成本。例如，政府部门之间跨地区、跨部门的电子信息交换、在线协同办公、电子邮件、公文流转自动化等，都可以大大减少行政人员的办公费用和公文处理的费用，克服长期困扰人们的"公文旅行"等现象。

### 3. 促进政务公开和廉政建设

实施电子政务，可以加强政府和社会公众对各权力机构运行的监管，实现政府相关信息和业务处理流程的公开化。实施电子政务后，政府的业务流程可通过电子政务平台自动实现流转，处理过程、处理时间、处理部门、经办人员、处理依据，对应的上级领导，以及相关的公众和政府工作人员都是公开、透明的，这在一定程度上可使权力行使展现在"阳光"之下，减少了传统政务过程中可能出现的暗箱操作，是实现政务公开化、透明化、廉政建设的有效途径。

### 4. 促进政府改革与创新

随着互联网的发展，以互联网为基础、将各级政府及职能部门集成起来向公众开放并提供服务，已经成为当前政府信息化工作最主要的方向。电子政府的建立，将使政府职能由管制型向管理服务型转化，促进政府由传统政府向现代政府转变。表8.2列出了一部分电子政务下的政府管理方式变革内容。

表8.2　电子政务下的政府管理方式变革

| 转 变 内 容 | 传 统 政 府 | 现 代 政 府 |
|---|---|---|
| 政府职能转变 | 管理＋治理<br>分钱、物；管人、事<br>提供实物和资源的权威机构 | 管理＋服务<br>收集获取和加工处理信息<br>学习、研究、规划和咨询 |
| 运作方式转变 | 8h实体政府<br>办公机关部门化、多窗口化 | 24h电子政府、数据中心<br>跨机关部门、单一窗口化 |
| 服务模式转变 | 服务内容单一、低效、不便<br>服务对象被动式 | 服务内容丰富、高效、直接服务对象<br>服务对象主动、自助式 |
| 决策方式转变 | 信息沟通不畅，共享性差<br>决策论证不充分、领导意志影响大 | 信息共享、数据中心共享、沟通便利<br>决策论证充分、民主化、科学化，增加民众对的认同感 |
| 管理控制方式转变 | 单反馈（事后、结果）控制<br>代价、损失大；控制力不强 | 前馈（事前、事中）控制<br>代价、损失小；控制能力强 |

### 5. 推动全社会的信息化

国内外信息化发展的实践表明，各国政府一直是推动社会信息化最主要的动力，如美国、欧盟、日本、新加坡等。因为政府不仅是信息资源的最大拥有者，而且也是信息技术应用的最大使用者,政府率先实施信息化,对一个国家的信息化发展起着重要的推进作用。政府首先实现信息化才会带动企业、社会公众的信息化步伐。同时由于互联网的开放无边界性,使得政府的电子政务建设的涉及面更加广泛,影响更为深远,对全社会信息化能起到更加重要的推动作用。

### 6. 推进民主政治发展

电子政务不仅可以提高政府的工作效率,还能促使公民更多地参与决策过程。通过网络,公民将有更多的机会了解政府在做什么,并可以多种方式及时地表达自己的意见,参与政府决策过程。

### 7. 有利于培养高素质的国家公务员队伍

电子政务与传统政务不同,对国家公务员的综合素质,尤其是对管理和科技素质都较高的复合型人才需求不断提高。面对新的机遇和挑战,公务员必须注重自身的继续学习和综合素质与能力的培养,尽快适应电子政务下的行政环境,胜任电子政务工作的开展。同时,电子政务的实施也有利于提高公务员判断、分析和解决问题的能力。

## 8.2  电子政务系统构成

电子政务系统是电子化政务活动实现的手段和平台,它是一个复杂的大系统,覆盖各地各级政府部门。其功能涵盖政府信息发布、政府网上服务、办公自动化系统、政府部门内部及政府部门间的业务协作与信息共享等。本节从信息系统的角度对电子政务信息系统的基本框架体系结构、网络体系结构、软件功能结构进行简要介绍。

### 8.2.1  我国电子政务建设基本目标

#### 1. 办公自动化

办公自动化是指办公手段的电子化、网络化,减少办公事务处理时间,降低劳动强度,提高办公效率,节约办公成本。

#### 2. 管理要素资源数字化

信息是政府管理的要素资源,这些信息资源要素不但涉及政府内部部门和外部部门相关内容,还涉及国内外政治、经济等环境发展变化的多方面内容。将这些要素资源数字化、信息化是需要付出相当大的努力。

#### 3. 信息资源共享,促进政府管理职能优化重组

管理要素资源的数字化,为实现信息共享提供了极大便利,同时也对政府组织结构和运作方式产生了冲击,使传统组织朝着网络组织方向发展,打破了低效、层级、部门的限制,促使政府组织部门和职能进行整合,使政务程序和办事流程更加简明、畅通,促使政府

部门职能优化重组。

### 4. 决策过程智能化、科学化

通过辅助决策支持系统的开发应用,一方面可以规范和优化决策程序,另一方面也可运用管理决策模型和人工智能等手段为复杂问题决策提供定量分析,辅助决策,使决策更加科学化。

### 5. 形成反应灵敏、高效控制的政府管理机制

电子政务系统必须具备跟踪、监测国民经济运行状态的功能,因此使得信息化的政府能够及时把握社会经济运行情况,并能够对发生的各种情况做出灵敏的反应和及时的调控,政府管理控制机制更加高效、有力。

### 6. 与社会形成直接信息沟通,快速回应民众需求

电子政务为公共服务的改革提供了有效的平台,通过电子化的公共服务,不但可以直接传达政府信息,而且可以及时广泛地收集群众意见,快速回应民众需求。

## 8.2.2 电子政务系统基本框架体系

电子政务系统的基本框架体系结构如图 8.2 所示,自下而上可以分为网络、系统层,信息资源管理层,应用服务支撑层,应用业务层。为了保证电子政务系统各部分之间的有效连接,整个系统还应包括电子政务标准和规范体系、面向电子政务的安全体系等。

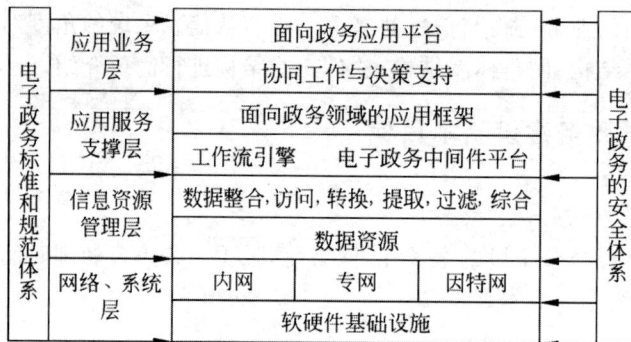

| 电子政务标准和规范体系 | 应用业务层 | 面向政务应用平台 | 电子政务的安全体系 |
| --- | --- | --- | --- |
| | | 协同工作与决策支持 | |
| | 应用服务支撑层 | 面向政务领域的应用框架 | |
| | | 工作流引擎　　电子政务中间件平台 | |
| | 信息资源管理层 | 数据整合、访问、转换、提取、过滤、综合 | |
| | | 数据资源 | |
| | 网络、系统层 | 内网　　专网　　因特网 | |
| | | 软硬件基础设施 | |

图 8.2　电子政务系统的基本框架体系构成

（1）网络、系统平台层由政务内网、政务外网、互联网和相应的软硬件基础设施构成。它是提供电子政务系统的网络通信和系统服务的物质基础。各种服务器、存储设备等基础硬件设施由网络传输介质和网络设备连接起来,形成整个电子政务系统的网络骨架,即网络层;硬件设施配以相应的系统软件如操作系统、网络管理软件等构成网络系统层,该层向信息资源管理层提供数据存储和管理必需的基础设施。

我国电子政务系统从核心层到外层,通常划分为政务内网和政务外网两大部分,两网之间物理隔离,政务外网和互联网之间逻辑隔离。网络中的信息最终汇集在政府信息资

源中心供各方面交换和共享。政务内网和政务外网均涉及局域网、城域网、广域网等,内网的基础是局域网,外网主要与互联网相连。图 8.3 是电子政务"两网"架构逻辑模型。

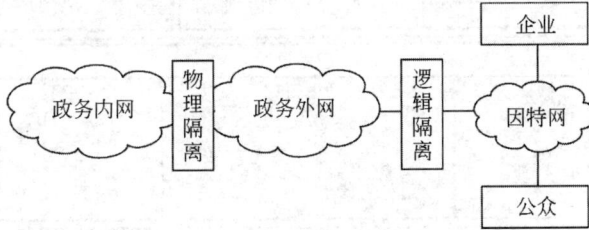

图 8.3　电子政务"两网"逻辑架构一般模型

（2）信息资源管理层（数据访问层），负责管理存放在政府信息资源中心以及网络中的各类数据资源,向应用服务支撑层提供数据整合、访问、转换、提取、过滤与综合服务。通常包括数据库和数据库管理系统及相关的公共处理程序等。

（3）应用服务支撑层（信息交换层），包括工作流引擎、电子政务中间件平台。中间件支持跨平台的分布式异构数据访问,从而向应用服务层提供统一的数据服务。工作流系统通过工作流引擎,驱动数据在应用业务层各应用之间的流转,以便根据分工合理、高效、完整地分配信息。应用框架为具体领域应用提供基础的底层公共平台框架,可以快速生成各种具体的政务应用,并可以根据需要进行动态补充。

（4）应用业务层即电子政务应用平台,是指在电子政务网络平台的基础上建立的政务综合应用服务平台。通过该平台可实现政务资源共享、信息应用、信息交换、各类政府业务应用服务等功能,为各级政府部门、公民和企业提供电子化、网络化、个性化服务。

（5）电子政务标准和规范体系分为总体标准、网络基础设施标准、应用支撑标准、应用标准、信息安全标准和管理标准等几大类,为电子政务各类系统的建设提供统一标准和接口依据。

（6）电子政务安全体系包括安全策略体系、安全组织体系、安全运作体系和安全技术体系。提供电子政务安全保障就是将以上各安全体系分别部署在电子政务框架体系的渠道层、应用层、应用支撑层、信息资源层、网络传输层和基础设施层。

图 8.4 所示为现代电子政务系统框架体系。

## 8.2.3　电子政务系统基本功能构成

一个完整的电子政务应用系统一般应当包括如下的一些基本功能。

### 1. 政府部门内部办公自动化

办公自动化是电子政务的基础,政府部门内部办公自动化并不是简单地将传统的办公模式照搬到网上,而是按照电子政务建设的目标,对政府办公方式和流程进行优化或重组,使日常办公事务和决策支持服务网络化、电子化和一体化,提供办公信息的共享、交换、组织、传递、监控等功能,形成协同办公的工作环境,在信息利用、协调工作、决策支持等方面发挥更大的作用。

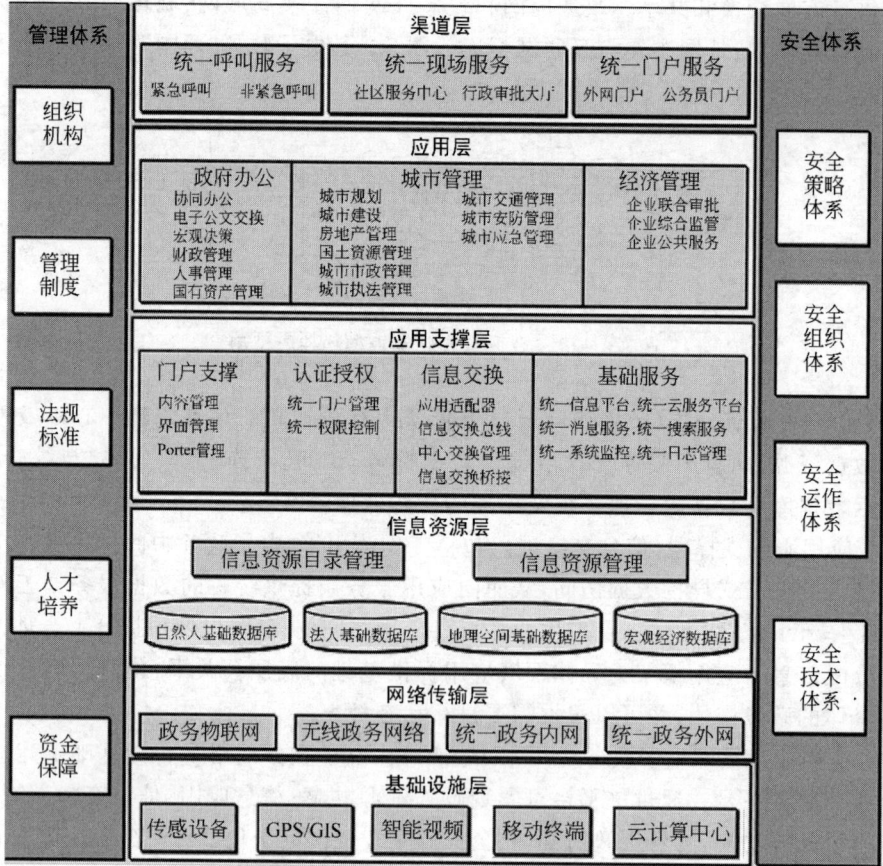

图 8.4　现代电子政务系统框架体系

**2. 网上信息发布与信息服务**

政府部门通过建立政府网站,发布一些政策、法规和新闻或其他信息,或者通过网络与公众、企业之间进行双向交流;社会公众以数字化的形式向政府服务网络输入服务需求,政府服务部门通过政府服务网络向社会公众提供数字化的信息服务。

**3. 政府部门网上联合办公**

政府的多个部门在网上联合办公、资源共享、协同工作。对于政府部门和公众来说,整合后的政府统一了办事程序的入口和出口,成为一个高效、便捷、能为公众提供一站式服务的电子政府,同时还要有安全认证等技术作为基本保证。

**4. 决策支持和运行控制**

为政府各职能部门的宏观决策和运行控制等提供支持。

电子政务系统从功能结构上一般可分为政府内部办公系统、政府部门间协作系统、政府职能服务系统、政务信息资源管理系统、政府公众服务系统等,如图 8.5 所示。

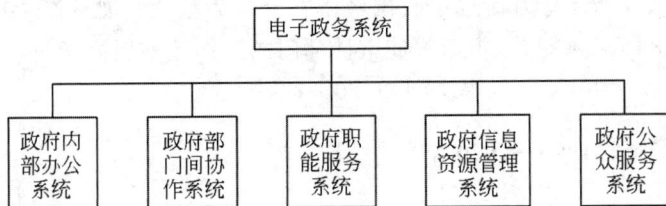

图 8.5　电子政务系统的一般功能构成

# 8.3　我国电子政务建设概况

## 8.3.1　我国电子政务发展历程

### 1. 起步阶段(20 世纪 80 年代至 90 年代初)

20 世纪 80 年代,信息技术的发展已经成为提高综合国力和促进社会经济发展的关键因素。这个时期,我国组建了国家经济信息系统的规划小组和国家信息中心,国务院各部委以及地方政府相继成立了信息中心,负责推进政府信息化的工作。此时,我国政府信息化工作的重点主要集中在办公自动化领域。

在中央和地方党政机关所开展的办公自动化工程,建立了各种纵向和横向的内部信息办公网络。1992 年,为了推进政府机关的办公自动化,在政府机关普及推广计算机的使用,国务院办公室下发文件《国务院办公厅关于建设全国政府行政首脑机关办公决策服务系统的通知》。该文件下发后,在国务院办公厅统一指导下,经过各地区、各部门近 10年的积极努力,政府办公系统在中央、省、市、地区等各级政府部门得到广泛应用。

### 2. 推进阶段(20 世纪 90 年代中后期)

20 世纪 90 年代中期,信息革命和信息高速公路的浪潮开始席卷全球。为了加速推进我国信息化的进程,1993 年年底,国务院成立了国民经济信息化联席会议,正式部署了"金桥""金卡""金关"工程(简称"三金工程")等"金"系列的重大信息系统工程,并将其列为国家中长期发展规划。

"金桥"工程又称为经济信息通信网工程,它是建设国家公用经济信息通信网、实现国民经济信息化的基础设施。

"金关"工程又称为海关联网工程,其目标是推广电子数据交换(EDI)技术,以实现货物通关自动化、国际贸易无纸化。

"金卡"工程又称为电子货币工程,它是借以实现金融电子化和商业流通现代化的必要手段。

除"三金工程"外,后来我国政府又在税务、公安、财政、审计、农业、医疗卫生等各行业实施了近百个重大信息化工程项目,简称为"金税""金盾""金财""金审""金农"等工程,总投资规模已经超过 600 亿元,其中央投资 300 多亿元。这些重大信息化工程大大提高了政务部门的行政效率,有力促进了我国经济社会的发展。例如,金盾工程实施网上抓逃,当年抓获 23.8 万名逃犯;金审工程使审计部门的工作效率提高了近 5 倍;金税工程的实施使增值税增收率由 61.44% 提高到 86.26%;等等。

### 3. 快速发展阶段(1999—2010 年)

1998 年 4 月,青岛市在互联网上建立了我国第一个严格意义上的政府网站"青岛政务信息公务网"。1999 年 1 月,40 多个部委的信息主管部门共同倡议发起了"政府上网工程",其目标是在 1999 年实现 60% 以上的部委和各级政府部门上网,在 2000 年实现 80%以上的部委和各级政府部门上网。通过启动"政府上网工程"及相关的一系列工程,使我国电子政务迈入了网络化的快速阶段。

据统计,2010 年中央和省级政务部门主要业务电子政务覆盖率已经达到 70%。金关、金税、金盾、金审等一批国家电子政务重要业务信息系统应用进一步深化,取得了更大的经济和社会效益。宏观经济管理、财政管理、进出口业务管理等宏观调控信息系统在有效应对国际金融危机冲击、保持经济平稳较快发展方面发挥了重要作用。教育、医疗、就业、社会保障、行政审批和电子监察等方面的电子政务积极推进,改善和增强了政府为社会公众提供服务的能力和水平。食品药品安全、社会治安、安全生产、环境保护、城市管理、质量监管、人口和法人管理等方面电子政务应用持续普及,加强和提升了政府社会管理能力和水平。

### 4. 高质量发展阶段(2012 年至今)

中共十八大以来,我国政府各部门认真贯彻党中央、国务院决策部署,围绕转变政府职能、深化简政放权、创新监管方式、优化政务服务,深入推进"互联网＋政务服务",加快建设地方和部门政务服务平台,一些地方和部门依托平台创新政务服务模式,"只进一扇门""最多跑一次""不见面审批"等改革措施不断涌现,政务服务平台已成为提升政务服务水平的重要支撑,对深化"放管服"改革、优化营商环境、便利企业和群众办事创业发挥了重要作用。

2018 年,国家政务服务平台主体功能建设基本完成,通过试点示范实现部分省和国务院部门政务服务平台与国家政务服务平台对接。制定国家政务服务平台政务服务事项编码、统一身份认证、统一电子印章、统一电子证照等标准规范,为全面构建全国一体化在线政务服务平台奠定基础。2019 年,国家政务服务平台上线运行。2020 年,国家政务服务平台功能进一步强化,全国一体化在线政务服务平台标准规范体系、安全保障体系和运营管理体系不断完善,国务院部门数据实现共享,满足地方普遍性政务需求,"一网通办"能力显著增强,全国一体化在线政务服务平台基本建成。国务院关于加快推进全国一体化在线政务服务平台建设的指导意见中指出,力争在 2022 年年底前,以国家政务服务平台为总枢纽的全国一体化在线政务服务平台更加完善,全国范围内政务服务事项基本做到标准统一、整体联动、业务协同,除法律法规另有规定或涉及国家秘密等外,政务服务事项全部纳入平台办理,全面实现"一网通办"。

**【案例 8-1】** 金审工程项目应用框架。

金审工程是中国国家审计信息化建设项目的简称,对外交流英文名称为 China's Golden Auditing Project。2002 年 7 月,金审工程一期项目成为列入国家基本建设投资计划的第一个电子政务建设项目。目前金审工程应用系统主要包括审计公共系统和审计实施系统。2020 年,金审三期中审计署本级 19 个分子系统全部开放上线。AO(Auditor Office)现场审计实施系统简称 AO 系统,是审计署和中国计算机软件与技术服务总公司开发的审计信息管理系统,是金审工程建设的重要成果之一,是国家审计系统的重要组成部分,是政府审计人员开展电子政务、计算机审计,实现审计信息共享的重要系统。

AO 系统可以安装在国家审计人员的笔记本计算机上带至审计现场使用。AO 系统通过各功能之间以及与国家审计机关之间的信息共享,可以满足中央和地方各级审计人员对被审计单位实施审计项目的管理信息系统功能要求。联网审计实施系统可以对行政事业单位和大型国有企业实施在线审计。

金审工程运用现代信息技术开展审计,可提高审计质量和效率;提升信息化支撑业务能力,完善审计业务网络;实现与副省级以上地方审计机关数据联网分析;建设、完善电子数据备份中心;完善网络安全管理制度,持续提升网络安全防御和应急处置能力。提升数据管理水平。充分利用地方政府数据平台,扎实开展业务数据与财务数据、单位数据与行业数据以及跨行业、跨领域数据的综合比对和关联分析,促进审计工作从现场审计为主向后台数据分析和现场审计并重转变,加强了数据和分析模型共享共用。

## 8.3.2 我国电子政务发展方向

5G 网络、新一代移动通信技术、云计算、物联网等新技术、新产业、新应用不断涌现,深刻改变了电子政务发展技术环境及条件。经济社会发展需求和技术创新为我国电子政务发展提供了难得的历史机遇。2021 年,国务院审议通过"十四五"推进国家政务信息化规划,加快建设数字政府、提升政务服务水平;决定设立支持煤炭清洁高效利用专项再贷款,促进绿色低碳发展。会议指出,推进政务信息化是提高政府管理效能和服务水平的重要举措。按照党中央、国务院部署,"十三五"时期,结合推进"放管服"改革,我国政务信息系统建设、应用取得长足进展,"最多跑一次""不见面审批""掌上办"等服务新模式不断涌现,明显提高了企业和群众的办事便利度。"十四五"时期,要面向更满足企业需求和群众期盼,抓住推动政务信息共享、提升在线政务服务效率等关键环节,推进数字政府建设,加快转变政府职能,促进市场公平竞争。

第一,构建统一的国家电子政务网络体系,推动地方、部门各类政务专网向统一电子政务网络整合,打破信息孤岛,实现应联尽联、信息共享。第二,丰富全国一体化政务服务平台功能,构建统一的电子证照库,推广电子合同、签章等应用,在社保、医疗、教育、就业等方面提供更便捷的公共服务,实现更多事项一网通办、跨省通办。第三,完善国家人口、法人、自然资源、经济数据等基础信息库,提升数据资源开发利用能力。深化数字技术在公共卫生、自然灾害、事故灾难等重大突发事件应急处置中的应用。第四,推动政务数据按政务公开规则依法依规向社会开放,优先推动企业登记和监管、卫生、教育、交通、气象等数据开放。健全制度,严格保护商业秘密和个人隐私。第五,加强市场监管信息化建设,完善"双随机一公开"监管、"互联网+监管"、信用监管等机制,提升食品药品、农产品、特种装备等的协同监管能力。第六,强化网络安全保障,严格落实分等级保护制度,增强政务信息化基础设施和系统、数据安全保障能力。

我国在电子政府发展规划中提出了推进电子政务服务跨地区、跨部门、跨层级数据共享和业务协同的要求。

### 1. 统一网络支撑

各级政务服务平台原则上统一依托国家电子政务外网构建,通过部署在互联网上的政务服务门户提供服务。拓展国家电子政务外网覆盖范围,加强网络安全保障,满足业务量大、实时性高的政务服务应用需求。推动各地区和国务院有关部门非涉密业务专网与电子政务外网对接整合。

### 2. 统一身份认证

国家政务服务平台基于自然人身份信息、法人单位信息等国家认证资源,建设全国统一身份认证系统,积极稳妥地与第三方机构开展网上认证合作,为各地区和国务院有关部门政务服务平台及移动端提供统一身份认证服务。各地区和国务院有关部门统一利用国家政务服务平台认证能力,按照标准建设完善可信凭证和单点登录系统,解决企业和群众办事在不同地区和部门平台重复注册验证等问题,实现"一次认证、全网通办"。目前,各地区各部门已建身份认证系统按照相关规范对接国家政务服务平台统一身份认证系统。

### 3. 统一电子印章

制定政务服务领域电子印章管理办法,规范电子印章全流程管理,明确加盖电子印章的电子材料合法有效。应用基于商用密码的数字签名等技术,依托国家政务服务平台建设权威、规范、可信的国家统一电子印章系统。各地区和国务院有关部门使用国家统一电子印章制章系统制发电子印章。未建立电子印章用章系统的按照国家电子印章技术规范建立,已建电子印章用章系统的按照相关规范对接。

### 4. 统一电子证照

依托国家政务服务平台电子证照共享服务系统,实现电子证照跨地区、跨部门共享。各地区和国务院有关部门按照国家电子证照业务技术规范制作和管理电子证照,上报电子证照目录数据。电子证照采用标准版式文档格式,通过电子印章用章系统加盖电子印章或加签数字签名,实现全国互信互认,切实解决企业和群众办事提交材料、证明多等问题。

### 5. 统一数据共享

国家政务服务平台充分利用国家人口、法人、信用、地理信息等基础资源库,对接国务院部门垂直业务办理系统,满足政务服务数据共享需求。发挥国家数据共享交换平台作为国家政务服务平台基础设施和数据交换通道的作用,对于各级政府有关部门提出的政务服务数据共享需求,由国家政务服务平台统一受理和提供服务,并通过国家数据共享交换平台交换数据。进一步加强政务信息系统整合共享,简化共享数据申请使用流程,满足各地区和国务院有关部门政务服务数据需求。落实数据提供方责任,国务院有关部门按照"谁主管,谁提供,谁负责"的原则,保障数据供给,提高数据质量。除特殊情况外,国务院部门政务信息系统不按要求与一体化平台共享数据的,中央财政不予经费保障。强化数据使用方责任,加强共享数据使用全过程管理,确保数据安全。整合市场监管相关数据资源,推动事中事后监管信息与政务服务深度融合、"一网通享"。建设国家政务服务平台数据资源中心,汇聚各地区和国务院有关部门政务服务数据,积极运用大数据、人工智能等新技术,开展全国政务服务态势分析,为提升政务服务质量提供大数据支撑。

## 本章小结

(1)电子政务是指借助电子信息和网络通信技术进行的各种政务活动的总称。电子政务是政府信息化的手段和内容。

(2)电子政务的意义如下。

① 改善政府公共服务,提升政府形象。

② 提高行政效率,降低行政成本。

③ 促进政务公开和廉政建设。

④ 推动全社会的信息化。

⑤ 推进民主政治发展。

⑥ 有利于培养高素质的国家公务员队伍。

(3)电子政务系统的基本功能构成如下。

① 政府部门内部办公自动化。

② 网上信息发布与信息服务。

③ 政府部门网上联合办公。

④ 宏观决策支持和运行控制。

(4)电子政务的发展趋势是统一平台、整合应用、资源共享,实现覆盖各级政府业务、流程和职能的电子政务全应用,即数字化政府。

## 习题 8

### 一、简答题

1.什么是电子政务?它与传统政务有何不同?

2.电子政务的意义何在?它可以使政府管理方式产生哪些变革?

3.电子政务系统一般应具有哪些功能?

4.试述电子政务的基本框架体系构成。

## 二、讨论题

我国各级政府的一体化在线政务服务平台应用给我国的电子政务发展和政府治理现代化带来哪些影响和变革？

## 三、实践题

1. 上网调查了解与本专业领域相关的电子政务网站目前主要能够实现的功能，并根据本章学习内容，写出一篇调查分析报告，说明该领域我国电子政务网络平台存在问题及改进意见。

2. 查阅与我国金税工程相关的资料，说明金税工程给我国经济发展和税收环境带来了哪些影响，为提高我国经济宏观决策和高质量发展提供了哪些帮助。

# 第三篇　新技术篇

# 第 9 章　大语言模型与管理信息系统

**本章学习目标**

- 理解大语言模型的基本原理。
- 了解大语言模型实现的关键技术。
- 了解大语言模型在管理信息系统中的应用。
- 了解大语言模型与管理信息系统融合面临的挑战。
- 理解应对策略与解决方案。

当今社会,数字化技术快速发展,大语言模型作为一项极具颠覆性的创新,正深刻地改变着各领域的运作模式。管理信息系统领域也不例外。本章深入探讨大语言模型与管理信息系统之间的交互融合,剖析其给采集、处理、分析、传输与应用等信息管理环节带来的全方位变革、面临的挑战与未来发展前景。

## 9.1　大语言模型基本原理与发展历程

从本质上讲,大语言模型是一类基于深度学习架构的人工智能模型,旨在模拟人类的语言理解与生成能力,通过对海量文本数据的学习,能够以惊人的精准度生成连贯、逻辑合理且富有表现力的文本内容。其核心构建模块离不开神经网络中的深度学习技术,尤其是 Transformer 架构的卓越贡献。

Transformer 架构的诞生,为大语言模型的崛起奠定了坚实基础。与传统的循环神经网络(RNN)及其变体不同,Transformer 能够并行处理文本序列中的各部分,极大地提升计算效率。它引入了多头注意力机制,使得模型在处理长文本时,能够同时关注文本的不同位置,捕捉到单词、句子乃至段落之间的复杂语义关系和长距离依赖。例如,当模型解析一篇新闻报道时,不仅能理解每个句子的含义,还能精准把握不同段落间的逻辑关联,无论是因果关系、对比关系还是递进关系,都能尽收眼底,从而为后续的文本生成提供坚实支撑。

在训练阶段,大语言模型通常采用无监督学习的方式,依托海量的文本数据"茁壮成长"。这些文本数据来源广泛,涵盖了互联网上的新闻资讯、学术论文、文学作品、社交媒体帖子、百科知识等各个领域,宛如一座取之不尽的知识宝库。模型通过自动学习文本中的语言模式、语法规则、语义信息以及上下文语境,不断调整自身内部数以亿计的参数,以拟合这些复杂多变的语言现象。以预测文本中的下一个单词为例,模型基于前文所提供的语境信息,综合考量单词的出现频率、语法搭配、语义连贯性等诸多因素,给出最有可能出现的单词预测,经过海量文本的反复训练,模型逐渐掌握了语言的精髓,具备了强大的语言生成能力。

　　大语言模型的发展历程宛如一部波澜壮阔的科技史诗，见证了无数科研人员的智慧与汗水，铭刻了诸多里程碑式的突破。回首过往，早期的自然语言处理（NLP）研究主要聚焦于基于规则的方法，试图通过人工编写大量的语法规则和语义模板让计算机理解和生成语言。这种方式局限性明显，面对复杂多变的自然语言场景显得力不从心。

　　随着深度学习技术的兴起，尤其是神经网络在图像识别等领域取得巨大成功，研究人员开始将目光投向 NLP 领域。Word2Vec 等早期的模型，通过将单词映射到低维向量空间，实现了单词的分布式表示，为后续模型的发展提供了基础。随后，循环神经网络（RNN）及其变体长短时记忆网络（LSTM）和门控循环单元（GRU）被广泛应用于自然语言处理任务，它们能够在一定程度上处理序列数据中的长距离依赖问题。由于其序列处理的特性，计算效率相对较低，难以应对大规模文本数据的处理需求。

　　2017 年，Transformer 架构的横空出世彻底改变了这一局面，为大语言模型的腾飞插上了翅膀。谷歌公司基于 Transformer 推出的 BERT 模型，率先在自然语言理解任务方向取得重大突破，通过预训练在文本分类、情感分析、命名实体识别等诸多任务上展现出卓越性能，让业界看到了大规模预训练模型的潜力。几乎与此同时，OpenAI 推出的 GPT 系列模型则侧重于语言生成能力的挖掘，GPT-3 更是以其高达 1750 亿的参数规模震惊世界，能够完成撰写文章、回答复杂问题、生成代码等多样化任务，仿佛一位无所不能的智能助手，开启了大语言模型大规模应用的新篇章。

　　近年来，大语言模型的发展势头愈发迅猛，各大科技公司和研究机构大量投入，你追我赶。模型的参数规模屡创新高，从百亿级别迅速攀升至千亿甚至万亿级别，性能也在持续优化，不仅在语言生成的流畅性、准确性上更上一层楼，还在知识问答、逻辑推理、创意写作等复杂任务中展现出惊人的智慧。与此同时，研究人员也越发关注模型的可解释性、安全性、伦理道德等问题，力求在追求技术进步的同时，确保这些强大的模型能够造福人类社会。

# 9.2　大语言模型关键技术与特点

　　虽然大语言模型正在重塑产业，但是企业想要真正拥抱大语言模型，实现自身大语言模型，仍然面临很多现实问题。例如，怎样才能拥有企业专属的领域大语言模型？如何高效率、低成本地处理数据？模型数据如何动态更新？私有数据如何安全接入大语言模型？为了解决上述问题，使企业可以顺利使用大语言模型，应该按照图 9.1 所描述的大语言模型构建步骤在企业中实施。

## 9.2.1　海量数据训练

　　海量数据是大语言模型铸就辉煌的基石。如前所述，模型学习的数据来源广泛，几乎涵盖了人类知识的各个领域。这种丰富的数据多样性使得模型能够接触到不同风格、不同主题、不同语境下的语言表达方式，从而具备极强的泛化能力。无论是严谨的学术论文、生动的文学创作，还是随意的社交媒体闲聊，大语言模型都能应对自如。以社交媒体数据为例，其中包含了大量的口语化表达、流行语、缩写以及情感符号，模型通过学习这些

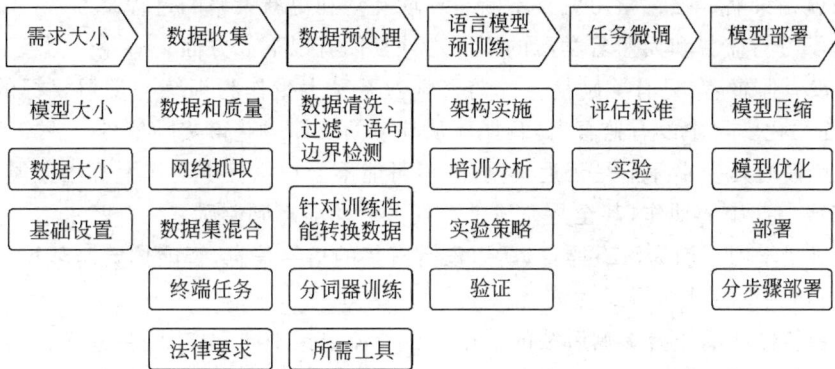

| 需求大小 | 数据收集 | 数据预处理 | 语言模型预训练 | 任务微调 | 模型部署 |
|---|---|---|---|---|---|
| 模型大小 | 数据和质量 | 数据清洗、过滤、语句边界检测 | 架构实施 | 评估标准 | 模型压缩 |
| 数据大小 | 网络抓取 | 针对训练性能转换数据 | 培训分析 | 实验 | 模型优化 |
| 基础设置 | 数据集混合 | | 实验策略 | | 部署 |
| | 终端任务 | 分词器训练 | 验证 | | 分步骤部署 |
| | 法律要求 | 所需工具 | | | |

图 9.1　大语言模型构建步骤

数据,不仅能够理解年轻人时尚的语言风格,还能在合适的语境下运用这些元素进行文本生成,使输出更加贴近生活、接地气。

### 9.2.2　大规模参数

参数规模是大语言模型强大性能的重要保障。数以亿计甚至千亿、万亿的参数,如同人类大脑中的神经元,赋予了模型超强的记忆和拟合能力。这些参数在训练过程中,通过对海量文本数据的反复学习,逐渐捕捉到语言的微妙之处。例如,在描述一个场景时,不同的词汇选择、句子结构搭配会传达出截然不同的情感色彩和语义重点,大规模参数使得模型能够精准地权衡这些细微差别,生成最符合语境需求的文本。而且,随着参数规模的不断扩大,模型出现了一些令人惊喜的"涌现"现象,即在某些复杂任务上,性能突然实现质的飞跃,展现出超越以往认知的智慧。

## 9.3　大语言模型的工作机制

### 9.3.1　大语言模型的强化学习

强化学习的基本元素包括智能体、环境、状态、动作和奖励。其中,智能体和环境间通过奖励、状态、动作 3 个信号进行交互,不断地根据环境的反馈信息进行试错学习。

强化学习把学习看作试探评价过程。智能体选择一个动作用于环境,环境接受该动作后状态发生变化,同时产生一个强化信号反馈给智能体,智能体根据强化信号和环境当前状态再选择下一个动作,选择的原则是使受到正强化的概率增大。选择的动作不仅影响立即强化值,而且影响环境下一时刻的状态及最终的强化值。

机器学习的方法主要分为监督学习、无监督学习和强化学习。强化学习和监督学习的共同点是两者都需要大量数据进行学习训练,但学习方式有所不同,所需要的数据类型也有差异,监督学习需要多样化的标签数据,强化学习则需要带有回复的交互数据。

与监督和无监督学习的最大不同是,强化学习里并没有给定的一组数据供智能体学习。环境是不断变化的,强化学习中的智能体要在变化的环境里做出一系列动作的决策,结合起来就是策略。强化学习就是不断与环境互动和更新策略的过程。

强化学习与监督和无监督学习的不同之处具体有以下5方面。

（1）没有监督者，只有奖励信号。监督学习基于大量作为训练与学习目标的标注数据进行，而强化学习中没有监督者，智能体从环境的反馈中获得奖励信号。

（2）反馈时延。实际上是延迟奖励，环境可能不会在每一步动作上都给予奖励，有时候需要完成一连串的动作，甚至是完成整个任务后才能得到奖励。

（3）试错学习。因为没有监督，所以没有直接的指导信息，智能体要与环境不断进行交互，通过试错的方式获得最优策略。

（4）智能体的动作会影响后续的数据。智能体选择不同动作，就会进入不同的状态。由于强化学习基于马尔可夫决策过程，因此，根据下一个时间步获得的状态变化，环境的反馈也会随之发生变化。

（5）时间序列很重要。强化学习更加注重输入数据的序列性，下一个时间步的输入依赖前一个时间步的状态。

一般情况下，监督学习通过对数据进行分析找到数据的表达模型，随后利用该模型，在新输入的数据上进行决策，主要分为训练阶段和预测阶段，如图9.2所示。在训练阶段，首先根据原始数据进行特征提取（特征工程），之后可以使用决策树、随机森林等机器学习算法分析数据之间的关系，最终得到关于输入数据的模型。在预测阶段，按特征工程方法抽取数据特征，使用训练阶段得到的模型对特征向量进行预测，最终得到数据所属的分类标签。值得注意的是，验证模型使用验证数据集对模型进行反向验证，确保模型的正确性和精度。

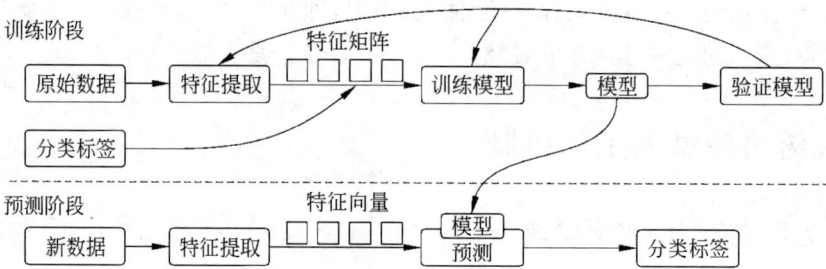

图9.2　监督学习的一般方法

与监督学习相比，强化学习的一般方法少了特征工程，从而大大降低了业务领域门槛与人力成本，如图9.3所示。监督学习的学习只能发生在训练阶段，该阶段会出现一个监督信号（即具有学习的能力，数学上称为"差分信号"）。例如，在语音识别任务中，需要收集大量的语音语料数据和该语料对应标注好的文本内容。有了原始的语音数据和对应的语音标注数据后，可通过监督学习方法收集数据中的模式，例如对语音分类、判别该语音音素所对应的单词等。

上述标注语音文本内容相当于一个监督信号，训练完成后，预测阶段不需要该监督信号，生成的语言识别模型用作新数据的预测。如果想要修改监督信号，则需要对语言识别模型进行重新训练，但监督学习的训练阶段非常耗时。

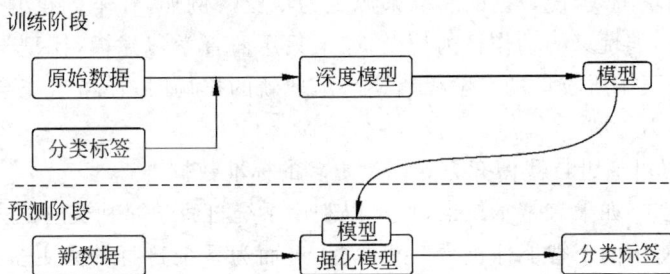

图 9.3 强化学习的一般方法

强化学习与监督学习不同,其学习过程与生物的自然学习过程非常类似。具体而言,智能体在与环境的互动过程中,通过不断探索与试错的方式,利用基于正/负奖励的方式学习。

相较于监督学习,强化学习在大模型上的重要作用可以概括为以下几方面。

1) 强化学习更有可能考虑整体影响

监督学习针对单个词元进行反馈,目标是要求模型针对给定的输入给出确切的答案;而强化学习针对整个输出文本进行反馈,不针对特定词元。反馈粒度不同,使强化学习更适合大模型,既可以兼顾多样性表达,又可以增强对微小变化的敏感性。自然语言十分灵活,可以用多种不同的方式表达相同的语义。

另外,有监督微调通常采用交叉熵损失作为损失函数,由于遵循总和规则,造成这种损失对个别词元变化不敏感。改变个别词元对整体损失产生的影响较小,而一个否定词可以完全改变文本的整体含义。强化学习则可以通过奖励函数同时兼顾多样性和微小变化敏感性两方面。

2) 强化学习更容易解决幻觉问题

用户在大模型上主要有 3 类输入。

① 文本型。用户输入相关文本和问题,让模型基于所提供的文本生成答案(例如"本文中提到的人名和地名有哪些")。

② 求知型。用户仅提出问题,模型根据内在知识提供真实回答(例如"流感的常见原因是什么")。

③ 创造型。用户提供问题或说明,让模型进行创造性输出。

监督学习算法易使求知型查询产生幻觉,在模型并不包含或者知道答案的情况下,有监督训练仍然会促使模型给出答案。而使用强化学习方法,则可以通过定制奖励函数,将正确答案赋予较高的分数,放弃回答的答案赋予中低分数,不正确的答案赋予非常高的负分,使得模型学会依赖内部知识选择放弃回答,从而在一定程度上缓解模型的幻觉问题。

3) 强化学习可以更好地解决多轮对话奖励累积问题

多轮对话是大模型重要的基础能力之一。多轮对话是否达成最终目标,需要考虑多次交互过程的整体情况,因此很难使用监督学习的方法来构建。而使用强化学习方法,可以通过构建奖励函数,根据整个对话的背景及连贯性对当前模型输出的优劣进行判断。

强化学习不需要像监督学习那样依赖先验知识数据。例如线上游戏,越来越多的用户使用移动终端玩游戏,使数据的获取来源更为广泛。例如,在下围棋时,棋谱很容易得到,这些棋谱是人类玩家的动作行为记录,如果只用监督学习建模,模型学习出的对弈技能很有可能只局限于所收集的有限棋谱。当出现新的棋局时,模型可能会因为找不到全局最优解而使棋力大减。

4) 强化学习可通过自我博弈方式产生更多的标准数据

在强化学习中,如果有基本棋谱,便可以利用系统自我学习和奖励的方式自动学习更多的棋谱,或者使用两个智能体进行互相博弈,进而为系统自身补充更多的棋谱信息,而不受标注数据和先验知识的限制。强化学习可利用较少的训练信息,让系统不断地自主学习,自我补充更多的信息,进而免受监督者的限制。

另外,可以使用迁移学习来减少标注数据的数量。它在一定程度上突破了监督学习中的限制,提前在大量标注数据信息中提取高维特征,从而减少后续复用模型的输入数据。迁移学习是把已经训练好的模型参数迁移到新的模型,以帮助训练新模型。考虑大部分数据或任务存在相关性,通过迁移学习可以将已经学到的模型参数(也可理解为模型学到的知识)通过某种方式分享给新模型,进而不需要从零开始学习,加快并优化新模型的学习效率。

在强化学习中,每个自主体由两个神经网络模块组成,即行动网络和评估网络,如图 9.4 所示。行动网络是根据当前的状态而决定下一个时刻施加到环境上去的最好动作。

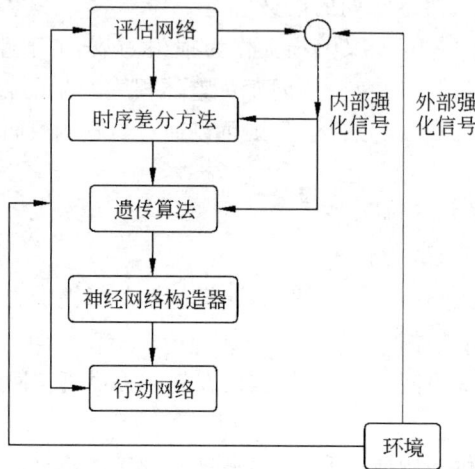

图 9.4 强化学习的网络模型设计

对于行动网络,强化学习算法允许它的输出结点进行随机搜索,当有来自评估网络的内部强化信号后,行动网络的输出结点即可有效地完成随机搜索,并且大大提高选择好动作的可能性,同时可以在线训练整个行动网络。

通过用辅助网络为环境建模,评估网络可单步和多步预报当前由行动网络施加到环境上的动作强化信号,根据当前状态和模拟环境预测其标量值。可以提前向行动网络提供有关候选动作的强化信号,以及更多的奖惩信息(内部强化信号),以减少不确定性,并提高学习速度。

强化学习使人们从手动构造行为和标记监督学习所需的大量数据集(或不得不人工编写控制策略)中解脱出来。它在机器人技术的应用中很有价值,该领域需要能够处理连续、高维、部分可观测环境的方法,在这样的环境中,成功的行为可能包含成千上万的基元动作。

## 9.3.2 大语言模型的智能体

人工智能的工作是设计一个智能体程序实现智能体函数,即从感知到动作的映射。假设该程序将运行在某种具有物理传感器和执行器的计算设备上,称为智能体架构。智能体的关键组成如图 9.5 所示。显然,选择的程序必须适合相应的架构。如果程序打算推荐步行这样的动作,那么对应的架构最好有腿。架构可能只是一台普通 PC,也可能是一辆带有多台车载计算机、摄像头和其他传感器的机器人汽车。通常情况下,架构使程序可以使用来自传感器的感知,然后运行程序,并将程序生成的动作选择反馈给执行器。

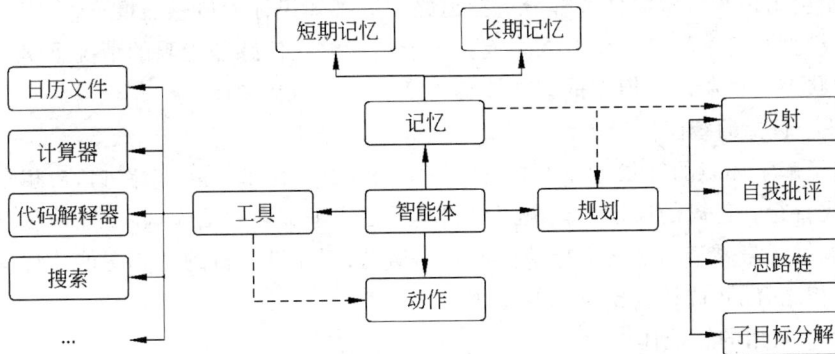

图 9.5 智能体的关键组成

此处的智能体程序都有相同的框架:将当前感知作为传感器的输入,并将动作返回给执行器。而智能体程序框架还有其他选择,例如可以让智能体程序作为与环境异步运行的协程。每个这样的协程都有输入输出端口,并由一个循环组成,该循环获取输入端口的感知,并将动作写到输出端口。

需要注意智能体程序(将当前感知作为输入)和智能体函数(可能依赖整个感知历史)之间的差异。因为环境中没有其他可用信息,所以智能体程序别无选择,只能将当前感知作为输入。如果智能体的动作需要依赖于整个感知序列,则智能体必须记住历史感知。

人工智能面临的关键挑战是找出编写程序的方法,尽可能从一个小程序而不是从一个大表中产生理性行为。有 4 种基本的智能体程序,它们体现了几乎所有智能系统的基本原理,每种智能体程序以特定的方式组合特定的组件来产生动作。下面将对这 4 种基本的智能体程序进行详细介绍。

1)简单反射型智能体
最简单的智能体,根据当前感知选择动作,忽略感知历史的其余部分。

2)基于模型的反射型智能体
处理部分可观测性的最有效方法是让智能体追踪它现在观测不到的部分世界。也就是说,智能体应该维护某种依赖于感知历史的内部状态,从而反映当前状态的一些未观测到的方面。例如,在刹车问题中,内部状态范围不仅限于摄像头拍摄图像的前一帧,要让智能体能够检测车辆边缘的两个红灯何时同时亮起或熄灭。对于变道等其他驾驶任务,如果智能体无法同时看到其他车辆,则需要追踪它们的位置。

随着时间的推移,更新这些内部状态信息需要在智能体程序中以某种形式编码两种知识。

首先,需要一些关于世界如何随时间变化的信息,这些信息大致可以分为两部分:智能体行为的影响和世界如何独立于智能体而发展。例如,当智能体顺时针转动方向盘时,汽车会右转;而下雨时汽车的摄像头会被淋湿。这种关于"世界如何运转"的知识(无论是在简单的布尔电路中还是在完整的科学理论中实现)被称为世界的转移模型。

其次,需要一些关于世界状态如何反映在智能体感知中的信息。例如,当前面的汽车开始刹车时,前向摄像头的图像中会出现一个或多个亮起的红色区域;当摄像头被淋湿时,图像中会出现水滴状物体并部分遮挡道路。这种知识称为传感器模型。

转移模型和传感器模型结合在一起让智能体能够在传感器受限的情况下尽可能地跟踪世界的状态。使用此类模型的智能体称为基于模型的智能体。

3)基于目标的智能体

即使了解了环境的现状也并不总是能决定做什么。例如,在一个路口,出租车可以左转、右转或直行。正确的决定还取决于出租车要去哪里。换句话说,除了当前状态的描述之外,智能体还需要某种描述理想情况的目标信息,例如设定目的地。智能体程序可以将其与模型相结合,并选择实现目标的动作。

4)基于效用的智能体

在大多数环境中,仅靠目标并不足以产生高质量的行为。例如,许多动作序列都能使出租车到达目的地,但有些动作序列比其他动作序列更快、更安全、更可靠或者更便宜。这个时候,目标只是在"快乐"和"不快乐"状态之间提供了一个粗略的二元区别。更一般的性能度量应该允许根据不同世界状态的"快乐"程度来对智能体进行比较。经济学家和计算机科学家通常用效用这个词来代替"快乐"。

性能度量会给任何给定的环境状态序列打分,因此可以很容易地区分到达出租车目的地所采取的更可取和更不可取的方式。智能体的效用函数本质上是性能度量的内部化。如果内部效用函数和外部性能度量一致,那么根据外部性能度量选择动作,以使其效用最大化的智能体是理性的。

图灵在早期的论文中,曾经想出了手动编程实现智能机器的方法。他估计了这可能需要的工作量,并得出结论,"似乎需要一些更快捷的方法"。他提出的方法是构造学习型机器,然后教它们。在人工智能的许多领域,这是目前创建最先进系统的首选方法。任何类型的智能体(基于模型、基于目标、基于效用等)都可以构建(或不构建)成学习型智能体。

学习的另一个优势是,让智能体能够在最初未知的环境中运作,并变得比其最初的能力更强。学习型智能体可分为4个概念组件,如图9.6所示。其中,"性能元素"表示之前认为的整个智能体程序,"学习元素"可以修改该程序,以提升其性能。最重要的区别在于负责提升的学习元素和负责选择外部行动的性能元素。性能元素接收感知并决定动作；学习元素使用来自评估者对智能体表现的反馈，并以此确定应该如何修改性能元素，以在未来做得更好。

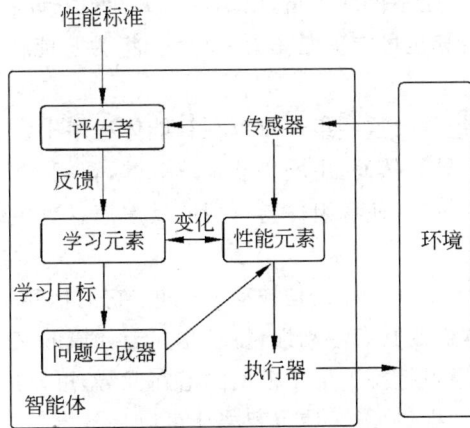

图 9.6　通用学习型智能体

学习元素的设计在很大程度上取决于性能元素的设计。当设计者试图设计一个学习某种能力的智能体时，第一个问题是"一旦智能体学会了如何做，它将使用什么样的性能元素"。给定性能元素的设计，可以构造学习机制来改进智能体的每个部分。

评估者告诉学习元素：智能体在固定性能标准方面的表现如何。评估者是必要的，因为感知本身并不会指示智能体是否成功。例如，国际象棋程序可能会收到一个感知，提示它已经将杀对手，但它需要一个性能标准来知道这是一件好事。从概念上讲，应该把性能标准看作完全在智能体之外，智能体不能修改性能标准以适应自己的行为。

学习型智能体的最后一个组件是问题生成器。它负责建议动作，这些动作将获得全新和信息丰富的经验。如果性能元素完全根据自己的方式，会继续选择已知最好的动作。如果智能体愿意进行一些探索，并在短期内做一些不太理想的动作，则从长远考虑，可能会发现更好的动作。问题生成器的工作是建议这些探索性行动。这就是科学家进行实验时所做的。例如，伽利略并不认为从比萨斜塔顶端扔石头本身有价值。他并不想打碎石头或改造他人的大脑。他的目的是通过验证更好的物体运动理论来改造自己的大脑。

学习元素可以对智能体图中显示的任何"知识"组件进行更改。最简单的情况是直接从感知序列学习。观察成对相继的环境状态可以让智能体了解"我的动作做了什么"以及"世界如何演变"，以响应其动作。例如，如果自动驾驶出租车在湿滑路面上行驶时进行一定程度的刹车，则很快就会发现实际减速多少，以及它是否滑出路面。问题生成器可能会识别出模型中需要改进的某些部分，并建议进行实验，例如在不同条件下的不同路面上尝试刹车。

无论外部性能标准如何，改进基于模型的智能体的组件，使其更好地符合现实几乎总是一个好主意。从计算的角度看，在某些情况下简单但稍微不准确的模型比完美但极其复杂的模型更好。当智能体试图学习反射组件或效用函数时，需要外部标准的信息。从某种意义上说,性能标准将传入感知的一部分区分为奖励或惩罚,以提供对智能体行为质量的直接反馈。

一般情况下,人类的选择可以提供有关人类偏好的信息。例如,假设出租车不知道人们通常不喜欢噪声,于是决定不停地鸣笛,以确保行人知道它即将到来。随之而来的人类行为,如盖住耳朵、说脏话甚至可能剪断车上的电线,将为智能体提供更新其效用函数的证据。

总之,智能体有各种组件。这些组件可以在智能体程序中以多种方式表示,因此学习方法之间似乎存在很大差异。然而,主题仍然是统一的,智能体中的学习可以概括为对智能体的各组件进行修改的过程,使各组件与可用的反馈信息更接近,从而提升智能体的整体性能。

虽然能力出色,但是大语言模型只是被动的工具,它们依赖简单的执行过程,无法直接当智能体使用。智能体机制具有主动性,特别是在与环境的交互、主动决策和执行各种任务方面。另外,智能体通过挖掘大语言模型的潜在优势,可以进一步增强决策制定。特别是使用人工、环境或模型提供反馈,使得智能体可以具备更深思熟虑和自适应的问题解决机制,超越大模型现有技术的局限。可以说,智能体是真正释放大语言模型潜能的关键,它能为大语言模型核心提供强大的行动能力;而另外,大语言模型能提供智能体所需要的强大引擎。可以说,大语言模型和智能体可以互补而相互成就。

智能体根据设定的目标,确定需要履行特定角色,自主观测感知环境,根据获得的环境状态信息检索历史记忆以及相关知识,通过推理规划分解任务并确定行动策略,并反馈作用于环境,以达成目标。在这个过程中,智能体持续学习,以像人类一样不断进化。基于大语言模型构建一个智能体,能充分地利用大语言模型的各种能力驱动不同的组成单元,如图 9.7 所示。

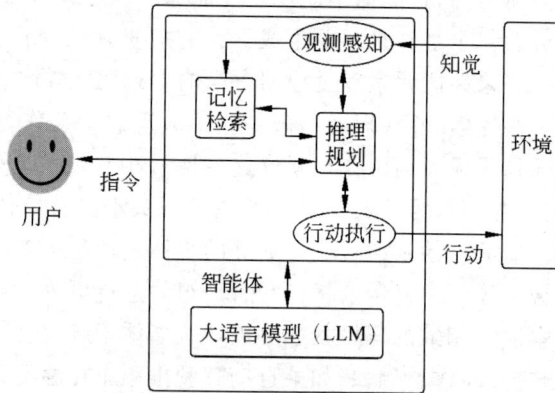

图 9.7　基于大语言模型的智能体应用

智能体本身包括观测感知模块、记忆检索、推理规划和行动执行等模块。它呈现强大能力的关键在于系统形成反馈闭环,使智能体可以持续地迭代学习,不断地获得新知识和能力。反馈除了来自环境外,还可以来自人类和语言模型。智能体不断积累必要的经验来增强改进自己,以显著提高规划能力,并产生新的行为,以越来越适应环境并符合常识,更加完满地完成任务。

在执行任务过程中的不同阶段,基于大模型的智能体通过提示等方式与大模型交互获得必要的资源和相关结果。

# 9.4 大语言模型在管理信息系统中的应用

在数字化浪潮汹涌澎湃的时代背景下,大语言模型作为人工智能领域的璀璨明珠,正以前所未有的深度和广度渗透进各行业领域,与管理信息系统的融合更是引发了企业运营管理模式的深刻变革。这一结合不仅重塑了企业信息处理的流程,更成为推动企业迈向高效、智能发展新征程的关键力量。

## 9.4.1 信息采集

### 1. 智能数据抓取

在传统模式下,企业为了从外部获取所需信息,往往需要耗费大量精力编写特定的爬虫程序,针对目标网站的特定结构进行结构化数据抓取。这一过程不仅技术门槛高,而且灵活性欠佳,一旦目标网站结构发生变化,爬虫程序就可能失效。

大语言模型的出现彻底改变了这一局面。它能够理解自然语言指令,企业只需像与智能助手进行交互一样,通过输入指令,模型便能迅速生成精准的抓取规则,随后高效地从半结构化或非结构化的网页、文档、数据库等海量、繁杂的数据源中快速提取出关键数据。这种智能抓取方式极大地提高了信息采集的效率和灵活性,让企业能够在瞬息万变的市场环境中及时掌握竞争对手动态、行业趋势等重要信息,为后续决策抢占先机。

### 2. 多源数据融合

现代企业运营过程中,所管理的信息分别存储于不同的业务系统之中,如客户关系管理系统(CRM)、企业资源规划系统(ERP)、供应链管理系统(SCM)等,如同一个信息孤岛。这些系统中的数据格式各异、语义繁杂,使得数据整合成为一大难题。

大语言模型凭借其超强的语义理解能力,宛如一位精通多门语言的翻译官,能够识别不同数据源中数据的含义,将看似毫无关联的客户信息、订单数据、库存数据等进行有效整合。它构建起统一的企业数据视图,让管理层在做决策时纵览全局,并基于全面、连贯的信息做出精准判断,避免因信息缺失或不一致导致的决策失误。

## 9.4.2 数据分析

### 1. 智能报表生成

以往,生成一份专业的业务报表是一项烦琐且耗时的任务,需要专业的数据分析人员熟练运用 Excel、SQL 等工具,从数据库中精心提取数据,再经过复杂的数据处理、清洗以及可视化操作,才能最终呈现出一份可供管理层参考的报表。这一过程不仅要求分析人员具备深厚的技术功底,还耗费大量的时间和人力成本。

如今,大语言模型与管理信息系统无缝对接后,情况发生了翻天覆地的变化。管理者只需像日常下达工作指令一样输入需求,模型便能迅速行动起来。它自动连接企业数据库,精准查询所需数据,运用内置的数据分析算法进行深度分析,并以直观、清晰的可视化图表形式呈现报表结果。这使得非技术背景的管理者也能轻松获取数据背后的深度洞察,快速把握企业运营状况,及时调整战略方向,大大节省了时间和人力成本,提升了决策效率。

### 2. 市场趋势预测

市场环境瞬息万变,企业要想在激烈的竞争中立于不败之地,就必须具备敏锐的市场洞察力,提前预判市场趋势。大语言模型通过对海量的市场数据、行业报告、社交媒体舆情等信息进行学习,宛如一位经验丰富的市场分析师,能够精准捕捉到隐藏在数据背后的市场趋势。

它可以深入分析消费者的需求变化、竞争对手的策略调整、政策法规的变动等诸多因素,预测未来产品需求走向、市场份额波动等关键信息。例如,某消费品企业借助大语言模型,深入分析社交媒体上消费者对环保产品的讨论热度、购买意愿以及相关政策动态,提前布局环保产品线,精准把握市场机遇,在竞争中脱颖而出。这种基于大数据和智能模型的市场趋势预测能力,为企业制定营销策略、研发计划提供了前瞻性依据,助力企业在市场浪潮中稳健前行。

## 9.4.3 决策支持

### 1. 智能辅助决策

在复杂多变的商业环境中,企业管理者面临的决策场景日益复杂,需要综合考虑众多因素,从市场动态、财务状况到人力资源、技术创新等方方面面。此时,大语言模型便化身成为一位智慧超群的决策助手。

当企业考虑进入一个新市场时,管理者只需向模型询问市场规模、竞争态势、政策法规风险等要点,模型便能迅速整合内外部海量数据,运用先进的数据分析算法和内置的商业逻辑,给出一份详细的分析报告。报告中不仅清晰列举了潜在的机遇与挑战,还基于过往的成功案例以及行业最佳实践,提供针对性的决策路径建议。这使得管理者能够在决策时充分参考客观数据和专业建议,避免仅凭个人经验或直觉做出决策,大大提高了决策的科学性和准确性,降低了决策风险。

### 2. 情景模拟与风险评估

商业世界充满不确定性,企业运营过程中随时可能面临原材料价格波动、市场需求骤变、政策法规调整等各种风险和突发情况。大语言模型具备强大的情景模拟能力,能够帮助企业提前做好应对准备。

它可以根据企业的历史数据、当前运营状况以及外部市场环境,构建出不同的业务情景,模拟在各种假设条件下财务指标、供应链稳定性、客户满意度等企业的运营状况的变化。通过多次模拟不同情景,管理者能够清晰地识别潜在风险,提前制定周全的应对预案。例如,在供应链管理中,企业可以利用大语言模型预测原材料价格上涨一定比例、供应商出现交货延迟等情况下的应对策略,提前调整采购计划、优化库存布局,确保企业在面对突发情况时能够迅速响应,保障供应链的稳定运行,增强企业应对不确定性的能力。

### 9.4.4 信息交互

#### 1. 智能客服

在客户服务领域,客户满意度是企业生存与发展的关键。传统的人工客服模式存在响应速度慢、服务时间有限、人员培训成本高等诸多局限,难以满足客户日益增长的即时性、个性化服务需求。

大语言模型驱动的智能客服系统的出现,为客户服务带来了革命性变革。它能够理解客户的自然语言问题,无论是产品咨询、售后投诉还是技术支持,都能快速给出精准、及时的解答。智能客服不间断服务,极大地缩短了客户等待时间,让客户在需要帮助的第一时间就能得到回应,客户满意度得到显著提升。而且,随着与客户交互的增多,智能客服还能利用机器学习算法不断学习,优化回答策略,更好地适应客户的个性化需求。例如,电商企业的智能客服可以根据客户对商品的询问,精准推荐合适的产品型号、介绍最新的优惠活动,引导客户下单购买,有效促进销售转化。

#### 2. 企业内部沟通协作

在企业内部,信息的顺畅流通和高效协作是项目顺利推进、企业持续发展的基石。然而,随着企业规模的扩大和业务复杂度的增加,部门之间往往存在信息壁垒,员工在获取所需信息时面临诸多困难,如不清楚公司的规章制度、业务流程、项目进展等。

大语言模型可以作为企业内部的知识共享和沟通平台,发挥关键作用。员工只需向模型提出问题,模型便能迅速给出详细解答,打破部门之间的信息壁垒,促进跨部门协作。此外,模型还能辅助团队进行头脑风暴,针对项目创意、问题解决方案等提供多元化的思路,激发员工的创新思维。不同部门的员工可以借助模型的智慧,跨越传统思维局限,共同探讨出更具创新性的商业模式、产品设计或业务流程优化方案,为企业持续创新发展注入强大动力。

## 9.5 大语言模型与管理信息系统结合案例研究

在数字化时代,大语言模型与管理信息系统的结合正成为企业提升竞争力、优化管理流程的关键路径。大语言模型凭借其强大的语言理解与生成能力,为管理信息系统注入了新的活力,在信息采集、分析、决策支持等多个环节发挥着重要作用。本部分将通过多个实际案例,深入探讨二者结合的应用场景、优势以及面临的挑战与应对策略。

### 9.5.1　电商企业的智能供应链管理案例

#### 1. 企业背景

某大型电商企业,业务覆盖全球多个地区,拥有海量的商品种类和庞大的客户群体。随着业务规模的迅速扩张,其供应链管理面临着巨大挑战,包括库存积压与缺货并存、物流配送效率低下、供应商协同困难等问题。

#### 2. 大语言模型与供应链管理系统的结合应用

(1)智能需求预测。该企业将大语言模型接入其供应链管理信息系统(SCM)。大语言模型通过对历史销售数据、市场趋势报告、社交媒体舆情以及季节性因素等多源数据的分析学习,能够精准预测商品的未来需求。例如,在每年的购物节前夕,模型会综合考虑过往购物节的销售数据、当年的促销活动策划、消费者在社交媒体上对热门商品的讨论热度等信息,预测各类商品的销量,为企业提前备货提供科学依据。

(2)库存优化管理。基于大语言模型的预测结果,SCM 系统能够自动优化库存水平。当模型预测某类商品在特定地区的需求将大幅增长时,系统会及时调整该地区的库存分配,从库存冗余地区调配商品,避免缺货现象发生。同时,对于滞销商品,系统会根据模型分析给出降价促销或退货给供应商的建议,减少库存积压。

(3)供应商协同。企业利用大语言模型实现与供应商的智能沟通。以往在与供应商沟通订单、交货期、质量问题等时,需要人工进行大量的邮件往来和电话沟通,效率低下且容易出现信息误差。现在,通过大语言模型驱动的智能沟通平台,企业可以将采购需求、订单变更等信息以自然语言的形式输入,模型自动生成准确的供应商沟通函件,同时能够快速理解供应商的回复,将关键信息提取并反馈给企业内部相关部门,实现高效的供应商协同。

#### 3. 实施效果

(1)库存成本降低。通过精准的需求预测和库存优化,企业的库存持有成本降低了30%,减少了资金占用,提高了资金周转率。

(2)物流配送效率提升。缺货现象减少,商品能够及时送达客户手中,客户满意度提升了 25%,物流配送成本也因优化的配送路线和合理的库存布局降低了 15%。

(3)供应商协同效率提高。与供应商的沟通周期缩短了 50%,订单处理效率大幅提升,因沟通不畅导致的订单延误和质量问题减少了 40%。

### 9.5.2　制造企业的生产管理与质量控制案例

#### 1. 企业背景

一家大型制造业企业,生产多种复杂的机械设备,生产流程长、环节多,涉及大量的零部件和供应商。随着市场竞争的加剧,企业面临着提高生产效率、降低成本以及提升产品质量的压力。

**2. 大语言模型与制造管理信息系统的结合应用**

（1）生产计划优化。企业将大语言模型集成到企业资源计划系统（ERP）中，用于生产计划的制订和优化。模型通过分析订单需求、原材料库存、生产设备产能、工人排班等多方面信息，生成最优的生产计划。例如，当接到一批紧急订单时，模型会综合考虑各生产车间的设备空闲时间、工人技能水平以及原材料的库存情况，合理调整生产任务分配，在保证按时交付订单的同时，最大限度地减少对正常生产计划的影响。

（2）质量控制与缺陷预测。在生产过程中，大语言模型结合质量管理信息系统（QMS），对生产线上采集的大量数据进行实时分析，实现质量控制和缺陷预测。模型通过学习正常生产情况下的工艺参数、设备运行数据以及产品质量指标之间的关系，建立质量预测模型。当生产过程中出现异常数据时，模型能够及时发出预警，提示可能出现的质量问题，并给出可能的原因和解决方案。例如，当模型监测到某台设备的某个关键参数超出正常范围时，会预测该设备生产的产品可能出现质量缺陷，并建议操作人员调整设备参数或进行设备维护。

（3）供应链协同与供应商管理。与电商企业类似，制造业企业也利用大语言模型实现与供应商的高效协同。模型能够根据生产计划和库存情况，自动向供应商下达采购订单，并跟踪订单执行进度。同时，通过对供应商的交货及时性、产品质量等数据的分析，评估供应商的绩效，为供应商选择和管理提供决策支持。当供应商出现交货延迟或质量问题时，模型能够自动生成沟通函件，与供应商协商解决方案。

**3. 实施效果**

（1）生产效率提升。生产计划的优化使得生产周期缩短了15%，设备利用率提高了20%，产能得到有效提升，能够更好地满足市场需求。

（2）质量成本降低。通过缺陷预测和质量控制，产品次品率降低了30%，减少了因质量问题导致的返工和废品损失，质量成本降低了25%。产品质量的提升也增强了企业的市场竞争力。

（3）供应链协同优化。与供应商的协同效率提高，采购周期缩短了20%，原材料库存成本降低了15%，供应链的稳定性和灵活性得到增强，有效应对了原材料供应波动等风险。

## 9.5.3  大语言模型在管理信息系统中的应用优势

**1. 提升效率**

在信息采集环节，智能数据抓取功能让企业告别烦琐的爬虫程序编写，通过自然语言指令快速从海量数据源精准提取信息，大大缩短数据收集时间。例如以往需要数天完成的竞争对手信息收集，借助大语言模型可能数小时就能搞定，为后续决策争取宝贵先机。

智能报表生成更是颠覆传统报表制作流程，管理者下达指令后，模型自动完成数据查询、分析与可视化呈现，原本需要专业数据分析人员花费半天甚至一天的工作，现在片刻即可完成,使非技术人员也能迅速掌握关键信息,整体决策效率大幅跃升。

### 2. 增强决策科学性

面对复杂决策场景,如企业开拓新市场,大语言模型整合海量内外部数据,给出涵盖市场规模、竞争态势、法规风险等全面的可行性分析报告,还结合过往成功案例提供决策路径参考,避免管理者仅凭经验决策,让决策依据更加充分、科学。

情景模拟与风险评估能力使企业能提前洞悉不同业务情景下的潜在风险,通过多次模拟制定周全应对预案。例如在供应链管理中,提前模拟原材料价格波动影响,精准调整采购与生产策略,保障企业运营稳定性。

### 3. 优化客户体验

智能客服全天候在线,即时响应客户咨询、投诉与技术支持需求,极大缩短客户等待时间,相比人工客服繁忙时段的长时间排队等待,客户能迅速获得解答,满意度显著提升。且智能客服随交互学习优化,精准推荐产品、介绍优惠,更贴合客户个性化需求,促进销售转化。

企业内部沟通协作方面,作为知识共享平台,员工快速获取项目、流程等信息,跨部门协作障碍减少,项目推进更顺畅,间接促使面向客户的服务与产品交付更高效,从企业内部优化提升整体客户体验。

### 4. 打破数据壁垒

凭借强大语义理解能力,大语言模型有效整合源自客户关系管理(CRM)、企业资源计划(ERP)、供应链管理(SCM)等不同业务系统的多源数据,统一数据语义,构建连贯的企业数据视图。例如将客户订单信息与库存、物流数据打通,让企业各环节信息协同流转,管理层能基于完整信息做精准决策,避免因数据孤立导致的决策偏差。

### 5. 激发创新活力

在企业内部沟通协作场景下,大语言模型辅助团队头脑风暴,为项目创意、问题解决方案提供多元化思路。不同部门员工从模型获取灵感,跨越传统思维局限,催生新的商业模式、产品设计或业务流程优化方案,为企业持续创新发展提供内在动力。

## 9.6  大语言模型与管理信息系统融合面临的挑战

在当今数字化转型加速的时代浪潮下,大语言模型与管理信息系统的融合被寄予厚望,众多企业纷纷踏上探索之路,力求借助这一强大组合提升运营效率、优化决策流程、拓展市场竞争力。然而,这条融合之路并非一帆风顺,其间横亘着诸多棘手的挑战,从数据根基到模型特性,从技术适配到人才储备,每个环节都有难题亟待攻克。

### 9.6.1 数据质量与隐私困境

#### 1. 数据质量参差不齐:隐患重重的根基

若将大语言模型比作一座宏伟建筑,则数据就是构建它的基石。现实中,企业为大语言模型提供的数据往往存在诸多瑕疵,这给模型的训练与应用埋下了隐患。

一方面,数据错误屡见不鲜。在客户信息录入环节,由于人工疏忽或系统故障,可能出现客户姓名拼写错误、地址信息混淆、联系方式有误等问题。这些看似微小的差错,在大语言模型进行数据分析与决策辅助时,却可能引发连锁反应。例如,当基于错误的客户地址信息进行市场区域划分与需求分析时,得出的营销策略很可能南辕北辙,导致企业资源错配,错失市场良机。

另一方面,数据缺失现象也颇为普遍。企业运营过程中产生的大量数据,可能因采集设备故障、存储介质损坏或传输中断等原因,丢失部分关键信息。以销售数据为例,若某时间段内部分产品的销售数量、销售渠道等数据缺失,大语言模型在预测产品未来销量趋势、优化销售渠道布局时,便会因信息不完整而陷入困境,无法给出精准可靠的建议,进而误导企业决策。此外,数据重复问题同样不容忽视。不同业务系统之间的数据同步不及时或数据清洗规则不完善,可能导致同一个客户信息、订单数据等在数据库中多次出现,这不仅占用了宝贵的存储资源,更使得模型在学习过程中受到冗余信息干扰,降低学习效率与输出准确性。

#### 2. 数据隐私保护:如履薄冰的红线

随着数据成为企业的核心资产,数据隐私保护的重要性愈发凸显,尤其在大语言模型与管理信息系统融合的场景下,更是面临着前所未有的挑战。

一方面,大语言模型的训练需要海量数据支撑,这些数据来源广泛,涵盖企业内部的客户资料、员工信息、商业机密,以及外部的市场调研数据、行业报告等,其中不乏大量敏感信息。一旦这些数据在收集、传输、存储或使用过程中遭遇泄露,企业将面临灭顶之灾。例如,客户的个人身份信息、信用卡号等隐私数据若落入不法分子手中,不仅损害客户的切身利益,引发信任危机,导致客户流失,还可能使企业遭受巨额罚款,声誉扫地,在激烈的市场竞争中一蹶不振。

另一方面,在数据共享与协同应用场景中,隐私保护的难度直线上升。如今,企业间的合作日益频繁,为实现更大的商业价值,常需将自身数据与合作伙伴共享,以借助大语言模型挖掘潜在的业务机会。然而,不同企业的数据安全防护水平参差不齐,数据共享协议的执行也存在诸多漏洞,这使得数据在跨企业流动过程中,隐私泄露风险剧增。例如,在供应链上下游企业协同利用大语言模型优化库存管理与物流配送时,若某一环节企业的数据防护出现纰漏,供应链上所有企业的敏感信息都可能暴露无遗,给整个产业链带来灾难性后果。

### 9.6.2 模型可解释性与可靠性难题

#### 1. 黑箱特性:难以窥探的决策迷雾

大语言模型犹如一个神秘的"黑箱",其内部决策机制复杂晦涩,让使用者难以洞悉模型究竟是如何依据输入信息生成输出结果的。在管理信息系统中,当管理者依赖大语言模型提供决策建议时,这种"黑箱"特性带来的困扰尤为明显。例如,企业在考虑进入一个新的市场领域前,会向大语言模型咨询可行性分析,模型会基于海量数据给出市场潜力巨大、竞争相对缓和等看似合理的建议。但是,管理者却无法确切知晓模型是基于哪些具体数据、运用何种逻辑推理得出这一结论的,从而在决策时心存疑虑,难以完全信任模型的输出。

这种不确定性在一些关键决策场景中,可能导致决策延误或失误。以金融投资决策为例,大语言模型依据市场走势、行业动态、企业财报等多源数据为投资者推荐投资组合,但由于无法解释模型为何看好某些股票、看淡另一些股票,投资者在面对波动的市场行情时,可能因对模型缺乏信心而犹豫不决,而错过最佳投资时机,或者盲目跟从模型建议,一旦模型存在潜在偏差,将引发巨大的投资损失。

**2. 模型偏见:隐藏的不公平之源**

源于训练数据的局限性,大语言模型在应用过程中可能滋生令人棘手的偏见问题,给企业运营的公平性与合理性带来严峻挑战。

一方面,训练数据可能存在样本偏差。由于数据采集渠道的有限性或采集标准的不统一,某些群体或领域的数据在样本中过度呈现或严重缺失,从而导致模型对不同性别、地域、种族、行业等产生刻板印象。例如,在招聘场景中,如果模型所学习的简历数据大部分来自特定地区或行业,则在筛选候选人时,可能会对其他地区或行业的应聘者存在歧视,将一些具备优秀才能但背景稍显"异类"的人才拒之门外,这不仅损害了企业的人才多元化发展战略,还可能引发社会舆论。

另一方面,语言表达中的潜在偏见可能被模型放大。自然语言本身蕴含着社会文化、历史传统等诸多因素带来的偏见,大语言模型在学习过程中若未能有效识别与纠正,便可能在输出结果中不自觉地体现出来。例如,在市场营销推广文案的生成中,模型可能因受语言偏见影响,使用针对某些特定消费群体不恰当的词汇,这不仅会冒犯目标客户群体,破坏品牌形象,还可能引发市场抵制行为,给企业带来巨大的经济损失。

## 9.6.3 技术适配与集成障碍

**1. 系统兼容性:磨合中的艰难对接**

企业现有的管理信息系统大多历经多年的发展与迭代,基于传统的技术架构构建而成,在与新兴的大语言模型进行集成时,兼容性问题成为了横亘在两者之间的一道鸿沟。

一方面,接口不匹配是最为常见的难题之一。管理信息系统与大语言模型各自拥有独立的接口规范,数据格式、传输协议、调用方式等方面的差异使得两者在进行数据交互时困难重重。例如,企业的 ERP 系统采用的是老旧的简单对象访问协议(simple object access protocol,SOAP)进行数据传输,而大语言模型的接口适配的是更为先进的通信协议,这就导致数据在对接过程中频繁出现传输错误、解析失败等问题,严重影响系统间的协同工作效率。

另一方面,数据格式不一致也给集成带来了极大困扰。管理信息系统中的数据往往按照特定的业务逻辑和数据库设计存储,格式相对固定,而大语言模型通常需要输入标准化、结构化的文本数据。当两者融合时,如何将企业系统中的关系型数据、半结构化数据转换为大语言模型能够理解与处理的格式,成为了一大挑战。若数据格式转换不当,模型在训练或推理过程中可能出现数据读取错误、语义理解偏差等问题,导致输出结果的准确性大打折扣,无法满足企业实际业务需求。

### 2. 性能优化:高成本下的资源博弈

大语言模型凭借其海量的参数和复杂的计算架构,对计算资源有着极高的需求,这使得企业在将其与管理信息系统集成并部署时,面临着严峻的性能优化挑战。一方面,硬件配置成本高昂。为了让大语言模型能够快速、稳定地运行,企业需要购置大量的高性能服务器、GPU 集群等硬件设备,前期投入巨大。对于中小企业,有限的资金预算往往难以承受如此高额的硬件购置费用,这在很大程度上限制了引入大语言模型提升管理效率的步伐。

另一方面,运行过程中的资源管理也是一大难题。即使企业配备了充足的硬件资源,如何合理分配这些资源以满足大语言模型与管理信息系统在不同业务场景下的需求,仍是一个需要精细权衡的问题。在电商企业购物节这样的业务高峰期,大量用户请求涌入,既要保证大语言模型能够及时响应智能客服、市场预测等关键业务需求,又要确保管理信息系统的日常订单处理、库存管理等基础业务不受影响,这对企业的资源调度能力提出了极高的要求。若资源分配不合理,可能导致系统整体性能下降,出现响应延迟、卡顿甚至崩溃等问题,给企业运营带来巨大损失。

## 9.6.4 人才短缺瓶颈

### 1. 复合型人才需求:稀缺的跨界精英

大语言模型与管理信息系统的融合应用呼唤着既精通信息技术又深谙管理之道的复合型人才,然而,这类人才在当前市场上却极为稀缺,成为制约企业融合进程的关键短板。

一方面,从技术层面来看,此类人才需要熟练掌握大语言模型的研发、训练、优化与部署技术,包括深度学习框架的运用、模型参数的调整、训练算法的改进等,能够根据企业业务需求对模型进行定制化开发,确保其在管理信息系统中的高效运行。此外,他们还需具备扎实的数据库管理、系统集成、网络安全等传统信息技术功底,以应对融合过程中出现的各类技术难题。

另一方面,从管理角度出发,复合型人才要深刻理解企业的战略规划、业务流程、组织架构以及管理决策模式,能够将大语言模型的技术优势精准嫁接到企业的日常运营管理之中,为企业提供切实可行的解决方案,助力企业实现数字化转型与升级。例如,在利用大语言模型优化供应链管理时,不仅要懂得如何构建数据驱动的供应链模型,还要能够结合企业的成本控制、客户满意度提升等管理目标,制定出科学合理的供应链优化策略。然而,现实中能够同时满足上述技术与管理要求的人才凤毛麟角,企业在人才引进与培养方面面临着巨大压力。

### 2. 员工培训：艰巨的知识普及工程

除了引进复合型人才，提升现有员工对大语言模型技术的认知与应用能力同样迫在眉睫。这无疑是一项艰巨的知识普及工程。

一方面，员工培训需求的多样性与复杂性给企业培训体系带来了巨大挑战。不同部门、不同岗位的员工由于工作职责与知识背景的差异，对大语言模型技术的需求各不相同。研发人员可能更关注模型的技术原理与创新应用，以便将其融入新产品的开发过程；销售人员则希望借助大语言模型提升客户沟通效率、精准把握市场需求；管理人员更侧重于利用模型优化决策流程、提升战略规划能力。如何针对这些多样化的需求制定分层分类的培训课程，确保培训内容的针对性与实用性，是企业首先需要解决的问题。

另一方面，培训资源的投入与效果评估也是企业面临的现实难题。开展大规模的员工培训需要耗费大量的人力、物力与财力，需要聘请专业讲师、开发培训教材、搭建培训平台等。然而，培训效果往往难以在短期内直观呈现，如何建立科学合理的培训效果评估机制，衡量员工在知识掌握、技能提升以及工作绩效改进等方面的变化，以便及时调整培训策略，优化培训资源配置，是企业在员工培训过程中必须面对的另一个重要问题。若培训效果不佳，则员工无法将所学知识有效应用到实际工作中。这不仅浪费了企业宝贵的培训资源，还可能导致员工对新技术产生抵触情绪，阻碍大语言模型与管理信息系统的融合进程。

综上所述，大语言模型与管理信息系统的融合虽然前景广阔，但面临的挑战不容小觑。企业唯有正视这些难题，从数据治理、模型优化、技术创新、人才培养等多个维度入手，制定并实施切实可行的应对策略，才能跨越重重障碍，充分释放两者融合的巨大潜力，实现企业的可持续发展与数字化腾飞。

## 9.7　应对策略与解决方案

面对大语言模型与管理信息系统融合过程中层出不穷的挑战，企业并非束手无策。通过多维度、系统性的应对策略与解决方案，能够逐步破除障碍，让这一强大的组合在企业运营中大放异彩，助力企业在数字化浪潮中稳健前行。

### 9.7.1　数据治理

#### 1. 数据清洗与预处理：雕琢数据璞玉

为了应对数据质量参差不齐的问题，企业需建立一套严谨且高效的数据清洗与预处理流程。首先，利用先进的数据质量工具对原始数据进行全面扫描，精准识别各类错误信息。例如，运用智能算法对客户姓名、地址等文本字段进行语法和逻辑校验，自动纠正拼写错误、格式不规范等问题；针对销售金额、库存数量等数值型数据，可通过设定合理的取值范围、数据一致性规则等进行校验，一旦发现异常值，就结合业务逻辑和历史数据进行修正或标记。

在数据缺失处理方面,采用多元填补法根据数据的分布特征和相关性进行智能填充。对于连续性变量,可依据变量之间的线性或非线性关系,利用回归模型、机器学习算法等预测缺失值;对于分类变量,则参考同类样本的众数或基于分类模型进行填补。同时,通过严格的数据去重规则,依据唯一标识字段(如客户 ID、订单号等)识别并删除重复记录,确保数据的简洁性与准确性。

经过清洗与预处理后的数据,犹如经过精心雕琢的璞玉,为大语言模型提供坚实可靠的输入,极大提升模型训练效果与决策支持的精准度。

**2. 隐私增强技术:严守数据安全防线**

在进行隐私保护时,企业应全方位运用隐私增强技术构建坚固堡垒。

一方面,加密技术贯穿数据生命周期。在数据传输时,强制采用如 SSL/TLS 2.0 及以上版本的加密协议,确保网络传输通道的保密性,使数据以密文形式在大语言模型与管理信息系统间穿梭,有效抵御外部窃听与篡改风险;对于静态存储的数据,选用高强度的对称加密算法或非对称加密算法对敏感字段加密,配合密钥管理系统,严格控制密钥的生成、存储、分发与销毁流程,确保只有授权人员在特定场景下能够解密数据。

另一方面,匿名化与脱敏技术双管齐下。在将数据用于大语言模型训练前,通过哈希函数、k-匿名算法等对客户身份信息、员工敏感数据等进行匿名化处理,在保留数据统计特征的同时,彻底剥离个人标识,使数据无法逆向还原;对于商业机密类数据,如产品研发细节、战略规划文档,采用动态脱敏技术,依据用户角色和访问权限,在数据使用瞬间进行部分隐藏或模糊化,既满足模型学习需求,又严守关键信息不泄露。

此外,完善的数据访问控制体系不可或缺。基于角色的访问控制结合多因素认证,为不同岗位员工定制差异化的数据访问权限,从普通业务人员的只读权限到数据管理员的全读写权限精细划分,员工登录时需额外通过短信验证码、指纹识别或硬件令牌等二次认证,多重保障下确保数据访问的合法性与安全性,将数据隐私泄露风险降为最低。

## 9.7.2 模型优化与验证

**1. 可解释人工智能研究:点亮决策黑箱**

为破解大语言模型的"黑箱"困境,企业与科研机构应携手加大对可解释人工智能的深度探索与应用。

一方面,可视化技术成为洞察模型决策过程的关键窗口。通过构建注意力热力图,展示模型在处理文本时对不同词汇、语句的关注焦点,管理者能直观了解模型判断依据;利用层级可视化工具,将复杂模型结构拆解呈现,展示数据在各层神经元中的流动与转换,辅助解读模型输出是如何逐步生成的。

另一方面,开发专门的解释模型与工具。基于规则的解释器通过提取模型内部隐含的决策规则,以通俗易懂的逻辑语句呈现,如"若客户近三个月消费频率高于阈值且无逾期记录,则信用风险低",让非技术人员也能把握模型决策要点;实例解释法通过检索与当前输入相似的历史样本及对应结果,为模型输出提供类比参考,增强决策透明度。借助这些可视化与解释工具,管理者在面对大语言模型的决策建议时,能知其然且知其所以然,信心十足地依此制定战略规划。

### 2. 偏见检测与纠正:捍卫公平决策

定期开展模型偏见检测是确保模型公正性的核心环节。企业可利用专业的公平性评估工具,基于统计学差异指标量化分析模型在不同性别、地域、种族、行业等敏感属性上的输出偏差。例如,在招聘场景下,对比男性与女性候选人通过模型筛选的概率分布,若发现显著差异,则深入挖掘原因。

一旦检测到偏见存在,多种纠正策略并行发力。在数据层面,对训练数据进行重采样或扩充,针对性地增加少数群体样本,平衡数据分布,消除样本偏差根源;在模型训练过程中,引入公平性约束条件,如采用对抗训练机制,让模型在学习任务目标的同时,尽量减小对敏感属性的依赖,确保决策的公平中立;模型训练完成后,通过后处理校准方法,依据公平性指标对输出结果进行调整优化,保障不同群体得到公正对待,使大语言模型成为企业公平运营的坚实后盾。

## 9.7.3 技术整合与创新

### 1. 中间件开发:架起系统融合桥梁

为了化解系统兼容性难题,定制化中间件的开发成为关键破局点。这款中间件宛如一位万能翻译官,负责在大语言模型与现有管理信息系统间斡旋协调。在接口适配方面,它内置多种协议转换模块,能将早期的 ERP 系统的 SOAP 数据请求无缝转换为大语言模型适配的协议格式,反之亦然,确保数据交互畅通无阻;针对数据格式差异,中间件配备强大的格式转换引擎,运用 ETL(extract, transform, load)技术,将关系数据库中的结构化数据、XML 或 JSON 格式的半结构化数据精准抽取、清洗、转换为大语言模型所需的标准化文本格式,同时在数据传输反向流程中完成逆向转换,保障数据的完整性与准确性。

不仅如此,中间件还承载着性能优化重任。通过内置缓存机制,对频繁访问的数据进行本地缓存,减少重复数据请求,加速响应时间;采用异步处理模式,让数据传输与模型处理异步并行,避免因等待响应而造成的系统卡顿,全方位提升系统整体运行效率,为大语言模型与管理信息系统的深度融合铺就平坦大道。

### 2. 云计算与边缘计算结合:优化资源配置

面对大语言模型的高资源需求,云计算与边缘计算的融合创新提供了灵活高效的资源配置方案。云计算凭借其海量弹性计算资源池,成为大语言模型训练与大规模部署的坚实后盾。企业无须重金购置大规模硬件设备,只需按需租用云服务提供商的 GPU 实例、存储资源等,根据业务峰谷动态调整资源用量,这极大降低了前期硬件投资风险与运维成本。

与此同时,边缘计算在贴近数据源或用户端发挥关键作用。在智能客服场景下,将简单常见问题的处理逻辑部署在本地服务器、智能网关等靠近用户的边缘设备,利用边缘设备快速处理能力,实现毫秒级响应,提升客户体验;复杂问题则上传至云端,借助大语言模型强大算力深入分析解答。这种云边协同模式,既能充分发挥云计算的大数据处理优势,又能利用边缘计算降低延迟、减轻网络带宽压力,通过动态资源分配策略,在不同业务场景下实现计算资源的最优配置,保障系统高效、稳定地运行。

### 9.7.4 人才培养与引进

**1. 校企合作:打造复合型人才摇篮**

为了填补复合型人才缺口,企业与高校、科研机构应紧密携手,搭建产学研深度融合的人才培养生态。

一方面,定制化人才培养项目成为校企合作的核心载体。企业依据自身业务需求与技术发展方向,联合高校精准设计课程体系,除涵盖大语言模型的深度学习原理、模型开发实践、自然语言处理前沿技术外,还融入企业资源规划(ERP)、客户关系管理(CRM)实战案例分析、供应链管理优化策略等丰富的管理信息系统课程,让高校学生在理论学习与项目实践中全面掌握跨界知识技能。

设立实习基地是人才培养的关键环节。企业为高校学生提供实习岗位,让他们深度参与大语言模型与管理信息系统融合项目,从数据处理、模型训练到系统集成测试,在真实业务场景中积累宝贵经验,毕业后能迅速适应企业工作节奏,无缝对接岗位需求,为企业注入新鲜活力。

另一方面,科研合作协同创新。企业与科研机构共同开展前沿技术研究,围绕大语言模型可解释性提升、隐私保护强化、性能优化等难题联合攻关,将科研成果及时转化为企业实用技术,提升企业技术竞争力,同时为人才培养提供前沿知识养分,促进复合型人才成长。

**2. 内部培训与知识分享:激发全员创新潜能**

在积极引进外部人才的同时,企业内部培训与知识分享体系的建设同样至关重要。针对员工培训需求的多样性,分层分类培训课程体系应运而生。对于技术研发人员,组织深度学习进阶培训、模型优化实战工坊等课程,聚焦技术创新突破;销售人员参与客户沟通话术优化、市场需求洞察技巧培训,借助大语言模型提升销售效能;管理人员则参加决策模型应用、数字化战略规划研讨班,掌握利用模型优化管理流程的精髓。

知识分享平台成为企业内部智慧流动的枢纽。员工可在平台上分享大语言模型应用案例、使用心得、问题解决经验,形成良好的学习互助氛围。同时,设立激励机制,对优秀案例分享者、技术创新贡献者给予表彰奖励,激发员工参与热情,推动全员技术素养提升,让大语言模型在企业落地生根,释放最大价值。

综上所述,通过实施上述全方位应对策略与解决方案,企业能够有效应对大语言模型与管理信息系统融合过程中的重重挑战,充分挖掘二者协同潜力,为企业数字化转型注入澎湃动力,开创智能高效的全新运营格局。

## 本章小结

**1. 大语言模型**

大语言模型就是利用深度学习技术来生成和训练一个可以理解人类自然语言的模

型。大语言模型是当下极具影响力的人工智能前沿成果。它扎根于海量且多元化的文本素材，从经典文学到日常资讯，全方位汲取知识养分，展开深度研习。这一模型仿若拥有超强算力的智能大脑，精细剖析语言结构，精准拿捏语法细则，深度领悟语义内涵。凭借先进复杂的算法体系，在接收输入信息瞬间，快速整合知识，精准输出连贯流畅、逻辑缜密的文本，如今已深度融入医疗、教育、客服等诸多领域，助力行业革新。

**2. 强化学习**

强化学习是机器学习范畴中极具开创性与独特性的重要学习范式，从理论根基上为智能进阶开辟蹊径。它以精妙的设计模拟生物在复杂多变环境中的适应性探索历程，其核心体系涵盖智能体、环境、动作与奖励 4 个关键组件。强化学习为智能系统的蓬勃发展注入源源不断的创新动力，助力其在充满挑战与机遇的现实应用浪潮中破浪前行，持续迈向更高层级的智能化巅峰。

**3. 智能体**

智能体具备依据实时感知到的环境状态信息，运用内置的算法模型进行理性决策，并迅速付诸行动的卓越能力。从功能维度深入剖析，它类似一台融合了先进算法、深度学习机制的精密决策中枢，时刻运用概率论、优化理论等知识工具，在环境所营造的多维交互场中穷举、试探各类行动路径。智能体凭借持续迭代学习、深度优化的特性，逐步沉淀海量领域知识与实践经验，在智能交通、虚拟娱乐、工业自动化等多元领域释放独特潜能，为行业智能化转型提供了强劲驱动力，可持续拓展人类社会智能边界。

**4. 模型优化与验证**

模型优化与验证是模型开发中的关键环节。在优化阶段，研发人员依据模型初始运行反馈，精细调整参数，如同校准精密仪器；尝试改进算法，为模型注入更强"智慧"，全方位提升性能。验证环节紧随其后，精心挑选具代表性的测试数据，模拟真实场景输入模型，严谨比对输出结果与实际期望。若准确率、可靠性未达标，便重回优化步骤。这一过程循环往复，直至模型在各类复杂任务中都能稳定、精准输出，为实际应用筑牢根基。

# 习题 9

1. 人工智能、机器学习、神经网络和深度学习之间的关系是什么？
2. 大语言模型的定义是什么？
3. 大语言模型的智能体是指什么？
4. 大语言模型在管理信息系统中应用时应该考虑哪些问题？

# 第 10 章　知识图谱与管理信息系统

**本章学习目标**

- 理解知识图谱定义与概念。
- 了解知识图谱的技术内涵。
- 了解规模化的知识图谱系统工程。
- 了解知识图谱与管理信息系统的结合案例。

在当今数字化与智能化飞速发展的时代,管理信息系统作为企业运营、组织管理的关键支撑,正面临着前所未有的机遇与挑战。随着大数据量的积累、复杂业务关系的交织以及对精准决策需求的日益增长,传统的信息管理模式逐渐显露出局限性。而知识图谱技术以其独特的语义网络结构,能够将海量、离散、异构的信息整合为结构化、富含语义关联的知识体系。这一体系不仅能够清晰展现知识元素之间的内在联系,更能通过智能推理挖掘潜在信息,为管理决策提供全方位、深层次的支持。本章节旨在深入探讨知识图谱与管理信息系统的融合之道,从基础理论到实践应用,全方位剖析二者协同带来的巨大价值,助力读者把握这一前沿领域的核心要点,为未来在管理信息领域的创新实践奠定坚实基础。

## 10.1　知识图谱基础

### 10.1.1　知识图谱定义与概念

知识图谱本质上是一种语义网络,它用图模型来描述知识和知识之间的关联关系。以实体(entity)作为结点,例如人物、组织、地点、事件、产品等现实世界中的具体事物或抽象概念;以关系(relation)作为边,用来连接不同的实体,表达它们之间诸如所属、因果、合作等语义联系。这种结构化的表示方式,使得知识图谱能够直观地呈现复杂的知识体系,让计算机可以像人类一样理解知识的内涵及相互关系。

例如,在商业领域,"苹果公司"是一个实体,"史蒂夫·乔布斯"也是一个实体,它们之间存在"创始人"这一关系,通过知识图谱便能简洁明了地呈现这一信息,同时还可围绕这两个实体拓展出如产品、市场份额、研发团队等诸多关联信息,构建出一个庞大而有序的商业知识网络。

### 10.1.2　知识图谱的架构

#### 1. 数据层

数据层是知识图谱的底层支撑,主要负责存储实体、关系以及相关属性的原始数据。

这些数据来源广泛,涵盖结构化数据库中的表格数据、半结构化的网页 HTML 标记内容、非结构化的文本文件(如新闻报道、学术论文、社交媒体帖子)等。通过数据抽取、清洗、转换等预处理技术,将不同格式、不同质量的数据转化为可供知识图谱构建使用的三元组形式(即 <实体,关系,实体> 或 < 实体,属性,属性值 >),并存储在图数据库或关系数据库中,为上层的知识表示与应用提供坚实的数据基础。

**2. 知识表示与抽取层**

这一层聚焦如何从原始数据中识别出实体、关系以及属性,是知识图谱构建的核心环节。实体抽取旨在从文本中发现具有特定意义的名词短语或名称,作为潜在的实体;关系抽取致力于找出实体之间存在的语义联系,如通过自然语言处理技术识别文本中"××公司位于××城市"这样的语句,从中抽取出"位于"这一关系及对应的两个实体;属性抽取则针对实体的特征信息,如从"苹果手机的屏幕尺寸为 6.1 英寸"中抽取出"屏幕尺寸"这一属性及"6.1 英寸"的属性值。多种机器学习、深度学习算法在此发挥关键作用,包括基于规则的方法、监督学习模型(如支持向量机、神经网络)、半监督学习以及无监督学习方法,依据不同的数据特点和应用场景,精准地挖掘知识要素。

**3. 语义层**

语义层是知识图谱的"智慧大脑",赋予知识图谱强大的语义理解与推理能力。它依据本体论(ontology)构建,本体定义了知识领域中的概念、概念之间的关系以及规则。通过将抽取到的知识与本体进行映射,明确知识在特定领域中的语义范畴,实现知识的规范化与系统化。同时,基于语义规则和逻辑推理算法,如基于描述逻辑的推理机,知识图谱能够在已有知识的基础上推导出新的知识,例如已知 A 公司是 B 公司的子公司,B 公司属于某一行业巨头旗下,便可推理出 A 公司与行业巨头的间接关联,为用户提供更全面、深入的知识服务。

## 10.1.3　知识图谱的价值

**1. 知识图谱支持语义搜索**

知识图谱源于互联网,所以第一个落地的应用是互联网搜索引擎。互联网的理想是链接万物,搜索引擎最终的理想是能直接搜索万事万物,这是非常朴素且简单的理念。知识图谱支持的事物级别而非文本级别的搜索,大幅度提升了用户的搜索体验。因此,当前所有的搜索引擎公司都把知识图谱作为基础数据,并成立独立部门持续建设。

**2. 知识图谱支持智能问答**

知识图谱的第二类应用是智能问答,例如天猫精灵、小米小爱和百度度秘等背后都有知识图谱数据和技术的支持。智能问答本质就是一种对话式的搜索,相比普通的搜索引擎,智能问答更加需要精确的事物搜索和直接回答。智能厨房、智能驾驶、智能家居等都需要实现这种对话式的信息获取。

当前,实现智能问答功能主要有 3 种形式,第一种是问答对,这种形式实现简单的建立问句和答句之间的匹配关系,优点是易于管理,缺点是无法支持精确回答。第二种形式要求给定问句就能直接从大段文本中准确地定位答案,虽然这是终极期望的形式,但源于语言理解本身的困难,比较难于完全实用。第三种是知识图谱,相对于纯文本,从结构化的知识图谱中定位答案要容易得多,因为答案是以关联图的形式组织的,所以不仅能提供精准答案,还能通过答案关联,非常便利地扩展相关答案。

**3. 知识图谱支持下的推荐系统**

推荐系统也是知识图谱的典型应用场景。例如,在电商的推荐计算场景中,可以分别构建 User KG 和 Item KG。知识图谱的引入丰富了 User 和 Item 的语义属性和语义关系等信息,将大大增强 User 和 Item 的特征表示,从而有利于挖掘更深层次的用户兴趣。关系的多样性也有利于实现更加个性化的推荐,丰富的语义描述还可以增强推荐结果的可解释性,让推荐结果更加可靠和可信。

# 10.2 知识图谱的技术内涵

本节系统性地梳理知识图谱涉及的主要技术要素,帮助大家了解和掌握知识图谱的核心技术内涵。

## 10.2.1 知识图谱是交叉技术领域

知识图谱是典型的交叉技术领域,如图 10.1 所示。在人工智能和机器学习领域,传统符号知识表示是知识图谱的重要基础技术;同时深度学习、表示学习等领域与知识图谱的交叉产生了知识图谱嵌入、知识图谱表示学习等交叉领域。在传统的自然语言处理领域,怎样从文本中自动化识别实体、抽取关系、检测事件等信息一直是经久不衰的研究热题,例如,KBP(knowledge base population)就是应用了知识图谱与自然语言处理交叉领域的知识。在数据库领域,知识图谱与数据库的交叉又产生了图数据库,而图嵌入、图挖

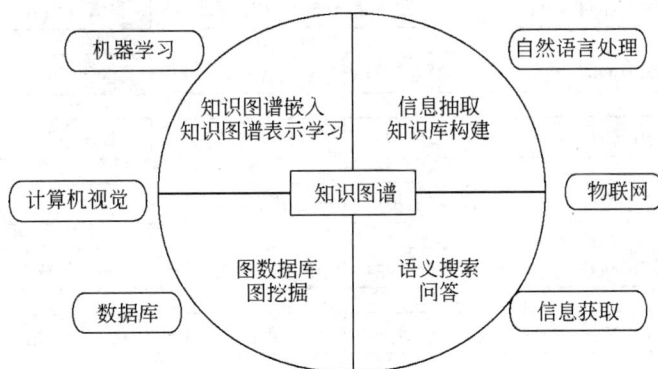

图 10.1　知识图谱是交叉技术领域

掘等数据挖掘领域的方法也广泛地被用来处理知识图谱数据。同时,知识图谱也具有互联网基因,其最早的商业落地应用即是搜索引擎,因此在互联网和信息获取等领域的会议中也会看到很多知识图谱相关的学术论文。此外,计算机视觉、物联网和区块链等领域也都能时常见到知识图谱的影子。

### 10.2.2　知识图谱的两个核心技术维度

虽然知识图谱的交叉特征导致知识图谱相关技术点繁多,但知识图谱始终有两个比较核心的技术维度。第一个是知识的维度,它来源于传统 AI 的知识表示与推理领域,关心怎么表示概念和实体,怎样刻画它们之间的关系,怎样进一步表示公理、规则等更加复杂的知识。随着深度学习的兴起,怎样利用向量表示实体和关系产生了 KG Embedding 的技术领域;而怎样利用神经网络来实现逻辑推理则产生了 Neural Symbolic Reasoning 等新兴的技术领域。

第二个是图的维度,它来源于知识图谱的互联网基因,关心图中的结点、边、链接、路径、子图结构,怎样存储大规模的图数据,怎样利用图的结构对图数据进行推理、挖掘与分析等。知识图谱一方面比纯图的表达能力更强,能建模和解决更加复杂的问题,另一方面比传统专家系统时代的知识表示方法采用的形式逻辑更简单,同时容忍知识中存在噪声,因此得到了更为广泛的认可和应用。

### 10.2.3　知识图谱的技术栈

知识图谱技术栈如图 10.2 所示。例如,从基于图的知识表示的维度看,涉及最基本的属性图表示、RDF 图模型,以及更复杂的 OWL 本体表示和规则知识建模。从图数据库的存储与查询的维度看,知识图谱涉及关系图进行存储,也涉及性能更高的原生图存储、图查询语言等。从知识抽取的维度看,知识图谱涉及概念抽取、实体识别,以及关系抽取和事件抽取等更为复杂的结构化知识。从知识融合的角度看,知识图谱涉及实体对齐、

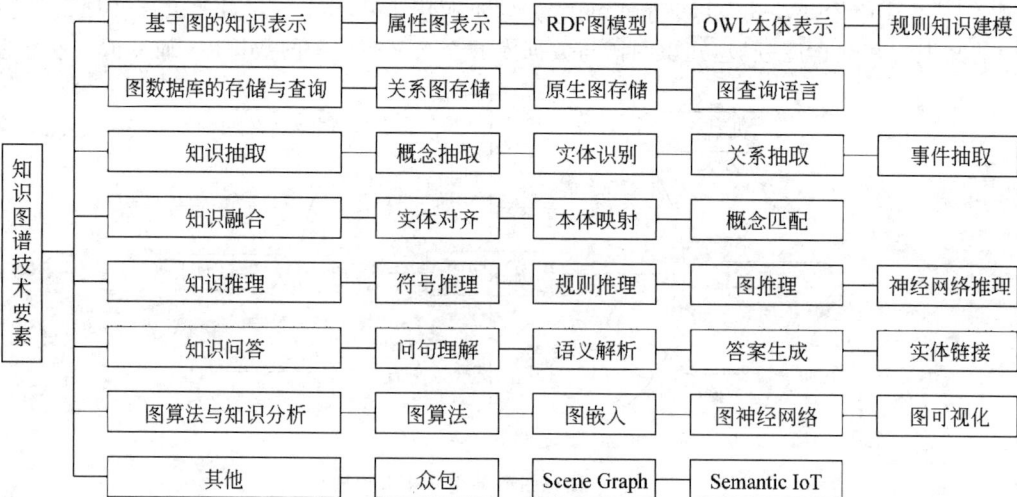

图 10.2　知识图谱技术栈

本体映射和概念匹配等技术。从知识推理的角度看，知识图谱涉及基于传统符号逻辑的推理技术，以及新兴的基于表示学习和神经网络的推理技术。从知识问答的角度看，知识图谱涉及问句理解、语义解析、答案生成和实体链接等多个智能问答领域的技术。从图算法与知识分析的角度看，知识图谱涉及传统的图算法，以及利用图嵌入、图神经网络等技术对知识图谱数据进行深度挖掘和分析等方面的技术。此外，知识图谱还涉及众包技术、计算机视觉领域的 Scene Graph 构建、Semantic IoT 等其他技术要素。在后面的章节中，尝试对这些繁多的技术要素进行系统性的梳理和介绍。当然，在解决一个实际问题时，通常仅需要用到其中若干技术的组合，但对它们进行整体了解和全面把握，对于提出系统性的解决方案会有很大帮助。

下面，对各技术维度进行概览性的介绍。

### 1. 基于图的知识表示

第一个技术维度是基于图的知识表示。最常用的知识图谱表示方法有属性图表示和 RDF 图模型两种。这两种表示方法基于一个共同的图模型：有向标记图。知识图谱就是基于有向标记图的知识表示方法。以 RDF 图模型为例具体介绍，知识图谱的最基本组成单元是三元组。一个三元组包含（subject，predicate，object）3 部分，即主语、谓语和宾语。例如，"浙江大学位于杭州"就可以简单地用一个三元组表示。一条三元组代表了对客观世界某个逻辑事实的陈述。这些三元组头尾相互连接形成了一张描述万物关系的图谱。从这个角度来看，三元组实际上是最简单而且最接近人的自然语言的数据模型，而图的信息组织方式又更接近人脑的记忆存储方式。当然，三元组的表达能力也是有限的，有时也需要进行扩充和改进。

### 2. 图数据库的存储与查询

第二个技术维度是图数据库的存储与查询。图数据库充分利用图的结构建立微索引。这种微索引比关系数据库的全局索引在处理图遍历查询时更加廉价，其查询复杂度与数据集整体大小无关，仅正比于相邻子图的大小，因此在很多涉及复杂关联和多跳的场景中得到广泛应用。需要说明的是，图数据库并非知识图谱存储的必选方案，也可以使用其他方案来对知识图谱进行存储。

### 3. 知识抽取

第三个技术维度是知识抽取。知识图谱的构建一般多依赖于已有的结构化数据，通过映射到预先定义的 Schema 或本体来快速地冷启动。然后利用自动化抽取技术，从半结构化数据和文本中提取结构化信息来补全知识图谱。这里涉及 D2R 映射，表格及列表数据抽取，从文本中识别实体、关系和事件等。需要说明的是，目前完全自动化地抽取高质量的知识仍然是无法做到的，"机器抽取＋人工众包"仍然是当前知识图谱构建的主流技术路线。

### 4. 知识融合

第四个技术维度是知识融合。在知识图谱的构建过程中,很多时候都需要使用数据融合技术将多个来源数据中的实体或概念映射到统一的命名空间中。主要包含两个层面的融合:一个是在本体概念层面,例如两个不同的知识图谱用到的概念,其中一个定义的 Rock Singer 是另一个定义的 Singer 类的子类;另一个是在实体层面,例如同一个人在不同的数据集中用的名字是不一样的。基于表示学习的方法是当前实现知识图谱异构融合的主流技术。

### 5. 知识推理

第五个技术维度是知识推理。推理是知识图谱的核心技术和任务,知识图谱推理的目标是利用图谱中已经存在的关联关系或事实来推断未知的关系或事实,在知识图谱的各项应用任务中发挥着重要作用。推理可以用来实现链接预测、补全缺失属性、检测错误描述和识别语义冲突,以提升图谱质量等。在查询和问答中,推理可以用来拓展问句语义,提高查询召回。在推荐计算中,推理可用来提升推荐的精准性和可解释性。此外,推理在深度语言语义理解和视觉问答中也扮演着必不可少的角色。凡是包含深度语义理解的任务都会涉及推理的过程。当前,在知识图谱中实现推理大致可以分为基于符号逻辑的方法和基于表示学习的方法。传统基于符号逻辑的方法的主要优点是具备可解释性,主要缺点是不易于处理隐含和不确定的知识。基于表示学习的方法的主要优点是推理效率高且能表征隐含知识,主要缺点是丢失可解释性。

### 6. 知识问答

第六个技术维度是知识问答。问答是利用知识图谱数据的主要形式之一。一个典型的问答处理流程涉及对问句的语义解析,即把自然语言问句解析为更易于被机器处理的逻辑表示或分布式表示形式,再将问句的语义表示与知识图谱中的结点进行匹配和查询,这个过程中可能还需要叠加推理,对结果进行放大,最后对候选的匹配结果进行排序,并生成对用户友好的答案形式。知识图谱问答有很多种不同的实现形式,需要根据不同的应用场景选择合适的。

### 7. 图算法与知识分析

第七个技术维度是图算法与知识分析。知识图谱作为一种基于图结构的数据,可以充分地利用各种图挖掘与分析算法对知识图谱进行深度的挖掘和分析。包括最短路径搜索、子图识别和中心度分析等常见的基于图论的一系列算法,也包括图嵌入、图神经网络等图表示学习方法。

## 10.2.4　规模化的知识图谱系统工程

当今时代数字化浪潮汹涌澎湃、信息呈爆炸式增长规模化的知识图谱系统工程宛如一座闪耀的灯塔,为各领域照亮前行的道路,发挥着无可比拟的关键作用。

规模化不是简单的数量累积,而是知识图谱的质的跨越。它挣脱了以往小型、孤立知识集合的桎梏,延伸至人类知识的每个角落。从蕴藏着数百年科研智慧的结晶的学术资料库,到涵盖市场动态、竞品情报的瞬息万变、错综复杂的商业数据海洋,再到美食烹饪技巧、家居维修窍门等与我们日常生活息息相关的生活常识,统统纳入囊中。

知识图谱系统工程更是一个集科学性、技术性、复杂性于一体的精密体系。它牢牢扎根于前沿信息技术的肥沃土壤,人工智能算法仿佛拥有智慧的大脑,能快速筛选、分类信息;大数据处理框架如同超强的处理器,高效承载海量数据的吞吐。工程师宛如技艺精湛的大师,运用实体识别技术精准锁定知识主体,借助关系标注勾勒出知识间千丝万缕的联系,一步步将零散破碎的知识碎片精心编织成一张紧密交织、相互呼应的语义大网。

这一宏大工程面向各行各业敞开怀抱,为科研人员架起通往学术前沿关联的高速通道,使其能迅速捕捉学科交叉点的创新灵感;帮企业拨开市场迷雾,精准剖析趋势走向、深挖潜在客户需求;于智能教育天地,为莘莘学子量身定制个性化知识导航,引领他们畅游知识海洋。总之,规模化的知识图谱系统工程正以磅礴伟力,驱动着时代巨轮滚滚向前。

如图 10.3 所示,领域知识图谱具有规模巨大、知识结构更加复杂、来源更加多样、知识更加异构、高度的动态性和时效性、更深层次的推理需求等特点。下面,以电商、医疗、金融领域知识图谱为例,介绍领域知识图谱的主要特点及技术难点。

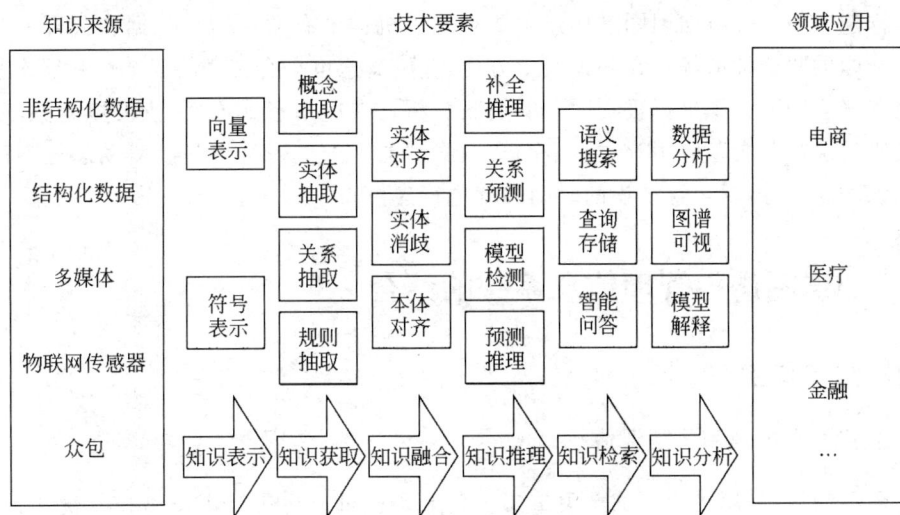

图 10.3　规模化的知识图谱系统工程

## 1. 电商领域知识图谱

以阿里巴巴电商知识图谱为例,最新发布的知识图谱规模已达到百亿级别。其知识图谱数据主要以阿里巴巴已有的结构化商品数据为基础,并与行业合作伙伴数据、政府工商管理数据、外部开放数据进行融合扩展。在知识表示方面,除简单的三元组外,还包含层次结构更加复杂的电商本体和面向业务管控的大量规则型知识。在知识的质量方面,对知识的覆盖面和准确性都有较高的要求。在应用形式方面,广泛支持商品搜索、商品导

· 277 ·

购、天猫精灵等产品的智能问答、平台的治理和管控、销售趋势的预测分析等多个应用场景。电商知识也具有较高的动态性特征,例如交易型知识和与销售趋势有关的知识都具有较强的时效性和时间性。

**2. 医疗领域知识图谱**

医疗领域构建有大量的规模巨大的领域知识库。例如,仅 Linked Life Data 项目包含的 RDF 三元组规模就达到 102 亿个,包含从基因、蛋白质、疾病、化学、神经科学、药物等多个领域的知识。再如国内构建的中医药知识图谱,通常需要融合各类基础医学、文献、医院临床等多种来源的数据,规模也达到二十多亿个三元组。医学领域的知识结构更加复杂,如医学语义网络 UMLS 包含大量复杂的语义关系,GeneOnto 则包含复杂的类层次结构。在知识质量方面,特别涉及临床辅助决策的知识库通常要求完全避免错误知识。

**3. 金融领域知识图谱**

金融领域比较典型的例子如 Kensho 采用知识图谱辅助投资顾问和投资研究,国内以恒生电子为代表的金融科技机构以及不少银行、证券机构等也都在开展金融领域的知识图谱构建工作。金融知识图谱构建主要来源于机构已有的结构化数据和公开的公报、研报及新闻的联合抽取等。在知识表示方面,金融概念也具有较高的复杂性和层次性,并较多地依赖规则型知识进行投资因素的关联分析。在应用形式方面,主要以金融问答和投顾投研类决策分析型应用为主。金融知识图谱的一个显著特点是高度动态性,且需要考虑知识的时效性,对金融知识的时间维度进行建模。

# 10.3　知识图谱与管理信息系统的结合

## 10.3.1　应用案例

### 1. 金融企业的信用风险评估

在金融领域,信用风险评估至关重要。金融企业可以运用知识图谱技术优化评估流程,提升决策准确性。首先,进行广泛的数据收集,涵盖身份资料、财务状况、借贷历史等客户信息,各类金融产品交易记录、资金流向等业务数据,行业报告、宏观经济数据等外部资料。收集到的数据存在异常值、重复数据等问题,对其进行清洗和预处理,以保证数据质量。随后,依据数据特点构建客户、业务、宏观经济等主题的知识图谱,清晰呈现客户与业务、宏观经济环境之间的复杂关系。例如,通过知识图谱可以直观地看到客户的财务状况如何受宏观经济波动影响,以及其在不同业务场景下的风险表现。最后,利用知识图谱的拓扑结构和属性信息,对客户的信用风险进行量化评估,输出详细的信用风险评估结果。这一结果为金融企业在贷款审批、额度设定、风险预警等决策环节提供了坚实依据,有效降低了信用风险,提升了金融企业的风险管理水平。

## 2. 电商企业的个性化商品推荐

对于电商企业,精准的商品推荐能显著提升用户体验和销售额。电商企业可以借助知识图谱技术打造个性化推荐系统。首先收集商品属性、价格、品牌等商品信息,用户浏览记录、搜索关键词、收藏商品等行为数据,购买记录等多源数据。对这些数据进行清洗,去除异常值和冗余部分。接着,根据商品属性和用户行为构建商品和用户主题的知识图谱,将用户与其可能感兴趣的商品通过购买偏好、浏览关联等各种关系连接起来。例如,若大量用户在购买笔记本电脑后又购买了电脑包,知识图谱就能捕捉到这种关联。然后,利用知识图谱的拓扑结构和属性信息,采用协同过滤、基于内容的推荐等算法,为每个用户生成个性化的商品推荐列表。最终输出的个性化推荐结果,有效提高了用户发现心仪商品的概率,提升了电商企业的销售额和用户满意度。

## 3. 制造企业的生产流程优化

制造企业的生产流程复杂、环节众多,因此提升生产效率和质量是管理决策的重点。制造企业可以利用知识图谱技术对生产流程进行优化。首先收集原材料采购、生产工序、产品质量检测等生产数据,设备状态、故障记录、维护历史等设备运行数据,人员配置、排班等信息。对这些数据清洗预处理后,根据生产流程和设备运行特点构建生产流程、设备运行主题的知识图谱,全面展示生产过程中的各环节和因素之间的关系。例如,通过知识图谱可以清晰地看到某台设备故障对整个生产流程进度的影响。之后,利用知识图谱的拓扑结构和属性信息,采用统计分析、机器学习等算法,对生产流程进行深入分析,找出流程中的瓶颈和可优化点,进而输出优化后的生产流程和管理方案。这使得制造企业的生产效率大幅提高,产品质量也得到了有效保障。

此外,将知识图谱与管理信息系统更好地结合,需要从多方面进行考虑和设计,下面将进行详细的阐述。

## 10.3.2 数据层面的考虑与设计

在知识图谱与管理信息系统融合的宏伟蓝图中,数据无疑是基石般的存在。数据层面的工作涵盖了从数据的采集汇聚、清洗整理,到融合打通以及持续更新维护等一系列关键环节,每一步都深刻影响着知识图谱的质量与管理信息系统的应用成效。只有打好数据基础,才能让知识图谱在管理信息系统中充分发挥其价值,助力企业实现智能化、精细化管理。

### 1. 数据采集

1)多元化数据源挖掘

企业运营过程中,数据来源广泛且多样,犹如一座蕴含无尽宝藏的矿山,等待着人们挖掘利用。内部数据源是企业数据的核心组成部分,其中企业资源计划(ERP)系统存储着海量的生产、采购、销售、财务等关键业务数据,这些数据以结构化形式呈现,精准记录着企业日常运营的每个细节,是了解企业运营流程与资源配置的关键窗口;客户关系管理

（CRM）系统则聚焦于客户信息，涵盖客户基本资料、购买历史、沟通记录、投诉建议等，为构建客户知识图谱、洞察客户需求提供了一手素材；办公自动化（OA）系统里沉淀着员工的日常工作文档、流程审批记录、协作沟通信息，这些数据蕴含着企业的组织架构、工作流程以及知识传承脉络。

与此同时，外部数据源也不容忽视。互联网是一个信息的浩瀚海洋，通过网络爬虫技术，企业可以从新闻资讯网站抓取行业动态、竞争对手情报、宏观经济政策变化等信息，及时了解市场风向；社交媒体平台汇聚了海量用户的观点、喜好、消费体验分享，从中挖掘消费者对企业产品或服务的评价反馈，以及潜在的市场需求趋势，成为企业精准营销与产品创新的灵感源泉；统计部门发布的经济数据、行业监管机构的政策文件、专利局的专利信息等政府公开数据可为企业战略决策提供权威参考，助力企业合规运营、把握政策机遇。

例如，一家电子产品制造企业在构建知识图谱时，既要依托内部 ERP 系统中的原材料采购价格走势、生产线产能利用率、产品库存周转率等数据来优化供应链管理；借助 CRM 系统中的客户购买频率、品牌忠诚度、产品偏好等信息开展精准营销；又要从外部科技资讯网站捕捉芯片技术突破、行业标准更新等动态，以及从社交媒体上收集用户对新品外观、功能的期望，从而指导产品研发方向，确保在激烈的市场竞争中立于不败之地。

2）采集方法适配性选择

面对不同类型的数据源，需采用与之相适配的采集方法，方能高效、精准地获取数据。对于结构化的内部数据库，如 ERP、CRM 系统，通常采用 SQL（structured query language）查询语句结合 ETL（extract transform load）工具进行数据抽取。SQL 作为一种强大的数据库操作语言，能够根据预先设定的规则精准定位并提取所需数据，ETL 工具则负责对抽取的数据进行清洗、转换，使其格式统一、语义明确，以满足后续知识图谱构建的要求。

半结构化数据，常见于网页 HTML、XML 格式文档以及一些日志文件，其结构相对松散但又具有一定规律。在采集这类数据时，网络爬虫技术大显身手。利用 XPath、CSS 选择器等工具对网页元素进行定位，精准提取数据。例如，在抓取电商平台商品详情页信息时，通过 XPath 表达式定位商品名称、价格、参数、用户评价等元素，将其抽取出来并整理成结构化格式，为构建商品知识图谱提供丰富素材。同时，对于日志文件，基于特定的日志格式解析规则，提取关键信息，如系统运行日志中的故障信息、用户操作日志中的行为轨迹，用于故障诊断、用户行为分析，进而优化管理信息系统的性能与用户体验。

如文本文件、社交媒体文本、客服录音、图像视频等非结构化数据需要借助自然语言处理（NLP）、语音识别、计算机视觉等前沿技术进行预处理。以文本数据为例，利用文本分类算法将海量文档按照主题分类，便于后续针对性处理；通过实体识别技术标注出文本中的人名、地名、组织机构名、产品名等关键实体，为知识抽取奠定基础；通过情感分析算法，能洞察文本中蕴含的用户情感倾向，了解客户对产品或服务的满意度。客服录音，可借助语音识别技术转化为文本，再运用上述文本处理方法挖掘知识。图像视频数据可利用计算机视觉技术提取场景、物体、人物关键帧、动作行为等等信息、视频中的，为安防监控、智能营销等特定领域的知识图谱构建提供独特视角。

**2. 数据清洗**

1）噪声数据过滤

在数据采集过程中,不可避免地会混入噪声数据,犹如纯净水源混入泥沙,若不加以清理,将严重影响知识图谱的质量与可靠性。噪声数据表现形式多样,重复数据是较为常见的一种。在多源数据采集时,由于数据来源不同但部分内容重叠,可能导致同一信息被多次采集。例如,企业从不同渠道收集客户信息,可能出现同一个客户的多次重复记录,姓名、联系方式完全相同但购买历史记录分散在各处。这不仅占用存储空间,还会干扰后续数据分析与知识图谱构建。基于数据查重算法,通过比对关键字段(如身份证号、手机号等唯一标识)或采用相似度计算方法(如字符串相似度算法衡量客户姓名、地址等文本字段相似度),识别并去除重复数据,确保数据的唯一性。

错误数据同样是一大"顽疾",其产生原因多种多样,可能源于数据录入错误、传感器故障、系统传输差错等。在财务数据中,金额数值录入错误可能导致财务报表分析出现偏差;在传感器采集的生产设备运行数据里,温度、压力值异常可能掩盖设备真实运行状态。利用数据校验规则,依据数据的定义域、值域、数据类型等约束条件进行检查,如财务金额应为数值型且大于0,日期格式应符合特定规范,对于不符合规则的数据进行标记、修正或删除,保障数据的准确性。

无关数据也常常混杂其中,如网页爬虫抓取的广告信息、页面装饰性元素等,这些数据与企业业务核心知识毫无关联,徒增数据处理负担。通过设置内容过滤规则,结合关键词匹配、文本分类技术,识别并摒弃此类无关数据,让数据采集聚焦有价值的信息。

2）缺失数据处理

数据缺失是另一个棘手问题,部分数据源由于种种原因可能存在关键信息缺失的情况,这如同拼图少了关键几块,使得知识图谱难以完整呈现。例如,在客户信息采集中,部分客户的年龄、职业等字段未填写;在科研数据中,某些实验样本的关键指标由于测量失误或设备故障未记录。对于缺失数据,可采用多种处理方法。数据填充是较为常用的方法之一,即基于统计学方法,利用已有数据的均值、中位数、众数等来填充缺失值,如对于某产品销量数据中少量缺失的月份销量,若数据分布相对均匀,可采用历史同期均值进行填充;若数据存在明显趋势,可结合线性回归等方法预测填充。

另一种方法是基于机器学习的预测填充,利用具有完整特征的样本数据训练模型,再将缺失数据样本输入模型预测缺失值。例如,在预测客户信用评分时,若部分客户的收入信息缺失,可利用其他客户的年龄、职业、资产、信用历史等完整信息训练决策树、神经网络等模型,预测缺失的收入值,使得客户信用评估知识图谱更加完整、准确。此外,对于一些无法合理填充或填充后可能误导分析的缺失数据,在知识图谱构建时进行标记,提醒使用者注意数据的不确定性,避免基于不准确信息做出错误决策。

**3. 数据融合**

1）实体对齐

企业数据来自多元异构源,不同数据源对同一个实体的表述往往存在差异,这就如同一个人在不同场合有不同称呼,容易造成知识图谱中的实体混乱。实体对齐旨在解决这一问题,将这些不同表述统一到一个规范的实体标识下。例如,在企业内部,客户信息可能在 CRM 系统中记录为"张三",在客服系统中记录为"张先生",而在订单系统中可能以客户编号"C001"指代,通过基于字符串相似度计算的方法,如编辑距离算法衡量"张三"与"张先生"等名称的相似程度,结合语义理解、上下文信息,以及聚类算法将这些指代同一个客户的不同标识归为一类,实现实体对齐,确保知识图谱在描述客户相关知识时的一致性与准确性。

在企业并购场景下,涉及整合不同公司的客户、供应商、产品等知识图谱,实体对齐更为复杂。除了名称差异,还可能存在编码体系、分类标准不同等问题。此时,需综合运用领域知识、规则引擎以及机器学习算法,例如利用行业通用的产品分类标准、企业自定义的供应商编码规则,结合基于深度学习的实体嵌入模型,计算实体在高维向量空间中的相似度,精准识别并对齐重复实体,实现知识图谱的无缝融合,助力企业资源整合与协同发展。

2）知识合并

在完成实体对齐的基础上,进一步的知识合并将不同知识图谱或知识库中的重复、互补知识整合为一体,去除冗余,优化知识结构。例如,企业内部研发部门有自己的技术知识图谱,记录着技术创新点、专利成果、研发团队成员等知识;市场部门有市场情报图谱,涵盖市场需求、竞争对手产品特点、客户反馈等信息。通过知识合并,将研发图谱中的技术优势与市场图谱中的客户需求、竞争态势相结合,形成涵盖产品全生命周期的综合知识体系,为企业产品研发、市场推广提供全面指导。

在知识合并过程中,需解决知识冲突问题。不同来源知识可能对同一个事实描述存在差异。例如,产品价格在不同销售渠道知识库中的记录不一致,可能源于促销活动、渠道补贴等因素。此时,需依据数据更新时间、数据来源可靠性等原则进行冲突消解,优先选取最新、最权威的数据,确保知识图谱的知识一致性。同时,利用知识融合工具(如基于本体的知识融合框架)通过定义统一的本体模型,规范知识表示,将来自不同源头的知识按照本体规则进行整合,提升知识图谱的系统性与逻辑性,使其真正成为企业管理决策的强大知识库。

### 4. 数据更新

1）定期更新机制

企业所处环境瞬息万变,数据的时效性至关重要,如同只有用新鲜食材才能烹饪出美味佳肴,及时更新的数据才能支撑企业做出精准决策。建立定期更新机制是保障数据时效性的基础,企业可根据数据的性质与业务需求设定不同更新周期。对于宏观经济数据、行业统计数据等相对稳定但对企业战略决策有重要影响的数据,可按月或季度进行更新,确保企业管理层能及时把握市场大势、政策动向;对于库存数据、订单数据、生产进度数据等企业内部运营数据,由于其直接影响企业日常生产经营,需每日甚至实时更新,以便企业及时调整资源配置、优化生产计划。

以服装制造企业为例,每月需要从行业协会获取最新的流行趋势报告、原材料价格走势等信息,更新知识图谱中的相关知识结点,为下一季度的服装设计、原材料采购决策提供依据;每日根据生产车间的系统数据更新产品产量、质量合格率、设备运行状态等信息,实时监控生产流程,确保产品按时、按质交付;每周整合电商平台、线下门店的销售订单数据,分析销售趋势、客户地域分布等,及时调整营销策略,满足市场需求。

2) 实时更新策略

在金融交易、电商实时营销、网络安全监控等对实时性要求极高的场景,仅定期更新远远不够,还需引入实时更新策略。通过实时数据采集技术(如流式数据处理框架)对传感器数据、日志数据、网络交易数据等进行实时采集、处理与分析,一旦发现数据变化符合特定更新规则,立即触发知识图谱更新。

在金融领域,股票交易市场分秒必争,每笔交易、每条财经新闻都可能影响股价走势与企业财务状况。金融机构利用实时数据采集与分析系统,实时监测股票价格波动、成交量变化、突发财经新闻(如企业财报发布、重大政策出台)等信息,一旦捕捉到关键变化,即刻更新相关企业、行业的知识图谱,基于更新后的图谱为投资者提供实时风险预警、投资建议,帮助投资者在瞬息万变的金融市场中抢占先机。

又如电商平台在"双十一""618"等购物狂欢节期间,用户购买行为呈现爆发式增长,实时需求偏好瞬息万变。平台借助实时数据处理技术,实时跟踪用户浏览、加购、收藏、下单等行为数据,以及库存信息、物流配送动态,当某款热门商品库存告急时,立即更新商品知识图谱,调整推荐策略,优先推送替代产品,优化库存调配,协调物流资源,确保在购物高峰期间最大化满足消费者需求,维持平台平稳运营与销售业绩增长。

综上所述,数据层面的每项工作都环环相扣,从采集到清洗,从融合到更新,任何一个环节的疏忽都可能导致知识图谱"大厦"根基不稳。只有严谨细致地做好数据层面的各项任务,精心雕琢每块"数据砖石",才能为知识图谱与管理信息系统的融合构建坚实基础,让知识图谱在企业管理中绽放耀眼光芒,助力企业实现数字化、智能化转型。

## 10.3.3　技术架构层面的考虑与设计

知识图谱与管理信息系统的深度融合,离不开稳固且高效的技术架构支撑。在这一层面,涵盖了从知识图谱构建的底层技术选型到与现有管理信息系统集成的架构设计,各环节紧密相扣,决定着整个体系能否顺畅运行,发挥出知识图谱的最大效能。

### 1. 知识图谱构建技术选型

1) 图数据库的抉择

作为知识图谱的存储基石,图数据库的选型至关重要。主流的图数据库有 Neo4j、ArangoDB 等,这些图数据库各有优劣。

Neo4j 以其原生图存储结构和高效的关系查询性能脱颖而出。它基于结点和关系的原生存储,能快速遍历复杂的图结构,在实时性要求高、查询频繁的场景表现卓越。例如,在社交网络分析场景中,查询用户之间的多层社交关系,Neo4j 可以在毫秒级返回结果,满足诸如精准营销、社交推荐等业务需求。其 Cypher 查询语言简洁直观,方便开发人员上手,降低了开发成本。然而,Neo4j 在大规模分布式存储方面相对较弱,当数据量达到数十亿结点规模时,单结点存储可能面临性能瓶颈,需要复杂的集群配置来扩展。

ArangoDB 融合了键值对、文档和图数据库的特性,提供了多样化的数据模型支持。它既可以像文档数据库一样存储复杂的 JSON 文档,又能以图的方式灵活处理实体关系,适用于数据结构较为复杂、既有文档型数据又需构建知识图谱的场景,例如企业级知识管理系统,整合各类文档资料并挖掘其中知识关联。不过,这种多功能性也带来一定复杂性,开发人员需要深入理解多种数据模型交互,才能充分发挥其优势。

企业在选型时,需综合考虑数据规模、实时性要求、开发运维成本等因素,权衡利弊并做出决策。若业务初期数据量不大、实时查询需求高,Neo4j 是不错的起步选择;若对于数据结构复杂多样的场景,ArangoDB 值得纳入考量范围。

2) 知识抽取与建模工具

知识抽取是将非结构化或半结构化数据转化为知识图谱可用知识的关键步骤,在此领域有诸多工具可供选择。

对于实体识别,Stanford NER(Named Entity Recognition)是一款经典工具,基于机器学习算法,经过大量文本训练,能精准识别人名、地名、组织机构名等常见实体类型,广泛应用于新闻、学术文献等文本的知识抽取。例如,在新闻媒体构建知识图谱时,利用 Stanford NER 快速标注新闻稿件中的关键人物、事件发生地点等实体,为后续关系构建奠定基础。

DeepDive 专注于从复杂文本中抽取关系和事件,采用深度学习技术,结合用户自定义规则,擅长处理隐含、间接的语义关系。在生物医学领域,面对科研论文中复杂的蛋白质相互作用、疾病致病机理描述,DeepDive 可挖掘出深层次的知识关联,助力构建精准的医学知识图谱。

在知识建模方面,Protege 是一款开源的本体建模工具,提供可视化界面,方便领域专家与开发人员协作构建知识图谱的本体模型。通过定义类、属性、关系等本体元素,清晰地勾勒出知识的逻辑架构,确保知识图谱的规范性与一致性。例如,在构建企业供应链知识图谱时,利用 Protege 定义供应商、原材料、产品等类,以及供货、运输等关系,为大规模知识抽取与整合提供蓝图。

这些工具并非孤立使用,通常根据数据特点与业务需求组合搭配。如先利用 Stanford NER 进行初步实体识别,再将结果输入 DeepDive 挖掘关系,最后在 Protege 中建模优化,形成完整的知识抽取与建模流程,为知识图谱注入高质量知识。

**2. 系统集成架构设计**

1) 微服务架构集成思路

微服务架构为知识图谱与管理信息系统融合提供了灵活的集成方式。将知识图谱相关功能拆分为知识图谱构建服务、查询服务、可视化服务等独立微服务,每个微服务专注于单一功能,可独立开发、部署与升级。

例如,电商企业的知识图谱构建服务负责从电商平台的海量交易数据、用户评价、商品描述等数据源抽取知识,构建商品知识图谱和用户偏好图谱;查询服务接收来自前端应用(如电商搜索框、推荐引擎)的查询请求,依据知识图谱快速返回精准结果;可视化服务则将知识图谱(如展示商品销售网络、用户聚类情况)以直观图形界面展示给业务人员,便于洞察数据的关联,辅助决策。

这种架构使得各微服务可以根据业务负载动态伸缩,当购物旺季来临,查询服务压力增大,可快速增加实例应对流量高峰,而不影响其他微服务正常运行。同时,不同团队可以专注于各自负责的微服务开发,提高开发效率,加速知识图谱应用落地。例如,数据团队负责构建服务,算法团队优化查询服务,前端团队打造可视化服务,协同推进项目进展。

2) API接口设计要点

设计统一、规范的API接口是实现知识图谱与管理信息系统无缝对接的关键。API接口应涵盖知识图谱的主要操作,包括查询、插入、更新、删除等。

在查询接口设计上,支持多种查询方式,如基于关键词的简单查询,输入"某品牌手机",返回该品牌手机的相关知识节点;基于语义的复杂查询,如"购买某电子产品的用户还购买了哪些周边产品",利用知识图谱语义理解能力提供深度关联查询结果。同时,为确保接口的通用性与易用性,通过HTTP协议进行交互,方便不同编程语言开发的系统接入。

对于数据更新接口,要考虑到知识图谱实时性与准确性需求。例如,电商平台每产生一笔新订单,通过更新接口及时将订单信息、用户反馈等数据融入知识图谱,保证图谱反映最新业务状态。接口需具备事务处理能力,确保数据更新的完整性,防止出现部分更新成功、部分失败导致知识图谱数据不一致的情况。

此外,接口的安全性不容忽视。采用认证授权机制,防止非法访问知识图谱数据;对敏感数据传输进行加密,如用户隐私信息、企业商业机密,保障数据在传输过程中的安全。

综上所述,技术架构层面的精心布局,从知识图谱构建技术的精准选型到系统集成架构的合理设计,为知识图谱与管理信息系统的融合搭建坚实轨道。随着技术的不断演进,持续优化架构,将更好地释放知识图谱潜能,助力企业在数字化浪潮中稳健前行。

## 10.3.4 应用功能层面的考虑与设计

在当今数字化信息爆炸的时代,企业内部积累了海量的数据,涵盖文档、报表、邮件等各类知识资源;外部更是面临着互联网上海量资讯的冲击。如何让企业员工以及客户在这浩如烟海的信息中迅速、精准地找到所需内容,成为提升效率与竞争力的关键。知识图谱技术的出现,为智能搜索与推荐系统注入了强大动力,开启了全新的信息交互模式。

### 1. 基于知识图谱的精准搜索

1) 理解查询意图的语义深度剖析

传统搜索方式主要依赖用户输入的关键词匹配,这种方法存在诸多局限性。一方面,关键词常常无法完整表达用户复杂的查询意图,例如用户输入"苹果",搜索引擎难以判断其指的是水果、电子产品品牌,还是某家金融公司;另一方面,即使关键词匹配成功,返回的结果也可能只是表面相关,缺乏深度关联信息。

知识图谱能够深入挖掘查询背后的语义信息。它通过构建庞大的语义网络,涵盖实体、概念以及它们之间丰富的关系,对用户输入的关键词进行语义扩展与关联理解。当用户在企业内部知识库搜索"去年市场部关于新产品推广的方案"时,知识图谱首先识别出"市场部""新产品推广""去年"等关键实体与时间限定词。然后,迅速激活与之相关的一系列结点,不仅精准定位到存储在文档管理系统中的相关方案文档,还会关联出参与项目的人员信息,如项目经理、核心成员及其联系方式,方便后续沟通咨询;当时的市场调研数据,包括目标客户群体画像、竞争对手分析报告,为了解方案背景提供依据;以及后续执行效果评估,像产品销量增长数据、市场份额变化曲线等,让使用者能对方案的实际成效有直观认识。这些关联信息以知识卡片或结构化摘要形式呈现,用户无须在海量文档中逐个翻找,就可一站式获取全面资料,极大提高了信息获取效率。

从外部信息检索视角看,科技企业追踪行业动态时,输入"5G芯片在智能手机领域的最新应用进展",知识图谱就可跨越新闻资讯、学术论文、行业报告等多源数据,展现出强大的整合能力。它先识别出"5G芯片"与"智能手机"这两个核心实体,以及"应用进展"这一关键需求。接着,在新闻资讯领域,抓取各大科技媒体对手机厂商新品发布会的报道,提取其中关于5G芯片性能提升、新功能搭载的亮点描述;在学术论文层面,筛选出高校、科研机构对5G芯片与智能手机适配性研究的前沿成果,如功耗优化、信号传输稳定性增强等技术突破;从行业报告中,汇总市场分析机构对不同价位段智能手机5G芯片渗透率、用户满意度调查等数据。最后,按照相关性、时效性排序输出,为企业研发、市场战略部门提供及时且精准的情报,助力把握技术迭代脉搏,提前布局产品创新,在激烈的市场竞争中抢占先机。

2) 多源数据融合驱动精准定位

企业运营涉及多种数据源,内部有业务系统数据库、文档库、邮件服务器等,外部有社交媒体、行业网站、政府公开数据等。知识图谱打破这些数据源之间的壁垒,实现数据融合,从而提升搜索精准度。

以金融机构为例,当理财顾问需要为客户制定个性化投资方案时,在内部搜索系统输入"科技板块龙头股业绩表现及前景分析",知识图谱就可整合企业内部交易系统中的股票实时行情、历史交易数据,客户关系管理系统里该客户的风险承受能力、投资偏好等信息,以及从外部金融资讯平台抓取的行业分析师研报、宏观经济数据对科技行业的影响评估等。通过对这些多源数据的关联分析,不仅能精准定位到如苹果、微软等科技龙头企业的详细财务报表、季度营收增长数据,还能结合利率调整、政策扶持方向等宏观经济趋势,给出这些股票未来业绩走向的前瞻性分析。同时,根据客户风险偏好,判断是推荐稳健增长型还是高潜力高风险型的科技股投资组合,真正满足客户个性化投资需求。

在医疗领域,医生在临床诊疗过程中,查询"某种罕见病的最新治疗方案及临床试验进展"。知识图谱融合医院内部病历系统中过往同类病例的治疗记录、检验结果,医学文献数据库中的权威研究论文,以及药企官网公布的正在研发的新药临床试验信息。这使得医生不仅能了解传统治疗手段的疗效反馈,还能及时掌握全球范围内针对该罕见病的前沿治疗探索,如基因疗法、靶向药物临床试验阶段成果,为患者制定更精准、更具创新性的治疗方案,提高医疗质量。

### 2. 个性化推荐引擎重塑

#### 1）电商领域的个性化购物之旅

作为消费者购物的主战场,电商平台的个性化推荐直接关系到用户购物体验与平台销售业绩。知识图谱为电商构建了全方位的用户画像与商品知识体系,开启个性化购物新时代。

电商平台依据用户历史购买行为,深度挖掘购买商品的品类、品牌、价格区间、购买频率等信息,构建用户消费偏好图谱。例如,发现用户多次购买运动服饰,且集中在耐克、阿迪达斯等品牌,价格为 300~500 元,购买频率为每季度两三次,初步判断其为中高端运动品牌爱好者,运动消费需求较旺盛。同时,结合浏览轨迹,了解用户对哪些新品、促销活动页面关注较多;以及收藏夹内容,锁定其心仪但尚未下单的潜在目标商品。

在关联商品知识图谱方面,涵盖商品的详细品类划分、品牌故事与口碑、功能特性、适配场景、价格层级等丰富属性。当用户浏览某款运动鞋后,知识图谱瞬间启动推理引擎。一方面,结合季节因素,如当前正值夏季,推荐透气轻薄的运动短裤、速干 T 恤;考虑时尚潮流,若当季流行运动机能风,推荐具有机能风设计元素的运动背包、护腕等配饰;依据运动偏好,若用户常购买篮球鞋,推荐篮球打气筒、护膝等专业篮球装备;再参考相似用户购买搭配大数据,为用户推送同品牌进阶款运动鞋,或与之搭配购买频率较高的其他品牌优质商品。这种精准推荐策略,有效提高了客单价与复购率,增强用户对平台的黏性与忠诚度。

#### 2）内容平台的知识导航灯塔

在线教育、资讯阅读、视频流媒体等内容平台,可利用知识图谱实现内容精准触达用户,满足多样化学习与娱乐需求。

以在线教育平台为例,每个学生的学习进度、课程完成情况、知识薄弱点以及兴趣领域都不尽相同。平台通过构建学生知识图谱,精准把握个体学习状态。例如,发现学生在数学课程中的几何部分频繁出错,且对空间想象力拓展训练表现出较高兴趣,知识图谱便会关联推荐立体几何专题讲解、几何模型构建实战演练等专门针对几何难题攻克的进阶课程;推送几何定理推导动画演示、经典几何错题集解析电子书等补充资料;筛选出建筑设计中的几何美学、航天工程里的几何原理等以生活中的几何应用为主题的趣味案例解析视频,激发学生学习兴趣,实现因材施教,提升学习效果与平台活跃度。

再如,资讯阅读平台可依据用户阅读历史、收藏文章主题、评论互动关键词构建知识图谱,了解科技、财经、文化艺术等用户关注领域。当有新的文章发布时,通过知识图谱分析与用户兴趣图谱的匹配度,为用户精准推送感兴趣的资讯。若用户长期关注人工智能领域,一旦有关于 AI 芯片研发突破、新算法应用落地的文章,便能第一时间送达用户手中,让用户持续沉浸在个性化知识获取的愉悦体验中,使平台成为用户不可或缺的知识伴侣。

综上所述,智能搜索与推荐功能借助知识图谱技术,深度挖掘信息内涵,融合多元数据,实现个性化定制,在企业内外运营场景中发挥着巨大价值。随着技术的不断进步与数据的持续积累,这一领域必将持续创新,为用户带来更加智能、便捷、贴心的信息交互体验,进一步推动企业数字化转型与发展。

在当今复杂多变的商业环境中,企业管理者面临海量的信息和诸多不确定性因素,如何做出精准、明智的决策,并提前预警潜在风险,已然成为企业生存与发展的关键。作为一种强大的知识表示与处理工具,知识图谱在为企业提供决策支持以及构建风险预警机制方面正发挥着日益重要的作用。

**1. 知识图谱助力决策支持**

1) 整合多元信息,绘制全景蓝图

企业决策绝非孤立行为,而是需要综合考量内外部各种因素。知识图谱恰似一位"绘图大师",能将散布于企业各个角落乃至外部市场、行业的碎片化信息巧妙整合,勾勒出一幅完整的决策全景图。

从企业内部看,运营数据涵盖原材料采购量、生产进度、产品质量合格率等生产流程的各个环节;财务数据反映企业资金的收支、资产负债状况以及盈利能力;人力资源数据展现员工数量、技能分布、离职率等信息。知识图谱打破这些数据之间的"部门墙",将它们按照业务逻辑关联起来。例如,在规划新产品研发投入时,通过知识图谱可以清晰地看到现有研发团队的技术专长与过往项目经验,结合当前财务状况下可支配的资金规模,以及市场部门反馈的潜在客户需求,为合理确定研发预算提供全面依据。

向外拓展,行业动态信息包含竞争对手的新品发布、市场份额变化,宏观经济数据涉及 GDP 增长率、利率波动、政策法规调整等。例如,出口型制造企业的知识图谱能够关联国际市场汇率走势、目标出口国贸易政策变化、原材料全球供应格局以及企业自身的成本结构与定价策略。当汇率出现大幅波动或贸易政策收紧时,企业管理者可借助知识图谱可以迅速洞察对产品出口价格竞争力、原材料进口成本以及市场拓展方向的全方位影响,进而及时调整经营决策。

2) 挖掘潜在关联,激发创新思路

传统决策模式往往受限于表面信息,难以发现深层次的联系,而知识图谱凭借其独特的网络结构,擅长挖掘隐藏在数据背后的潜在关联,为企业开启创新决策的大门。

在产品研发领域,苹果公司堪称典范。通过构建知识图谱,苹果公司整合了技术趋势、消费者生活方式变迁、不同文化背景下的审美偏好以及供应链技术突破等多元信息。在早期智能手机市场,多数厂商聚焦于通信功能提升,苹果公司却利用知识图谱分析发现人们在移动场景下对多媒体娱乐、便捷社交以及高效办公的潜在需求。从多点触控技术与图形用户界面的完美结合,到 App Store 生态系统的打造,苹果公司基于知识图谱挖掘出的关联不断推出引领潮流的创新产品,重塑了智能手机市场格局,开辟出全新的商业蓝海。

以某饮料企业的市场营销决策为例。它将社交媒体上消费者对健康生活的热议、健身潮流的兴起、新型天然食材的流行趋势以及不同地区的消费口味偏好等信息纳入知识图谱。分析过程中发现,在健身人群聚集的区域,对低糖、富含维生素且具有独特风味的功能性饮料需求渐长,且这部分消费者更倾向于线上口碑推荐与品牌社群互动。于是,企业果断决策调整产品配方,加大线上营销投入,针对健身俱乐部、运动赛事等场景精准推广,成功推出爆款新品,实现市场份额的显著攀升。

3)实时动态更新,适配瞬息万变

市场风云变幻,信息时效性至关重要。知识图谱具备实时或近实时的动态更新能力,确保企业决策依据始终与当下实际情况紧密契合。

电商企业是这方面的典型代表。在"双十一""618"等购物狂欢节期间,消费者购买行为呈现爆发式增长,需求偏好瞬息万变。电商平台借助大数据流处理技术与知识图谱的动态更新机制,实时跟踪用户浏览、加购、收藏、下单等行为数据,同时结合实时库存信息、物流配送动态以及供应商补货能力。当某款热门电子产品出现抢购热潮,库存告急时,知识图谱迅速反映出替代产品的库存情况、与热门款的功能相似性,以及从供应商紧急补货所需时间。电商运营者依据这些实时更新的信息,立即决策调整推荐策略,优先推送替代产品,优化库存调配,协调物流资源,确保在购物高峰期间最大化满足消费者需求,维持平台平稳运营与销售业绩增长。

又如金融市场,股票价格受国内外政治局势、宏观经济数据发布、行业突发事件等诸多因素影响,分分秒秒都在波动。投资机构利用知识图谱实时整合新闻资讯、监管政策变化、企业财报披露、分析师研报以及社交媒体舆情等信息,构建股票动态关联模型。一旦出现突发地缘政治危机,知识图谱瞬间捕捉到受影响行业板块内企业上下游供应链的潜在冲击、资金流向的可能变化以及投资者情绪波动。投资经理据此实时调整投资组合,抛售高风险股票,增持避险资产或具备反向关联性的优质标的,在风云变幻的金融浪潮中灵活应对,保障投资收益。

**2. 知识图谱赋能风险预警**

1)构建风险知识图谱,精准识别隐患

风险预警的首要任务是精准识别潜在风险源,知识图谱为这一过程提供了高分辨率的风险探测器。在金融信贷领域,银行面对海量的贷款申请,需甄别申请人的信用风险。通过构建涵盖个人身份信息、职业经历、收入来源、资产负债状况、社交关系以及历史信用记录等多维度的风险知识图谱,银行能够立体地审视每位申请人。例如,若发现申请人频繁更换工作、社交圈子中有多人存在不良信用记录,且近期资产负债表急剧恶化,知识图谱中的这些异常结点与关系便会亮起红灯,提示银行该申请人可能存在较高违约风险,需谨慎审批贷款额度或加强后续监管。

供应链管理同样是风险频发地带。企业构建包含供应商资质、生产能力、财务健康状况、物流配送稳定性、地缘政治风险以及上下游企业关联关系等要素的供应链风险知识图谱。当某关键原材料供应商所在地区遭遇自然灾害,知识图谱不仅能迅速定位受影响的供应环节,还可基于供应商与其他替补供应商之间的关系,评估原材料供应中断的时长及对生产连续性的影响程度,提前启动应急预案,如增加安全库存、紧急切换供应商或调整生产计划,将损失降至最低。

2)动态监测风险演变,及时发出警报

风险并非静态不变,而是随着时间推移不断演变发展,知识图谱的动态特性使其能够实时跟踪风险态势,在关键时刻及时拉响警报。以网络安全风险为例,企业的信息系统时刻面临着黑客攻击、病毒入侵、数据泄露等威胁。通过部署基于知识图谱的网络安全监测系统,实时采集系统日志、网络流量、用户行为异常、软件漏洞情报等信息,构建动态的网络安全风险图谱。一旦检测到某IP地址频繁尝试突破防火墙,且与近期曝光的黑客组织使用的IP段存在关联,同时系统内部分敏感数据出现异常访问迹象,知识图谱会立即触发警报,通知安全团队采取阻断攻击、隔离风险区域、排查漏洞等紧急措施,将可能的网络安全事故扼杀在萌芽状态。

再看市场竞争风险,在快速消费品行业,新品竞争激烈,市场份额瞬息万变。企业利用知识图谱持续监测竞争对手的新品研发进度、营销推广活动、渠道扩张策略以及消费者反馈。当发现竞争对手即将推出一款功能类似但价格更具优势的产品,且已提前在主要销售渠道铺货,同时通过社交媒体掀起话题热度时,知识图谱为企业及时预警,促使企业决策层迅速调整产品价格、加大促销力度、优化渠道布局或加快新品迭代速度,以应对突如其来的市场冲击。

3) 回溯风险成因,优化防控策略

当风险事件不幸发生后,复盘反思、找出风险根源并优化防控策略是企业成长的关键一步,知识图谱在此过程中提供了强大的回溯分析工具。

在企业遭遇重大质量事故后,通过构建包含产品设计图纸、原材料采购记录、生产工艺流程、质量检测数据、人员操作日志以及售后服务反馈等全生命周期信息的质量风险知识图谱,能够清晰地追溯问题产生的各个环节。例如,发现是由于某批次原材料供应商生产工艺变更未及时告知,导致原材料性能不稳定,在特定生产工序下引发产品缺陷,且质量检测环节未能有效识别。基于知识图谱的回溯分析,企业一方面可以向供应商追责索赔,另一方面全面优化原材料采购标准、加强供应商沟通管理、改进质量检测流程,从根本上杜绝类似质量风险再次发生。

又如企业在项目投资失败后,利用知识图谱整合项目前期可行性研究报告、市场调研数据、投资决策会议记录、项目实施过程中的财务报表、团队协作情况以及外部环境变化等信息,复盘整个投资过程。找出是因为对目标市场需求预估偏差、竞争对手意外反击,还是内部项目管理不善导致投资超支、工期延误等原因造成失败。根据知识图谱揭示的风险成因,企业重新校准投资决策模型,完善市场调研方法,强化项目管理机制,提升风险防控能力,确保未来投资项目稳健推进。

综上所述,知识图谱凭借其卓越的信息整合、关联挖掘、动态更新能力,在企业决策支持与风险预警双轨道上高速驱动,助力企业管理者穿越复杂多变的商业迷雾,精准导航前行方向,驶向可持续发展的成功彼岸。随着技术的不断演进与应用场景的持续拓展,知识图谱必将在企业管理领域绽放更加耀眼的光芒。

在知识图谱与管理信息系统深度融合的进程中,人员与管理层面起着基石性与引领性的关键作用。无论是技术的落地实施,还是系统的持续优化,都离不开专业人才的推动以及科学有效的管理机制保障。

**1. 专业人才培养与团队建设**

1) 跨学科复合型人才需求剖析

知识图谱技术融合了图论、自然语言处理、机器学习等多领域知识,而管理信息系统涉及企业运营、业务流程、战略决策等管理学范畴。这就迫切需要培养既精通技术原理,又深谙管理要义的跨学科复合型人才。

从知识图谱构建角度看,技术人员不仅要掌握实体识别、关系抽取、知识融合等核心技术,还需理解企业各类数据背后的业务含义。例如,在构建医疗领域知识图谱时,技术人员需明白医学术语、病症关联、治疗流程等专业知识,确保抽取的知识准确且实用。否则,单纯依靠算法可能会将医学缩写误判,或者无法精准构建疾病与治疗手段之间的复杂关系。

面向管理信息系统应用端,管理人员应具备运用知识图谱优化业务流程、支持决策制定的能力。他们要能解读知识图谱呈现的复杂关联信息,转化为可执行的管理策略。

以供应链管理为例,管理者需依据知识图谱洞察供应商网络、库存流转与物流配送的协同关系,及时调整采购计划、库存布局,平衡成本与服务水平。这种跨学科素养使得人才能够在知识图谱与管理信息系统的接口处,发挥无缝对接与价值转化的关键作用。

2) 人才培养路径探索

作为人才培养的摇篮,高等学校应与时俱进,优化课程体系。一方面,在计算机科学、信息管理等专业增设知识图谱专门课程,涵盖技术原理、算法实现、工具应用等全方位内容;另一方面,强化管理学通识教育,融入战略管理、运营管理、市场营销等核心课程模块,鼓励跨专业选修与实践项目合作。例如,开展基于知识图谱的企业模拟运营竞赛,让不同专业学生组队,共同解决市场分析、客户关系管理等实际问题,在实战中磨合跨学科知识运用能力。

企业是人才实践成长的主阵地,针对在职人员,需量身定制内训计划。对于技术团队,定期邀请业内专家进行知识图谱前沿技术讲座,分享如基于深度学习的知识抽取最新进展、大规模知识图谱存储优化案例;安排内部技术分享会,交流在本企业数据环境下知识图谱构建的实战经验,攻克实体对齐、数据更新等难题。面向管理人员,开展知识图谱应用工作坊,通过实际业务案例剖析,提升其利用知识图谱进行决策分析、风险预警的敏感度与熟练度,如解读财务风险知识图谱制定资金管控策略,依据市场竞争图谱优化产品布局。

3) 团队组建与协作模式

一支结构合理、协作紧密的团队是知识图谱项目成功落地的保障。团队成员通常涵盖数据工程师、知识图谱工程师、业务分析师、项目经理等关键角色。数据工程师负责从企业各个数据源(数据库、文件系统、日志等)高效采集、清洗、转换数据,为知识图谱构建提供原料,其工作的精准性与稳定性直接影响后续知识抽取质量。知识图谱工程师运用专业工具与算法搭建知识图谱架构,进行实体、关系、属性的精细抽取与融合,将数据转化为有价值的知识网络,是技术核心推动者。业务分析师犹如翻译官,深入理解企业业务需求,将其转化为知识图谱构建与应用的具体目标,确保技术产出紧密贴合运营痛点,如依据销售部门痛点明确客户知识图谱构建方向。项目经理统筹协调各方资源，把控项目进度、质量、成本，化解团队协作中的沟通障碍与技术难题，保障项目按计划交付。

在协作模式上，采用敏捷开发理念较为适宜。以迭代周期推进知识图谱项目，每个周期从需求收集、技术开发到测试验证，团队成员紧密互动。例如，在构建营销知识图谱初期，业务分析师收集市场部门需求，与数据、知识图谱工程师探讨可行性，确定首轮迭代聚焦客户画像与产品关联构建；开发过程中，每日站会沟通进度、解决技术瓶颈；测试阶段，全员参与评估知识图谱对营销决策的辅助效能，根据反馈迅速优化调整，如此循环往复，逐步完善知识图谱应用体系。

**2. 管理与运营机制**

1）项目管理全流程把控

启动知识图谱与管理信息系统融合项目时，需精准定位项目目标。不但要优化客户关系管理，提升客户满意度与忠诚度；还要强化供应链风险预警，保障生产连续性。基于明确目标制订详细项目计划，涵盖技术选型、数据采集范围、知识图谱构建步骤、应用模块开发优先级以及预期里程碑结点。例如，计划在 6 个月内构建企业供应链知识图谱基础版，前 2 个月完成供应商、原材料、物流等核心数据的采集与清洗，第 3～4 个月搭建知识图谱架构并初步抽取关键关系，第 5 个月开发基于图谱的供应链可视化与风险监测应用，第 6 个月上线试运行并收集反馈。

严格按照计划推进各项任务，建立高效沟通机制至关重要。周例会汇报工作进展、协调资源分配、解决技术难题；实时文档协作平台记录项目细节，包括数据字典、算法说明、业务需求变更等，确保团队成员信息同步。如在知识抽取过程中发现某类数据源数据质量不达标，及时通过沟通机制反馈，协调数据工程师重新评估清洗策略，知识图谱工程师调整抽取规则，避免延误项目进度。

设立关键绩效指标（KPI）监控项目健康度，如知识图谱数据准确性、完整性指标，应用系统响应时间、用户满意度等。定期对照 KPI 评估项目绩效，偏差超出阈值及时剖析根源，采取纠正措施。例如，若发现知识图谱应用于决策支持场景时，用户反馈信息关联不精准，应迅速组织专项分析，排查是知识抽取偏差、算法模型过拟合，还是业务需求理解偏差问题，针对性优化改进。

2）运营维护长效保障

知识图谱要保持生命力，必须建立持续更新机制。一方面，设定定期更新任务，如每周更新行业动态数据、每月刷新企业内部运营数据，确保知识与时俱进。例如，金融机构每周抓取宏观经济指标、政策法规变化更新金融知识图谱，为投资决策提供实时依据。另一方面，搭建实时数据接入通道，对关键业务数据（如电商订单流、社交媒体舆情）即时反映，当出现热点事件触发知识图谱关联更新。如某热门电子产品发布，电商企业实时采集用户评价、销量走势等信息融入产品知识图谱，助力营销推广策略动态调整。

管理信息系统承载知识图谱应用，其稳定性关乎业务正常运转。建立"7×24 小时"的监控体系，实时监测服务器负载、网络带宽、应用响应等关键指标，利用自动化运维工具提前预警潜在故障。一旦出现异常，如服务器宕机、数据库连接超时，迅速启动应急预案，切换备用资源、排查修复故障,将业务中断损失降至最低。同时,定期进行系统性能优化,如数据库索引优化、应用代码缓存优化,提升知识图谱查询检索效率,适应业务增长需求。

3)知识管理与传承

在知识图谱项目推进过程中,鼓励团队成员将实践经验、技术心得、业务洞察整理成知识库文档,涵盖数据处理技巧、特殊实体关系构建案例、应用场景解决方案等丰富内容。例如,将不同行业客户知识图谱构建模板存入知识库,供后续项目参考,加速项目交付。

通过内部培训、导师制等方式促进知识流动。新员工入职,安排经验丰富的导师带领,以实际项目为依托传授知识图谱与管理信息系统融合的实战技能;定期组织知识分享会,邀请技术骨干、业务专家分享最新成果、难点攻克经验,营造全员学习氛围,将个体知识转化为组织智慧,为知识图谱持续赋能企业管理筑牢人才与知识根基。

总而言之,人员与管理层面的精细打磨,是知识图谱深度融入管理信息系统、释放巨大潜能的关键所在。只有构建起人才辈出、管理有序的生态环境,企业才能在数字化浪潮中驾驭知识图谱这一利器,实现管理创新与竞争力飞跃。

# 本章小结

### 1. 知识图谱

知识图谱是语义网络的一种现代化、规模化呈现形式,在知识工程领域占据关键地位。它以图数据结构为基石,结点代表人物、组织、事件、概念等实体,边表征实体间的语义关系(如因果、隶属、合作等多元联系)。构建知识图谱是一项复杂的系统工程,起始于海量、异构数据的采集,来源囊括结构化数据库、半结构化网页、非结构化文本等。运用自然语言处理技术,如实体识别、关系抽取、语义标注,将原始信息转化为知识元素,进而填充图谱。知识图谱具备强大的知识整合与推理能力,打破不同数据源的隔阂,使碎片化知识系统化。在科研领域,助力学者梳理学科知识脉络,发现潜在研究关联;于商业范畴,辅助企业洞察市场格局,如分析竞品生态、挖掘潜在客户需求。

### 2. 规模化的知识图谱系统工程

基于海量数据构建,数据采集范围近乎无限,涵盖全球科研文献、各行业商业数据等。工程依托先进分布式架构,以应对数据存储与处理压力,确保高效运行。在构建环节,运用前沿的自然语言处理与机器学习算法,并行处理实体识别、关系抽取任务,加速图谱成型。规模化使其知识整合、推理能力呈指数级放大,能跨领域关联分析(如结合医学与生物学知识辅助新药研发),为学术突破、产业升级提供澎湃动力。

### 3. 基于知识图谱的精准搜索

作为底层支撑,知识图谱整合结构化知识,将各类实体与关系清晰呈现。当用户发起搜索,系统并非单纯匹配关键词,而是依托图谱理解语义。它利用实体链接技术定位目标,通过关系推理拓展关联信息,精准推送。在学术研究中,输入课题关键词,可快速关联相关理论、前沿成果；于商业领域，搜索产品能获取供应链、竞品全貌，极大提升信息获取效率，让搜索结果直击需求核心。

### 4. 知识图谱赋能风险预警

知识图谱犹如一张庞大且精密的信息网，整合多源数据，涵盖企业财报、行业动态、市场舆情等。它打破数据孤岛，挖掘实体间隐藏关联。在金融领域，通过知识图谱关联企业上下游、股权结构，一旦某结点出现异常波动（如企业债务骤增），图谱便能迅速捕捉，依关联扩散分析，提前预警信贷风险。在供应链管理中，它串联供应商、物流等环节，精准预判缺货、延误风险，为企业决策提供依据，助力提前防范化解危机。

# 习题 10

1. 解释知识图谱的架构。
2. 知识图谱的技术栈包括哪些组成部分？
3. 从技术架构层面上如何解决知识图谱与管理信息系统结合时遇到的问题？
4. 举一个知识图谱与管理信息系统应用成功的案例。

# 第 11 章　多模态与管理信息系统

**本章学习目标**

- 理解多模态信息的定义与内涵。
- 了解多模态技术在管理信息系统中的应用。
- 理解多模态技术实现路径。
- 了解多模态技术在管理信息系统中面临的挑战与应对策略。

在数字化浪潮中,信息的呈现与交互方式日益多元化,不再局限于传统的文本形式。图像、音频、视频等多种模态的数据如潮水般涌入企业运营的各个环节,为管理信息系统带来了全新的机遇与挑战。多模态信息融合技术应运而生,它旨在整合不同模态的数据,挖掘其中蕴含的丰富知识,以提供更全面、精准的决策支持,助力企业在激烈的市场竞争中脱颖而出。本章将深入探讨多模态技术在管理信息系统中的全方位应用、技术实现路径、面临的困境以及未来发展趋势,进而揭开多模态驱动管理变革的新篇章。

## 11.1　多模态信息基础

在当今数字化高度发达的时代,信息不再以单一的形式孤立存在,而是通过多种模态交织呈现,构成了丰富多彩的信息生态。深入理解多模态信息的基础,对于把握其在管理信息系统中的应用潜能、技术实现以及应对相关挑战至关重要。

### 11.1.1　多模态信息的定义与内涵

简单地说,多模态信息是指通过多种感官渠道获取并传达的信息集合,涵盖文本、图像、音频、视频等常见形式,甚至包括触觉、嗅觉等更多维度,但目前在管理信息系统应用中,前 4 种模态占据主导地位。

作为最为古老且基础的信息模态,文本具有极高的抽象性与精确性。它能够运用词汇、语句、段落等结构,严谨地阐述复杂的概念、逻辑关系、规则指令以及知识体系。无论是企业的规章制度、合同条款、项目报告,还是学术研究中的理论阐述,都依赖文本进行精准记录与传承。例如,一份详细的商业计划书,通过文本清晰地规划出市场分析、产品定位、营销策略、财务预算等关键内容,为企业发展提供蓝图。

图像以直观可视化的方式瞬间传递大量视觉信息。一幅产品设计图能够直接展示产品的外观轮廓、形状结构、颜色搭配等细节,让受众一眼就能对产品形态形成直观认知;地理信息系统(GIS)中的地图图像,通过不同颜色、线条、图标呈现地形地貌、城市分布、交通网络等信息,辅助城市规划、物流配送路线规划等决策。与文本相比,图像跨越了语言障碍，能够被不同文化、语言背景的人快速理解，实现信息的高效传播。

音频模态捕捉声音信号，为信息赋予生动性与情境感。语音指令使得人机交互更加便捷自然，人们可以通过说话让智能设备执行任务，如语音助手帮助用户查询天气、设置提醒、拨打电话等；环境音效则能营造氛围，增强场景的真实感，电影配乐根据情节起伏搭配不同音乐，恐怖场景的阴森音效、浪漫情节的轻柔旋律，都极大地提升了观众的沉浸感。在企业培训领域，音频讲解配合演示文稿，让学员在聆听知识的同时，能够专注于关键视觉信息，提高学习效果。

视频融合了图像与音频的优势，动态地展现事件过程、人物行为以及场景变化。企业宣传片通过视频全方位展示公司实力、产品特色、企业文化，从生产车间的忙碌景象、研发团队的专注神情，到客户使用产品的满意反馈，配合激情洋溢的解说和动感音乐，传递出企业的核心价值。在线教育课程视频，讲师的实时讲解、板书演示与操作示范，结合生动的案例视频，让知识学习不再枯燥，适应不同学习风格的学员需求。

在科技飞速发展的浪潮下，多模态数据源构成已然成为众多前沿技术应用的根基，其架构呈现出严谨且层次分明的布局，如图 11.1 所示。下层作为数据存储的坚实后盾，涵盖了多种类型的数据库。SQL 数据库凭借其结构化查询语言的精准性，为海量数据提供稳定且高效的关系型存储方案，适用于对数据一致性、完整性要求颇高的场景；NoSQL 数据库则打破传统关系型数据库的束缚，以灵活多变的存储模式，应对诸如社交媒体海量碎片化信息的快速存储与读取；HBase、Hive 数据库，结合了分布式存储与大数据处理的优势，能够轻松处理超大规模数据集，为复杂的数据挖掘与分析提供支撑。而在上层，便是丰富多彩的各种模态的数据世界。视频数据犹如动态的画卷，实时记录着生活、生产、科研等各个场景的连续画面；音频数据似灵动的音符，捕捉着人们交流的语音、机器运转的声响；文本数据像无声的讲述者，承载着知识、观点与指令；图像数据则如瞬间定格的摄影师，定格重要瞬间。这些不同模态的数据相互交织、协同配合，共同为多模态技术的蓬勃发展注入源源不断的活力，开启全新智能时代篇章。

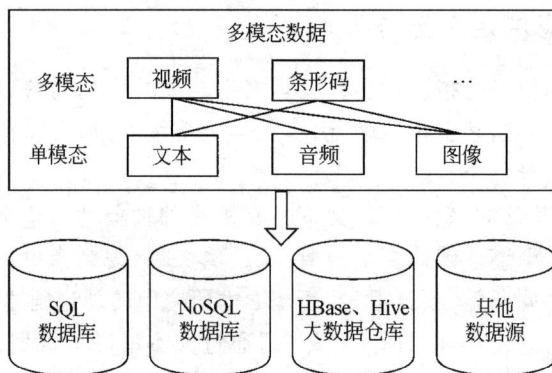

图 11.1　多模态数据源构成

多模态信息融合并非是这些模态的简单相加，而是借助特定技术手段，挖掘不同模态之间内在的、深层次的关联，实现信息的互补与增强。以智能导览系统为例，在博物馆场景中,展品旁边的文本介绍提供历史背景、艺术价值等详细知识;图像展示展品外观,让参观者欣赏其工艺之美;通过舒缓的语音讲述创作故事、背后逸闻,增添文化韵味;通过播放文物修复过程、专家解读,深入剖析展品内涵的视频。这些模态相互配合,打造全方位、沉浸式的参观体验,使人们对展品的理解远超单一模态信息所能给予的。

## 11.1.2 多模态信息的特点

### 1. 信息冗余与互补性

在描述同一个事物或场景时,不同模态往往既存在冗余部分,又具备互补特性,为信息的可靠性与完整性提供了保障。

从冗余角度看,在智能安防监控场景中,视频监控捕捉到的画面(图像模态)与同期录制的环境声音(音频模态)存在大量重复信息。画面中的人物奔跑动作、逃窜方向,通常会伴随着音频中的脚步声、呼喊声以及因快速移动产生的风声,这些重复出现的信息相互印证,极大增强了对异常事件判断的可信度。当监控系统检测到画面中有人员在禁区快速穿梭,同时听到急促的脚步声和紧张的呼喊声,安保人员便能迅速确认异常情况,减少误判概率。

从互补性角度看,同样在安防领域,对于某些难以从画面直接识别的信息,音频模态起到关键补充作用。例如,在夜间监控画面较暗难以看清远处细节时,远处传来的警笛声、汽车引擎轰鸣声,能够提示可能有警方车辆或其他重要动态靠近,为安保人员提供预警。又如,在工业生产监控中,机器设备正常运转时画面显示平稳运行状态,但通过音频采集设备捕捉到零件轻微的摩擦声、电动机转速不稳定的嗡嗡声等细微异常声响,能够帮助维修人员提前发现潜在故障隐患,及时进行维护保养,避免设备突发损坏导致生产中断。

在市场营销领域,多模态信息的冗余与互补性也有充分体现。在产品推广活动中,线上宣传海报(图像)展示产品外观、特色功能图标,宣传文案(文本)详细介绍产品性能参数、使用方法、优惠活动等内容,产品演示视频动态呈现产品实际操作过程、用户体验场景,配合现场销售人员热情洋溢的讲解(音频)。多模态信息全方位吸引消费者注意力,强化产品优势传达。不同模态从视觉、听觉等多方面反复刺激消费者感知,同时各自弥补其他模态在信息传达上的不足,如视频能弥补文本难以直观展示操作流畅性的缺陷,音频讲解能为静态图像增添活力,促使消费者更全面了解产品,提升购买意愿。

### 2. 情境依赖性

多模态信息的理解高度依赖于所处情境,相同的模态内容在不同情境下可能传达截然不同的含义。

语音指令是情境依赖的典型例子。简单一句"加油"的语音指令,在体育赛场背景音下,伴随着观众的欢呼声、运动员的拼搏呐喊声,可以肯定是在鼓励运动员奋勇争先;而在加油站场景,伴随加油泵运转声、车辆进出的嘈杂声,则明确指向燃油加注操作。再如,同样一段激昂的背景音乐,在战争电影场景中配合冲锋陷阵画面,能激发观众的热血斗志,增强紧张氛围渲染;而在广告场景中用于宣传某运动饮料,搭配运动员活力四射的运动画面,则是为了激发消费者的购买欲望,传递产品赋予能量的品牌形象。

图像信息同样受情境左右。一幅显示多人聚集、手持标语横幅的画面,如果出现在新闻报道中关于抗议活动的背景下,传达的是民众诉求表达;若出现在公司团建活动报道里,配合员工笑容满面、团队协作的文字说明,那就是展现团队凝聚力的欢乐场景。企业在利用多模态信息进行品牌传播时,必须充分考虑情境因素,确保信息传达的准确性与一致性,避免因情境误解引发负面效果。

为了应对情境依赖性挑战,多模态系统需要具备强大的情境感知与分析能力。这涉及对时间、空间、背景知识、用户行为等多方面因素的综合考量。通过整合多种传感器数据,如位置信息(GPS)、时间戳、环境传感器(光照、温度等),结合大数据分析与人工智能算法,多模态系统能够实时判断所处情境,准确解读信息含义。例如,智能车载系统根据车辆行驶位置(高速公路、市区道路)、时间(早晚高峰、平峰时段)、驾驶员操作行为(频繁刹车、加速)以及车内外环境(天气状况、交通噪音)等多模态信息,精准理解驾驶员需求,在合适时机提供导航建议、音乐播放、安全预警等服务,提升驾驶体验与安全性。

### 3. 实时动态性

现实世界中的多模态信息处于持续更新、动态变化的状态,这要求处理多模态信息的系统具备强大的实时响应能力。

在自动驾驶场景中,车载摄像头(图像模态)实时捕捉道路状况,每秒都有新的画面帧传入系统,车辆行人的位置、移动方向随时改变;传声器(音频模态)监听周围交通声音,汽车鸣笛声、紧急刹车声、施工噪声等此起彼伏,这些信息综合反映着瞬息万变的交通环境。自动驾驶系统必须在极短时间内处理海量动态数据,快速做出决策,如根据前方车辆突然刹车的视觉画面与尖锐刹车声,立即调整车速、启动制动系统,确保行车安全。若系统处理延迟,哪怕仅零点几秒,都可能导致严重交通事故。

类似地,在金融交易市场,实时新闻资讯文本不断滚动更新,报道宏观经济数据发布、行业政策变动、企业突发重大事件等信息;金融交易平台的动态图表(图像模态)实时显示股票价格走势、成交量变化;专家实时解盘音频与视频同步播出,分析市场趋势、解读热点新闻对行情的影响。投资者需要依赖多模态信息融合的交易辅助系统,实时跟踪市场动态,迅速做出买入、卖出或持仓决策。系统一旦出现信息更新滞后或处理缓慢,投资者就可能错失良机,遭受损失。

为满足实时动态性需求,多模态技术依赖高性能的硬件设备与优化的算法架构。在硬件层面,采用高速处理器、图形处理单元(GPU)、专用的音频视频处理芯片等,加速数据采集、传输与处理速度;在算法方面,运用实时流处理技术和流式计算框架,对多模态数据进行实时采集、分析、融合,确保系统能够紧跟现实世界信息变化节奏,及时反馈有效决策,保障业务流畅运行。

多模态信息凭借其独特的定义内涵与鲜明特点,为信息交互与知识传递开辟了新途径。深刻理解这些基础内容,是进一步探索多模态技术在管理信息系统中应用、攻克技术难题以及把握发展趋势的关键基石,为后续深入学习与实践多模态驱动的管理创新筑牢根基。

在数字化浪潮汹涌澎湃的时代,多模态技术正成为推动众多领域革新的强劲引擎,其核心技术层次有着严谨且关键的布局。图 11.2 描述了多模态核心技术层次。该技术层次从下向上呈现出清晰的架构,各层紧密关联、缺一不可。处于最底部的基础研究层,宛如高楼大厦的基石,科研人员在此深耕细作,钻研多模态信息融合的理论根基,探索如何让语音、文本、图像、视频等不同模态的数据实现无缝对接,开发全新算法优化模态转换与协同处理机制,为上层提供坚实的理论支撑。往上的平台工具层,如同搭建起一座万能的工作台,集成各类先进软件、高效开发框架,方便开发者便捷调用多模态接口,利用可视化工具调试复杂模型,极大提高多模态应用开发效率。最上面的训练数据生产层,犹如一片肥沃的土壤,负责收集、标注来自现实世界各场景下的海量多模态数据,以满足不同训练需求,无论是自动驾驶所需的路况视觉与传感器数据,还是智能客服依赖的语音与文本对话样本,都在此汇聚、整理,为多模态技术落地生根、茁壮成长提供源源不断的养分,推动其向更广阔天地迈进。

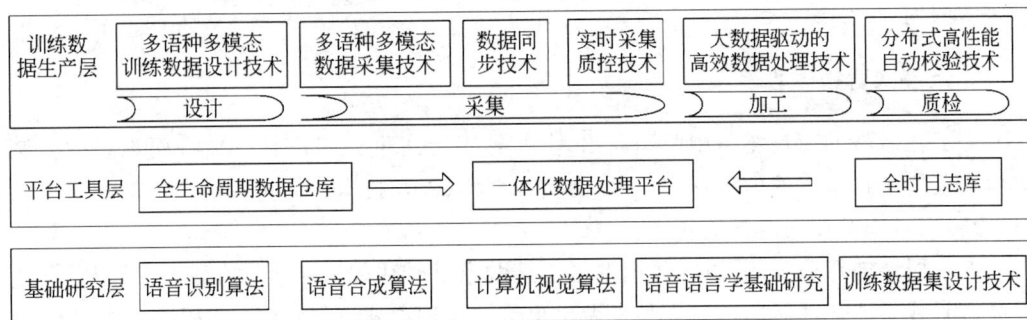

图 11.2　多模态核心技术层次

# 11.2　多模态技术在管理信息系统中的应用

随着信息技术的飞速发展,多模态技术已逐渐渗透到管理信息系统的各关键领域,为企业的运营、决策、客户服务等诸多环节带来了创新性的变革。通过整合文本、图像、音频、视频等多种模态的数据,企业能够突破传统信息处理的局限,挖掘出更深层次的信息价值,进而提升竞争力,实现可持续发展。以下将详细阐述多模态技术在管理信息系统中的广泛应用。

## 11.2.1　市场营销与客户关系管理

### 1. 多模态客户画像构建

在以客户为中心的市场环境下,精准把握客户需求是企业成功的关键。传统的客户画像主要依赖客户的基本信息登记、购买记录、浏览历史以及问卷调查反馈等文本数据。然而,这些信息仅能勾勒出客户的大致轮廓,难以全面、深入地反映客户的真实喜好、消费习惯以及潜在需求。

多模态技术的引入为客户画像的精细化构建开辟了新路径。如今,社交媒体平台已成为人们分享生活点滴的重要场所,客户上传的照片、视频等资料蕴含着丰富的个人兴趣线索。例如,一位客户经常在社交媒体上分享自己的户外探险照片,照片中出现的登山装备、露营场景等图像信息,结合其在相关户外论坛发表的评论(文本)以及与户外爱好者交流的语音记录(音频),企业可以推断出他对户外运动的热爱程度、偏好的运动类型以及消费层级,从而为其推荐更具针对性的户外产品、旅行线路或专业培训课程。

此外,在客户与企业客服人员的沟通互动过程中,语音通话记录和视频客服录像同样具有极高的价值。通过语音情感分析技术,可以捕捉客户在咨询、投诉或反馈问题时的愤怒、焦虑、满意或欣喜等情绪状态,了解客户对产品或服务的满意度;视频画面中的表情、肢体语言可进一步补充情感信息,一个微微皱眉、语气急切的客户可能正面临着亟待解决的问题,而面带微笑、语气轻松的客户或许对产品体验较为满意。综合这些多模态信息,企业能够构建出更加立体、鲜活、贴近客户真实面貌的画像,为精准营销和个性化服务提供坚实依据。

**2. 沉浸式营销体验**

为了在激烈的市场竞争中脱颖而出,企业越来越注重为客户创造独特而难忘的营销体验。多模态技术中的虚拟现实(VR)和增强现实(AR)技术成为实现这一目标的有力工具,为客户带来沉浸式的营销场景。

以家居装饰行业为例,以往的消费者在选购家具时往往只能通过查看产品图片、阅读产品说明或实地前往展厅观看样品来做出决策。这种方式不仅耗时、费力,而且很难让消费者直观想象家具摆放在自家的实际效果。借助 AR 技术,消费者只需打开手机应用,利用摄像头扫描自家客厅、卧室等空间,就能将虚拟家具模型精准地放置在真实场景中,实时查看不同款式、颜色、尺寸的家具搭配效果。同时,配合语音讲解功能,专业设计师或销售人员可以详细介绍家具的材质、工艺、环保性能等特点,消费者还可以通过触摸屏幕进行旋转家具、查看细节、更换面料等交互操作。这种融合了视觉、听觉、触觉的多模态交互体验,极大地增强了消费者购买决策的直观性与趣味性,有效提升了营销转化率。

在汽车销售领域,VR 技术被广泛应用于虚拟展厅的搭建。客户无须亲临实体展厅,戴上 VR 头盔即可进入一个逼真的汽车展示空间,全方位观赏汽车的外观设计,随意切换车身颜色、轮毂样式等配置;走进车内,通过手柄操作可以感受座椅的调节、内饰材质的触感,同时耳边响起的是模拟真实驾驶环境的声音,包括发动机轰鸣声、风噪声以及车内音响系统的高品质音效。销售人员可以远程加入虚拟展厅,与客户实时语音沟通,解答疑问,引导客户完成购车流程。这种沉浸式的营销体验不仅突破了时空限制,还为客户提供了更加丰富、深入的产品认知,显著提升客户的购车意愿与满意度。

## 11.2.2 供应链管理

**1. 物流可视化多模态监控**

供应链管理的高效运作离不开对物流环节的精准掌控。在传统模式下,企业主要依靠物流单号查询、运输车辆定期汇报等方式获取有限的物流信息,难以实时、全面了解货物的运输状态和在途情况。多模态技术的应用使得物流可视化监控成为现实,为供应链的优化提供了有力支持。

通过在运输车辆上安装车载 GPS 定位系统、高清摄像头以及各类传感器,企业能够实时采集多种模态的数据。GPS 定位数据(文本模态)以坐标和时间戳的形式精确记录车辆的行驶位置、速度和路线,结合地图应用程序,企业管理者可以在监控屏幕上直观地看到货物运输轨迹,及时发现车辆偏离预定路线、延误或异常停留等情况;车载摄像头实时拍摄的视频画面(图像模态)。展示车辆行驶前方道路状况、驾驶室内司机状态以及货物装载情况,若遇到交通事故、恶劣天气或司机违规操作,监控人员能够第一时间察觉并采取相应措施;同时,传感器采集的发动机转速、油温、胎压等车辆运行数据,经转化为音频信号或可视化图表后,可为维护人员提供判断车辆健康状况的依据,提前预警潜在故障,避免运输途中抛锚。

在仓库管理方面,多模态技术同样发挥着重要作用。利用安装在仓库各个角落的摄像头和智能传感器,结合图像识别与数据分析算法,实现对货物库存的实时监控。摄像头拍摄的图像可以识别货物的种类、数量、存放位置,当库存水平低于预设阈值时自动触发补货提醒;智能传感器能够检测仓库内的温度、湿度、光照等环境因素,并以音频警报或可视化报表的形式反馈给管理人员,确保货物存储环境适宜,减少因环境因素导致的货物损坏风险。通过整合这些多模态监控信息,企业构建起了一个全方位、实时可视化的物流管理体系,有效提升了供应链的透明度和响应速度。

**2. 供应商多模态评估**

选择可靠的供应商是供应链管理的核心任务之一,直接关系到企业产品质量、交付及时性以及成本控制。传统的供应商评估主要基于书面合同、财务报表、资质证书等文本资料,然而这些信息往往只能反映供应商的部分实力,难以全面洞察其实际运营状况。

多模态技术为供应商评估提供了更全面、深入的视角。在实地考察供应商时,除了查阅相关文件,考察团队可以利用视频记录生产车间的全貌,从生产线的布局合理性、设备先进程度、工人操作熟练度到物料流转的顺畅性,都能通过视频画面一目了然。同时,音频采集设备捕捉车间内的声音,机器设备平稳运行的嗡嗡声、工人有序协作的交流声通常表明生产过程处于良好状态,而频繁的异常噪声可能暗示设备故障隐患或生产管理混乱。

此外,通过卫星遥感图像和地理信息系统(GIS)技术,企业可以从宏观层面了解供应商工厂的地理位置、周边交通状况、厂区面积以及建筑设施布局等信息,评估其物流便利性、未来扩张潜力以及应对自然灾害等突发事件的能力。结合供应商在行业论坛、社交媒体上的口碑评价(文本模态)以及与其他合作伙伴交流的语音记录,综合考量供应商的信誉度、创新能力和社会责任履行情况。这种基于多模态信息的综合评估方法,能够帮助企业更精准地筛选优质供应商,建立长期稳定的合作关系,保障供应链上游环节的质量与稳定性。

### 11.2.3　知识管理与协同办公

#### 1. 多模态知识表示与检索

在知识经济时代,企业内部积累了海量的知识资源,如何高效地组织、存储和检索这些知识成为提升企业创新能力和运营效率的关键。传统的企业知识库主要以文本文档形式存储知识,这种方式虽然便于记录和编辑,但在知识传递与应用过程中存在一定局限性。

多模态技术使得知识能够以更加丰富多样的形式呈现。例如,在技术研发领域,除了保存研发文档、技术报告等文本资料外,还可以将技术专家的讲座视频、实验操作演示录像、产品原型照片以及三维模型等纳入知识库。当员工需要学习某项新技术时,可以通过语音输入查询需求,系统利用语音识别技术理解指令后,返回包含相关文本解释、操作视频演示、图片示例甚至虚拟模型交互体验的综合结果。这种多模态知识表示方式,充分发挥了不同模态的优势,视频演示能够让复杂的技术流程更加直观易懂,图片示例帮助员工快速把握关键细节,虚拟模型交互则提供了身临其境的学习体验,大大提高了知识传递的效率与员工的理解深度。

在知识检索过程中,多模态技术还能够实现基于语义的智能搜索。以往的文本检索主要依赖关键词匹配,难以理解用户的真实查询意图,经常返回大量无关或相关性较低的结果。借助自然语言处理(NLP)和多模态融合技术,系统可以对用户的语音或文本查询进行语义分析,结合知识库中知识的多模态特征进行匹配。例如,员工查询"如何优化产品装配流程以提高效率",系统不仅能搜索出相关的工艺文档、流程优化案例文本,还能关联到生产线上的装配操作视频、工程师讲解装配要点的音频片段,以及展示优化前后效果对比的图片资料,为员工提供全方位、有针对性的知识支持,助力解决实际工作问题。

#### 2. 虚拟会议与远程协作增强

随着全球化进程的加速和远程办公趋势的兴起,企业团队成员之间的协作跨越了地域界限,虚拟会议成为日常沟通的重要方式。多模态技术的融入显著提升了虚拟会议的效果和远程协作的效率,打破了时空限制带来的沟通障碍。

高清视频会议技术是虚拟会议的基础,它确保参会者能够清晰地看到彼此的面部表情、肢体语言,实现近似面对面的视觉交流。通过屏幕共享功能,参会人员可以实时展示文档、图片、演示文稿等文本和图像资料,方便团队成员共同讨论、编辑和决策。例如,在产品设计评审会议上,设计师可以通过屏幕共享展示产品的三维模型(图像模态),结合语音讲解详细阐述设计理念、创新点以及功能实现方式,其他成员实时观看、提出意见,利用文本聊天窗口记录关键问题和修改建议,实现高效的协同设计。

为了进一步增强互动性,一些先进的虚拟会议平台还引入了手写板、手势识别等多模态交互功能。参会者可以使用手写板直接在共享文档或白板上书写、绘图,模拟面对面会议中的手写交流场景,这种方式对于标注重点、绘制草图、讲解复杂数学公式等任务尤为便捷;手势识别技术则让参会者能够通过举手发言、切换视图、放大文档、缩小文档等简单的手势操作控制会议界面,提高会议操作的自然度与流畅性。此外,实时语音互动始终贯穿会议全程,确保参会者能够及时传达想法、回应问题,营造出活跃、高效的会议氛围。通过综合运用这些多模态技术,虚拟会议实现了视觉、听觉、触觉等多感官的协同交互,极大地提升了远程团队协作的效率与质量,让分布在世界各地的团队成员能够紧密合作,共同推动项目进展。

## 11.2.4　企业决策支持

### 1. 多模态数据分析驱动战略决策

企业战略决策关乎未来发展方向,需要综合考虑内外部诸多因素。在信息爆炸的时代,单纯依靠传统的文本数据进行分析已难以满足决策需求,多模态数据为企业提供了更全面、深入洞察市场的视角。

从外部市场环境分析看,企业一方面通过收集行业报告、新闻资讯、政策文件等文本资料了解宏观趋势、竞争对手动态以及政策法规变化;另一方面,利用卫星遥感图像、地理信息系统(GIS)数据等图像模态信息监测竞争对手工厂建设进度、产能扩张情况以及区域经济活跃度。例如,通过分析夜间灯光亮度的卫星图像变化,可以初步判断某地区的经济发展趋势、产业集聚程度,结合当地人口流动数据(文本模态)和企业招聘信息(文本模态)推测该地区对企业产品或服务的潜在需求规模。同时,社交媒体平台上的音频、视频舆情分析成为了解消费者偏好变化的重要窗口,消费者发布的产品体验视频、品牌讨论音频能够直观反映市场对产品的真实反馈,为企业产品研发方向调整、营销策略优化提供依据。

在企业内部运营数据方面,多模态技术同样发挥着作用。生产车间的视频监控画面结合设备运行数据(文本模态),可以实时评估生产效率、质量控制水平以及设备维护需求;员工培训视频、工作场景照片与绩效评估报告(文本模态)相结合,有助于了解员工技能提升状况、团队协作氛围,为人力资源规划提供参考。通过整合这些内外部多模态数据,企业管理者能够从宏观到微观、从市场到内部运营全方位洞察企业所处环境,为战略决策提供坚实的数据支撑,精准抉择市场进入、产品布局、资源配置等战略方向,确保企业在激烈的市场竞争中立于不败之地。

### 2. 风险预警多模态融合

企业在运营过程中面临市场风险、信用风险、供应链风险等各种风险,及时、准确地预警风险是保障企业稳健发展的关键。多模态技术通过融合不同类型的数据,实现了对风险的多维度监测与精准预警。

在金融领域,银行对企业贷款风险的防控至关重要。传统的风险评估主要基于企业财务报表分析,然而这种方式具有一定滞后性,且难以全面反映企业实际经营状况。如今,银行利用多模态技术,在关注财务文本数据的同时,增加了对企业现场的视频监控。通过摄像头实时观察企业厂房的运营状态,如生产线开工率、原材料库存堆放情况、货物进出频率等图像信息,结合音频采集设备收集企业周边交通流量、厂区内人员交流声音等特征,辅助判断企业经营景气度。例如,若发现工厂连续多日开工率不足、原材料库存积压严重且周边交通流量稀少,同时财务报表显示应收账款周转天数大幅增加,多模态风险预警系统将及时发出警报,提示银行可能存在的贷款违约风险,银行便可提前采取调整信贷策略、加强贷后监管等措施,防范坏账危机。

在供应链风险管理中,多模态融合同样有效。除了跟踪物流环节的多模态数据,企业还关注供应商所在地区的多模态信息。通过卫星遥感图像监测供应商工厂周边洪水、地震隐患区域等自然灾害风险;社交媒体平台上的文本、音频舆情关注当地社会稳定性、政策变动情况,以及供应商自身发布的生产调整视频、公告音频等信息,综合判断供应链中断风险。一旦检测到潜在风险信号,企业立即寻找替代供应商、调整生产计划、增加安全库存等启动应急预案,确保供应链的韧性与稳定性,维持企业正常生产运营。

综上所述,多模态技术在管理信息系统的各应用领域展现出了巨大的潜力,从市场营销的精准触达到供应链管理的高效协同,从知识管理的创新驱动到企业决策的科学支撑,为企业带来了全方位的变革与提升。随着技术的不断进步与应用的深入探索,多模态技术将在管理信息系统中发挥更加关键的作用,助力企业在数字化时代浪潮中乘风破浪,实现持续发展。

# 11.3  多模态技术实现路径

在数字化转型的浪潮中,多模态技术作为一项具有革命性潜力的前沿技术,正逐渐重塑管理信息系统的架构与功能。要将多模态技术切实融入管理信息系统,实现其在各应用领域所展现出的巨大价值,需要深入探究其实现路径,涵盖从数据采集与预处理的基础环节,到特征提取与模态融合的核心步骤,再到模型构建与训练的关键过程,每一步都紧密相扣,不容小觑。以下将对多模态技术的实现路径展开详细阐述。

## 11.3.1  数据采集与预处理

### 1. 多源数据采集设备

多模态信息的丰富性与多样性决定了其数据采集需要借助多种类型的设备,以覆盖不同的感官模态。

在图像采集方面,高清摄像头是最为常见的设备之一,广泛应用于安防监控、生产制造、智能零售等诸多场景。例如,在安防领域,城市街头的监控摄像头日夜不停地捕捉行人、车辆的画面,为社会治安维护提供视觉依据;工厂车间内的工业照相机则具备更高的精度与稳定性,能够精准拍摄产品零部件的细微瑕疵、生产线的运行状态,助力企业把控产品质量。此外,无人机航拍技术的兴起为地理测绘、农业监测、物流园区管理等领域带来了全新视角,通过高空俯瞰获取大面积区域的图像信息,如农田的作物生长态势、物流园区的货物堆放与车辆调度全景,为相关决策提供宏观视野。

音频采集设备同样不可或缺,传声器(俗称麦克风)阵列已成许多场景下的首选。在智能会议系统中,传声器阵列可以实现对参会人员语音的精准拾音,即使在多人同时发言或存在环境噪声的情况下，也能通过波束成形等技术突出目标语音，过滤干扰声音，确保语音识别的准确性；在智能家居环境里，分布于各个房间的传声器能够实时监听用户的语音指令，实现家电设备的智能控制、环境信息查询等功能。专业录音设备则常用于对音质要求较高的场景，如音乐录制、有声读物制作、专家讲座记录等，保障音频信息的高保真度。

视频采集结合了图像与音频的双重特性，摄像机是视频采集的主力军。电视台的新闻采编团队依靠摄像机奔赴各类新闻现场，记录事件的发生、发展过程，为观众传递第一手资讯；行车记录仪则在交通领域发挥关键作用，实时录制车辆行驶过程中的前方路况、车内状况以及周围声音，不仅为交通事故的责任判定提供证据，还能辅助保险公司进行理赔评估。可穿戴摄像头在特殊行业崭露头角。例如，执法人员佩戴的执法记录仪，能够全程记录执法过程，确保执法公正透明，同时为后续案件分析提供完整资料。

除了上述基于物理设备的采集方式，对于文本数据，企业主要通过网络爬虫、数据库接口等技术手段获取。网络爬虫如同在互联网世界穿梭的"信息蜘蛛"，按照预设规则从各类网站、社交媒体平台、新闻资讯页面抓取行业动态报道、竞争对手产品评论、市场趋势分析等与企业业务相关的文本内容，为企业市场调研、舆情监测提供海量素材；数据库接口则实现企业内部不同系统之间以及与外部合作伙伴系统之间的数据交互，安全、高效地抽取企业财务报表数据、客户关系管理系统中的客户信息、供应链管理系统的物流数据等结构化文本资料，构建企业数据资源池。

**2. 数据预处理流程**

采集到的多模态数据在进入后续处理环节之前，必须经过严格的数据预处理流程，以提高数据质量，确保后续分析与应用的准确性。

图像数据预处理涵盖多方面，而降噪处理是首要任务。由于图像采集过程中可能受到光线干扰、传感器噪声等因素影响，产生高斯噪声，通过均值滤波、中值滤波、高斯滤波等算法可以有效去除这些噪声，还原图像。灰度化操作将彩色图像转换为灰度图像，减少数据量的同时保留图像的主要特征，在人脸识别的前期处理、文档图像识别等对颜色信息不敏感的应用场景，灰度化能够简化计算过程，提高处理效率。尺寸归一化则确保不同来源、不同分辨率的图像具有统一的尺寸规格，便于后续模型输入，避免因图像大小差异导致的处理偏差，例如在图像分类任务中，将所有待识别的产品图片统一调整为 $224 \times 224$ 像素，使其适应卷积神经网络的输入要求。

音频数据预处理同样关键。滤波是去除杂声的常用手段，通过高通滤波器、低通滤波器、带通滤波器等，可以有针对性地去除音频中的低频环境噪声、高频干扰，提取出清晰的目标语音或有用的声音信号。音量归一化使得不同音频片段的音量处于相对一致的水平，避免因录制设备差异、说话人音量大小不一等因素导致后续语音识别或音频分析出现困难，保障音频处理的稳定性与准确性。例如，在构建智能客服系统时，对所有客服通话录音进行音量归一化处理，确保语音识别模型能够稳定地识别客户问题，不受音量波动影响。

视频数据预处理相对复杂，通常需要先将视频拆分为帧图像与音频轨道分别处理。

帧图像部分按照图像预处理流程进行降噪、灰度化、尺寸归一化等操作；音频轨道则执行滤波、音量归一化等音频预处理步骤。处理完成后，再将二者同步整合，恢复为视频格式，确保视频画面与声音在时间轴上的精准匹配，避免出现画面与声音不同步的现象，影响用户体验与后续分析效果。

文本数据预处理侧重于清洗停用词、纠正错别字、转换为结构化格式。停用词是文本中频繁出现但对语义表达贡献较小的词汇，如"的""是""在"等，通过停用词表将其去除，能够精简文本内容，突出关键信息，提高文本分析效率。错别字纠正利用拼写检查算法、基于词典或语言模型的纠错方法，识别并修正文本中的拼写错误，避免因错别字导致的语义误解，尤其在处理用户生成内容（如社交媒体评论、客服反馈文本）时，错别字纠正至关重要。将非结构化的文本转换为结构化格式，例如将网页新闻文本中的标题、正文、发布时间、作者等信息提取出来，按照预设的数据库表结构存储，方便后续查询、检索与分析，使文本数据能够更好地与其他模态数据融合。

### 11.3.2　特征提取与模态融合

#### 1. 单模态特征提取

单模态特征提取是挖掘各模态数据内在价值的关键步骤，通过特定算法将原始数据转化为具有代表性的特征向量，为后续融合与模型训练奠定基础。

图像特征提取聚焦于边缘、纹理、形状、颜色直方图等视觉元素。边缘检测算法（如Canny边缘检测）能够识别图像中物体的轮廓边界，为物体识别、图像分割提供基础，在安防监控中用于检测行人、车辆的外形轮廓，判断是否存在异常行为；纹理特征提取方法，如灰度共生矩阵（GLCM），通过分析图像中像素灰度值的空间分布规律，刻画物体表面的纹理特性，在工业产品质量检测中可用于识别材料表面的瑕疵、划痕，判断产品是否合格；形状特征描述则利用傅里叶描述等方法，对物体的几何形状进行量化表示，适用于识别特定形状的目标物体。例如，在交通标志识别系统中，依据形状特征快速区分圆形、三角形、矩形等不同类型的交通标志。颜色直方图统计图像中不同颜色的分布比例，在图像检索、场景分类等领域有着广泛应用。例如，根据一幅风景照片的颜色直方图，快速查找与之颜色风格相似的其他图片。

音频特征提取针对音高、音色、频率等关键要素。音高特征反映声音的高低频率，在音乐识别、语音语调分析中具有重要作用，通过自相关函数、谐波乘积谱等方法计算得出，可用于识别歌曲旋律、判断说话人情绪状态（如高音调通常与兴奋、激动情绪相关）；音色特征使不同发声体具有独特的听觉辨识度，基于线性预测倒谱系数（LPCC）方法提取，广泛应用于语音识别、乐器识别领域，能够区分不同人的声音、不同种类的乐器演奏；频率分析采用快速傅里叶变换（FFT）等工具，将音频信号从时域转换到频域，展现声音的频率组成成分，用于检测音频中的特定频率成分。例如，在机器故障诊断中，通过分析设备运行声音的频率变化，判断是否存在零件磨损、松动等故障隐患。

文本特征提取常用词向量表示，如 Word2Vec、GloVe 将单词映射为低维向量，捕捉语义关系。Word2Vec 基于神经网络模型，通过大量文本数据的训练，使具有相似语义的单词在向量空间中靠近,例如"苹果"(水果)和"香蕉"在向量空间中的距离会比"苹果"(公司)和"电脑"更近,便于文本分类、情感分析等任务中快速判断词语间的语义关联;GloVe则综合考虑了全局词频信息和局部上下文信息,生成的词向量在语义表示上更加精准,在信息检索、文本摘要生成等应用中表现出色,能够更好地理解文本含义,提供高质量的检索结果和摘要内容。

视频特征提取综合图像与音频特征,按时间序列分析动态变化。一方面,将视频拆分为帧图像序列,运用图像特征提取方法获取每帧图像的视觉特征,如物体运动轨迹检测,通过连续帧图像中物体位置的变化,判断物体的运动方向、速度,在体育赛事视频分析中用于追踪运动员的跑位、球的飞行轨迹;另一方面,对音频轨道提取音频特征,并结合时间戳与图像特征同步。例如,在视频情感分析中,根据视频中人物表情变化的图像特征以及说话语气、背景音乐变化的音频特征,综合判断视频片段所传达的情感倾向,实现对视频内容的深度理解。

### 2. 模态融合策略

作为多模态技术的核心环节,模态融合旨在将不同模态提取的特征进行有机整合,发挥多模态信息的协同优势。目前,主要存在早期融合、中期融合、晚期融合3种策略。

早期融合又称数据层融合,是在数据采集后,直接将不同模态的原始数据进行拼接,然后送入统一的模型进行处理。例如,在智能安防系统构建初期,将监控摄像头采集的视频帧图像数据与同期传声器采集的音频数据按一定顺序拼接成一个新的数据序列,作为后续深度学习模型的输入。这种融合方式的优势在于能够最大程度保留原始数据的所有信息,避免在前期处理过程中丢失模态间的潜在关联,使得模型可以从最原始的多模态数据中自主学习特征之间的交互关系。然而,它对模型的兼容性与计算能力要求极高,因为不同模态数据的量纲、数据类型差异较大,直接拼接后模型需要具备强大的处理复杂数据结构的能力;否则,容易导致模型训练困难、过拟合等问题。

中期融合又称特征层融合,是先分别对各模态数据进行特征提取,得到各自的特征向量,再将这些特征向量进行拼接或按特定规则组合,然后输入模型。以智能家居环境控制为例,先利用图像特征提取算法获取室内摄像头图像中人物位置、动作姿态等特征向量,同时通过音频特征提取方法得到语音指令、环境音效等音频特征向量,接着将这两类特征向量按照一定规则(如基于时间同步或语义关联)拼接在一起,送入智能控制系统的决策模型。中期融合相较于早期融合,在一定程度上减轻了模型对原始数据兼容性的处理压力,因为特征向量在一定程度上已经对原始数据进行了抽象与压缩,使得模型能够更专注于学习特征之间的关联。但它仍然需要精心设计特征拼接或组合的规则,以确保不同模态特征在融合过程中能够有效协同,避免出现特征冲突或信息丢失的情况。

晚期融合又称决策层融合,是让各模态独立建模,分别基于自身模态数据进行分析与预测,最后将各模态的决策结果进行汇总,得出最终的综合判断。在自动驾驶场景中,图像识别模型基于车载摄像头数据判断道路状况、车辆行人位置;语音识别模型专注于识别驾驶员的语音指令;雷达等传感器数据则通过单独的模型进行处理,分析与周围物体的距离、相对速度等信息。最后,将这些来自不同模态模型的行驶路线建议、车速调整指令、语音交互反馈等决策结果,按照一定的融合策略(如加权投票、基于规则的优先级判断)进行综合,确定车辆的最终操作指令。晚期融合的优点在于模型解释性强,每个模态的模型相对独立,便于针对各模态的特点进行优化与调试,而且在面对部分模态数据缺失或不可靠的情况下,依然能够依靠其他模态做出相对合理的决策。但其缺点是可能会损失一些模态间早期交互学习的机会,导致整体决策的最优性略有不足。

在实际应用中,需要根据具体业务场景、数据特点、模型性能要求等因素综合考量,选择最适合的模态融合策略。例如,在对实时性要求极高、数据模态间关联紧密且计算资源充足的场景,早期融合可能更具优势;而对于数据模态差异较大、需要灵活组合特征且对模型解释性有要求的任务,中期融合或晚期融合则更为合适。

### 11.3.3 模型构建与训练

#### 1. 深度学习模型选型

深度学习模型在多模态技术领域展现出强大的适应性与卓越性能,针对不同模态及融合需求,多种模型架构各显神通。

卷积神经网络(CNN)在图像识别领域独树一帜,其核心在于卷积层与池化层的巧妙组合。卷积层通过卷积核在图像上滑动,自动提取图像的局部特征。例如,在人脸识别中,能够精准捕捉人脸的五官特征、轮廓线条等关键信息。池化层对卷积层输出的特征图进行下采样,降低数据维度,减少计算量,同时保留主要特征,使得模型能够在更宏观的层面理解图像信息。例如,在工业产品外观缺陷检测中,CNN模型可以快速、准确地识别产品表面的细微瑕疵、颜色不均等问题,保障产品质量。

循环神经网络(RNN)及长短时记忆网络(LSTM)、门控循环单元(GRU)擅长处理音频、视频等序列数据,有效捕捉时间序列上的信息依赖。在语音识别任务中,RNN系列模型能够根据语音信号的时间顺序,依次处理每个音频片段,理解语音内容的前后逻辑关系,准确将语音转换为文本;在视频情感分析中,它们可以结合视频帧图像序列以及音频序列随时间的变化,分析情感的动态演变过程,判断视频中人物情绪的起伏。例如,通过分析一段电影预告片,模型能够依据画面切换、背景音乐节奏以及人物对白的变化,捕捉观众在观看过程中的情感共鸣点,为电影营销提供有针对性的建议。

Transformer架构基于注意力机制,灵活应用于文本、跨模态数据交互,实现高效信息整合。在文本处理方面,如机器翻译任务,Transformer能够通过多头注意力机制,同时关注文本中不同位置的单词,捕捉复杂的语义关系,实现高质量的跨语言翻译;在多模态融合场景,Transformer可以作为融合模块,将不同模态的特征向量输入,通过注意力机制动态分配权重,让模型聚焦于对当前任务更关键的模态特征,实现精准的跨模态信息交互。例如,在图文匹配任务中,Transformer架构帮助模型判断图像与文本描述是否相符,挖掘图像与文本之间的潜在语义关联,提高匹配准确率。

针对具体业务需求,常常需要组合多种模型,发挥各自优势。例如,在视频内容理解任务中,采用CNN+LSTM的架构,先用CNN提取视频帧图像的视觉特征,再由LSTM对帧序列的特征进行时序分析,综合理解视频的动态内容,判断视频场景类别、人物行为等信息。在多模态情感分析中,结合文本情感分析模型(基于 Transformer 或其他文本分类模型)、音频情感识别模型(基于 RNN 系列)以及图像情感分析模型(基于 CNN),通过晚期融合策略,全面、准确地判断多模态信息所传达的情感倾向,为社交媒体舆情监测、客户服务质量提升等提供有力支持。

**2. 模型训练与优化**

模型训练是多模态技术实现的关键过程,需要大量标注数据、合理的训练策略以及持续的优化调整。

首先,收集大量多模态标注数据是基础。标注数据的质量与数量直接决定模型的性能上限。以多模态客户情绪识别模型训练为例,需要收集海量的客服通话视频(含语音、图像),并对其中客户的生气、满意、疑惑、平静等情绪状态进行精细标注。这些标注数据应涵盖不同性别、年龄、地域、语言习惯的客户样本,确保模型能够学习到多样化的情绪表达特征。同时,为了避免过拟合,通常按照一定比例将数据划分为训练集、验证集、测试集。

其次,利用反向传播算法,基于训练集训练模型调整参数。反向传播算法是深度学习模型训练的核心机制,它根据模型预测结果与真实标签之间的误差,从输出层反向逐层计算梯度,更新模型的权重参数,使模型预测逐渐逼近真实值。在训练多模态图像文本匹配模型时,模型根据输入的图像与文本对,预测它们的匹配程度,通过与标注的真实匹配结果对比,利用反向传播算法不断调整 CNN、Transformer 等模型组件中的权重,提高匹配准确率。

在验证集上监测模型性能防止过拟合,以准确率、召回率等指标评估。验证集在模型训练过程中起到"校验"作用,每经过一定轮次的训练,在验证集上对模型进行预测,并计算准确率、召回率等性能指标。如果发现随着训练轮次增加,模型在验证集上的性能不再提升甚至下降,说明可能出现了过拟合现象。此时需要及时调整训练策略。例如,采用正则化方法约束模型参数,防止模型过度学习训练集中的细节特征,增强其泛化能力。也可以提前终止训练,选择在验证集上性能最佳的模型版本。

# 11.4 多模态技术在管理信息系统中面临的挑战

尽管多模态技术为管理信息系统带来了前所未有的创新机遇,展现出巨大的应用潜力,但在实际落地与融合过程中,仍然面临诸多棘手的挑战。这些挑战涵盖数据、技术、语义理解以及隐私安全等多个关键层面,亟待解决,以确保多模态技术能够充分发挥优势,助力管理信息系统实现深度变革与持续优化。

## 11.4.1 数据质量与标准化问题

**1. 数据噪声与不一致性**

多模态数据的采集往往涉及多种复杂的设备与环境,这使得数据极易受到噪声干扰,且不同数据源之间的数据一致性难以保障。

在图像数据方面,光照条件的变化堪称一大"元凶"。例如,在安防监控场景下,白天光线充足时采集的图像清晰明亮,人物与物体的细节分明;然而到了夜晚,若照明不足或光线分布不均,图像就可能出现阴影、噪点,导致人物面部模糊、物体轮廓难以辨认,为后续的人脸识别、行为分析等任务带来极大困难。此外,摄像头的拍摄角度、镜头畸变等因素也会使图像产生变形,同一个物体在不同摄像头下呈现出不同的视觉效果,增加了图像识别与理解的复杂性。

音频数据同样饱受噪声困扰。现实环境中的背景杂音五花八门,工厂车间里的机器轰鸣声、建筑工地的施工噪声、公共场所的嘈杂人声,都会混入音频采集设备所录制的语音指令、环境音效等有用信息中。这不仅干扰语音识别模型对语音内容的准确提取,还可能引发错误的指令解读,致使智能系统做出不恰当的响应。而且,不同音频采集设备的灵敏度、频率响应特性存在差异,即使在相同环境下采集的音频,其质量与音色也可能参差不齐,影响数据的一致性。

文本数据也未能幸免。随着互联网信息的爆炸式增长,大量非结构化、半结构化的文本充斥其中,拼写错误、语法混乱、语义模糊等问题屡见不鲜。社交媒体上的用户评论、即时通信软件中的聊天记录,常常包含各种缩写、网络用语、错别字,这些不规范的文本给文本分类、情感分析、信息检索等自然语言处理任务带来重重阻碍,降低了文本数据的可用性与可靠性。

更为棘手的是,不同部门、不同业务系统采集的数据在格式、标注规范、语义定义等方面往往存在差异。例如,企业内部的市场营销部门与研发部门,可能对同一个产品特性使用不同的术语进行描述;不同地区的分支机构在记录客户信息时,日期格式、地址格式也可能大相径庭。这种数据的不一致性,使得在进行多模态数据融合时,犹如拼凑一幅来自不同拼图的碎片,难以实现精准对接与协同,严重制约了多模态技术的有效应用。

### 2. 数据缺失与不平衡

在多模态场景中,数据缺失时有发生,其成因多种多样。部分老旧设备可能仅配备单一模态的数据采集功能,例如早期的生产监控设备只有图像采集,缺乏音频记录,导致无法全面反映生产现场的实际情况;在一些偏远地区或网络信号不佳的环境中,物流运输车辆的视频监控可能频繁中断,造成运输过程中的关键时段数据缺失;在有些情况下,人为疏忽、设备故障等意外因素也会导致数据采集不完整,例如在科研实验中忘记记录某个关键时段的样本数据,或是传感器突发损坏未能采集到重要的环境参数。

数据不平衡问题同样不容忽视。在实际业务应用中,不同模态的数据分布往往呈现出明显的偏态。以安防监控为例,正常情况下的视频画面、音频记录占据了绝大多数时间,而诸如盗窃、火灾、暴力冲突等异常事件的数据样本却少之又少。这种不平衡的数据分布使得模型在训练过程中极易偏向学习正常模式,对罕见的异常情况识别能力薄弱,如同"温室里的花朵",一旦遭遇真实世界中的异常挑战,便难以做出准确判断,极大地影响了安防系统的可靠性与预警能力。类似地,在客户反馈数据中,满意客户的评价文本、语音记录通常数量较多,而不满客户的负面反馈相对稀缺,这可能导致企业对客户痛点的感知迟钝,在产品优化与服务改进方面错失良机。

## 11.4.2 模型复杂度与计算资源需求

### 1. 复杂模型训练难题

多模态融合模型的结构通常极为复杂,涉及多个模态的输入、多层次的特征提取与融合,以及大规模的参数矩阵。这使得模型训练成为一项艰巨的任务,不仅耗时漫长,对硬件算力的要求更是达到了前所未有的高度。

以构建一个大规模的跨模态预训练模型为例,其需要处理海量的多模态数据,涵盖来自互联网的海量图片、文本、音频视频资源,以及企业内部积累的各类业务数据。在训练过程中,模型需要不断调整数以亿计的参数,以学习不同模态之间的复杂关联与语义映射。如此庞大的计算量,普通的个人计算机或小型服务器根本无力承担,往往需要借助专业的 GPU 集群、云计算平台等强大的算力基础设施。即便如此,模型训练一轮仍可能耗费数周甚至数月时间,期间还需要持续投入大量的电力成本、运维人力,这对于许多中小企业而言,无疑是一道难以逾越的技术与成本门槛。

此外,复杂模型的训练过程还面临着梯度消失或梯度爆炸等稳定性问题。随着模型层数的加深,在反向传播算法计算梯度时,梯度值可能会趋于 0 或急剧增大,导致模型无法有效更新参数,陷入训练困境。为应对这一问题,虽然有诸如梯度裁剪等技术手段,但在多模态融合模型的复杂架构下,这些方法的效果往往不尽如人意,仍需要进一步探索更加稳健有效的解决方案。

### 2. 模型推理效率低下

在自动驾驶、实时监控、智能客服即时响应等对实时性要求极高的应用场景中,即便模型经过艰苦训练得以成型,其推理阶段的效率问题依然严峻。

复杂的多模态模型在推理时,需要对输入的多模态数据进行实时处理、特征提取、融合与决策判断,这一系列操作涉及大量的计算步骤与数据读写。以自动驾驶汽车为例,车载系统需要在瞬间处理来自摄像头的高清图像、雷达的距离数据、音频采集设备的环境音频等多模态信息,依据模型快速判断路况、规划行驶路线、做出驾驶决策。然而,当前许多先进的多模态模型由于参数量巨大、计算复杂度高,导致推理速度缓慢,无法满足实时性需求。一旦出现延迟,哪怕仅零点几秒,在高速行驶的汽车上都可能引发灾难性后果;在实时监控场景中,也会导致异常事件的发现与预警滞后,错失最佳处置时机。

为提升模型推理效率,研究人员尝试采用模型量化技术,将模型中的高精度参数转换为低精度表示,如从 32 位浮点数转换为 8 位整数,以此减少存储需求与计算量。但这种方法在一定程度上会牺牲模型的精度,需要谨慎权衡精度与效率之间的关系。另外,设计轻量级的模型架构也是一条探索路径,通过简化模型结构、减少冗余参数,在保证模型性能基本达标的前提下,尽可能降低计算复杂度,提高推理速度,以满足实时性应用的严苛要求。

### 11.4.3 跨模态语义理解与对齐

#### 1. 语义鸿沟挑战

在表达语义时,不同模态存在天然的差异,仿佛各自说着不同的"语言",这就形成了所谓的语义鸿沟,给多模态技术带来了巨大挑战。

图像以像素矩阵呈现视觉信息,通过颜色、形状、纹理等视觉元素传达含义;音频依靠声波的频率、振幅、音色等物理特性传递声音信号,例如语音表达语义、环境音效营造氛围;文本则运用词汇、语句、语法规则构建抽象的语义逻辑。当试图让模型理解一幅描绘海边日落的油画(图像模态)与"夕阳西下,大海波光粼粼"的诗句(文本模态)之间的等价关系时,模型需要跨越视觉与文字之间的巨大鸿沟,识别出二者所共同描绘的美好场景。然而,目前的技术手段在这方面仍显乏力,常常出现模型对同一语义在不同模态下的表达理解偏差,导致多模态信息融合时出现语义错配、信息丢失等问题。

例如,在图文匹配任务中,给定一张美食图片,模型可能因无法准确捕捉图片中食物的色泽、质地、摆盘等视觉细节与文本描述中的食材名称、烹饪方式、口味特点之间的语义关联,而错误地匹配不相关的文字说明,使得用户在搜索美食图片或根据文字查找对应图片时,得到不准确的结果,极大地影响用户体验。

#### 2. 模态间时间同步与对齐

在视频、实时监控等动态多模态场景下,确保不同模态之间的时间同步与对齐至关重要,否则信息的连贯性与准确性将大打折扣。

以电影制作与播放为例,如果配音与画面不同步,观众会明显察觉到角色的口型与声音不匹配,出现声音滞后或超前的现象,观影体验瞬间崩塌。同样,在智能安防监控中,若视频画面与音频录制存在时间偏差,当监控人员听到异常声响时,对应的画面却未能及时呈现事件发生现场,导致无法准确判断事件的起因、经过与现状,延误应急处置时机。

造成时间同步问题的原因多种多样,可能源于采集设备的时钟精度差异、数据传输过程中的延迟不均,或是在多模态数据后期处理时的人为疏忽。为了解决这一问题,需要借助高精度的时间戳标记技术,为每个模态的数据帧或采样点打上精确到毫秒甚至微秒级的时间标签,确保在数据融合与分析阶段能够依据时间戳将不同模态信息精准对齐。同时,研发高效的音频视频同步算法,实时监测与纠正可能出现的时间偏差,保障多模态信息在时间轴上的无缝衔接,流畅传递信息。

### 11.4.4 隐私与安全问题

#### 1. 多模态数据隐私泄露风险

多模态数据蕴含着丰富的个人信息,其隐私泄露的潜在危害远超单一模态数据。人脸图像、语音指纹、身份文本等多模态信息一旦落入不法分子手中,可能引发一系列严重后果。

在智能安防领域,若人脸图像识别系统被黑客攻破,大量居民的人脸信息被盗取,不法分子便可利用这些信息进行身份冒用,轻松绕过门禁系统、安防关卡,潜入敏感区域,对公共安全构成巨大威胁;在金融支付场景中,语音指令支付功能若存在安全漏洞,使得用户的语音指纹被窃取,黑客就能模拟用户声音,盗刷资金,给用户造成直接的经济损失;此外,企业客户关系管理系统中的客户详细资料,包括姓名、联系方式、购买历史等文本信息,若泄露出去,不仅会侵犯客户隐私,还可能导致企业商业机密被竞争对手获取,破坏市场竞争公平性。

**2. 系统安全漏洞防范**

多模态系统由于涉及多种技术组件、复杂的网络架构以及海量的数据交互,面临着诸多安全漏洞风险。黑客可能利用软件漏洞、网络协议缺陷,对多模态系统发动攻击。

一方面,恶意软件入侵可以篡改视频监控画面,在监控系统中植入虚假影像,误导安保人员做出错误判断;修改音频指令,让智能语音控制系统执行开启机密文件保险柜、关闭重要生产设备等非法操作;破坏数据存储,删除或篡改关键的多模态数据,导致企业运营陷入混乱。另一方面,网络攻击如 DDoS(分布式拒绝服务)攻击,可能使多模态系统的网络带宽被耗尽,服务器瘫痪,无法正常采集、处理与传输数据,致使实时监控失效、在线服务中断,给企业带来巨大的经济损失与声誉损害。

为了防范这些风险,企业需要在技术与管理层面双管齐下。在技术层面,部署先进的防火墙、入侵检测系统,定期进行漏洞扫描、软件更新,及时修复已知安全漏洞;采用加密技术,对多模态数据在存储与传输过程中的人脸图像、语音、文本等敏感信息进行加密处理,确保数据的机密性;建立严格的身份认证与授权机制,只有经过授权的人员才能访问特定的多模态数据与系统功能,防止非法闯入。在管理层面,制定完善的安全管理制度,加强员工安全意识培训,规范操作流程,从源头上降低安全风险,保障多模态管理信息系统的安全稳定运行。

# 11.5 多模态技术与管理信息系统融合的发展趋势

在科技飞速进步的时代浪潮下,多模态技术与管理信息系统的融合正处在创新变革的前沿阵地,犹如一颗闪耀的启明星,为各行业照亮前行的道路,展现出一幅充满无限可能的未来画卷。这一融合趋势将深度渗透到社会经济的诸多层面,从企业的精细化运营到跨领域的开创性突破,再到计算模式的革新以及人机协作的全新演绎,每个环节都孕育着巨大潜力,有望重塑人们的生产、生活方式,引领人类迈向一个更加智能、高效的新纪元。

## 11.5.1 深度融合与智能化升级

多模态技术与管理信息系统的深度融合,将必然成为企业运营智能化转型的核心驱动力,全方位渗透至企业发展的各个关键环节,开启一场从内到外、自上而下的智能化革命。

在市场洞察领域,传统的市场调研手段逐渐捉襟见肘,难以精准捕捉消费者瞬息万变的需求。而多模态技术的融入,为企业打开了一扇通往消费者内心世界的全新窗口。借助社交媒体平台这一信息汇聚的宝藏之地,企业能够实时追踪用户分享的各类多模态内容。例如,通过图像识别技术可以分析用户发布的旅行照片,精准洞察其旅游偏好、消费水平以及心仪的目的地特色;利用语音分析工具可以深入挖掘用户在旅游分享视频中的评价、期望,结合电商平台沉淀的海量购买记录、浏览足迹等文本数据,借助深度学习算法构建用户兴趣模型。如此一来,旅游企业便能提前预判旅游热点趋势,针对性地设计个性化旅游产品,精准投放广告,从而在激烈的市场竞争中抢占先机。

产品研发环节同样将因多模态技术的赋能实现质的飞跃。以汽车制造为例,设计师不再局限于图纸和二维模型,而是借助虚拟现实(VR)和增强现实(AR)技术,沉浸在多模态交互环境中开展设计工作。他们可以通过手势操作,在三维虚拟空间中自由塑造汽车外形,实时调整车身线条、颜色搭配,并利用语音指令随时调取不同材质、零部件的性能参数及外观效果展示。与此同时,多模态系统持续收集潜在用户在试驾体验、车展互动中的语音反馈、表情变化、肢体动作等信息,将这些实时数据反馈给研发团队,助力他们迅速优化产品设计,确保新车型不仅在性能上卓越出众,更能在外观、舒适度等方面精准契合用户期望,极大缩短产品研发周期,提升市场响应速度。

生产制造过程的智能化升级更是令人瞩目。智能工厂宛如一个具备自我感知与调控能力的有机生命体,通过部署在生产线上的全方位传感器网络,实时采集产品制造过程中的各类多模态数据。高清摄像头如同敏锐的视觉神经,精准捕捉产品的每个细微外观瑕疵、零部件装配精度;传声器宛如灵敏的听觉器官,监听设备运行时发出的异常声响,从轻微的摩擦噪声到剧烈的振动轰鸣,都逃不过它;各类物理传感器则像分布在工厂各处的触觉感受器,实时感知温度、压力、湿度等环境参数以及设备的受力、扭矩等运行状态。一旦系统检测到任何异常,基于多模态数据分析的智能决策引擎将迅速启动,自动调整生产设备的运行参数,派遣具备自主导航和操作能力的维修机器人赶赴现场,甚至依据实时生产数据动态优化整个工艺流程。这不仅可确保产品质量的一致性和稳定性,还能大幅提升生产效率,降低生产成本,让制造企业在全球产业链竞争中脱颖而出。

作为企业与消费者直接接触的关键界面,客户服务将在多模态技术的助力下迈向全新高度。客服机器人不再是简单基于文本交互的冰冷程序,而是融合了先进的语音识别、图像识别、自然语言处理以及情感分析等多模态技术的智能助手。当客户通过视频连线咨询问题时,客服机器人能够瞬间识别视频画面中的产品型号、故障现象,精准理解客户的语音描述内容,同时结合大数据知识库中的海量文本解决方案、生动形象的操作演示视频,以清晰、亲切、易懂的语音和直观醒目的图像展示,为客户提供全方位、个性化的问题解答与操作指导。无论是复杂的电子产品故障排查,还是家居装修风格搭配建议,还是金融产品的投资咨询,客服机器人都能应对自如,给予客户如专业顾问般的贴心服务体验,极大缩短客户等待时间,显著提高客户满意度,为企业树立良好的品牌形象,增强客户黏性。

## 11.5.2 跨领域创新应用

多模态技术与管理信息系统融合所释放的创新能量,将如汹涌浪潮般冲破行业界限,在医疗、教育、农业等多个关键领域掀起前所未有的变革浪潮，为社会发展注入源源不断的活力。

在医疗保健领域，这场融合革命将彻底改写传统诊疗模式，为人类健康福祉带来全新曙光。医生在面对疑难病症时，不再依赖单一模态的医疗数据，而是整合来自多个维度的信息进行精准诊断。医学影像技术作为医疗诊断的重要支柱，通过 X 光、CT、MRI 等图像模态，能够清晰呈现人体内部器官的结构形态、病变特征；患者口述的症状描述可通过语音识别技术进行快速记录并分析，捕捉疼痛的具体部位、发作频率、伴随症状等可能被文字遗漏的细节信息；结合电子病历系统中过往病史、家族遗传信息、过敏史以及历次治疗记录等详细文本资料，再辅以可穿戴设备可实时采集的患者心率、血压、血氧饱和度、运动轨迹等多模态信息，借助基于大数据和人工智能的辅助诊断系统，医生能够快速、精准地筛选出可能的疾病类型，并为患者量身定制个性化的治疗方案。这一方案不仅涵盖传统的药物治疗建议、手术方案规划，还可能包括推荐专业领域专家、康复训练指导视频、饮食营养搭配建议等多模态资料，全方位助力患者康复。例如，在神经系统疾病的诊断中，通过脑部磁共振图像精准定位病灶位置、大小及形态特征，结合患者描述的头痛、眩晕、肢体麻木等语音症状，以及病历中记载的家族病史、高血压、糖尿病等慢性病史，系统能够在短时间内给出脑梗死、脑肿瘤、多发性硬化症等高度疑似的疾病诊断，并推荐相应的权威专家、最佳治疗时机以及术后康复训练要点，大大提高诊疗效率与准确性，改善患者预后，为生命健康保驾护航。

教育领域同样将在多模态技术融合的助力下焕发出勃勃生机。在线教育平台将借助虚拟现实（VR）、增强现实（AR）以及混合现实（MR）等前沿多模态技术，为莘莘学子打造沉浸式、交互式学习环境，让知识学习摆脱枯燥乏味的刻板印象，变得生动有趣、引人入胜。在语文课堂上，学生可以通过 VR 设备穿越时空，置身于古代文学作品所描绘的场景之中，亲眼看见李白笔下"飞流直下三千尺，疑是银河落九天"的庐山瀑布奇观，亲耳聆听诗人在创作时的豪情壮志，同时结合眼前浮现的诗词原文、注释解析以及教师的实时语音讲解，全方位感受古典文学的魅力，加深对知识的理解与记忆；学习科学实验课程时，利用 AR 技术将虚拟实验器材逼真地叠加在现实桌面上，学生亲手操作虚拟仪器，实时观察实验现象的发生、发展过程，如化学反应中的颜色变化、物理实验中的物体运动轨迹，结合系统自动生成的语音提示、文本指导，深入掌握科学原理，培养动手实践能力和探索精神。这种融合多种感官体验的创新学习方式，能够充分满足不同学习风格学生的个性化需求，无论是视觉型、听觉型还是动觉型学习者，都能在其中找到最适合自己的学习路径，激发学习兴趣与创造力，推动教育公平与质量提升，为培养适应未来社会发展的创新型人才奠定坚实基础。

### 11.5.3　边缘计算与实时性优化

随着物联网设备的广泛普及以及人们对实时性要求的日益严苛，多模态数据处理向边缘计算迁移已成为不可阻挡的趋势，这将开启一种全新的运算模式，如同为数据处理插上了高速飞翔的翅膀，极大提升系统响应速度，满足各类实时性关键应用需求。

在智能家居场景中，智能音箱、摄像头、智能家电等构成了一个庞大且复杂的物联网生态系统。以往,这些设备采集的图像、音频等多模态数据需要长途跋涉上传至云端服务器进行处理,再等待云端返回指令控制设备,这一过程往往伴随着明显的延迟,极大影响了用户体验,让智能家居的便捷性大打折扣。随着边缘计算能力的飞速提升,情况将发生根本性改变。设备自身或本地网关将逐渐具备强大的数据分析与处理能力,能够在本地实时处理诸如语音指令识别、人体姿态识别、环境异常监测等任务。例如,当用户忙碌一天回到家中,下达"打开客厅灯光并调至暖色调,播放舒缓音乐"的语音指令时,智能音箱在本地边缘设备上瞬间完成语音识别、语义理解,直接与客厅灯光设备、智能音箱等建立连接,迅速控制它们执行相应操作,整个过程如闪电般迅速,无须等待云端响应,让用户一进家门就能立即沉浸在温馨舒适的氛围中,极大提升了家居智能化的便捷性与流畅性,真正实现"所想即所得"的智能家居体验。

工业物联网领域同样将因边缘计算的深度融入迎来全新变革。在智能工厂车间,生产设备上密集部署的传感器如同敏锐的触角,实时采集大量的振动、温度、压力等多模态数据,以及高清摄像头捕捉的设备运行画面、工人操作视频。若按照传统模式,将这些海量数据全部传输至云端处理,不仅会占用巨大的网络带宽,导致网络拥堵,还会因数据传输延迟使得生产故障无法及时发现与处理,给企业带来巨大损失。通过在车间关键结点部署边缘计算结点,靠近设备端对多模态数据进行实时分析,一旦检测到设备异常,如轴承过热、零件松动,系统立即发出警报并采取停机、调整参数等应急措施,确保生产过程的连续性与稳定性,将损失降到最低。例如,在汽车发动机生产线,边缘计算系统实时监测发动机装配过程中的扭矩数据、零部件图像以及工人操作视频,一旦发现某个螺栓拧紧扭矩不符合标准,立即通过警示灯、语音广播通知工人进行调整,同时记录异常情况上传至云端进行进一步分析,避免不合格产品流入下一道工序,保障产品质量,提升生产效率。

自动驾驶更是对边缘计算与实时性有着近乎苛刻的要求,1s的延迟都可能引发灾难性后果。车载传感器如同汽车的"眼睛""耳朵""触觉神经",持续采集周围环境的图像、雷达距离数据、音频信号等多模态信息,每一瞬间的数据变化都关乎行车安全。边缘计算单元直接安装在车辆内部,宛如一位时刻保持警惕的副驾驶,实时处理这些海量数据,快速做出加速、减速、转向等驾驶决策,确保车辆能够在瞬息万变的道路环境中及时响应,避免交通事故的发生。即使在网络信号不佳的偏远地区,车辆也能依靠自身边缘计算能力保障安全行驶,为自动驾驶的大规模普及奠定坚实基础。例如,在高速公路行驶过程中,前方突然出现障碍物,车载摄像头和雷达迅速捕捉到这一信息,边缘计算单元在毫秒级时间内完成数据处理,判断障碍物的大小、位置、移动速度,结合车辆当前行驶状态,立即下达制动或避让指令,让车辆安全平稳地避开危险,保障驾乘人员生命安全。

### 11.5.4 人机协作新范式

多模态技术的蓬勃发展将为人机协作翻开崭新篇章,开创人机紧密融合、协同工作的全新局面,充分发挥人类的智慧与创造力以及机器的高效运算和精准执行能力,携手共进,推动各行业业务发展迈向新高度。

在制造业生产线上,工人将配备增强现实(AR)眼镜等智能穿戴设备,与智能生产系统实现深度协作,打造人机合一的高效生产模式。AR眼镜实时采集生产现场的图像信息,如同工人的第二双眼睛,通过先进的手势识别、眼神追踪、肢体动作分析技术,精准理解工人的操作意图,同时将设备故障预警、操作步骤提示、产品质量检测结果等信息以可视化图像、语音提示的形式反馈给工人。例如,当工人在组装复杂机械部件时,遇到某个零部件安装困难,AR眼镜识别到工人的疑惑眼神,立即在视野中弹出详细的装配动画演示、语音讲解,引导工人正确操作;若检测到设备零件松动,通过红色闪烁图标与警示音提醒工人及时处理。工人可根据这些多模态反馈,凭借自身多年积累的经验与精湛技能灵活调整操作,与智能机器紧密配合,提高生产效率与产品质量。在电子产品制造车间,工人戴着AR眼镜按照系统提示快速准确地焊接电路板,一旦焊接质量出现问题,AR眼镜实时显示问题所在并提供解决方案,确保产品合格率大幅提升,同时减轻工人劳动强度,缩短生产周期。

创意设计行业也将同样见证人机协作的创新变革,激发无限创意火花。设计师在进行产品外观设计、广告创意策划时,将与智能设计软件通过多模态交互紧密合作,实现创意灵感与技术实现的完美融合。设计师可以通过手绘草图、语音描述、肢体动作等方式表达创意构思,智能软件利用图像识别、语音识别、自然语言处理技术理解设计师意图,迅速生成初步设计方案,并以可视化图像、动画演示、语音讲解等多模态形式呈现。设计师根据反馈进一步优化,反复迭代,充分激发人类的创造力与机器的高效运算能力,创作出更具创新性与市场竞争力的作品。例如,在一款手机外观设计过程中,设计师手绘出初步外形轮廓,并用语音描述想要的颜色搭配、材质质感,智能软件根据这些输入迅速生成多款3D效果图,设计师通过手势操作在虚拟模型上进行调整,结合软件的实时反馈,最终打造出一款兼具美观与实用性的手机外观,满足市场需求,引领时尚潮流。

综上所述,多模态技术与管理信息系统的融合正沿着深度融合、跨领域创新、边缘计算优化以及人机协作深化等多个方向蓬勃发展。这些趋势不仅将重塑企业的管理运营模式,还将深刻影响人们的生活、工作方式,为社会进步开辟广阔天地。随着技术的不断突破与应用实践的持续探索,这一融合必将释放出更大的能量,推动人类社会迈向更加智能、美好的未来。人类正站在这场科技变革的浪潮之巅,见证历史,创造未来。

# 本章小结

### 1. 多模态的定义

多模态是指融合两种及以上不同类型信息模态的技术范式。这些模态涵盖了人类感知世界的多种方式,例如视觉模态的图像、视频,听觉模态的音频,以及语言模态的文本等。多模态技术的核心在于打破单一模态的局限,通过深度学习架构实现深度融合。以图像与文本的多模态应用为例,一方面,利用卷积神经网络精准提取图像中的形状、颜色、纹理等特征;另一方面,借助自然语言处理技术解析文本语义,之后再运用融合算法将二者优势互补,让信息理解更加全面、精准。

### 2. 多模态技术

多模态技术是指借助深度学习模型,像卷积神经网络处理图像、语音识别技术解析音频,挖掘各模态特征,实现协同互补,打破信息壁垒,广泛应用于智能交互、自动驾驶等领域,驱动智能升级。

### 3. 跨模态语义理解

跨模态语义旨在打破单一模态信息的局限,实现文本、图像、音频、视频等不同模态数据间的语义互通。以图像和文本为例,模型需识别图像中的物体、场景,同时理解与之相关的文本描述,建立精准对应关系。这依赖于深度学习架构。例如,卷积神经网络处理视觉特征,循环神经网络解析文本语义,通过多模态融合机制,挖掘隐藏的语义关联。在智能导览系统中,能依据游客的语音指令结合眼前景观给出精准介绍;在辅助医疗诊断时,综合影像与病历文本可助力医生精准判断病情,推动智能化发展。

### 4. 边缘计算

边缘计算是一种将计算与数据存储靠近数据源或用户的分布式计算模式。与传统云计算集中处理不同,它在网络边缘,像靠近物联网设备的基站、网关等地部署计算结点。边缘计算一方面能降低数据传输延迟,实时处理传感器采集的海量即时数据,满足工业控制、自动驾驶等对实时性要求极高的场景;另一方面可以减轻云端负荷,提升系统整体能效。

## 习题 11

1. 什么是多模态?
2. 什么是跨模态语义理解与对齐?
3. 在做特征提取与模态融合时,可以使用哪些方法?
4. 列举一个多模态技术在管理信息系统中应用的案例。

# 第 12 章　元宇宙与管理信息系统

**本章学习目标**

- 理解元宇宙的定义及其核心特征。
- 了解元宇宙的实现技术。
- 了解基于元宇宙的管理信息系统应用案例。
- 了解元宇宙与管理信息系统融合发展的挑战与应对策略。

随着信息技术的飞速发展,元宇宙正作为一个新兴概念逐渐走进人们的视野,并在各领域引发了广泛的探讨与实践。从本质上讲,元宇宙是一个融合了虚拟现实(VR)、增强现实(AR)、人工智能(AI)、区块链等多种前沿技术的虚拟空间,它为用户提供了沉浸式的交互体验,打破了现实与虚拟的边界。在这样的时代背景下,管理信息系统作为组织管理与信息技术相结合的关键领域,不可避免地要与元宇宙技术进行深度结合。这不仅给管理信息系统带来了全新的挑战,更为其发展开辟了广阔的新路径。本章将深入探讨元宇宙与管理信息系统之间的内在联系、相互影响以及未来的融合发展趋势,旨在帮助理解这一前沿交叉领域,为应对新时代的管理变革做好准备。

## 12.1　元宇宙概述

### 12.1.1　元宇宙的诞生背景与概念溯源

在人类对未来的无尽遐想中,元宇宙的概念逐渐从科幻的迷雾中浮现,成为当下最具热度与潜力的前沿领域之一,其起源可追溯至 20 世纪中叶,那时,计算机技术刚刚起步,科幻作家们便凭借天马行空的想象力,率先勾勒出虚拟世界的雏形。在阿西莫夫、克拉克等科幻大师的作品中,已隐约蕴含着与现实平行、由数字构建的异世界理念。

不过,真正让"元宇宙"一词走进大众视野的是尼尔·斯蒂芬森于 1992 年出版的科幻小说《雪崩》。书中描绘了一个名为 Metaverse 的虚拟空间,人们通过穿戴设备接入,以数字化身展开社交、娱乐、工作等活动,现实世界的规则与身份在其中被重新塑造。这一极具开创性的设想,如同在科技发展的长河中投入一块巨石,激起层层涟漪,为后续几十年的探索指明了方向。

随着信息技术的飞速发展,互联网从简单的信息传递逐步向深度交互、沉浸式体验迈进,虚拟现实(VR)、增强现实(AR)、人工智能(AI)、区块链等关键技术相继取得突破,曾经遥不可及的虚拟世界构建逐渐具备了现实可行性。从学术研讨到商业布局,从游戏娱乐到工业制造,各界纷纷投身元宇宙的浪潮,试图从不同角度解读并塑造这一复杂概念。

时至今日,元宇宙尚未有一个被全球完全统一的定义。广义而言,它是一个融合多种先进数字技术,以用户为中心,具备高度沉浸感、社交互动性、永续性,且虚实融合的虚拟共享空间。在这个空间里,人们突破物理限制,借助数字化身实时互动,创造、交易、探索,开启全新的生活、工作与娱乐模式,仿佛开启了一扇通往平行宇宙的大门。

### 12.1.2 元宇宙的核心特征剖析

#### 1. 沉浸式体验

沉浸感是元宇宙的首要标志。通过 VR、AR 等技术,用户仿若穿越时空,置身于一个逼真的虚拟环境之中。戴上 VR 头盔,视野瞬间被三维虚拟场景填满,高精度的图形渲染让光影效果、材质纹理都栩栩如生;耳边环绕着立体音效,无论是微风拂过树叶的沙沙声,还是人群的喧嚣,都清晰可闻,全方位调动用户的感官。以一款模拟深海探险的元宇宙应用为例,用户不仅能看到五彩斑斓的珊瑚礁、灵动游弋的鱼群,还能感受到水压变化、海水的流动,伸手触摸虚拟物体时,手部追踪技术带来真实的触感反馈,让每次交互都如同亲身体验,彻底沉浸其中,忘却现实世界的边界。

#### 2. 社交互动性

元宇宙构建起一个跨越地域、文化、年龄的社交大舞台。在其中,用户数字化身成为社交的载体,能与全球各地的参与者面对面交流,表情、动作、语音等沟通方式一应俱全。大型虚拟社交平台上,每天都有无数用户举办派对、研讨会、艺术展览等活动。用户可以随时加入感兴趣的群组,与志同道合者分享见解、合作项目。例如,一场虚拟音乐节吸引了来自不同时区、不同背景的数百万乐迷,他们在虚拟舞台下尽情摇摆,通过实时聊天、虚拟礼物互赠表达热情,形成一个个紧密的社交圈子,让人与人之间的连接达到前所未有的深度与广度。

#### 3. 用户创作主导

区别于传统互联网的内容消费模式,元宇宙赋予用户创作者的核心地位。借助便捷易用的创作工具,普通人不需要专业编程技能就能设计独特的虚拟形象,搭建个性化场景,开发创意十足的虚拟物品或玩法。在一些元宇宙创作社区,用户自制的虚拟时装、配饰成为潮流风尚,引发大量模仿与交易;玩家自主设计的冒险游戏关卡,吸引众多同伴前来挑战;创作者从中获得成就感与收益。这种全民创作浪潮不断丰富元宇宙的内容生态,使其成为一个充满无限创意与惊喜的活力世界,每个人都能在其中留下独特印记。

#### 4. 经济系统独立性

元宇宙拥有一套相对独立且完备的经济体系,以数字货币、虚拟资产交易为支撑。虚拟土地、数字艺术品、虚拟道具等资产具有真实市场价值,通过区块链技术实现产权明晰、交易安全、可追溯。在热门元宇宙项目中,虚拟土地价格飙升,投资者竞相抢购,用于开发商业项目、举办活动。同时,虚拟企业、商店不断涌现,用户可在其中工作、创业,实现虚拟财富的积累与增值,与现实经济相互影响又独具特色。

### 12.1.3　元宇宙的关键技术支撑体系

随着科技的迅猛发展,元宇宙正作为一个极具潜力的新兴领域逐渐走进大众视野,其背后复杂而精妙的技术架构起着关键支撑作用。元宇宙技术架构如图12.1所示。该架构图清晰呈现出从下向上的层级分布,各层各司其职、协同发力。最底层的感知层宛如人类的神经末梢,通过各类先进传感器、智能穿戴设备等,精准采集现实世界及虚拟空间中的多元信息,为上层传递最基础的数据原料。感知层之上是基础层,其中涵盖强大的算力支撑、稳定高速的网络设施,如同坚实根基,保障整个元宇宙平稳运行。数据层像一座庞大的信息宝库,汇聚、存储感知层收集以及系统运行产生的海量数据,并进行有序整理。工具层如同建筑师手中的精密器械,提供软件开发、建模等工具,助力创作者在元宇宙中构建奇幻场景、设计独特交互。处于最上层的应用层直接面向用户,基于下层构建,催生出社交、娱乐、教育、办公等多元场景,真正让人们沉浸式踏入元宇宙的奇妙天地,开启全新数字生活篇章。

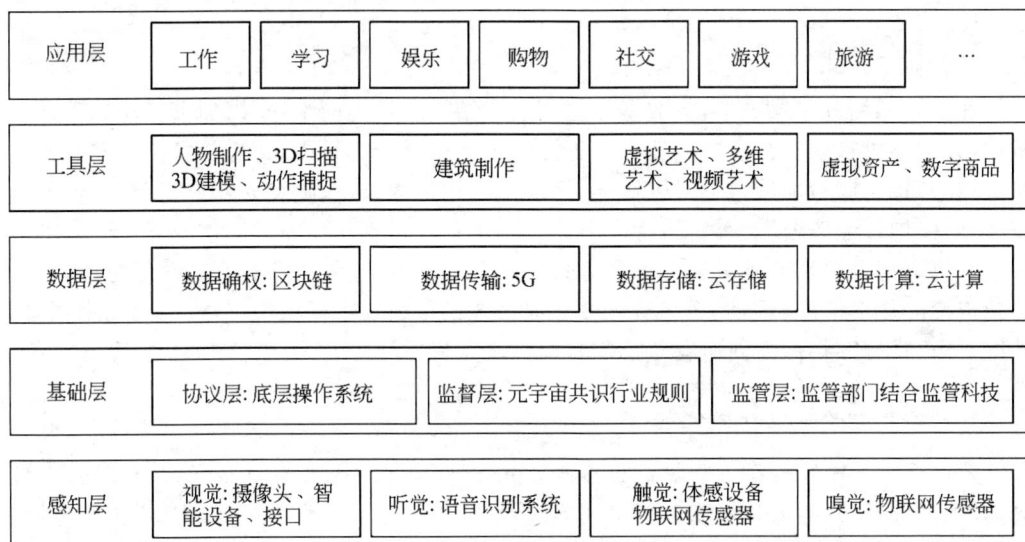

| 应用层 | 工作 | 学习 | 娱乐 | 购物 | 社交 | 游戏 | 旅游 | … |
|---|---|---|---|---|---|---|---|---|

| 工具层 | 人物制作、3D扫描 3D建模、动作捕捉 | 建筑制作 | 虚拟艺术、多维 艺术、视频艺术 | 虚拟资产、数字商品 |
|---|---|---|---|---|

| 数据层 | 数据确权:区块链 | 数据传输:5G | 数据存储:云存储 | 数据计算:云计算 |
|---|---|---|---|---|

| 基础层 | 协议层:底层操作系统 | 监督层:元宇宙共识行业规则 | 监管层:监管部门结合监管科技 |
|---|---|---|---|

| 感知层 | 视觉:摄像头、智 能设备、接口 | 听觉:语音识别系统 | 触觉:体感设备 物联网传感器 | 嗅觉:物联网传感器 |
|---|---|---|---|---|

图 12.1　元宇宙技术架构

#### 1. 虚拟现实与增强现实技术

虚拟现实(VR)技术依靠头戴式显示设备(HMD)、手柄、体感追踪器等硬件,配合复杂的软件算法,为用户营造沉浸式虚拟环境。HMD内置高分辨率显示屏、精准的头部追踪传感器与光学透镜系统,实时捕捉用户头部动作,驱动虚拟场景视角同步变换,让用户仿若置身其中。手柄及体感追踪设备拓展交互维度,用户能通过手势精准操控虚拟物体,如在虚拟建筑设计软件中,设计师戴上设备后可自由穿梭于虚拟空间,随心调整建筑结构、材质,实时预览效果,极大提升创作效率。

增强现实(AR)技术则借助智能手机、智能眼镜等终端,利用摄像头捕捉现实场景,通过图像识别、空间定位算法,将虚拟信息精准叠加其上。在日常生活中,AR导航应用能在手机屏幕上实时显示道路指引、周边信息;家居装修类 AR 应用允许用户扫描房间,即时呈现家具虚拟摆放效果。工业领域,维修人员佩戴 AR 眼镜,面对复杂设备,眼镜自动识别故障部件,投射维修指导信息,降低维修难度,提高工作效率。VR 与 AR 相辅相成,VR 侧重完全沉浸,AR 聚焦现实增强,共同为元宇宙搭建起虚实融合的交互桥梁。

### 2. 人工智能技术

人工智能在元宇宙中赋予虚拟角色鲜活生命力。通过深度学习算法,能模拟人类语言交流、情感反应与决策逻辑。在角色扮演游戏中,不再机械回应,而是根据玩家行为、情绪变化,灵活调整对话策略、任务引导,仿若真实伙伴陪伴玩家探索世界,增强游戏沉浸感与趣味性。

面对元宇宙海量的内容需求,人工智能成为高效的创作者。基于大数据学习,人工智能能自动生成风格各异的虚拟场景,从繁华都市到神秘外星地貌,只需输入简单参数,即可快速构建。在物品设计领域,人工智能依据流行趋势、用户喜好设计虚拟服装、饰品等,源源不断为元宇宙注入新鲜内容,满足用户多样化需求。

### 3. 区块链技术

区块链采用分布式账本,将数据存储在众多结点组成的网络中,以加密算法确保区块链接、数据不可篡改。在虚拟土地买卖等元宇宙虚拟资产交易中,交易信息会广播至全网结点,经共识机制验证后记录于区块链,无须中心化机构,可保障交易双方权益,降低信任成本,确保虚拟经济公平、有序运行。

区块链为虚拟资产赋予独一无二的数字标识。无论是数字画作还是虚拟房产,每个虚拟资产的创作信息、所有者、交易历史都被永久记录在数字标识中,产权归属清晰明确,杜绝盗版与资产纠纷,为创作者与投资者提供坚实权益保障。

### 4. 云计算与边缘计算技术

云计算为元宇宙提供了海量计算资源。元宇宙运行涉及复杂图形渲染、实时数据处理、大规模并发访问,云计算服务提供商通过超大规模数据中心,集中部署高性能服务器、存储与网络设备,形成可按需调配的资源池。若遇全球性虚拟赛事等高峰需求,能自动调配额外资源,确保系统稳定、用户体验流畅;在低谷时,可回收闲置资源,提升利用效率,降低运营成本。

作为云计算的延伸,边缘计算在全球各地布局边缘结点,将计算资源靠近用户端。用户访问元宇宙应用时,数据在就近结点处理,大幅缩短传输延迟。例如,亚洲用户访问欧美元宇宙项目,借助边缘结点,无须长途往返欧美数据中心,降低网络延迟,实现全球实时交互,为元宇宙的普及奠定坚实网络基础。

## 12.2　元宇宙对管理信息系统的影响

随着元宇宙从科幻概念逐步走向现实应用,其影响力如涟漪般扩散至各个领域,管理信息系统也不例外。作为组织运营的数字化中枢,用户生成内容(UGC)负责收集、处理、存储和传递关键信息,以支持决策制定、流程优化与资源配置。元宇宙所蕴含的沉浸式交互、虚拟经济、分布式架构等特性,正深刻重塑用户生成内容(UGC)的技术架构、功能模块以及安全防护体系,为管理信息系统领域带来前所未有的机遇与挑战。深入探究元宇宙与用户生成内容(UGC)的交互影响,对于企业在数字化浪潮中抢占先机、实现创新发展具有至关重要的意义。

## 12.2.1 对管理信息系统架构的重塑

### 1. 向分布式架构的深度转变

传统管理信息系统多基于集中式架构,数据集中存于企业数据中心,便于统一管理与维护。然而,元宇宙的跨地域、高并发特性使得集中式架构捉襟见肘。在元宇宙环境下,海量用户实时交互产生的数据呈爆炸式增长,若依旧依赖单一数据中心,数据传输延迟将大幅攀升,严重影响用户体验。例如,一场全球性的元宇宙虚拟音乐会,数百万观众同时在线互动,点赞、评论、虚拟礼物赠送等行为瞬间生成海量数据,若要将这些数据集中传输至企业数据中心处理,网络拥堵几乎不可避免。

分布式架构可通过在靠近用户的边缘结点部署数据存储与计算资源,有效缓解这一问题。边缘结点能够就近处理本地用户产生的数据,仅将关键汇总信息或需深度分析的数据回传至中心结点,大大减少数据传输延迟,提升系统响应速度。像一些大型跨国公司,在全球各地的分支机构或数据热点区域设置边缘服务器,构建分布式存储网络,以适应元宇宙业务拓展带来的数据洪流。

作为元宇宙的关键支撑,区块链技术为管理信息系统引入了去中心化的信任机制。在传统管理信息系统中,数据的真实性、完整性依赖于中心化机构的权威背书,存在数据篡改、单点故障等风险。而在元宇宙场景下,虚拟资产交易、用户身份认证、跨组织协作等活动频繁,对信任的要求极高。

以虚拟资产交易为例,在基于区块链的管理信息系统架构中,每笔虚拟土地、数字艺术品等资产交易都被记录在分布式账本上,交易信息通过加密算法链接成块,全网结点共同验证与存储,确保数据不可篡改。这使得企业的虚拟商品供应链管理、虚拟品牌授权等元宇宙中的商业活动,能够在没有第三方信任中介的情况下,安全、透明地进行,可降低信任成本,提高运营效率。

### 2. 系统集成复杂度的飙升

元宇宙融合了 VR、AR、AI、区块链、云计算等多种前沿技术,管理信息系统必须与之深度集成,以实现功能的无缝对接。不同技术体系在接口规范、数据格式、通信协议等方面存在显著差异,犹如不同"方言"交流,阻碍系统整合进程。

例如,将企业内部的管理信息系统与元宇宙中的 VR 办公场景集成时,VR 设备的数据传输协议可能与管理信息系统原有的网络通信协议不兼容,从而导致数据传输中断或错误;同时,VR 场景中的三维模型数据格式与管理信息系统存储的结构化业务数据格式大相径庭,如何实现两者的有效转换与协同处理,成为亟待解决的难题。

随着元宇宙应用的多样化,用户可能通过不同终端设备(如智能手机、VR 头盔、PC 等)接入,且涉及多个操作系统与平台。管理信息系统需确保在不同平台上提供一致、流畅的用户体验,实现跨平台数据同步与交互。

以电商企业为例,其管理信息系统既要支持消费者从手机端 App 开启元宇宙虚拟店铺购物,又能在 PC 端无缝衔接订单管理、售后客服等功能。这要求管理信息系统构建统一的应用程序接口(API),适配多种设备类型与操作系统,实时同步用户购物车、偏好设置、订单状态等数据,确保无论用户切换何种设备,都能顺畅完成购物流程,极大增加了系统开发与维护的复杂性。

### 12.2.2 对管理信息系统功能的革新

#### 1. 虚拟场景下业务流程的再造

元宇宙为企业开辟了虚拟工厂、虚拟展厅、虚拟客服中心等诸多前所未有的虚拟业务场景。这些虚拟场景打破了现实物理空间的限制,为企业优化业务流程提供了新契机。

以虚拟工厂为例,通过 VR、AR 技术,管理者与工程师能身临其境地"走进"生产线上的各环节,实时查看设备运行参数、原材料库存状况,甚至借助触觉反馈技术远程操控精密仪器进行设备维护。相较于传统工厂依赖实地巡检、报表分析的方式,虚拟工厂实现了生产流程的可视化、实时化监控,极大提高了生产管理的精准性与及时性。

企业需依据虚拟场景特性重新设计业务流程,充分发挥元宇宙的优势。在虚拟客服中心,AI 驱动的虚拟客服代表能够以逼真的形象与客户实时互动,通过自然语言处理技术理解客户需求,快速检索知识库提供解决方案。与传统客服流程相比,虚拟客服不仅能同时接待多位客户,缩短排队等候时间,还能利用元宇宙的沉浸感,引导客户直观了解产品使用方法、故障排除步骤,提升客户满意度,优化服务流程。

#### 2. 社交化协作功能的强化

元宇宙的本质是一个高度社交化的空间,员工、客户、合作伙伴等各方人员可汇聚其中。管理信息系统融入社交化协作功能后,能够打破传统组织层级与部门边界,促进知识共享与团队协作效率的飞跃。

例如,企业借助基元宇宙的项目管理工具,可使员工无论身处何地,都能以数字化方式进入虚拟会议室,围坐在虚拟会议桌旁,通过表情、动作、语音等直观方式表达想法,共同编辑虚拟白板上的项目计划。这种沉浸式协作体验让成员间的沟通更加顺畅,减少信息误解,加快项目推进速度。

在元宇宙的社交协作环境下,知识管理迎来全新模式。员工可以在虚拟空间中轻松访问企业知识库,通过搜索、浏览虚拟书架上的资料,或参与虚拟专家讲座、同行研讨等活动获取知识。同时,员工在项目实践中积累的经验、技巧,也能以虚拟文档、演示视频等形式即时分享给团队成员,实现知识的快速传播与复用,提升企业整体创新能力。

#### 3. 数据分析与决策支持面临的新挑战

在元宇宙环境下,数据来源呈现出极度多元化的态势。除了企业的财务报表、销售订单、库存记录等传统管理信息系统所涵盖的结构化业务数据,还涌入了来自虚拟场景交互、用户行为追踪、虚拟资产交易等领域的海量非结构化数据。例如,在一个基于元宇宙的电商平台中,用户在虚拟店铺里的浏览路径、停留时间、对虚拟商品的试穿或试用操作,以及与虚拟导购的对话内容等数据都蕴含着丰富的商业信息,但这些文本、图像、音频、视频甚至是三维模型数据格式多样,缺乏统一标准,给数据采集、存储与整合带来巨大挑战。

以涉足元宇宙的游戏公司为例,玩家在游戏世界中的一举一动,从角色动作、社交互动到对游戏关卡的挑战尝试,都会产生大量碎片化的数据。这些数据不仅需要实时收集,还要与玩家的账号信息、充值消费记录等结构化数据相结合,才能为后续的精准营销、游戏优化提供完整视角。由于数据类型繁杂,公司前期在数据整合过程中频繁遭遇兼容性问题,耗费大量人力物力才初步搭建起可用的数据框架。

在瞬息万变的元宇宙市场环境里,企业管理者对数据的实时性要求达到了新高度。例如,虚拟商品的价格波动可能受虚拟活动热度、用户口碑、市场供需等多种因素影响,管理者需要借助管理信息系统的实时数据分析功能,迅速洞察市场趋势,及时调整虚拟商品定价、营销策略,以抢占市场先机。然而,追求实时性往往伴随着准确性风险。

一方面,高速产生的数据可能因来不及经过严格的清洗与校验流程就被用于分析,而导致结果偏差。

例如,在元宇宙音乐会直播期间,实时统计的观众参与度数据因网络波动出现重复计数,若直接以此为依据制定后续演出计划,很可能误导决策;另一方面,确保数据准确性所需的复杂验证机制又可能拖慢数据处理速度,难以满足即时决策需求。如何在二者之间找到精准平衡点,成为企业利用元宇宙数据驱动决策的关键。

元宇宙数据分析对算力的需求呈指数级增长。构建虚拟场景、模拟用户行为、实时追踪市场动态等复杂任务,需要海量的计算资源支撑大规模的数据运算。例如,一家大型企业试图通过元宇宙模拟全球供应链流程,对原材料采购、生产排期、物流配送等环节进行优化,涉及的数据量高达数亿条,每次模拟运行都需要超强算力保障,否则运算过程将漫长无比,无法满足决策时效性。

但企业内部的计算资源往往有限,且在传统管理信息系统运营、日常办公等业务之间存在分配竞争。如何合理调配资源,优先满足元宇宙数据分析关键任务,兼顾其他业务正常运转,避免因算力不足而决策延误或系统瘫痪,是企业必须直面的棘手问题。

### 12.2.3 对管理信息系统安全的冲击

#### 1. 数据隐私保护的升级需求

在元宇宙中,用户参与虚拟活动时会暴露大量个人信息,如外貌特征、行为习惯、社交关系等,这些数据一旦泄露,将对用户造成严重的隐私侵害。例如,在虚拟社交平台上,用户的聊天记录、好友列表若被不法分子窃取,可能导致个人隐私曝光,甚至引发诈骗等安全问题。

管理信息系统必须采用更先进的加密技术应对隐私挑战。如同态加密技术,允许数据在加密状态下进行特定运算,既保障数据处理需求,又确保隐私安全。同时,严格规范数据收集、存储、使用与共享流程，引入隐私影响评估机制，在系统设计阶段充分考量隐私风险，确保用户对个人数据的知情权与控制权。

**2. 虚拟资产安全保障的紧迫性**

随着元宇宙经济的兴起，虚拟资产价值日益凸显，虚拟土地、数字艺术品、虚拟道具等成为市场热点。然而，这也吸引了众多网络攻击者的觊觎。

管理信息系统需结合区块链与传统网络安全手段，为虚拟资产保驾护航。区块链技术确保虚拟资产的所有权归属清晰、交易不可篡改，但仅此还不够，需引入入侵检测系统、数字证书认证等技术对虚拟资产的创建、存储、交易全生命周期进行监控与保护，防止虚拟资产被盗、被篡改或遭遇欺诈交易，保障企业与用户的虚拟财富安全。

**3. 应对新型网络攻击的挑战**

元宇宙独特的技术架构与交互方式催生了一些新型网络攻击手段。例如，在进行VR 设备的体感劫持攻击时，攻击者可通过恶意软件控制 VR 设备的传感器，操纵用户在虚拟空间中的体感反馈，造成用户身体伤害或信息泄露；在利用区块链智能合约漏洞进行攻击时，攻击者可能篡改合约逻辑，窃取虚拟资产。

管理信息系统的安全防护层需要具备前瞻性，密切关注元宇宙安全研究前沿，及时跟踪新型攻击风险；研发 VR 设备的安全启动机制、防止恶意软件植入等针对性的防御策略；开展智能合约代码审计工具，提前发现并修复漏洞，保障系统整体安全性。

# 12.3 基于元宇宙的管理信息系统应用案例

随着元宇宙技术的蓬勃发展，众多先锋企业已率先将其与管理信息系统结合，探索出一系列创新应用模式，为行业变革注入强大动力。这些应用案例不仅展现了元宇宙在提升企业运营效率、优化用户体验、拓展商业边界等方面的巨大潜力，也为其他企业提供了宝贵的借鉴经验，助力其在数字化浪潮中找准方向，实现跨越式发展。以下将深入剖析几个具有代表性的基于元宇宙的管理信息系统应用案例。

## 12.3.1 某汽车制造企业的虚拟工厂与协同设计平台

**1. 项目背景与目标**

该汽车制造企业在全球拥有多个研发中心与生产基地，面临着产品研发周期长、异地协同效率低、生产流程优化困难等挑战。为了突破这些瓶颈，企业决定构建基于元宇宙的虚拟工厂与协同设计平台，旨在实现全球团队实时协作、虚拟原型快速验证，以及生产流程的可视化监控与优化。

**2. 系统架构与技术集成**

（1）虚拟工厂构建。利用 VR、AR 技术搭建高度仿真的虚拟生产环境，涵盖从零部件加工到整车装配的全流程生产线。研发人员与工程师通过佩戴 VR 头盔,仿佛置身真实工厂车间,可直观查看设备运行状态、物料流动情况,甚至进行调整机器人焊接参数、优化装配工艺顺序等虚拟设备操控。

(2) 协同设计整合。基于云计算的协同设计平台集成 CAD(计算机辅助设计)、CAE(计算机辅助工程)等软件工具,实现全球团队成员实时在线协作。通过统一的数据格式与接口规范,不同地区的设计师可同步对汽车零部件进行三维建模、仿真分析,并利用区块链技术确保设计数据的真实性、完整性与知识产权归属。例如,当欧洲团队对发动机设计进行优化时,亚洲团队可即时查看变更细节,并通过虚拟会议室展开讨论,共同决策。

(3) 管理信息系统数据融合。企业原有的管理信息系统与虚拟平台深度对接,将生产计划、库存管理、质量控制等数据实时推送至虚拟工厂界面。管理者能依据精准数据,动态调整生产资源配置。例如,根据虚拟生产线的实时产能,合理安排原材料采购计划,确保供应链顺畅。

### 3. 应用成效

(1) 研发周期大幅缩短。通过虚拟原型快速验证与全球协同设计,新款车型的研发时间较以往缩短了约 20%。以往需耗费数月进行物理样车试制与反复测试,在虚拟环境中可提前发现并解决大部分设计问题,减少了后期设计变更成本。

(2) 生产效率显著提升。基于虚拟工厂的可视化监控与流程优化,生产线停机时间减少了 15%,产能提高了 10%。工人在实际操作前,可通过虚拟培训熟悉复杂工艺,降低操作失误率;管理者能精准定位生产瓶颈,及时优化流程,提升整体生产效率。

(3) 跨地域协作更加顺畅。全球团队借助元宇宙平台打破时空限制,沟通频率增加了 30%,信息误解率降低了 25%。实时共享的设计文档、虚拟模型以及沉浸式沟通环境,让团队协作如虎添翼,加速了项目推进。

## 12.3.2 某时尚品牌的元宇宙营销与客户关系管理系统

### 1. 项目背景与目标

在竞争激烈的时尚行业,消费者需求日益个性化、多元化,品牌营销面临巨大挑战。该时尚品牌期望借助元宇宙的独特魅力,打造全新营销模式,增强品牌与消费者的互动,提升客户忠诚度,同时精准洞察市场趋势,优化产品设计与推广策略。为此,构建了元宇宙营销与客户关系管理(CRM)系统。

### 2. 系统架构与技术集成

(1) 虚拟店铺与 AR 试穿。开发基于元宇宙的虚拟店铺,消费者通过手机 App 或 VR 设备即可进入沉浸式购物空间。利用 AR 技术实现虚拟试穿功能,消费者能实时看到自己身着最新款服装、配饰的 3D 效果,并可拍照分享至社交平台,引发口碑传播。店铺内的虚拟导购员由 AI 驱动,依据消费者历史购买数据、浏览行为,提供个性化的穿搭建议与产品推荐。

（2）CRM数据驱动营销。管理信息系统中的CRM模块深度整合元宇宙营销数据，全面收集消费者在虚拟店铺的行为轨迹，包括停留时间、试穿次数、收藏商品、参与互动活动等信息。通过数据分析挖掘消费者潜在需求与偏好，构建精准用户画像，为品牌营销决策提供有力支撑。例如，根据消费者对特定风格服装的频繁试穿与关注，精准推送同风格新品预告、专属优惠，提高营销转化率。

（3）社交互动与品牌社区。在元宇宙中搭建品牌专属社交平台，举办时尚主题派对、虚拟时装秀等活动，吸引消费者以数字化身参与互动，分享时尚见解、穿搭心得，形成活跃的品牌社区。品牌借此增强消费者黏性，培养品牌忠诚度，同时收集用户反馈，反哺产品创新。

### 3. 应用成效

（1）营销转化率显著提高。虚拟试穿与个性化推荐功能使得产品购买转化率较传统电商模式提升了30%。消费者在虚拟环境中的沉浸式体验激发了购买欲望，精准营销推送进一步促成购买决策，有效提升了销售业绩。

（2）客户忠诚度增强。品牌社区与互动活动吸引了大量忠实粉丝，用户复购率增长了20%。消费者在元宇宙中与品牌建立的情感连接，促使他们持续关注并购买品牌产品，成为品牌传播的口碑力量。

（3）市场趋势洞察更精准。通过深度分析元宇宙营销数据，品牌能提前捕捉时尚潮流趋势，新品设计贴合市场需求的准确率提高了25%。例如，依据虚拟时装秀上消费者对环保材质服装的高度关注，及时调整产品研发方向，推出一系列环保时尚单品，赢得市场先机。

## 12.3.3　某教育培训集团的元宇宙教育与学习管理系统

### 1. 项目背景与目标

传统教育模式受时空限制，教学资源分配不均，互动性与实践性不足。为提供更优质、公平、高效的教育服务，某教育培训集团发力元宇宙教育领域，打造集沉浸式教学、个性化学习、远程协作于一体的元宇宙教育与学习管理系统，旨在打破教育壁垒，激发学生学习兴趣，提升学习效果。

### 2. 系统架构与技术集成

（1）沉浸式虚拟课堂。利用VR、AR技术构建逼真的虚拟教室、实验室等教学场景，师生佩戴设备即可实现远程同步上课。在虚拟化学实验室，学生能亲手操作虚拟实验器材，观察化学反应现象，感受实验过程的视觉、听觉、触觉刺激，增强学习记忆。同时，通过实时语音、手势交互，师生、同学间互动交流顺畅无阻，营造活跃的课堂氛围。

（2）个性化学习路径规划。基于元宇宙技术的学习管理系统，根据学生的学习进度、知识掌握情况、兴趣爱好等多维度数据，为每位学生量身定制个性化学习路径。例如，当学生对"数学"课程某知识点理解困难时，系统自动推送相关知识点讲解视频、练习题，并推荐适合的学习小组或导师进行辅导,实现因材施教。

(3)管理信息系统保障教学运营。集团原有的管理信息系统全面融入元宇宙教育平台,负责教学资源管理、教师排课、学生成绩管理等核心运营环节,确保教学资源的合理分配。例如,依据虚拟课堂的实时使用情况,动态调配服务器资源,保障教学流畅性;通过分析学生学习数据,为教师教学质量评估、课程优化提供依据。

### 3. 应用成效

(1)学习效果显著提升。沉浸式教学与个性化学习模式激发了学生的学习兴趣与主动性,知识掌握程度平均提高了 20%。学生在虚拟环境中的实践操作与互动学习,加深了对知识的理解与应用能力。

(2)教育公平性改善。元宇宙教育打破地域、经济差异造成的教育资源不均,偏远地区学生也能享受到优质教育资源。通过在线平台,全球名师课程触手可得,缩小了城乡、国际间的教育差距。

(3)教学运营效率提高。管理信息系统与元宇宙教育平台的协同运作,使得教学资源利用率提高了 15%,教师排课效率提升了 20%。精准的数据分析助力教育决策,优化课程设置与资源配置,推动教育集团可持续发展。

### 12.3.4 某金融机构的元宇宙财富管理与风险评估系统

#### 1. 项目背景与目标

金融市场瞬息万变,投资者对财富管理的个性化、可视化、实时性要求日益提高。某金融机构为满足客户需求,提升自身竞争力,构建基于元宇宙的财富管理与风险评估系统,旨在为投资者提供沉浸式财富规划体验,精准风险预警,以及智能投资决策辅助。

#### 2. 系统架构与技术集成

(1)虚拟财富管理空间。投资者通过 VR 设备进入专属的虚拟财富管理大厅,可视化展示个人资产配置、投资组合收益等信息。借助 AI 虚拟顾问,投资者能以自然语言交互方式咨询投资问题,例如,询问"我想了解科技股的近期走势及对我投资组合的影响",AI 虚拟顾问迅速给出专业分析与建议,模拟不同投资策略下的资产增长曲线,帮助投资者直观理解投资决策后果。

(2)实时风险评估与预警。系统整合金融市场大数据,包括股票、债券、期货、数字货币等各类资产价格波动、宏观经济指标、行业动态等信息。利用机器学习算法实时监测投资组合风险,一旦风险指标超出预设阈值,立即通过振动、光影等沉浸式方式向投资者发出预警,并提供资产对冲建议、持仓调整方案等风险应对策略。

(3)管理信息系统支撑业务运营。金融机构原有的管理信息系统为元宇宙财富管理平台提供坚实后台支撑,涵盖客户信息管理、交易执行、合规监管等关键业务流程。确保客户交易安全、快捷,严格遵守金融法规,同时依据客户行为数据优化服务流程,提升客户满意度。

### 3. 应用成效

（1）客户满意度提升。沉浸式财富管理体验与精准投资建议赢得客户青睐，客户满意度调查得分较传统服务模式提高了25％。投资者在元宇宙中能深度参与财富管理决策，对金融机构的信任度与忠诚度显著增强。

（2）投资决策质量提高。实时风险评估与智能辅助决策帮助投资者优化投资策略，投资组合年化收益率平均提升了8％。投资者能及时规避风险，抓住投资机会，实现资产稳健增长。

（3）业务合规性保障。管理信息系统的合规监管功能确保金融机构在元宇宙业务拓展中严格遵循法律法规，有效降低了合规风险，维护了金融市场稳定。

上述不同行业的应用案例充分展示了元宇宙与管理信息系统融合的巨大潜力与创新价值。无论是制造业的虚拟工厂、时尚业的元宇宙营销，还是教育与金融领域的变革性应用，都为企业带来了显著的效益提升，重塑了行业竞争格局。然而，这些案例仍处于探索阶段，面临技术成熟度、用户接受度、法规适配性等诸多挑战。未来，随着元宇宙技术的持续进步、标准规范的逐步完善以及企业实践的深入拓展，基于元宇宙的管理信息系统应用将更加普及与深化，为全球经济社会发展注入源源不断的活力，开启数字化转型的新篇章。

## 12.4 管理信息系统助力元宇宙发展

作为一个融合多种前沿技术、承载无限想象的虚拟空间，元宇宙正以前所未有的速度蓬勃兴起。在其构建与成长的进程中，管理信息系统扮演着不可或缺的关键角色。从数据的精准管理到运营流程的优化，再到商业生态的全方位塑造，管理信息系统凭借其深厚的技术积累与广泛的应用实践，为元宇宙的持续繁荣注入强大动力，成为推动元宇宙从概念迈向现实、从初步探索走向深度成熟的核心力量之一。

### 12.4.1 提供底层数据管理支撑

#### 1. 构建分布式数据库架构

元宇宙的运行高度依赖海量、多元、实时更新的数据，涵盖用户信息、虚拟场景细节、虚拟资产交易记录等各层面。管理信息系统充分发挥在数据存储、组织与检索领域的专长，为元宇宙量身打造分布式数据库架构。通过在不同地理位置的结点上分布数据存储，既能有效应对元宇宙全球范围内高并发访问所带来的数据请求压力，避免单点故障导致的系统瘫痪风险，又能显著缩短数据传输延迟，保障用户在虚拟世界中的实时交互体验。例如，在热门元宇宙游戏上线高峰期，全球数百万玩家同时在线，分布式数据库能够迅速响应玩家对角色数据、游戏场景加载等请求，确保游戏流畅运行。

在数据组织方面，针对元宇宙中复杂的三维场景数据、动态用户行为数据等，管理信息系统设计专门的索引结构与存储模式。例如，采用空间索引技术，可对虚拟空间中的地理信息、建筑布局等数据进行高效管理，使得玩家在元宇宙中快速定位目标地点、查询周边场景信息成为可能；对频繁更新的用户社交关系数据，可运用图数据库技术，精准捕捉用户之间的连接动态，为社交互动功能提供坚实的数据基础。

### 2. 实施严格的数据治理策略

面对元宇宙中来源广泛、格式各异的数据洪流，数据治理成为确保数据质量与可用性的关键环节。管理信息系统引入全面的数据治理机制，首先从数据标准制定入手，统一虚拟资产的分类标准、用户行为数据的采集规范以及虚拟场景描述的元数据定义等。以虚拟资产为例，明确不同类型虚拟道具、土地、艺术品等的属性字段、价值评估指标，使得各类数据在元宇宙不同应用场景下具备可比性与通用性。

数据清洗流程同样至关重要，通过智能算法识别并纠正元宇宙数据中的错误值、重复记录与缺失信息。例如，在虚拟交易数据中，剔除因网络波动或系统故障导致的异常交易记录，补全用户购买行为链中的关键信息，确保交易数据的完整性与准确性，为后续的数据分析、商业决策提供可靠依据。同时，建立数据质量管理监控体系，实时跟踪数据质量指标，及时发现并解决潜在的数据问题，保障元宇宙数据生态的健康稳定。

## 12.4.2 优化元宇宙运营管理流程

### 1. 流程自动化提升效率

元宇宙项目的运营涉及用户生成内容（UGC）的审核、虚拟空间的日常维护、虚拟经济系统的监管等众多复杂且重复性高的流程。管理信息系统借助工作流引擎、机器人流程自动化（RPA）等先进技术手段，实现这些流程的自动化处理。以 UGC 审核为例，在元宇宙社交平台上，用户每日上传海量的图片、视频、文字等内容，传统人工审核方式不仅耗时费力，且难以应对实时性要求。管理信息系统部署智能审核算法，基于图像识别、文本分类等技术，快速筛查 UGC 中的暴力、色情、侵权内容等违规信息，自动标记并提交人工复核，极大提高了审核效率，确保虚拟社区环境的健康有序。

在虚拟经济监管方面，管理信息系统实时监控虚拟资产交易数据，通过预设规则与模型，自动识别洗钱、恶意炒作虚拟资产价格等异常交易行为。一旦发现可疑交易，立即触发预警机制，通知相关监管人员进行深入调查，维护元宇宙经济秩序的公平公正。此外，利用自动化脚本定期执行更新虚拟场景元素、检查系统漏洞等虚拟空间的维护任务，保障元宇宙平台的稳定运行，降低运营成本。

### 2. 绩效管理优化决策

精准的绩效管理是元宇宙运营者把握项目发展态势、合理配置资源、制定科学决策的重要依据。管理信息系统全方位收集元宇宙运营过程中的各类数据，构建多维度的绩效指标体系。从用户活跃度指标看，通过监测用户登录频率、在线时长、参与虚拟活动的次数等数据，直观反映元宇宙对用户的吸引力与黏性；从虚拟经济指标看，追踪虚拟资产的总市值、交易周转率、各类虚拟商品的销售增长率等数据，评估元宇宙经济系统的健康状况与发展潜力。

基于这些丰富的绩效数据，管理信息系统生成详细的运营报告与可视化分析图表，为运营者提供清晰的决策洞察。例如，当发现某一区域的元宇宙应用用户活跃度持续下降时，运营者可借助管理信息系统深入分析原因，判断是因为近期虚拟活动缺乏吸引力、竞争对手推出类似且更优的功能，还是由于网络性能问题导致用户体验不佳，进而针对性地调整运营策略（如策划更具创意的虚拟活动、优化网络基础设施或改进产品功能），提升元宇宙项目的整体竞争力。

### 3. 打通虚实融合的供应链管理

元宇宙中的虚拟商品虽然不存在实体物流配送环节，但其从创意设计、开发制作到上线销售，同样需要一套严谨高效的供应链流程。企业需要整合内部设计团队、开发人员、营销部门以及外部合作伙伴，实现虚拟商品供应链的无缝协同。

以一款热门虚拟游戏中的限量版皮肤为例，设计师提出创意概念后，通过协同设计平台与开发人员实时沟通，确保技术可行性；开发完成后，营销部门立即介入，制定针对性推广策略，利用元宇宙社交平台、游戏内公告等渠道预热宣传；同时，与虚拟支付、版权保护等外部合作伙伴紧密协作，保障皮肤上线后的顺畅销售与权益维护。通过全流程信息共享与协同作业，缩短虚拟商品的上市周期，提高市场响应速度。

为了进一步拓展商业边界，企业应探索虚实商品的联动营销模式，实现虚拟经济与实体经济的深度融合。借助元宇宙平台的大数据分析，可精准洞察消费者在虚拟世界中的偏好与需求，反哺实体经济产品设计与营销。

例如，某时尚品牌通过元宇宙虚拟店铺收集用户对某一虚拟服装款式的高关注度与试穿热度，迅速将该设计元素应用到实体服装生产线，并在实体店铺推出"元宇宙同款"系列，并为购买实体服装的顾客赠送对应虚拟服装或配饰，实现吸引消费者在虚实两个场景间互动消费，提升品牌整体销售额与用户忠诚度的目的。

### 4. 强化社交互动与社区运营

元宇宙的本质是一个高度社交化的空间，社交互动是吸引和留住用户的核心要素。企业应致力于打造多样化的社交场景与互动功能，促进用户之间的连接与交流。

例如，在元宇宙社交平台上，除了常见的文字、语音聊天，还可引入虚拟派对、兴趣小组、多人协作游戏等功能。用户能够以个性化的数字化身参与其中，通过表情、动作等直观方式表达情感，结交志同道合的朋友。定期举办虚拟音乐节、艺术展览等主题活动，激发用户参与热情，提升平台社交活跃度，形成良性循环，让用户在元宇宙中找到归属感，进而沉淀为长期忠实用户。

随着元宇宙社区规模的扩大，良好的社区治理至关重要。企业应建立一套透明、公平的社区规则，涵盖内容发布规范、行为准则、纠纷解决机制等。同时，鼓励用户参与社区自治，培养一批活跃的社区管理员与志愿者。

这些用户管理员协助平台进行审核新用户加入、处理轻微违规行为、组织社区活动等日常管理。通过用户自治，不但减轻了企业运营负担，而且增强了用户对社区的认同感与责任感,使元宇宙社区能够自我成长、自我完善,成为一个充满活力与创造力的用户家园。

### 5. 持续创新与迭代管理

元宇宙领域技术迭代迅猛,企业运营管理流程必须具备前瞻性,紧跟 VR、AR、区块链、人工智能等关键技术的发展步伐。定期评估新技术对运营流程的潜在影响,例如 VR设备分辨率与交互方式的升级可能要求企业优化虚拟场景加载算法与用户操作引导;区块链技术在虚拟资产确权与交易安全方面的新应用促使企业调整相关业务流程,确保合规运营。通过持续关注技术前沿,提前布局流程优化,企业能在元宇宙竞争中始终保持领先优势。

用户是元宇宙的核心参与者,他们的需求与体验直接决定了企业的成败。建立在线客服、社区论坛、问卷调查等畅通的用户反馈渠道,广泛收集用户意见与建议。

运营团队定期对反馈信息进行整理分析,将用户痛点转化为产品与流程优化的方向。例如,用户反映在虚拟购物过程中商品搜索功能不便,企业立即组织技术人员优化搜索算法,增加筛选维度,提升购物体验。通过用户反馈驱动的迭代管理,企业能够精准满足用户需求,不断提升元宇宙运营的质量与口碑。

综上所述,优化元宇宙运营管理流程是一项系统而复杂的工程,涵盖自动化、绩效评估、供应链协同、社交运营以及持续创新等多个关键领域。企业唯有全方位、精细化地打磨运营管理流程,才能在元宇宙这片充满无限可能的蓝海中破浪前行,实现可持续发展的宏伟目标。

## 12.4.3 推动元宇宙商业生态构建

### 1. 打通虚实经济融合壁垒

元宇宙商业生态的繁荣离不开虚拟经济与实体经济的深度融合,管理信息系统在其中发挥着关键的桥梁作用。通过集成电子商务模块,管理信息系统实现虚拟商品与现实货币的便捷兑换,为用户提供无缝的消费体验。在元宇宙购物平台上,用户使用法定货币购买虚拟货币,进而用于购买虚拟服装、饰品、房产等各类虚拟商品,整个交易过程在管理信息系统的支持下安全、快捷地完成,同时确保交易记录的准确与可追溯。

构建虚拟商品供应链管理系统是另一项重要举措,它使得虚拟商品的生产、配送与售后服务得以有序开展。尽管虚拟商品不存在实体物流配送环节,但同样涉及从创意设计、开发制作到交付用户的完整流程。管理信息系统对这一过程进行精细化管理,协调虚拟商品创作者、开发者、发行商之间的协作关系,跟踪虚拟商品的版本更新、质量反馈等信息,如同管理实体商品供应链一般严谨。例如,一款热门虚拟游戏中的新皮肤上线前,管理信息系统负责协调美术设计师、程序员完成制作,通过虚拟渠道推送给玩家,并收集玩家反馈,及时修复可能出现的问题,保障玩家满意度。

### 2. 培育元宇宙用户忠诚度

借助客户关系管理(CRM)系统,管理信息系统深入挖掘元宇宙用户的潜在需求,实施精准营销策略,有效培育用户忠诚度。通过整合用户在元宇宙中浏览历史、购买行为、社交活动参与度等所有交互数据,管理信息系统构建起细致入微的用户画像。基于这些画像,精准推送个性化的虚拟活动邀请、专属优惠信息以及定制化的虚拟礼品,让用户感受独特的关怀与重视。例如,针对喜爱时尚的用户,推送元宇宙时尚周的邀请函,并提供限量版虚拟时尚单品的专属折扣;对于热衷社交的用户,推荐参与元宇宙主题派对,赠送可用于装饰虚拟空间的社交道具。

为了激励元宇宙创作者持续产出优质内容,管理信息系统还搭建版税管理系统。该系统根据创作者作品在元宇宙中的传播、使用、交易情况,精确计算版税收益并及时发放。这不仅保障了创作者的经济权益,激发其创作热情,更为元宇宙不断丰富内容生态提供了内生动力。例如,一位数字艺术家创作的虚拟雕塑作品在元宇宙艺术展览中广受好评,通过管理信息系统的版税管理系统,艺术家能够实时获取作品展览、销售所带来的收益分成,从而有更多资源投入新作品创作中,形成良性循环,推动元宇宙商业的可持续发展。

## 12.5  元宇宙与管理信息系统融合发展的挑战与应对策略

元宇宙与管理信息系统的融合,宛如一场科技与管理的深度联姻,正孕育着无限可能,有望重塑未来的商业、社交乃至生活模式。然而,如同任何新兴领域的融合探索一般,这条发展道路布满荆棘,面临着来自技术、人才、法规、安全等多维度的严峻挑战。深入剖析这些困境,并探寻切实有效的应对策略,是推动元宇宙与管理信息系统协同迈向成熟、释放巨大潜能的关键,对于企业、组织乃至整个社会把握时代脉搏、抢占发展先机都有着举足轻重的意义。

### 12.5.1  技术层面的挑战与应对

#### 1. 技术标准不统一的困境

元宇宙汇聚了虚拟现实、增强现实、区块链、人工智能、云计算等一众前沿技术,这些技术在各自发展进程中,形成了纷繁复杂的接口规范、数据格式与通信协议。当与管理信息系统进行融合时,恰似要求不同"语种"的人无缝交流协作,困难重重。例如,VR设备的追踪精度、交互手势定义在不同厂商间差异显著,导致企业在构建基于VR的管理信息系统应用时,难以确保用户体验的一致性。员工使用A品牌的VR设备进入企业虚拟办公空间,可能操作流畅、反馈精准,切换到B品牌时却出现追踪延迟、手势识别错误,极大影响工作效率与沉浸感。

尽管元宇宙概念炙手可热,引发各界关注,但整个行业在技术标准制定方面进展缓慢。国际、国内标准化组织虽已着手相关工作,但面对快速迭代的技术与层出不穷的应用场景,难以迅速达成广泛共识并出台通用规范。这使得企业在自主研发元宇宙管理信息系统项目时,仿若在没有航海图的大海中航行,缺乏明确指引,不得不投入大量人力、物力进行内部标准研发与适配,不仅成本高昂,还增加了项目失败的风险,延缓了融合进程。

加强行业协会、标准化组织的牵头引领作用至关重要。它们应加速汇聚产学研各方力量,加快推动 VR、AR、区块链、AI 等关键技术领域的标准制定工作。例如,定期举办国际元宇宙技术标准研讨会,邀请全球顶尖科技企业、科研机构分享技术进展与应用实践,共同商讨统一接口、数据格式的规范框架。企业自身也要积极投身标准制定过程,主动反馈实践中的痛点与需求,通过参与开源社区、技术联盟等形式,促进技术共享与协同创新。同时,在项目实施层面,采用微服务架构、中间件技术,将管理信息系统与元宇宙各技术模块进行解耦,构建灵活的适配层,降低因标准变动带来的系统集成难度,逐步实现元宇宙技术生态的标准化、规范化。

**2. 系统集成复杂度高的难题**

元宇宙相关技术不仅标准各异,其底层架构、运行原理也大相径庭,将其与管理信息系统深度集成宛如组装一台精密而复杂的超级机器。以将区块链技术融入管理信息系统的供应链管理模块为例,区块链的分布式账本架构、加密算法与管理信息系统传统的集中式数据存储、关系型数据库管理模式存在冲突。数据如何在两种架构间高效同步、更新,确保供应链信息的实时性与准确性,同时兼顾区块链的不可篡改、去中心化特性,成为棘手难题,稍有不慎便会引发数据不一致、业务流程中断等问题。

随着元宇宙应用场景的多元化,用户接入终端越发多样,涵盖智能手机、VR 头盔、PC、智能穿戴设备等设备,并涉及多个操作系统与平台。管理信息系统需确保在不同终端与平台上提供流畅、一致的用户体验,实现无缝跨平台数据同步与交互。然而,不同设备的性能差异、屏幕尺寸适配、交互方式局限等问题,为系统开发带来巨大挑战。例如,在元宇宙电商应用中,消费者在手机端浏览虚拟店铺挑选商品,切换至 VR 端准备沉浸式试穿时,若因管理信息系统因未实现跨平台优化,而导致购物车商品信息丢失、试穿功能无法正常启用,必然会引发用户的不满与流失。

企业应构建跨领域的技术专家团队,涵盖计算机科学、电子工程、管理学等多学科人才,深入研究元宇宙各技术与管理信息系统的融合机制,攻克协同难题。在系统设计初期,采用统一建模语言(UML)等工具,对整体架构进行全面规划,明确各技术模块的交互接口与数据流向。针对跨平台交互问题,投资研发自适应界面技术,利用云计算的弹性计算能力,根据设备性能实时调整应用的图形渲染质量、功能布局,确保在不同终端都能呈现最佳效果。同时,建立完善的测试体系,涵盖不同设备、平台、网络环境下的模拟测试,提前发现并解决兼容性问题,保障系统的稳定性与可靠性。

## 12.5.2 人才层面的挑战与应对

元宇宙与管理信息系统的融合需要既精通信息技术前沿领域,又深谙管理科学精髓的复合型人才。这类人才不仅要熟练掌握 VR、AR、区块链、AI 等新兴技术原理与应用开发,还需深入理解管理信息系统的架构设计、数据管理、流程优化等专业知识,更要具备从管理视角将元宇宙技术融入企业运营战略、业务流程的能力。例如,在设计基于元宇宙的企业营销管理信息系统时,人才需要运用 VR 技术打造沉浸式虚拟展厅吸引客户,借助区块链确保客户数据隐私与虚拟资产交易安全,同时依据管理信息系统的数据分析功能精准洞察客户需求、优化营销决策,如此多元的知识技能融合要求,使得符合条件的人才数量较少。

当前的高校教育体系在应对这一新兴人才需求方面有所滞后。传统计算机专业课程侧重于底层技术研发,管理专业多聚焦于企业运营理论,二者缺乏有机结合,缺少专门针对元宇宙与管理信息系统融合的课程体系。实践教学环节同样薄弱,学生缺乏在真实元宇宙项目场景中锻炼的机会,导致毕业后进入职场难以快速上手相关工作,企业不得不花费大量时间与资源进行内部再培训。

高校应加速课程体系改革,打破学科壁垒,开设跨学科的元宇宙与管理信息系统融合"元宇宙技术与管理信息系统应用开发""元宇宙商业创新与管理信息系统实践"等专业课程。课程内容涵盖前沿技术讲解、实际项目案例分析、企业管理模拟等多个模块,注重实践教学,引入企业真实项目,让学生在实战中积累经验。企业一方面要强化内部培训体系,制订个性化的培训计划,通过线上学习平台、导师制、轮岗实践等多种方式,助力员工提升跨领域知识技能;另一方面,积极与高校、科研机构建立紧密合作关系,设立实习基地、联合研发中心,参与人才培养方案制定,提前锁定优秀人才,为元宇宙与管理信息系统融合发展打造坚实的人才梯队。

### 12.5.3　法规层面的挑战与应对

作为一个全新的虚拟空间,元宇宙衍生出许多前所未有的法律问题,现有法律法规存在大量空白与模糊地带。在虚拟财产权方面,虚拟土地、数字艺术品、虚拟货币等资产的法律属性不明确,其所有权归属、交易合法性、继承转让规则尚无定论。例如,当用户在元宇宙中花费大量时间与金钱"购置"的虚拟房产遭遇平台关停或数据丢失,其权益如何保障?在隐私保护领域,用户在元宇宙中的外貌特征、行为习惯、社交关系等海量个人数据,面临着被过度收集、滥用甚至泄露的风险,而当前法律对于这些新型隐私数据的保护力度不足,监管措施缺乏针对性。

由于法律规范不明晰,企业在推进元宇宙管理信息系统项目时,仿若在法律的"灰色地带"摸索前行,合规成本大幅攀升。一方面,企业需要投入大量资源组建法务团队或聘请外部法律顾问对项目进行全方位的法律风险评估,从系统设计阶段的数据收集合规性到运营过程中的虚拟资产交易合法性审查,每个环节都需慎之又慎;另一方面,即便如此,仍难以确保完全符合未来可能出台的法律法规,企业面临潜在的法律纠纷与巨额赔偿风险,这在一定程度上抑制了创新活力,阻碍了融合发展的步伐。

立法机构应加快调研立法进程,针对元宇宙发展过程中涌现的虚拟财产权界定、隐私保护强化、内容监管细化等突出法律问题,制定专项法律法规,填补法律空白,构建完善的法律框架。例如,明确虚拟资产的产权登记制度、交易税收政策,规范虚拟内容创作与传播的审核标准。企业在项目实施过程中,应建立法务前置的工作机制,从产品设计伊始,就让法务人员深度参与,依据现有法律框架进行合规审查,同时密切关注立法动态,建立法律风险预警机制,及时调整业务策略,确保在合法合规的轨道上稳健前行。此外,行业协会应发挥自律引导作用,制定行业规范与道德准则,推动企业自觉遵守,共同营造健康有序的元宇宙发展法治环境。

### 12.5.4 安全层面的挑战与应对

随着元宇宙经济的迅速崛起,虚拟资产市场愈发繁荣,虚拟土地、数字艺术品、虚拟道具等成为热门投资与交易对象。然而,这也吸引了大量网络攻击者的觊觎,虚拟资产面临被盗、被篡改、欺诈交易等诸多安全威胁。例如,区块链技术虽为虚拟资产提供了一定的产权确权基础,但智能合约漏洞频出,黑客可利用代码缺陷窃取虚拟资产,曾发生多起知名元宇宙项目因智能合约漏洞导致用户虚拟资产损失惨重的案例发生。

针对虚拟资产的安全防护当前尚不完善,企业往往侧重于区块链技术保障资产确权,忽视了从资产创建、存储、交易到后续维护的全链条安全监管。传统网络安全手段如防火墙、入侵检测系统在应对元宇宙独特的攻击方式时存在局限性,难以有效识别与防范针对虚拟资产的新型攻击手段。例如,在元宇宙游戏中,玩家辛苦积攒的虚拟装备可能因游戏平台安全漏洞被瞬间盗走,而平台方却难以及时察觉与追溯。

构建全方位的虚拟资产安全防护体系势在必行。在技术层面,除持续强化区块链安全,对智能合约进行严格代码审计、漏洞扫描外,还应结合部署高级持续威胁检测系统、实时监控异常交易行为等传统网络安全技术;引入数字证书认证,确保虚拟资产交易双方身份真实可靠。在运营管理层面,建立虚拟资产保险机制,为用户提供风险兜底保障;加强平台与用户的安全意识培训,定期发布安全预警,提高对虚拟资产安全威胁的识别与应对能力。同时,推动行业内安全信息共享,形成联防联控的良好局面,共同守护元宇宙虚拟资产的安全。

元宇宙与管理信息系统的融合发展之路虽充满挑战,但也正因这些困境孕育着无限创新机遇。通过政府、企业、高校、科研机构以及社会各界的协同发力,从技术攻坚、人才培养、法规完善到安全保障,多管齐下,逐一攻克难题,必将实现二者的深度融合。届时,元宇宙将不再是遥不可及的科幻概念,而是切实融入企业运营、社会生活的每个角落,借助管理信息系统的强大管理效能,为人类开启一个虚实共生、繁荣有序的全新数字时代,推动全球经济社会迈向更高层次的发展境界。

## 本章小结

### 1. 元宇宙

元宇宙是整合多种新技术而产生的虚实相融的新型互联网应用和社会形态。它以扩展现实、区块链、云计算、数字孪生等前沿技术为基石,构建出一个沉浸式的三维虚拟空间。在这个空间里,用户能以虚拟身份自由社交、娱乐、工作、学习,打破现实的时空束缚。其经济系统基于区块链保障数字资产确权与流通,内容创作具备开放性,鼓励用户生成内容。元宇宙不仅是技术集合,更是对未来人类生活、社交、经济交互模式的深度重塑,开启全新数字化生存体验。

### 2. 数据隐私

数据隐私聚焦于个人或组织数据的保密性与可控性。在数字化时代,数据呈爆炸式增长,数据隐私至关重要。它涉及多方面防护:首先是数据收集阶段,遵循最小必要原则,仅获取业务所需数据,降低泄露风险;存储时,运用加密技术让数据以密文形式保存。访问层面,严格实施身份验证与授权,限定有权限访问特定数据的人员。传输过程中,采用安全协议,防止数据被窃取。一旦发生数据泄露,还有应急响应机制,及时通知受影响方,最大程度降低损失,维护数据主体权益。

### 3. 数据治理策略

数据治理策略是一套确保数据质量、安全性与合规性的系统性方法,涵盖以下内容:数据标准制定,用于保障一致性;元数据管理,用于明晰数据定义;访问控制,用于保护隐私;数据生命周期管理,用于从创建到销毁全程管控,助力企业精准决策,释放数据价值。

### 4. 分布式数据库架构

分布式数据库架构是一种将数据分散存于多个结点的创新设计。它打破传统集中式存储局限,基于网络连接各结点,结点可跨地域分布。在数据存储方面,采用分区、分片等策略,合理分配负载,提升存储容量与读写性能。在查询处理时,通过分布式查询优化算法,智能协调各结点并行计算,快速整合结果。在容错方面,具备冗余备份机制,部分结点出现故障不影响整体运行,保障数据可用性。

## 习题 12

1. 什么是元宇宙? 它有哪些特征?
2. 解释元宇宙实现的关键技术有哪些。
3. 如何推动元宇宙商业生态构建?
4. 列举一个元宇宙技术在管理信息系统中应用的案例。

# 参 考 文 献

[1]  LAUDON K C,LAUDON J P. 管理信息系统[M]. 薛华成,译. 9 版. 北京：机械工业出版社,2007.

[2]  HAAG S,CUMMINGS M, PHILLIPS A. 信息时代的管理信息系统[M]. 严建援,等译. 6 版. 北京：机械工业出版社,2007.

[3]  甘仞初. 管理信息系统[M]. 2 版. 北京：机械工业出版社,2008.

[4]  黄梯云,李一军. 管理信息系统[M]. 3 版. 北京：高等教育出版社,2005.

[5]  薛华成. 管理信息系统[M]. 5 版. 北京：清华大学出版社,2007.

[6]  陈国青,李一军. 管理信息系统[M]. 北京：高等教育出版社,2006.

[7]  麦克劳德,谢尔. 管理信息系统[M]. 张成洪,顾卓珺,译. 10 版. 北京：电子工业出版社,2007.

[8]  陈晓红. 信息系统教程[M]. 北京：清华大学出版社,2003.

[9]  陈广宇,张亚东,单薇,等. 管理信息系统应用与开发[M]. 北京：中国人民公安大学出版社,2000.

[10]  谢希仁. 计算机网络[M]. 6 版. 北京：电子工业出版社,2013.

[11]  陈德人. 电子商务系统结构[M]. 2 版. 北京：高等教育出版社,2008.

[12]  侯卫真. 信息化与电子政务培训教程[M]. 北京：研究出版社,2004.

[13]  陈文伟. 数据仓库与数据挖掘教程[M]. 北京：清华大学出版社,2011.

[14]  邬伦,等. 地理信息系统：原理、方法和应用[M]. 北京：科学出版社,2005.

[15]  王永庆. 人工智能原理与方法[M]. 西安：西安交通大学出版社,1998.

[16]  CALLAN R. 人工智能[M]. 黄厚宽,田盛丰,译. 北京：电子工业出版社,2004.

[17]  马少平,等. 人工智能[M]. 北京：清华大学出版社,2004.

[18]  安淑芝,等. 数据仓库与数据挖掘[M]. 北京：清华大学出版社,2005.

[19]  马费城. 信息资源开发与管理[M]. 北京：电子工业出版社,2005.

[20]  陈广宇. 管理信息系统[M]. 北京：清华大学出版社,2010.

[21]  邱俊平,沙勇忠,等. 信息资管理学[M]. 北京：科学出版社,2011.

[22]  程国卿,吉国力. 企业资源计划 ERP 教程[M]. 2 版. 北京：清华大学出版社,2013.

[23]  陈启申. ERP:从内部集成起步[M]. 3 版. 北京：电子工业出版社,2012.

[24]  韩万江,姜立新. 软件项目管理案例教程[M]. 2 版. 北京：机械工业出版社,2013.

[25]  徐嘉震. 项目管理理论与实务[M]. 北京：中国物资出版社,2007.

[26]  张友生. 信息系统项目管理师考试全程指导[M]. 2 版. 北京：清华大学出版社,2011.

[27]  刘海,周元哲,陈燕. 软件项目管理[M]. 北京：机械工业出版社,2012.

[28]  陈文伟. 决策支持系统教程[M]. 3 版. 北京：清华大学出版社,2017.

[29]  葛世伦,尹隽. 信息系统运行与维护[M]. 2 版. 北京：电子工业出版社,2014.

[30]  周志华. 机器学习[M]. 北京：清华大学出版社,2016.

[31]  杨正洪,郭良越,刘玮. 人工智能与大数据技术导论[M]. 北京：清华大学出版社,2018.

[32]  陈广宇,任慧玉. 管理信息系统[M]. 2 版. 北京：清华大学出版社,2016.

[33]  王健,崔春生. 管理信息系统：原理、方法及新技术[M]. 北京：清华大学出版社,2022.